地球編年史

THE EARTH CHRONICLES

1

THE 12th PLANET

·第 12 個天體·

撒迦利亞·西琴

ZECHARIA SITCHIN

宋易 譯

目次

譯者序

從考古證據、字源演變及天文知識，重新發現人類的起源與創造

對一個讀者——至少是我本人——來說，這本書關於太陽系與人類歷史的知識體系，可能是有史以來最偉大、最具說服力、而且也最陌生的。它是如此恢宏、奇詭、壯麗，使我首次意識到，當我們終於有機會和能力追尋人類起源的真相時，才發現事實竟然比想像或幻想中的更加不可思議。在此之前，人類也許並不知道，其實我們一直就置身於創造的奇蹟之中，或者，我們本身就是一個被創造的奇蹟。

我相信，大多數對人類進化有興趣的讀者，都將對這系列的圖書保持一種開放的態度，同樣的，對《聖經》故事以及大洪水之前的歷史有所興趣的讀者，也可能會持有同樣的閱讀態度。你是否思考過，為什麼人類是地球上唯一的高智慧物種？你是否想過，為什麼從古代的哲學家到現代的科學家，都無法完全回答我們從哪裡來的問題？或者你是否知道，為什麼希臘詞彙anthropos（人類）的意思是總是仰望的生物？甚至連earth（大地、地球）一字都是源於古代蘇美的e.ri.du，而這個詞的本意竟是遙遠的家？

撒迦利亞．西琴在《地球編年史》系列圖書中回答的，遠不止這些。

西琴是現今少數能真正讀懂蘇美楔形文字的學者之一。他窮盡一生之力，探究我們的起源；

當然他的研究要證明的，絕對不是一群猿猴從樹上爬下來如何奇蹟般的變成了人。西琴是一位當代偉大的研究者，他既運用了現代科學的技術，又從古代文獻中，窺知那些一度處於隱匿狀態的「神聖知識」。而這些神聖知識的內容，正包含了：我們是誰？我們從哪裡來？甚至，我們將往何處去？從《地球編年史》的第一部《第十二個天體》，到第七部《末日：審判與回歸的預言》，耗時達三十年。西琴在這三十年之間得到的成果，對於全人類來說，價值都是無法估量的。

他的觀點是：人類這個物種是呈跳躍式發展，導致這一切的是三十萬年前的星際旅行者，在《聖經》中叫做納菲力姆（《聖經》將其誤譯為偉人或巨人），在蘇美文獻中叫做阿努納奇。與《聖經》記載的神話式歷史不同，西琴透過分析蘇美、巴比倫、亞述的文獻，以及對比希伯來原始版本的《聖經》，替我們詳細再現了太陽系、地球和人類及其文明的起源與發展歷程。同時也證明了伊甸園、大洪水以及《聖經》中的英雄人物是史實，而非神話。他的研究成果讓演化論與《聖經》不再相互抵牾，這一點是空前的，人們可能會從他的理論得到一種前所未有的認同感，而這樣的認同感不是演化論或《聖經》所能單獨帶來的。

西琴發現，借助現代科學方法取得的天文資料，竟與古代神話或古代文明的天文觀有著驚人的相似。令人震驚的是，數千年前蘇美文明的天文觀，甚至是近代文明遠遠不及的。哪怕是現在，雖然天文學家已經發現了「第十二個天體：尼比魯」的跡象，但卻無法證明它的實際存在；而位於人類文明之源的古代蘇美，卻早就有了尼比魯的詳細資料。《第十二個天體》可以說是現代科學和古代文獻之間的橋梁，在現代科學技術和古代神話、天文學的幫助下，西琴向我們全面詮釋了太陽系、地球以及人類的歷史。

西琴的另一個重要成果，是發現真正的人類只有三十萬年的歷史，而非之前認為人類有上百萬年歷史的觀點。這是基於他對最古老文獻的研讀、對最古老遺址的考察，以及對天文知識的超凡掌握。借助這些強而有力的證據，他向全世界證明，人類的出現是源於星際淘金者阿努納奇的需求。人類是諸神的造物，這一點在《第十二個天體》中有完美的科學解釋。

不過，這套曠世之作的重點並不僅止於此。筆者曾在馬雅抄本中看到，馬雅曆法中「第四個太陽紀元」的最後一天是二〇一二年十二月二十一日，因此不少人認為這就是所謂的世界末日，同時也有不少人視其為謬論。事實上，馬雅曆法認為，在二〇一二年的冬至之後，人類、地球、乃至我們的整個星系，都會進入全新的「第五個太陽紀元」。在這套書中，撒迦利亞．西琴為這個說法提出了科學的論證——當然，並不是論證「末世論」。在《第十二個天體》中，我們能看到古代各文明神話中對於「神聖週期」的理解竟然出奇一致。與這個神聖週期相關的，正是太陽系的第十二個天體，叫做「第十大神祕行星」的尼比魯，也就是阿努納奇來自的地方。所謂的「末日」——就像一萬多年前的大洪水一樣——是尼比魯星週期性接近地球的結果，而人類文明就是在這一次次的「末日」中走向了未來。

在筆者看來，《第十二個天體》是一部記錄地球和地球文明的史書，它傳遞給我們的，不僅僅是思想和觀點那麼簡單。它是一本集合了最新發現和最古老證據的嚴謹歷史書，從「只有諸神在地球上的時代」開始，講到眾神如何建立地球太空站與居住點，講到「原始工人」被創造的年代，講到他們作為人類「在大地上繁衍壯大」並如何「打擾恩利爾」，於是，到了距今一萬年前，諸神決定不告訴人類巨大潮汐波即將到來的消息。但「造人計畫」的領袖恩基，卻將其洩露給了阿特拉—雜湊斯，並指導他造了一艘潛水艇（方舟），帶上「潔淨的生物」存活了下來。

對於未來，撒迦利亞．西琴同樣有著科學的預測。按照古代神話中神聖週期的推算，以及最新的天文學研究成果，顯示即將發生一次巨大的事件。凡接觸過各種古代神話的讀者應該不曾遺忘，諸神曾向我們許諾：「我們還會回來。」那麼，如果他們真的以某種身分存在的話，人類與造物者的再一次相會，是否就在西元二〇一二年呢？

我不禁想起十七世紀英國語言學家約翰．威爾金斯（John Wilkins）創造的一個字：EVERNESS，更有力的表達「永恆」的意思。阿根廷詩人豪爾赫．路易士．博爾赫斯（Jorges Luis Borges）以「永恆」為名，寫下一首傑出的十四行詩，彷彿是在與西琴所關注的領域相呼應：

不存在的唯有一樣。那就是遺忘。
神保留了金屬，也保留了礦渣，
並在他預言的記憶裡寄託了
將有的和已有的月亮。
萬物存在於此刻。你的臉
在一日的晨昏之間，在鏡中
留下了數以千計的倒影，
它們仍將會留在鏡中。
萬物都是這包羅萬象的水晶的
一部分，屬於這記憶，宇宙；
它艱難的過道沒有盡頭
當你走過，門紛紛關上；
只有在日落的另一邊
你才能看見那些原型與光輝。

《第十二個天體》——這部被翻譯成三十種語言的全球暢銷書——竟然在發行三十週年之後才有了中譯本。而在這三十年前，是另一個長達三十年的研究過程。也就是說，對我們來說，已經等待了半世紀以上。

三十週年紀念版序
地球人類並不孤獨！

謹以本書的這個版本獻給雙里程碑慶典的讀者。首先，它屬於《地球編年史》系列；其次，它的發行代表這套書的第一冊已經出版三十年了。

在出版史上，尤其是非文學類作品中，很少有這樣在出版界風靡多年、持續暢銷的讀物。《第十二個天體》做到的不僅如此，還有更大的突破：它的平裝版由美國知名出版社AVON BOOKS印了四十五刷！這是一個紀錄。此外，還有二十二種語言的譯本。包括英語在內，有不同語言的硬殼精裝版、軟殼精裝版、平裝版、口袋版、光碟版，甚至是有聲書……都一再出版，使這套書已有了上千萬的讀者，並時常被引用（當然，免不了也會被錯誤的引用）。無數的書刊和媒體都稱它為「經典」。

不過，當我著手寫這本書的時候，從沒有預料過它會被放在如此炫目的高度，也沒有想過它（不，是它們），最終竟會有七本，成了厚厚的叢書。事實上，我當時也沒有意識到，我竟會在書名上加入天體（Planet）一詞。我唯一的動力和渴望，就是還原《聖經》中的真實身分。納菲力姆（Nefillm）並非《聖經》譯成的巨人，而是蘇美神話裡叫做阿努納奇（Anunnaki）的天外訪客。這種全新的認識，帶給我新的思路和研究前景。最重要的突破，是來自於對蘇美以及巴比倫《創世史詩》的重新認識——它們是一份古老而精細的科學文檔。我從中得出的結論，尊重一個古老的觀點：在太陽系中，除了我們目前已知、並安居於此的天體（地球）之外，至少還有一個星球曾經可供某種生命生存，而且這個星球與我們地球有無比深刻的連結。顯然，這事關地球上生命的起源，以及發生在遙遠過去的太空旅行。對我來說，這種認識預示了之後一系列，這些在三十年前想都想不到的科學研究，諸如太空旅行、基因研究和其他不可思議的面向。

這本書展開了演化論和《聖經》的衝突雖然不是絕對的，但將是持久的。我相信這一點，因為它告訴我們人類起源的真相，以及——這一點非常重要——在廣袤的宇宙多次元時空中，我們並不孤獨。

撒迦利亞・西琴，二〇〇六年十月，紐約

作者序

《聖經》的納菲力姆：從天而降的人們

《舊約》伴隨著我的童年。大約五十年前，當它的種子植入我的心靈時，我完全不知道它與演化論之間的激烈爭論。當我還是一個年輕的學生，學習希伯來語原版的《創世記》課程時，心中出現了一次和自己展開的衝突。

當時，我們閱讀到第六章，上帝打算發動大洪水消滅人類。在那個人類面臨滅頂災難的關鍵時刻之前，所謂「上帝的兒子們」，也就是那些娶人類女兒為妻的生物，還居住在地球上。

在希伯來的古文中，稱他們為納菲力姆（Nefilim），老師解釋說，納菲力姆就是巨人的意思。但我反問：「難道納菲力姆不是應該直接解釋為『被放下的人』嗎？他們是不是曾經真的到訪過地球？」因為nfl這個動詞是降落、墮落、掉下、放下的意思，nfil是nfl衍生出來的動名詞，意思是從上往下降的人，而nflm則是它的複數形式。所以，他們不該被譯為巨人——也許他們可能真的是巨人，但「巨人」二字卻未能指出他們最重要的身分屬性：從上（天）往下（地）降的人。可見，Nefilim的正確翻譯應該是從天而降的人們。

當然，我被老師斥責了一番，他要我接受傳統的解釋。在老師看來，我不能質疑人們經年誦習的《聖經》欽定譯本的權威性，但老師這種態度反而更增加了我的疑惑。

在接下來的年月裡，由於我已經學會了古代近東地區的語言、歷史、文化和考古學，巨人／納菲力姆就成了一個長期的困擾。考古發現，以及對蘇美、巴比倫、亞述、西臺、迦南和其他一些古代文字與神話的解密，更證明了《聖經》中對王國、城市及其統治者，還有那些相關的地點、神廟、商路、人造物品、工具和當時文化風俗的描述，具有非常一致的準確性。

那麼，現在是不是時候，接受這些如此相似的古文明帶給我們的資訊，相信巨人／納菲力姆其實就是從天堂到地球來的訪客？

《舊約》中不斷重複說著「耶和華—天上的主」、「在天上垂聽」等等；而《新約》中也反覆說「我們在天上的父」。

但《聖經》的可信度因演化論的出現而動搖了，演化論在全世界獲得廣泛的認同。如果人類是演化來的，那麼很明顯的，他們不可能是被某位神一次性的創造出來，並如《聖經》的預謀：「我們要照我們的形像、按照我們的樣式造人。」

所有古代人都相信神靈曾經從天堂到過地球，並且他們有能力隨時升天。然而，這些神話從未被證實是可信的——被那些信奉演化論的學者視為杜撰。

古代近東的一些文本，包含了大量的天文學知識，都非常清晰的指向一個星球，說明那些太空人和神靈都來自那裡。一百五十年前，當研究近東的學者已經辨認和解讀出那些寫在古代宇宙學清單上的天體時，當代的天文學家卻還不知道冥王星的存在（直到一九三〇年才確認）。

當時他們是如何去尊重、接受這個突然出現在我們星系的新成員？就和我們現在一樣，那時的人知道土星之後的行星，為什麼卻不接受來自古代的證據，證明第十二個天體是存在的？

當我們開始進行太空冒險，一個全新的視野出現了，對古代經文中描述的認同也達到了前所未有的程度。現在，我們的太空人已經登陸月球，無人太空船也正在探索其他行星；這足以顯示，外太空有比我們更先進的文明，曾派遣他們的太空人登陸地球並不是不可能的。

的確，很多流行作家曾猜測古代的一些人造建築，例如金字塔或巨石陣，是在更先進文明的外星訪客指導之下完成的——古代人難道可以靠自己掌握那些科技嗎？

看看另一個例子，蘇美文明在六千年前沒有任何預兆的突然消失了。由於這些作家通常無法清楚描述這個事件發生的時間與過程，最重要的是，沒有查明那些古代的太空人是從哪裡來的，因此，他們留下了令人好奇的問題，卻沒有答案——或是對這些沒有答案的問題，再進一步思索。

我透過三十年的研究，回到那些古代留給我們的資訊源頭，還原它們的真實面目，並且還原一個合理、連續的史前事件編年史。所以，這本書旨在帶給讀者一個可以回答那些特殊問題的真實故事，關於時間、過程、原因——所有這一切究竟從何而來？

我的引述、列舉和證據，主要來自於那些古代的文字紀錄或圖像本身。

在這本書中，我試圖去破解一個古老的宇宙演化論，它的觀點似乎和現代的科學理論極為相似——太陽系是如何形成的，一顆外來行星進入了太陽的軌道，之後地球和其他行星也相繼出現。

我所提供的證據，包括了一幅從那顆行星——第十二個天體——飛至地球的太空地圖。然後，依次是：在納菲力姆建立了第一個地球「殖民地」之後，領導者的名字，他們的人際關係，他們的愛與嫉妒、成功和奮鬥，都被描繪下來，成為了「永恆」的世界。

最重要的是，這本書的目標是追溯人類被創造的重要時刻。

接著，我指出了人類和他們的創造者之間的混亂關係，並對伊甸園、巴別塔和大洪水的解讀有了新突破。

最後，在眾神離開地球之前，人類（也就是我們）的身上，那些被創造者賦予的生物特性與生物特徵被留了下來。

這本書說明，我們在太陽系中並不孤獨。這個普遍的信念，也許會在全球增強，而不是減弱。因為，如果納菲力姆創造了人類，他們只可能是在執行一項大師級的巨大計畫。

撒迦利亞．西琴，一九七七年二月，紐約

引用來源

本書所引用的《聖經》，主要是來自於《舊約》希伯來語的原始文本（編按：中譯以《新標點和合本》為主，若有明顯差異，則會特別標示）。必須牢記的是，所有最重要的《聖經》譯本，結尾處都有這樣的標記：翻譯或解釋。因此，真正重要的是，那些希伯來語的原文到底在說什麼。

透過這些引用，我對比了以下幾種文本：希伯來原文、現有的其他翻譯版本，以及蘇美人（Sumerian）和阿卡德人（Akkadian）的文獻與神話，才發現原來我相信的是一幅多麼精妙的圖畫。

近一個多世紀以來，蘇美人、亞述人（Assyrian）、巴比倫人（Babylonian）以及西臺人（Hittite）的文化，吸引了一大批學者。但對其語言和文字的解讀，最早是靠抄寫與音譯，最後才是真正的翻譯。

奇妙的是，有許多例子說明，有時僅僅靠很久之前的一些紀錄和音譯，就可以從後來不同的翻譯和說明中辨別出哪一種才是正確的。當然，在另一些情況下，當代學者的發現也可以讓早期的翻譯出現新的見解。

本書的〈參考文獻〉後面，列出從最古到最新的近東文本，這些文本對於學術文獻有極寶貴的貢獻，列在學術參考文獻之後。

1・無盡的開端

在所有用來支持我們推論的證據中，最明顯和最重要的就是人類本身。從許多方面來說，現代人——智人（Home sapiens）——就是地球的外來物種。

自從達爾文用演化論的強大證據，打擊了那些傳統的學者和神學家，人們對地球生命來源的追尋，就可以從人類一直回溯到靈長類、哺乳類、脊椎動物，以及十億年前更低等的生命形式，人們推測那就是生命誕生的初始。

然而，當我們真正接觸到這些起源，當我們深入思考，太陽系的其他行星、甚至是太陽系之外的星球，是否也有其他生命的可能性，學者開始為地球孕育生命的說法感到不安：不知為什麼，生命似乎並不該屬於地球這裡。如果這一切都只是源於一系列隨機的化學反應，那為什麼地球生物會有——而且只有單一的來源，而不是許多個來源？此外，為什麼那些在自然界中含量極為豐富的化學元素，在地球上所有生命體內的含量比例卻微乎其微？與演化論觀點要求的恰恰相反，幾乎所有這些生命體內含有的，都是地球少有的化學成分。

難道生命是從宇宙的其他地方來到地球？

智人的突然出現

人類在演化鏈中所處的位置也是一個困惑。這裡找到了一個破掉的顱骨，那裡找到一個顎骨……學者起初以為人類在五十萬年前起源於亞洲。但當發現了更古老的化石，不得不承認，如果演化就像一座運作中的磨坊，那它的磨盤轉動得可比想像中慢多了。演化論者認為人猿（Ape）是人類的祖先，出現在令人難以置信的二千五百萬年前。在東非的考古發現，人猿最早約在一千四百萬年前就開始向人科（Hominid）轉變。從那時起，大約一千一百萬年之後，第一個有資格稱作人屬（Homo）的人科才真正出現。

最早的人科是高級的南方古猿（Adnvanced Australopithecus），在兩百萬年前就已經在東非出現；在相同的地方，之後又花了近百萬年的時間，才進化成直立人（Home erectus）。最終，在另一個九十萬年後，第一批原始人類出現了，他們叫做尼安德塔人（Neanderthal Man）；因為最早是在德國尼安德塔河谷發現的。

雖然尼安德塔人和南方古猿之間，超過了兩百萬年，但他們所使用的工具——鋒利的銳石——非常相似；這些工具在外觀上幾乎沒有什麼差別（見圖1）。

接著，無從解釋的事情突然發生了：三萬五千年前，人類的另一族群——智人（Homo sapiens，意思是聰明的人）——出現了，就像他們本來就在那裡一樣；隨之而來的是尼安德塔人突然從地表消失。這些叫做克羅馬儂人（Cro-Magnon）的現代人（在法國西南部一個同名的石窟中發

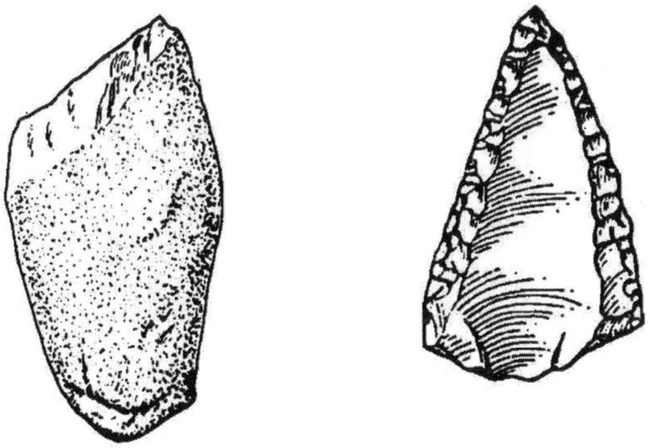

圖1　尼安德塔人和南方古猿使用類似的工具

現），看起來和我們長得如此相似，如果他們穿上當代人的服飾，將會遁形於任何一座歐洲或美國城市的人流中。克羅馬儂人因為創造了那些宏偉的洞穴壁畫，起初叫做穴居人。事實上，他們能在地球上自由自在的移動，因為他們知道怎樣在所到之處，用石頭或獸皮修建棚屋。

之前的百萬年來，人類的工具都是形狀簡單、方便使用的石頭，然而克羅馬儂人卻使用木頭和獸骨製造出特殊的工具和武器。他們不再是所謂的「裸猿」，因為他們將獸皮穿在了身上。他們有社會組織，住在由族長帶領的氏族中。他們的壁畫，證明對藝術已經有較為深刻的感受。有些壁畫和雕刻帶著明顯的「宗教」形式，表達了對某位母神的崇拜——有時候是用新月符號表示。他們知道埋葬死者，而且必須這麼做。顯然，他們已經有了哲學方面的思考，比如生命、死亡，甚至可能還包括了來世。

克羅馬儂人的出現，儘管神祕難解，不過還有更令人困惑的問題：其他現代人的遺跡陸續發現了——依發現的地點，包括英國的司潰工布人（Swanscombe Man）、德國的施泰因海姆人（Steinheim Man）和義大利的蒙特瑪利亞人（Montmaria Man）——說明克羅馬儂人顯然是源於二十五萬年前生活在西亞或北非的智人的某個古老分支。

難以置信的是，現代人竟然比直立人晚了七十萬年出現，卻比尼安德塔人早了二十萬年。因為這樣一來，智人就極端的背離了本應緩慢的演化過程，同時還擁有許多類似我們才有的功能，例如語言的能力，這與之前的靈長類動物可是完全不同的。

研究這課題的權威專家，狄奧多西・杜布贊斯基（Theodosius Dobzhansky）教授在《人類演化》（*Mankind Evloving*）一書中，對地球進入冰河時期卻出現了這樣的演化，感到極為困惑；因為對演化過程來說，這是最不利的時期。他指出：智人完全缺乏之前物種的已知特徵，又另外擁有一些以前完全沒有出現過的新特徵。他得出這樣的結論：「現代人有許多近親和支系，但沒有先祖。智人的起源因此成了一個難題。」

那麼，現代人的祖先是如何在大約三十萬年前突然出現？而不是在經過兩、三百萬年的漫長演化發展而來？我們是否是從其他地方來到地球的？或者，像是《舊約》和其他古代文獻所說的那樣，是神創造了我們？

克羅馬儂人是一個突然發生的文明

現在，我們已經知道文明發源於何處，以及文明開始之後會如何發展。但未知的是：為什麼文明會突然產生？令現在多數學者納悶不已的一個證據是：從所有的資料來看，人類都不應該擁有文明。沒有任何顯著的理由顯示，我們應該比亞馬遜河流域的雨林或新幾內亞難以接近的區域中的原始部落，變得更文明和開化。

我們被告知，這些部落迄今還生活在石器時代，是因為他們與世隔絕。但是，是與什麼隔絕呢？既然他們也和我們一樣，都生活在同一個地球上，為什麼他們不能像我們認為的那樣，透過自己學習科學知識和技術呢？

然而，真正的困惑，並不是布希曼人（譯注：生活在南部非洲，靠狩獵為生，一九五〇年才局部轉入農耕社會）的落後，而是我們的先進；因為現在的研究已經證明，如果按照正常的演化方式，那麼現在人類具有代表性的典型人種應該是布希曼人，而不是我們。人類花了兩百萬年的時間，才在使用石頭時發現，可以透過打磨而變得更合適、更順手，由此開始了「工具產業」。那麼，何不再花上兩百萬年去學習如何應用其他材料，然後再用一百萬年去掌握數學、工程學和天文學？

顯然接下來的問題是：我們和地中海的祖先，真的是靠自己取得這種先進文明嗎？

雖然克羅馬儂人沒有製造出天文望遠鏡，也不會使用金屬，但無疑的，他們是一個突如其來的革命性文明。他們修建棚屋的能力及靈活性，他們對穿上衣服的渴望，他們製造的工具，他們的藝術作品……凡此種種，都顯示這是一個極其突然的高度文明，為即將展開的人類文明拉開序幕，之後則是一步步的緩慢發展。

沙尼達爾洞穴揭露史前現代人的歷史

雖然學者還無法解釋智人的出現和克羅馬儂人的文明，但毫無疑問的，現在可以肯定這一文明的主要發源地是在近東。從東方的札格羅山脈（位於現今伊朗和伊拉克邊境）開始，高地和山脈在一個半弧形裡延伸，直到北方的亞拉拉特山和托羅斯山，接著向西方和南方擴展，再到黎巴嫩、以色列和敘利亞的山地。在這個區域裡，到處都充斥著史前現代人留下的洞穴（見圖2）。其中一個叫做沙尼達爾（Shanidar）的洞穴，位於這個半弧形文明圈的東北方。現在，粗獷的庫德族利用這些洞穴作庇護之所，儲藏過冬需要的物資。和庫德族一樣，四萬四千年前一個寒冷的晚上，一個七口之家（其中一個是嬰兒）在這裡尋找庇護所，並進入了沙尼達爾洞穴。

他們的遺體——他們顯然是被突然滾落的岩石砸死——於一九五七年被拉爾夫．索列基（Ralph Solecki）發現。他進入這個地區尋找早期人類的證據。他的發現遠超乎預期。當移開一層一層的碎片後，他發現這個洞穴清晰記錄了這一地區從大約十萬年到一萬三千年前之間人類的生活習性。

這些紀錄顯示的內容，就像洞穴本身一樣令人吃驚。人類文明並不是在進步，而是在退步。從某個基準開始，接下來世代的文明生活程度，非但沒有進步，反而倒退。從大約西元前兩萬七千年到西元前一萬一千年，這種退化和人口縮減，達到了幾乎找不到他們居住遺跡的地步。假定是氣候因素，導致人類在一萬六千年內幾乎全部離開了這整個區域。

之後，大約在西元前一萬一千年，「聰明的人」帶著新的活力和令人無法置信的更高文化水準，再一次出現了。

就像是有一個看不見的教練，看到即將衰退的人類遊戲，於是派遣了更年輕、更優秀的運動員去替換掉老一代。

人類變成農民

遍及人類這幾百萬年的無始以來，人類還是自然的孩子；他們靠採集野外的果實、獵捕野獸、捉鳥或捕魚為生。但正當人類的定居地變得愈狹小，正當他們放棄了很多住處，正當他們使用的材料和創造的藝術品都快消失了——就在這時，突然、沒有任何原因、也沒有任何先例——人類成為了農民。

布雷德伍德（Robert J. Braidwood）和豪伊（B. Howe）合著《伊拉克庫德斯坦的史前科學

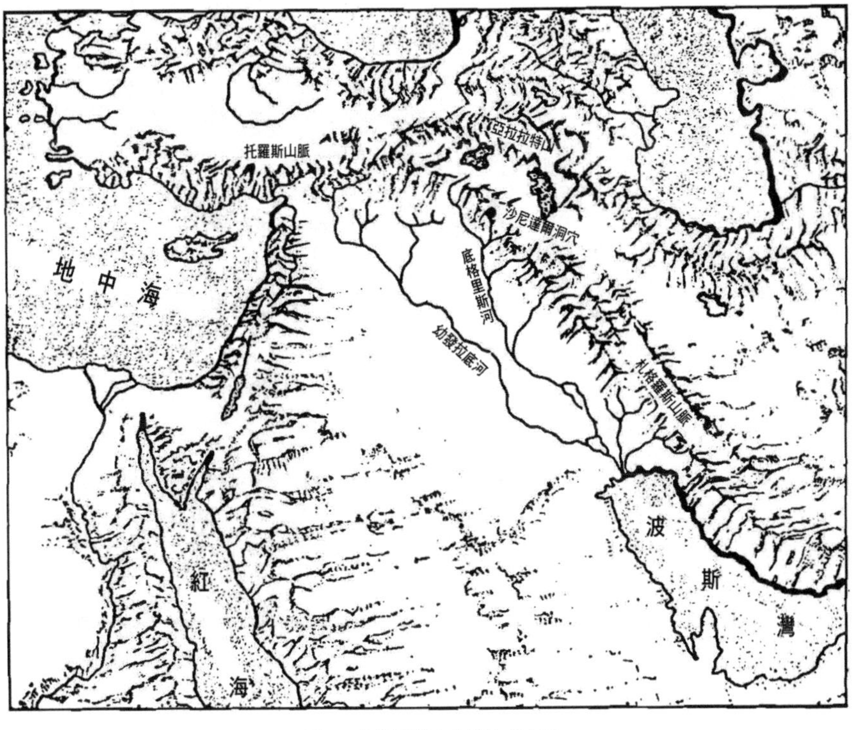

圖2　克羅馬儂人文明的分布圖

家》（*Prehistoric Investigations in Iraqi Kurdistan*）一書，總結了很多知名專家在這一課題上的研究成果，他們指出遺傳學可以佐證考古的發現，智人的原始文明出現的近東，也是農業開始發生之地。無疑的，農業就是從近東的山脈和高地這個弧形區域傳遍世界。

運用精密的放射性碳定年法和植物基因方法，許多來自不同科學領域的學者一致認為，人類最初的耕作物是小麥和大麥，可能是透過馴化野生型二粒小麥得到的。假設人類的確經歷了一個漸進的過程，教會自己如何馴化、栽種並耕作野生植物，但學者仍然困惑：為什麼近東不斷產出能滿足人類生存的其他大量作物和穀類？這些一個個出現的有用作物，包括小米、黑麥和二粒小麥等食用穀類；可以提供纖維和食用油的亞麻；還有能夠結果的灌木和樹。

每個例子都顯示，這些在近東被馴化的植物，比在歐洲早了千年以上。近東就像是某種植物基因實驗室，在某隻看不見的手的指揮下，很有效率的生產出各種剛被馴化的植物。

研究葡萄藤起源的學者指出，這種植物的種植始於美索不達米亞北部周圍的山區，以及敘利亞和巴勒斯坦。難怪，《舊約》告訴我們挪亞在洪水退去後將方舟停靠在亞拉拉特山，「栽了一個葡萄園」（《創世記》9：20）——甚至還用那些酒把自己灌醉了。就像這些學者一樣，《聖經》用另一種方式指出，藤類植物種植的開端是在美索不達米亞北方的山區裡。

蘋果、梨、橄欖、無花果、杏、開心果、胡桃——所有這些都源自近東，並由此傳入歐洲和世界其他地方。的確，我們忍不住想起《舊約》比學者早了幾千年，就確定那裡是世界第一座果園：「耶和華上帝在東方的伊甸立了一個園子……耶和華上帝使各樣的樹從地裡長出來，可以悅人的眼目，其上的果子好作食物。」（《創世記》2：8—9）

與《聖經》同時代的人們，當然知道伊甸園的大概位址。它「在東方」——在以色列的東方。這塊陸地有四條主要河流經過，其中兩條就是底格里斯河與幼發拉底河（編按：《聖經》中有四條河流經伊甸園，底格里斯河依其希伯來名稱譯為希底結河，幼發拉底河是伯拉大河，其餘兩條是比遜河和基訓河）。毫無疑問的，《創世記》確定了世界第一座果園是在美索不達米亞平原這些河流發源的東北高地上。《聖經》和科學達成了完全的共識。

事實上，如果我們將《創世記》中關於希伯來起源的文字當作科學文獻而非神學文本來研讀的話，我們會發現，它同樣精確的描述了植物馴化的過程。科學告訴我們，這個過程是由野草變為野生穀類、再到可耕種穀類，接著是會結果的灌木和樹。這個過程完全和《創世記》第一章相同：

> 上帝說：「地要發生青草和結種子的菜蔬，並結果子的樹木，各從其類，果子都包著核。」事就這樣成了。於是地發生了青草和結種子的菜蔬，各從其類；並結果子的樹木，各從其類；果子都包著核。（《創世記》1：11—12）

《創世記》接下去描述，人類從伊甸園中被趕了出來，必須長時間辛苦耕種他們的食物。「你必汗流滿面才得糊口，」上帝是這麼對亞當說的。在此之後，「亞伯是牧羊的；該隱是種地的」。《聖經》告訴我們，人類在成為農民之後，很快就成為了牧羊人。

學者對《聖經》中記載的這些事件十分認同。分析過大量動物馴化理論的佐伊納（F. E. Zeuner）在《動物的馴養》（*Domestication of Animals*）一書中強調，人類不可能「在社會組織還未到達一定規模的前提下，就把動物關起來或馴化了」。固定的社會組織是馴化動物的先決條件，也是農業發展的轉捩點。

狗是最先被馴化的動物，但一開始不一定就是人類最好的朋友，也有可能人類是為了食用而馴化牠們。這大約發生在西元前九萬五千年。在伊朗、伊拉克和以色列，發現了第一批狗的殘骸。

羊幾乎是在同一時間被馴化的。沙尼達爾洞穴中就有西元前九千年的羊骨殘骸，並顯示出有大量的羊被做成食物和皮革。可以提供奶的山羊，很快也被馴化了。還有豬，以及有角的牛和無角的牛，都接著被馴化了。

在每一個例子中，都是從近東開始馴化的。

中石器時代、新石器時代的興衰

人類發展中的一次劇變，發生在大約西元前一萬一千年的近東（歐洲在兩千年後也發生了），舊石器時代結束了，一個新時代開始了，學者稱為中石器時代（Mesolithic age）。

這個名字很恰當，因為它提到了人類的主要工具還是石頭。他們在山區的住所仍然是石頭築成的，這使他們的社會處於石牆的保護下。

第一個農業用具——鐮刀——也是石頭做成的。他們紀念和保護死者的方式是用石頭蓋住墳墓；他們還把石頭做成他們心目中的最高存有，或是對生活及生產有利的「諸神」。有一個在以色列北部出土，確定是西元前九千年的雕像，似乎是一位「神」，不但戴著條紋頭盔，還戴著某種「護目鏡」（見圖3）。

總的來看，從西元前一萬一千年起的這段時期，不只是中石器時代，還是馴化時代。人類僅僅經過了三千六百年——似乎一夜之間就

圖3　頭戴條紋頭盔和護目鏡的神

有了無數的開始——成為農民，接著植物和動物都被馴化了。接著，又是一個新時代的到來。學者稱為新石器時代（Neolithic age）。最大的突破則發生在西元前七千五百年，陶器出現了。

學者仍然為陶器出現的原因感到困惑——但當我們揭露史前發生的故事，將會變得清楚——西元前一萬一千年之後，有幾千年的時間，人類朝向文明的進程一直限制在近東高地。人類文化衰落的同時間，也發現了多種以黏土製成的人像，從他們山上的居所，放到較低的泥谷裡。

西元前七千年，在近東弧形文明圈中充滿了黏土和陶器文化，由此誕生了許多器皿、飾物及小型雕塑。西元前五千年，近東製作的黏土和陶器作品具有很高的品質和驚人的設計。

但再一次，發展放慢了。考古證據顯示，西元前四千五百年，衰退又包圍了這裡，陶器變得簡單，石製器皿——石器時代的遺物——再度成為主流。人們居住地點也開始減少，一些曾經是陶器和黏土製造中心的地方被遺棄了。而且相當明顯的是，黏土製品的消失。詹姆斯．梅拉特（James Melaart）在《近東的早期文明》（*Earlies Civizations of the Near East*）一書中指出「這裡有普遍的文化衰竭」，一些地點顯然標誌著「新受挫期」。

人類和其文化，顯而易見的衰退了。

接著，再一次突然、無法預料、且難以想像的，近東重新發展了可能是最偉大的文明，而這個文明讓我們從此扎根下來。

那隻看不見的手，再一次將人類從衰退中拯救出來，並將之放到更高層次的文化、知識和文明中。

2・突如其來的文明

很長一段時間以來，西方人認為他們的文明來自希臘和羅馬。但希臘哲學家卻常說他們來自於更古老的源頭。後來，從埃及回到歐洲的旅行家，描述埃及那些宏偉莊嚴的金字塔，以及一半被埋在沙裡的神廟，被一個叫做斯芬克斯（Sphinx）獅身人面像的巨石怪物守護著。

西方文明源於近東

一七九九年，拿破崙到達埃及時，他帶著學者研究、試圖解釋這些古代奇蹟。拿破崙的一位軍官發現，靠近羅塞達（Rosetta）的地方有一塊石碑，是西元前一九六年刻立的，上面用古埃及象形文字和另外兩種文字雕刻了一段詔書。

對古埃及文字和語言的解讀，以及考古學的成就，顯示早在希臘文明之前，埃及就有很高的文明。依據埃及的紀錄，大約西元前三千一百年，埃及人就有皇室和王朝，比希臘文明早了整整兩千年。希臘在西元前五世紀到四世紀才進入了黃金時期；與其說希臘是起源者，不如說是後繼者。

那麼我們文明的起源是在埃及嗎？

這貌似是一個較為合乎邏輯的結論，但事實卻非如此。希臘學者的確描述過拜訪埃及，但他們說的知識來源卻在另一個地方被找到。愛琴海的前希臘文明——克里特島（Grete）上的邁諾安（Minoan）文明和希臘本土的邁錫尼（Mycenaen）文明——顯示承繼的是近東文化，而不是埃及文化。敘利亞和安納托利亞（Anatolia）是一個早期文明通向真正希臘文明的主要通道，而非埃及。

值得注意的是，多利安人（Dorian）入侵希臘，以及以色列人逃離埃及、後來入侵迦南，幾乎是在同一時間發生的（**大約西元前十三世紀**），閃族文化和古希臘文化的相同之處不斷增加令學者著迷不已。戈登（Cyrus H. Gordon）教授著有《被遺忘的文字》（*Forgotten Scripts*）和《邁諾安語言的證據》（*Evidence for the Minoan Language*），開創了一個新的研究領域，他認為早期邁諾安書寫的線型文字A，代表的是一種閃族語言。他推論：「希伯來文明和邁諾安文明的模式（**從內容辨別的話**），充滿非比尋常的相似性。」他指出，可從很多島嶼的名稱來看。例如克里特島，邁諾安文明拼為**Ke-re-et**（**意思是築有城牆的城市**）；在希伯來文中，意思也是如此；而且也有和閃族神話中克里特之王相對應的故事。

甚至希臘的字母表，也就是拉丁文和現在其他語文的字母源頭，也是源自於近東。古代希臘歷史學家曾寫道，一個名叫卡德摩斯（Kadmus）的腓尼基人帶給了他們字母表，和希伯來字母不但數目相同，連順序也一樣。這是在特洛伊戰爭發生時，希臘唯一的字母表。西元前五世紀，詩人西莫尼德斯（Simonides of Ceos）把字母增加到二十六個。

希臘文和拉丁文，以這種方式成為了我們整個西方文化的基礎。透過對比各種名詞與符號，甚至對比更早之前的近東字母表和之後的希臘和拉丁文，都可以輕鬆證明它們源於近東。（**見圖4**）。

當然，學者意識到，希臘與近東在西元前一千年的接觸，隨著西元前三三一年，馬其頓的亞歷山大大帝打敗了波斯帝國，而告終結。希臘文化記錄了很多關於波斯人以及他們國土（**也就是**

希伯來字母名稱
迦南—腓尼基語
早期希臘
晚期希臘
希臘字母名稱
拉丁字母
Aleph
Alpha
A
Beth
Beta
B
Gimel
Gamma
C G
Daleth
Delta
D
He
E(psilon)
E
Vau
Vau
F V
Zayin
Zeta
Heth
(H)eta
H
Teth
Theta
Yod
Iota
I
Khaph
Kappa
Lamed
Lambda
L
Mem
Mu
M
Nun
Nu
N
Samekh
Xi
X
Ayin
O(nicron)
O
Pe
Pi
P
Ṣade
San
Koph
Koppa
Q
Resh
Rho
R
Shin
Sigma
S
Tav
Tau
T

圖4　源於近東的字母表

今天的伊朗）的資訊。根據居魯士、大流士、薛西斯等波斯國王的名字，以及他們信仰的女神名字來判斷，都是屬於印歐語系的，學者推論他們是來自裡海附近的阿利安人。一直到西元前二世紀最後，阿利安人向西到達了小亞細亞，向東到達了印度，向南到達了《舊約》中提到的「歸與米底亞人和波斯人」。（《但以理書》5：8）

並不是都這麼簡單。儘管這些入侵者假定具有外來血統，《舊約》視他們為聖經事件的重要部分。例如：居魯士是「耶和華的受膏者」——這是希伯來神和一個非希伯來人之間的奇怪關係。《舊約．以斯拉記》說，居魯士收到了在耶路撒冷重建神廟的任務，便按照耶和華的要求開始了行動。他稱耶和華為「天上的上帝」。

居魯士以及其他波斯國王自稱為阿契美尼德（Achaemenids）——得名於王朝創建者阿契美尼斯（Hacham-Anish）。這個稱號並不屬於印歐語系，完全是閃族語系，意思是英明之主。一般來說，學者忽略了研究耶和華與阿契美尼德神（英明之主）之間的諸多共同點。在大流士的皇族印章中，可以看到阿契美尼德神待在一個有翅膀的球中，並在空中盤旋（見圖5）。

巴比倫帝國與亞述帝國

古波斯文明的根基，可以追溯到更早的巴比倫帝國和亞述帝國。那些古代證據裡出現的文字形符號，一開始被認為只是裝飾用的設計圖案。一六八六年，英伯格．凱普費爾（Engelbert Kampfer）造訪了古波斯帝國波斯波利斯（Persepolis）城市，他用「楔形」描述這些圖案，從此這些文字就叫做楔形文字。

當人們努力的破譯這些古代文字時，越來越清楚的發現，這些文字跟兩河流域之間的美索不達米亞平原及高地上出土的人造物品與碑刻上的文字，屬於同一種文字。保羅．艾米利．博

圖5　阿契美尼德神待在一個有翅膀的球中

塔（Paul Emile Botta）基於這些零散發現的興趣，在一八四三年進行了第一次有目的性的挖掘。他在美索不達米亞北部，靠近現在的摩蘇爾（Mosul），現今伊拉克的科爾沙巴德（Khorsabad），選擇了一個地點。博塔根據楔形文字，把該地叫做杜莎魯金（Dur Sharru Kin）。這是閃族文字，是希伯來文的近親語言，意思是正直國王的築有城牆的城市。我們的教科書上稱這位國王是薩貢二世（Sargon II）。

這位亞述國王的城市中心是一座宏偉的皇家宮殿，宮殿牆上刻滿了精美的浮雕。如果將它們首尾相連，長度超過了一英里。對於整個城市甚至是宏偉的皇家庭院而言，廟塔（ziggurat）更顯得居高臨下，它呈階梯狀，頂部有神殿，是供神靈「通往天國的階梯」。（見圖6）

城市的布局以及那些浮雕，描繪著一種宏偉的生活規模。宮殿、神廟、房屋、馬廄、倉庫、高牆、城門、圓柱、飾物、雕塑、藝術品、高塔、防禦牆、露臺、花

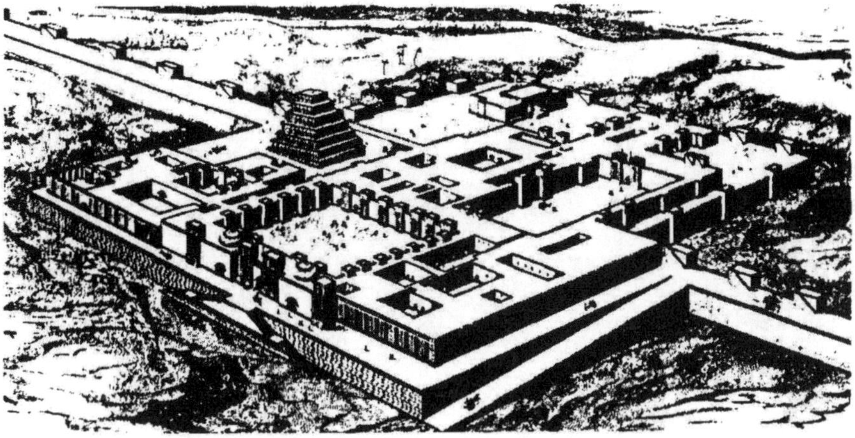

圖6　杜莎魯金的廟塔

園——所有這一切都在短短五年之內竣工。喬治・康特納（Georges Contenau）在《巴比倫和亞述的日常生活》（*La Vie Quotidienne à Babylone et en Assyrie*）一書寫道：「一個充滿想像力和潛力的帝國，可以在一段很短的時間內做到如此之多。」是的，哪怕是在三千年前。

相較於法國的博塔，英國人奧斯丁・亨利・萊亞德（Austen Henry Layard）爵士，則把挖掘位置選在了比科爾沙巴德更遠的地方，那裡位於底格里斯河十英里左右。當地人叫做庫雲吉克（Kuyunjik），曾經是亞述的首都尼尼微（Nineveh）。

《聖經》中的名字和事件開始進入現實了。尼尼微是亞述帝國最後三位大帝西拿基立（Sennacherib）、以撒哈頓（Esarhaddon）和亞述巴尼帕（Ashurbanipal）的皇都。在《舊約》裡，《列王紀》是這麼講的：「希西家王十四年，亞述王西拿基立上來攻擊猶大的一切堅固城，將城攻取。」（《列王紀下》18：13）當耶和華的使者懲擊他的軍隊時，「亞述王西拿基立就拔營回去，住在尼尼微」。（《列王紀下》19：36）

西拿基立和亞述巴尼帕在尼尼微建造的宮殿、神廟以及工藝品，都超越了薩貢。以撒哈頓的宮殿遺址無法挖掘，因為現在那裡有座穆斯林的清真寺，而且據說下面埋葬了先知約拿，他因為拒絕將耶和華的訊息帶去尼尼微而被鯨魚吃了。

萊亞德曾研讀過古希臘文獻，其中一段記載著一名亞歷山大軍官看見了「一個有很多廟塔和古代城市遺跡的地方」——一座在亞歷山大時代就被埋葬的城市！當然，萊亞德隨即就去把它挖了出來，經證明，那裡是尼姆魯德（Nimrud），亞述的軍事中心。就是在這個地方，撒縵以色二世（Shalmanester II）造了一座方尖塔來記錄他的戰功。該塔現今收藏於大英博物館，塔上列了被迫進貢的眾多國王，其中一位是「耶戶，暗利之子，以色列之王」。

再一次，美索不達米亞出土的文獻和《聖經》上的內容不謀而合！

越來越多的考古發現證明了《聖經》的記載，這是一件讓人震驚的事情。研究亞述的學者再一次回到了《創世記》的第十章。尼尼微的創建者寧錄，「在耶和華面前是個英勇的獵戶」——那個所有美索不達米亞王國的創始人被如此形容。

> 他國的起頭是巴別、以力、亞甲（編按：《和合本》還有甲尼），都在示拿地。他從那地出來往亞述去，建造尼尼微、利河伯、迦拉，和尼尼微、迦拉中間的利鮮，這就是那大城。（《創世記》10：10—12）

那裡確實有個土墩，當地人叫做迦拉（Calah），在尼尼微和尼姆魯德之間。在一九〇三到一九一四年，由安德雷（W. Andrae）帶領的考古隊挖掘了這個區域，他們發現了亞述的遺跡，那裡是亞述的宗教中心，也是亞述最早的城市。所有在《聖經》中提到過的亞述城市，只有利鮮還沒有被找到。利鮮的意思是馬的籠頭，也許它是亞述皇家馬廄的地點。

與亞述重見天日同時發生的，是由考得威（R. Koldewey）帶領的考古隊完成了巴比倫——

《聖經》中的巴別——的挖掘工作，那是一個巨大的地方，內有宮殿、神廟、空中花園，以及不可或缺的廟塔。短時間內，考古發掘和文獻資料將巴比倫和亞述這兩個強盛的美索不達米亞帝國公諸於世，一個雄霸南部，一個佇立北方。

強盛和衰落，戰爭與和平，組成了一個一千五百年的高度文明。它們都在西元前一千九百年興起。亞述和尼尼微最後都被巴比倫滅亡，分別是西元前六一四年和西元前六一二年。正如《聖經》裡的先知所預言的那樣，巴比倫也有一個不光彩的終結，在西元前五三九年被居魯士占領。居魯士建立了波斯第一王朝：阿契美尼德帝國。

雖然亞述與巴比倫在整個歷史中互為對手，相互競爭，但它們的文化和使用的材料卻沒有什麼太大的差別。即使亞述人稱呼他們的主神為阿舒爾（Ashur，意思是全視），而在巴比倫人稱呼其主神為馬杜克（Marduk，意思是淨土之子），但他們的眾神實際上卻很相似。

世界上許多博物館都收藏著一些在亞述和巴比倫出土的貴重古物，像是儀門，有翅膀的公牛，精細製作的淺浮雕，以及戰車、工具、器皿、珠寶、雕像，和其他一些用任何你能想像的材料製作出來的東西。但真正的寶藏其實是這些王國的文字紀錄：用楔形文字書寫的成千上萬的銘文，其中包括了有關宇宙的神話、史詩、國王歷史、神廟紀錄、商業契約、婚姻和離婚紀錄、天文表、星座占卜、數學公式、地理表單、文法和詞彙教科書，以及對他們來說較為重要的神的名字、氏族、稱號、事蹟、能力和職責。

聯繫亞述與巴比倫文化、歷史和宗教的共同語言是阿卡德語，這是第一個得知的閃族語系，與希伯來語、亞拉姆語、腓尼基語、迦南語相似，但又出現得更早。但是，亞述人和巴比倫人並沒有創造這種語言或是字體；的確，很多出土的碑刻上都標明，他們是從另一個更古老的源頭學到這門語言的。

那麼，是誰發明了楔形文字這門語法周密、詞彙豐富的語言呢？那個「更早的源頭」是什麼？而且，為什麼亞述人和巴比倫人都稱之為阿卡德語？

讓我們再一次注意《創世記》的內容：「他國的起頭是巴別、以力、亞甲。」亞甲——難道在巴比倫和尼尼微之前真有這樣一座城市嗎？

阿卡德王國

在美索不達米亞的考古挖掘工作為此提供了強有力的證據，確實曾有一個阿卡德（亞甲）王國，是由一個更早的統治者建立，他自稱是舍魯金（sharrukin，意思是正直的統治者）。他在碑文上聲稱，在恩利爾（Enlil）神的榮光下，他的帝國疆域從下海（波斯灣）一直延展到上海（據信是地中海），他自誇「在阿卡德的碼頭上停滿了從各個遙遠地區駛來的船隻」。

學者對此充滿敬畏：他們遇見了一個在西元前三千多年就建立的美索不達米亞帝國！從杜莎魯金的亞述薩貢王到阿卡德的薩貢王之間，跨越了兩千多年。從挖掘出來的文物來看，涉及文學、藝術、科學、政治、商業和通訊等各個領域。不得不承認，這是一個成熟的帝國，而且早在巴比倫和亞述之前。此外，它顯然還是後來的美索不達米亞文明的先祖和源頭，巴比倫和亞述僅僅是阿卡德文明這個樹幹上的枝條而已。

如此，一個古代美索不達米亞文明之謎更深了，幸而，記載著阿卡德薩貢王功績和族譜的文獻及時發現。其中內容提到了他的稱號「阿卡德之王，基什（Kish）之王」；其中解釋他在繼任阿卡德的王座之前，是「基什統治者們」的顧問。就是這裡讓學者自問：會不會還有一個在阿卡德之前更早的文明，叫做為基什？

再一次，《聖經》經文獲得了重大意義。

> 古實又生寧錄，他為世上英雄之首。他在耶和華面前是個英勇的獵戶……他國的起頭是巴別、以力、亞甲。（《創世記》10：8—10）

許多學者都猜測阿卡德的薩貢王是《聖經》中的寧錄。如果將基什（Kish）讀成《聖經》中的古實（Kush），那似乎寧錄之前的確是基什。學者於是開始照字面逐字逐句的解讀其他文獻：「他擊敗了烏魯克（Uruk），並擊毀了它的牆……他是與烏爾（Ur）人之戰的勝利者……他擊敗了整個像海一樣大的拉格什（Lagash）。」

《聖經》中的以力，是不是正是薩貢王筆下的烏魯克呢？隨著現今叫做瓦爾卡（Warka）的遺址出土，我們知道的確如此。而且薩貢王所提到的烏爾，指的不是別的，正好是《聖經》裡所說的吾珥，美索不達米亞平原上亞伯拉罕的出生地。

考古發現不僅印證了《聖經》上的記載，還可以肯定，甚至在西元前三千年之前的美索不達米亞平原上就有王國、城市和文明。唯一的問題是：要找到第一個文明王國需要回溯多遠？

解開這個難題的是另一種語言。

第一個文明王國在蘇美（示拿地）

學者很快承認，不僅僅是希伯來、《舊約》中的名稱有所意義，貫穿整個古代近東都是如此。亞甲、巴比倫、亞述的所有人名、地名都有意義，但在阿卡德的薩貢王之前的國王名字可沒有這樣的屬性：這些薩貢王是叫做Urzababa的顧問：統治以力的國王則叫Lugalzagesi等等。

一八五三年，亨利・羅林森（Henry Rawlinson）爵士在對皇家亞洲學會演講中指出這些名字既不屬於閃族語系、也不屬於印歐語系；的確，「他們似乎屬於某種未知的語言或人種」。但如果名字真有內在的意思，那麼，能夠解釋這種意思的語言又是什麼呢？

學者重新審視了阿卡德碑文。基本上，阿卡德楔形文字是由音節組成的：每個標誌都代表著一個完整的音節。但那些文字卻又大量應用了很多不表音節、卻直接表達意思的詞彙，比如：神、城市、國家或生命、崇高。對這種奇特現象唯一可能的解釋是，這些符號是一個更早期的象形文字寫法的遺留物。那麼，在阿卡德文之前，肯定有另外一個類似於埃及聖書體的書寫方法。

很快的，這涉及了一種顯然是更早的語言，而不僅僅是書寫方式。學者發現，很多阿卡德文獻和紀錄中都使用了大量的外來字——從另一門語言借用的詞彙（這種方式就像是一個現代的法國人也要從英文中借取週末〔weekend〕一詞）。這在科學和技術的術語中表現尤為突出，還有，在處理神及天堂的事情裡顯得同樣醒目。

在阿卡德文獻中最偉大的發現之一，是一座由亞述巴尼帕王修建於尼尼微的圖書館廢墟，萊亞德和他的同事在那裡運出了兩萬五千多條碑刻，其中許多都是由當時的文士所寫，作為「古文本」的副本。在一組二十三個的碑刻結尾處有這樣的標注：「第二十三支碑刻：蘇美的語言沒有改變。」另一個碑刻上有亞述巴尼帕王親自寫下的讓人費解的標注：

> 文士之神將他的藝術和知識作為禮物贈予我。我被傳授了寫作的祕密。我甚至能夠讀懂來自蘇美人的碑刻；我明白石頭裡的神祕文字，它們刻於大洪水之前。

亞述巴尼帕王自稱能讀懂「蘇美人」的碑刻，還說能看懂大洪水之前記錄下來的文字，但這一事實只是讓謎團更大了。一八六九年一月，朱爾斯．奧波特（Jules Oppert）向法國古幣學及考古學學會提出，他發現一個比阿卡德語言和人類更早的存在。他指出，美索不達米亞的早期統治者透過使用「蘇美及阿卡德的王」來宣告自己的正統性，他建議將那些人叫做蘇美人，並將他們的土地叫做蘇美。

除了讀名字時發錯了音——它應該是Shumer，而不是蘇美（Sumer）——奧波特都是對的。蘇美不是一個神祕、遙遠的土地，而是早期美索不達米亞南部的名字，就像《創世記》中清楚的標注一樣：巴比、以力、亞甲的皇城「都在示拿地」。而示拿地（Shinar）是《聖經》裡對蘇美的稱呼。

一旦學者接受這些論點，道路就豁然開朗了。與「古文本」相關的阿卡德文獻變得充滿了意義，而且學者很快便承認，那些寫有大量文字的碑刻，實際上是阿卡德—蘇美的字典和辭典，是亞述人和巴比倫人為了方便學習他們的第一個語言（即蘇美語）所準備的。

如果沒有這些很久之前的字典，那我們離閱讀蘇美文還差得很遠。在它們的幫助下，一個龐大的文學和文化寶藏向我們敞開大門。還有一點也變得清楚了，就是蘇美文中那些早期象形文字，從在石頭上豎排刻寫變成了橫著書寫。後來，在軟泥做成的碑刻上用楔形風格的文字寫作，逐漸被阿卡德人、亞述人、巴比倫人和其他一些古代近東國家的人們接受。（見圖7）

對蘇美語言和文字的解讀，使人們認識到了蘇美人和他們的文化是阿卡德—巴比倫—亞述成就的源頭，這促使學者對美索不達米亞南部展開考古調查。現在所有的證據都顯示，這裡就是這一切的開端。

蘇美王朝

第一個主要針對蘇美人的考古挖掘，從一八七七年開始，由法國考古學家組織；從這個單一地點中發掘出的文物之多，以至於其他人在這裡繼續挖掘到一九三三年都沒有完成。

當地人叫這裡泰洛赫（Telloh，意思是土墩），這裡被證明是一座早期的蘇美城市和皇都，

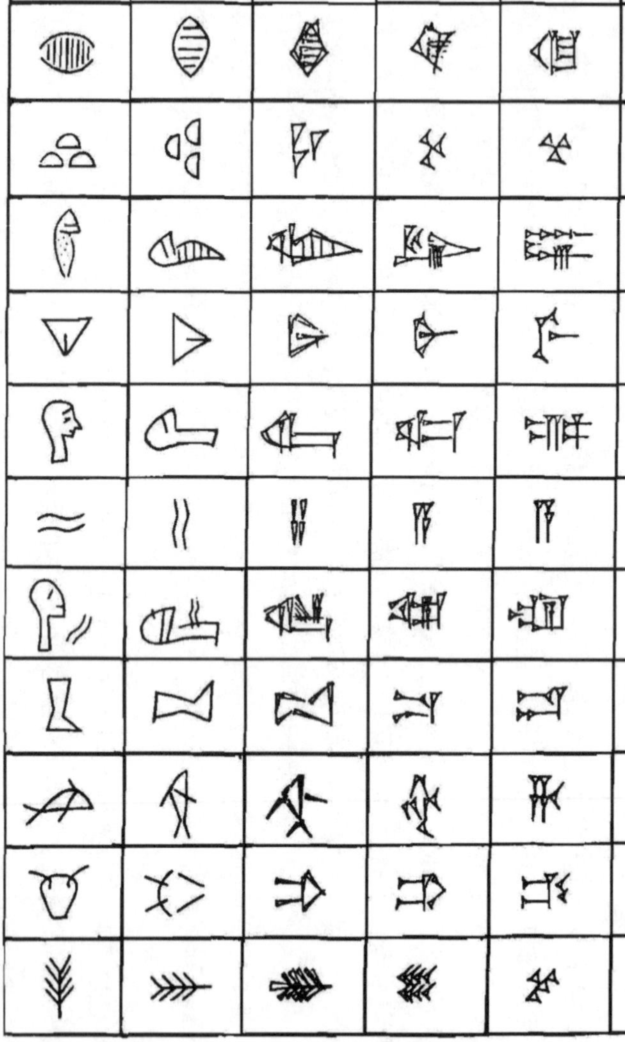

蘇美文字			楔形文字		發音	含義
原初	變化	古體	共通	亞述文		
					KI	大地
					KUR	山
					LU	家庭的、男人
					SAL MUNUZ	女陰、女人
					SAG	頭
					A	水
					NAG	飲用
					DU	行走
					HA	魚
					GUD	野牛、公牛、強壯
					SHE	大麥

圖7　蘇美文字與楔形文字

也就是阿卡德的薩貢自吹自擂的拉格什。其統治者使用了和薩貢相同的稱號。唯一不同的是，他們使用的是蘇美語言EN.SI（意思是正直的統治者）。他們的王朝在大約西元前兩千九百年開始，持續約六百五十年。在這段時間裡，有四十三個「正直的統治者」當政，他們的名字、族譜，以及執政的年分都被完整記錄下來。

這些文獻向我們透露了許多資訊。他們向神的禱告，例如「讓穀物發芽生長帶來豐收……讓澆過水的植物長出糧食」，是農業和灌溉的很好證據。刻字的杯子以「穀倉的守護人」榮耀女神，這無疑在暗示：他們的糧食是經過計算並貯存起來的，也可能用於貿易。

一個名叫恩納圖姆（Eannatuma）的「正直的統治者」，在泥磚上留下了一段話（見圖8），這清楚表示這些統治者只要獲得了諸神的批准，就可以繼任王座。他也記下對其他城市的征服，這暗示我們在西元前三千年開始時，蘇美就已經有很多城市。

恩納圖姆的繼承人恩鐵美那（Entemena）寫道，他曾修建過一座神廟，並以黃金裝飾。那裡不僅建造了花園，還修了一些很大的磚口井。他還自豪的描述，他們築造了一個有瞭望塔和各種設施的要塞，專門用於看管入塢的船隻。

古蒂亞（Gudea）是

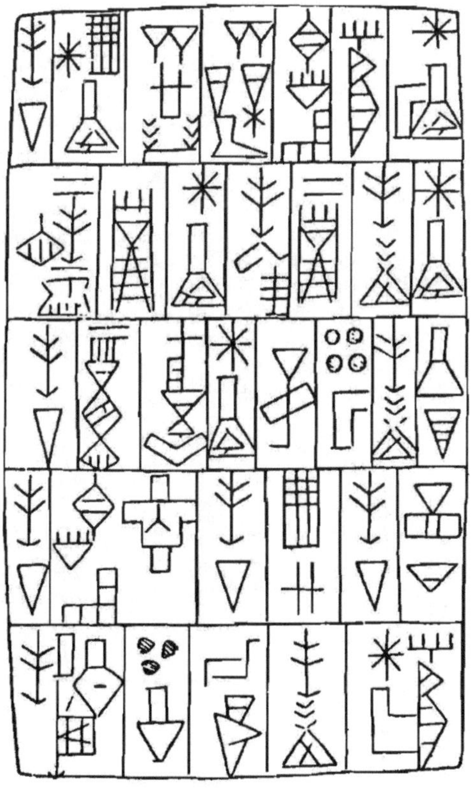

圖8　恩納圖姆的碑文

拉格什相對有名的統治者之一。他擁有大量自身塑像，全都用來表示他在諸神面前的祈禱和奉獻。這可不是裝出來的：古蒂亞確實是把自己奉獻給了寧吉爾蘇（Ningirsu），那是他們最重要的神，為之建造和重修了許多神廟。

許多古蒂亞的碑文都表示，為了尋找精美的建築材料，他得到來自非洲及安納托力亞（小亞細亞的舊稱）的黃金、托羅斯山脈的白銀與銅、黎巴嫩的杉木、亞拉拉特山的其他木材、埃及的閃長岩、衣索比亞的瑪瑙，還有從其他一些學者尚未考證過的地方取得的其他材料。

圖9　烏爾南姆與他的神

當摩西在沙漠中為上帝修建「居所」時，他遵照上帝提供他的設計。所羅門王在耶路撒冷修建第一座神廟時，上帝「賜給他智慧」。先知以西結透過一種「上帝的異象」，見到一人「顏色如銅，手拿麻繩和量度的竿，站在門口」，得到了修建第二座神廟的詳細計畫。烏爾的統治者之一烏爾南姆（Ur-Nammu），在幾千年之前描述，他的神命令他為其修建一座神廟，不僅給了他很實用的操作指南，還讓他拿著一根測量杆和包金箔的繩子工作（見圖9）。

在摩西之前兩百年，古蒂亞也做過同樣的事。他將其記錄在一篇很長的文獻中。那棟需要他完成的建築物，透過某種神聖的視覺傳給了他。「一個發光的人，耀眼得如天堂」，在他旁邊「是神的鳥」，「指揮我修建他的神廟」。這個「人」，「從他頭上的王冠來看，顯然就是神」，也就是後來被稱為寧吉爾蘇

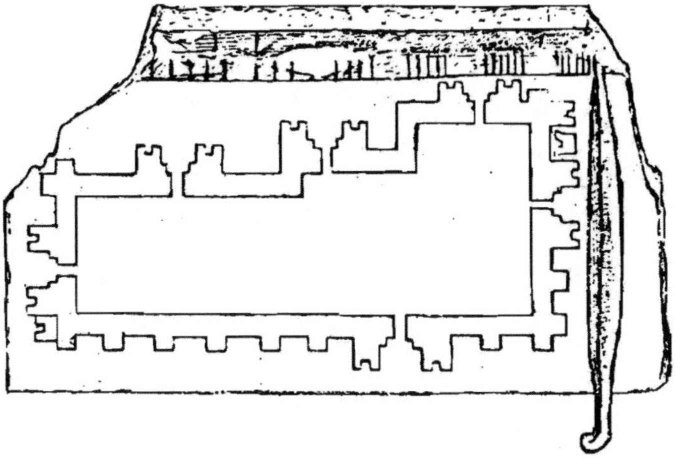

圖10　神廟的平面圖

的神。和他一起的是一位女神，「拿著令人喜愛的天堂之星的碎片」；她的另一隻手「拿著一枝神聖的尖筆」，她告訴古蒂亞「這是她喜愛的星球」。第三個「人」，也是一位神，他手上拿著一個寶石的碎片，「修建神廟的計畫就在那裡面」。有一個古蒂亞的雕塑，描述他是坐姿，膝蓋上放著這個碎片；在這個碎片上可以清楚的看見神的計畫。（見圖10）

雖然有那樣的智慧，古蒂亞還是覺得這些建築的設計匪夷所思，便向一位能夠翻譯神的訊息的女神求教。她向他解釋了這些建築的設計、尺寸，以及需要使用的材料大小。之後古蒂亞雇了一個男性「占卜師、決策者」和一個女性「祕密尋覓者」來選址，定在這座城市的郊外，也就是神所希望的建造地點。接著古蒂亞又派了二十一萬六千人建造。

古蒂亞的疑惑是很可以理解的，因為這張簡單的「平面圖」似乎沒有給他建立一座複雜的七層廟塔必要的資訊。一九〇〇年，比勒貝克（A. Billerbeck）於在《古東方》（*Alte Orient*）一書，已經部分破解了這座神性建築設計。古代的繪圖中，即使是部分損壞的塑像，也是由垂直線所組成的，其數量隨著它們之間的空間增大而減少。這表示，神性的建築師們只需要一張平面圖，配合七種不同規模尺度，就可以得到七層廟塔的完整說明。

有人說過，是戰爭刺激了人類科技和材料的突破。但在古蘇美，似乎是神廟建築事業刺激了他們的人民和統治者不斷掌握新科技。要成功完成這些建築的前提，是要準備一份很好的建築計畫，組織並供養一群龐大的勞力，軋平或抬高地面、澆鑄磚塊、搬運巨石、從遠方取得及運來稀有金屬和其他材料、澆鑄金屬、製造器皿和飾物。很明顯的，這些事業顯示出，這個在西元前三千年左右的高度文明已經進入了黃金時期。（見圖11）

蘇美的高度文明

早期蘇美傑出的廟塔建築，呈現出第一個人類偉大文明在物質成就的範圍和豐富上，只是冰山的一角而已。

此外，寫作的發明和發展，需要一個高度文明為基礎。蘇美人應該也發明過印刷術，比約翰·古騰堡（Johann Gutenberg）「發明」活字印刷術早了上千年。蘇美人運用已經做成各種不同象形符號的模子，就像我們用印章一樣在濕土上印下文字。

他們還發明了先進的旋轉式印刷機——圓筒印章印刷法。他們使用了極為堅硬的石頭，在一個小型圓柱體雕刻了反向的資訊或圖畫，然後當印章裏滿濕土時，會在泥上印出一個明顯的正面印記。這樣還可以保證文件的真實性：新的文件能夠立即印好，與舊版比較。（見圖12）

許多蘇美和美索不達米亞平原的文字紀錄，不僅與神及宗教有著必然關聯，同時又和記錄作物、測量田地及計算價格等日常工作相關。確實，沒有一個高度發達的文明，能在缺少先進的數

圖11　蘇美的廟塔

圖12　蘇美人的圓筒印章印刷術

學系統的情況下存在。

在蘇美數學系統中，叫做六十進位，結合了所謂「世俗的」十、與「天上的」六，而得到基數六十。這個數學系統在某些方面比我們現在的十進位系統還要好；無論怎麼說，它都優於後來希臘和羅馬的數學系統。六十進位法讓蘇美人能夠在數百萬的數目中進行除法和乘法，這大大提高了他們計算數字的能力。這不僅僅是我們所知道的第一個數學系統，還給了我們一個「空間」概念：比如，在十進位系統中，二可能變成二、二十或兩百（二乘以十、二乘以一百）；在蘇美人六十進位系統中，二則可能變成二或一百二十（二乘以六十），以此類推。（見圖13）

三百六十度的圓圈、一英尺和十二英寸，以及十進位，僅僅是蘇美數學系統殘留在我們現在日常生活中的幾個例子。同時，蘇美人在天文學上和曆法上的成就，就像他們的數學一樣，都將在未來得到更為密切的研究。

就像我們的經濟和社會體系——我們的書籍、法院和稅收紀錄、商業契約、結婚協議等——用紙筆記錄一樣，蘇美和美索不達米亞的生活則是用泥版。神廟、法庭和貿易所，都有文書人員用他們的方法記錄下那些協定、信件、計算價格，乃至於工資、土地大小和某個工程所需要的建材。

黏土對他們來說是一項非常重要的原料，用來製造日用器皿、儲存容器，以及運送貨物的工具。同樣，黏土也用來製作泥磚——蘇美人另一項「第一個」發明。泥磚使得人民的房屋、國王的宮殿，以及神祇的廟宇建設成為可能。

蘇美人有兩個技術上的突破，藉此可以使所有黏土產品都既輕巧又堅固：加強筋

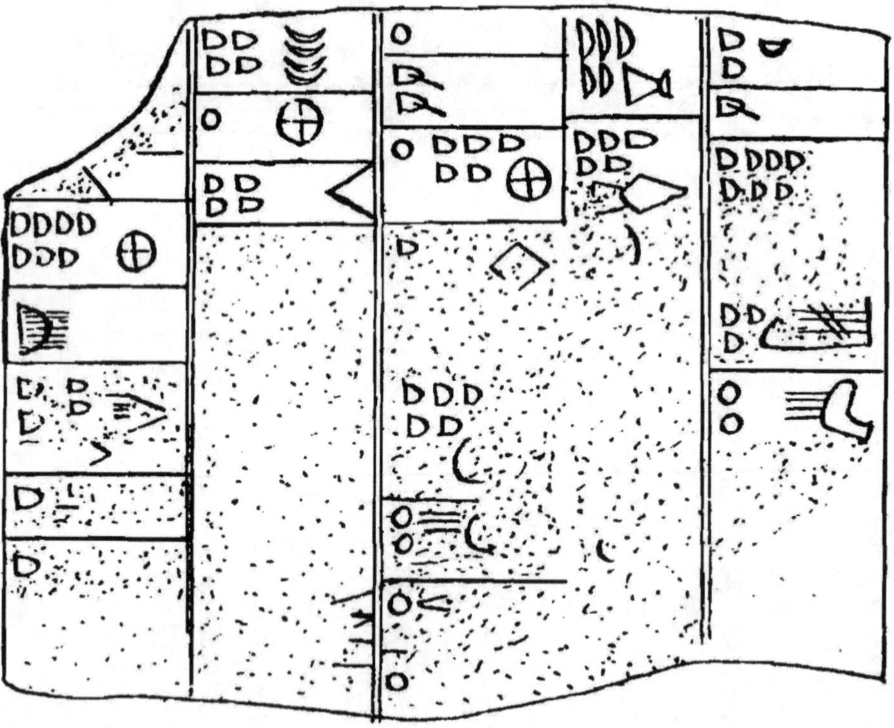

圖13　蘇美人的六十進位法

和窯燒。現代建築師知道加強筋的確是一種極為堅固的建材，是將水泥澆到帶有鐵棒的模型裡製成的；很久以前，蘇美人用削切好的蘆葦或稻草，把泥磚變得異常堅固。他們同樣知道可以透過在窯裡燒烤而使泥製品富有韌性和持久性。因為這些技術的突破，就像極具耐久性的陶器製品一樣，世界上第一座高樓和拱門出現了。

蘇美的冶金技術

窯的發明——可控制溫度的高溫火爐，不用冒著製成品被塵土或灰燼汙染的風險——促成了另一項技術突破的可能性：金屬時代。

可以推測，人類發現了他們可以將軟石——那些顯露在地表的金、銀、銅等化合物——打造成有用或令人喜歡的形狀。大約西元前六千年，第一個經敲打成型的金屬人造物件，在札格羅斯和托羅斯的高地上被發現。然而，當福布斯（R. J. Forbes）在《舊世界的冶金發源地》（*The Birthplace of Old World Metallury*）一書中指出：「在古代近東，本地提供的銅很快就用盡了，所以礦工只好把挖掘目標轉到礦石上。」這就需要尋找、挖取並碾碎礦石和提煉礦物的知識和能力。沒有先進的科技和窯形處理爐，是不可能明白和完成這個過程的。

冶金技術很快展現在把銅和其他金屬混合、鑄成合金的能力上，成功鑄造出具有可塑性、堅固、柔韌的新金屬，也就是我們所說的青銅。青銅時代這個新時代到來了。青銅時代是我們世界的第一個金屬時代，這也是美索不達米亞文明為現代文明帶來的貢獻。許多古代貿易都是金屬貿易；這也為美索不達米亞文明的銀行業和世界上的第一種錢幣——銀幣——的發展奠定了基礎。

蘇美人和阿卡德人對多種金屬與合金的發現，以及大量的技術術語都再一次表明，古代美索不達米亞的冶金學已經達到很高的水準。有一段時間，這個現象一直困擾學者，因為蘇美當地缺乏金屬礦產，但冶金學卻又如此明顯發源於此。

答案是能源。熔煉、精煉、混合金屬，以及鑄造，都少不了足夠供應窯、坩堝和熔爐燃燒的能源。美索不達米亞也許缺少了金屬礦產，但卻有大量的能源礦產，所以將金屬礦運送到這些能源礦區。就像很多文獻中所說的那樣，金屬是從很遠的地方運輸過來的。

促使美索不達米亞登上技術巔峰的能源是瀝青和柏油。美索不達米亞有很多裸露在地表上的自然石油成品。福布斯在《古代的瀝青和石油》（*Bitumen and Petroleum in Antiquity*）一書中表示，從更早以前一直到羅馬時代，美索不達米亞的地表上有古代世界最主要的能源。他的研究結論顯示，蘇美對這些石油成品的應用技術，從大約西元前三千五百年開始。的確，蘇美時代對這些物品的知識和屬性的掌握，比之後的很多文明都要強得多。

蘇美人廣泛應用這些石油成品，不僅僅把它們當作能源，也用於修路。這種建材能防水、填補漏洞、上漆，作為黏合劑，也很好成形。考古學家在對古代烏爾的調查中發現，它被埋葬在當地阿拉伯人稱作瀝青堆的一個土堆下。福布斯認為，蘇美語言中的術語衍生很多變形的詞彙，並散布在美索不達米亞各地。確實，在阿卡德語、希伯來語、埃及語、科普特語（Coptic）、希臘語、拉丁語和梵語中，對應瀝青和石油成品的詞彙，都可以很明顯的追溯到蘇美語。例如，石油最常見的詞彙**naphta**，是由**napatu**（意思是突然燃燒的石頭）轉變而來的。

當然，蘇美人對石油成品的應用，也是基於較為先進的化學技術。我們能夠斷定蘇美人擁有很高的知識，不僅因為他們使用了大量的顏料和油漆，以及玻璃製造，還因為他們能用寶石製作出驚人的工藝品。

蘇美的醫學成就

瀝青還被蘇美人用於製藥，製藥業也是蘇美人另一個高水準的領域。在已發現的數百份阿卡德文獻中，都廣泛使用了蘇美語中的醫療術語和用詞。這表示蘇美文明是美索不達米亞製藥業的發源地。

亞述巴尼帕在尼尼微圖書館裡，有一個專門的藥學部，其中的書籍分成三大類：療法、外科手術、支配與符咒。早期的法律還規定如果手術成功了，需要支付給醫師的費用，而手術一旦失敗，醫師需要接受的懲罰：一個外科醫師用一把柳葉刀為病人的太陽穴開刀，這時如果發生意外導致病人失去眼睛的話，那醫師也必須失去這隻手。

一些在美索不達米亞的墳墓裡出土的骨骸，很明顯的曾經接受過腦部手術。一份部分缺損的醫療文獻，提到要切除「蓋在人眼睛上的陰影」，這多半是指白內障；另一份文獻提到使用切割器，如果「病魔侵入了骨頭，你需要刮除它」。

蘇美時代的病人可以在A.ZU（意思是水醫師）和IA.ZU（意思是油醫師）之間選擇。一個出土於烏爾的碑刻，擁有接近五千年的歷史，稱一名藥師為「露露（LuLu）醫師」。不僅如此，那時還有獸醫，被認為不是「牛醫」就是「驢醫」。

在格拉什找到一個相當古老的圓柱印章上，描繪了一對手術鑷子，屬於「烏努格爾蒂納（Urlugaledina）醫師」。這個印章同時還描繪了一條在樹上的蛇——當時的醫學符號。還有許多描述助產士用某種器具割斷初生兒臍帶的畫面。（見圖14）

圖14　蘇美的醫學紀錄

蘇美的醫學文獻裡有診斷和處方。毫無疑問的，蘇美醫師治病從不求助於魔法或巫術。他們建議清理和清洗；在熱水和礦物質溶劑中浸泡；應用蔬菜的萃取物；塗抹石油化合物。

藥品是用植物和礦物質成分，並搭配適當的液體或溶劑。如果是口服，則把藥粉放進水果酒、啤酒或者蜂蜜裡；如果是「倒進直腸」——就像調配灌腸劑——藥粉是混在植物油或蔬菜油裡。酒精在外科手術中扮演了重要的角色，也是許多藥品的基本成分。它透過阿拉伯語的kohl演變成英文的alcohol，而最初的來源是阿卡德語的kuhlu。

出土的肝臟模型，顯示當時有醫學校，運用黏土製作的人體器官當教具。解剖學一定相當進步，宗教儀式上會支解獻祭的動物，解剖學唯一的不同是對象變成了人類。

許多印章與碑刻上都描述，人會躺在一個類似於手術檯的東西上，周圍是一些神或一群人。我們從一些史詩和英雄傳記可以得知，蘇美人和他們在美索不達米亞的繼承者都致力於思考生命、疾病和死亡。就像吉爾伽美什（Gilgamesh），以力之王，尋找「生命之樹」和某種礦石來永保青春。也提到他們曾經努力讓死者復活，特別是死者是神的時候：

> 在屍體之上，吊著杆子，他們指揮著脈搏與光輝；六十次的生命之水，六十次的生命之食，他們將其灑下；接著，伊南娜（Inanna）被喚醒了。

他們是不是在一些復活的嘗試中，使用一些超越現代、我們只能靠猜測的方法？他們已經認識放射性物質，並應用在治療疾病上。一個進行現場醫療行動的圓筒印章，被證明是在蘇美文明初期製作的：一個人躺在一張特殊的床上，他的臉用一個面具遮蓋保護著，接受某種放射性治療。（見圖15）

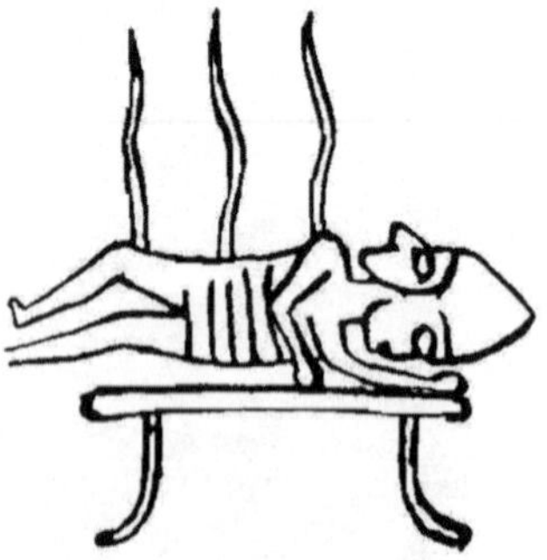

圖15　接受放射性治療的蘇美人

蘇美的紡織工業

蘇美最早在物質上的成就，或許是紡織和服裝工業的發展。

我們的工業革命使用紡織機，是在一七六〇年代的英國。許多發展中的國家，都願意透過紡織業踏出工業化的第一步。證據顯示，這個過程不僅是發生於十八世紀，在人類第一個偉大文明裡也是如此。人類在沒有農業前，因為沒有亞麻，所以不可能製造出有機織物；在沒有馴化動物之前，因為沒有毛絨產品，也不可能製造出有機織物。克勞夫（Grace M. Crowfoot）在《紡織業，遠古的筐簍和席墊》（*Textiles, Basketry and Mats in Antiquity*）一書中，與學院派的觀點達成共識，認為紡織業是在西元前三千八百年左右起源於美索不達米亞。

蘇美在古代以有機織物和衣服聞名。《聖經・約書亞記》7：21記錄道：「我在所奪的財物中看見一件美好的示拿衣服……我就貪愛這些物件，便拿去了。」哪怕結果可能是死亡。由此可見示拿（蘇美）的衣服是多麼美好，以至於人們甚至願意冒生命危險。

在蘇美時代就已經有了大量的專業術語，用來說明製衣所需的道具或工具。最基本的成衣叫做TUG。TUG.TU.SHE在蘇美語裡的意思是完全破損的衣服。（見圖16）

古代文獻裡的描述，不僅顯示當時的服裝具有驚人的多樣性，而且還十分雅致。這種高雅的品味，在衣服、髮型、頭飾和珠寶中都可以見到。（見圖17和圖18）

圖16　蘇美服飾

圖17　蘇美頭飾和服飾

圖18　蘇美頭飾

蘇美的農業發展

蘇美人另一個突出的成就是他們的農業。在只有季節性雨水的土地上，河水被引流至龐大的灌溉系統中，可以全年灌溉作物。

美索不達米亞——這片河流之間的土地——在古代是一個名副其實的食物籃。杏樹，在西班牙語是damasco（即大馬士革樹，Damascus tree）、拉丁語叫做armeniaca，是由阿卡德語的armanu演化而來的。櫻桃，希臘語的kerasos、德語的kirsche，都是源於阿卡德語的karshu。這些證據顯示，很多蔬菜和水果都是從美索不達米亞傳到歐洲。許多獨特的種子和香料也是如此：我們所說的藏紅花來自阿卡德語的azupiranu，番紅花是kurkanu（之間透過了希臘語krokos），小茴香是kamanu，牛膝草是zupu，沒藥是murru……這份清單太長了。很多時候，希臘成為這些產品及詞彙通往歐洲的橋梁。洋蔥、扁豆、豆角、黃瓜、白菜和萵苣等蔬菜，都屬於蘇美人的飲食。

同樣令人印象深刻的是，古老的美索不達米亞人為了準備食物而大量使用的各種方法，當然，還有他們的廚藝。圖像和文獻都證實蘇美人掌握了將穀物製成麵粉的知識，可將麵粉做成發酵或未發酵的麵包、麥片粥、甜點、蛋糕和烤餅。大麥也透過發酵釀成啤酒：可以在文獻裡找到「手工釀造」啤酒的記載。水果酒一般是用葡萄和椰棗釀成。牛、綿羊、山羊，都是很好的奶源。奶是當時的飲料，還可以製成優酪乳、黃油、奶油和乳酪。魚類是日常飲食的重要部分。可以取得羊肉和豬肉，在蘇美人眼裡，大型牲畜是真正的美味。鵝和鴨這些小型家禽則可能是供奉在神桌上的。

顯然，古代美索不達米亞人高明的烹調技術，是在神廟和供奉神祇的活動中漸漸成熟的。有一段文獻顯示他們向神所提供的：「大麥麵包……小麥麵包……蜂蜜奶油糊……椰棗、糕點……啤酒、水果酒、牛奶……雪松汁、奶油。」烤肉是和祭酒一起提供的，要「一流的啤酒、水果酒、牛奶」。按照這個嚴格的食譜，還要準備一頭精心宰割的公牛，和「最好的麵粉……將生麵糰放進水、頂級啤酒、水果酒裡」，並與動物油、「從植物之心得到的芳香原料」、堅果、麥芽和香料攪勻。「烏魯克之神每天的祭品」要求要有五種不同的飲料佐餐，並指定由「廚房師傅」和「揉麵主廚」製作。

當我們讀到一首讚美食物的詩歌時，對蘇美人的烹飪藝術的讚美也油然而生。是啊，當一個人看見一份上千年的食譜時，能說些什麼呢？且看這首名為〈coq au vin〉的古詩：

在水果酒裡，在芳香水裡，在油膏汁裡，我已經把這隻鳥煮熟，且吃掉了。

一個興旺的經濟社會，一個帶有如此多企業和貨物的社會，是不能沒有一個完整的運輸體系的。蘇美人用那兩條偉大的河流和人工修建的運河網路，透過水運來運輸人員、貨物和牛隻。在一些最早的描述中，可以毫無疑問的看見世界上第一艘真正的船。

從很多早期文獻裡，我們得知蘇美人也從事遠洋航海活動，用大量船隻組成船隊，前往遙遠的島嶼和陸地，尋找他們需要的金屬、木料、石頭和其他一些蘇美本地並沒有出產的材料。一本出土的阿卡德的蘇美語字典，其中有一百零五個關於航海相關的術語，與船隻大小、目的地和出航任務（比如運貨、傳信，或執行祭神的任務）有關；還有六十九個與建造船隻有關的蘇美詞彙，演變成了阿卡德語。只有當他們擁有一個長期而持久的航海傳統，才有可能產生如此多的船隻和專業術語。

因為有橫跨大陸的運輸，輪子在蘇美首次被應用。輪子的發明和使用為日常生活帶來了許多新的交通工具，比如，從運貨馬車一直到敞篷雙輪戰車，並且給予蘇美人第一個使用「牛力」和

「馬力」的運動項目。（見圖19）

蘇美的法律制度

一九五六年，克萊默（Samuel N. Kramer）教授，我們時代最偉大的蘇美學家之一，審查了從蘇美地區發掘出的文學遺產。這本二十五章的《蘇美碑文》（*From the Tablets of Sumer*），羅列了蘇美許多「第一次」的創舉，包括了第一所學校、第一個兩院制的國會、第一位歷史學家、第一本藥典、第一部農用曆法、第一門宇宙學、第一個「約伯」、第一句諺語和俗語、第一場文學界的辯論、第一所圖書館的編目、第一個人類的英雄時代、第一部法典和社會改革，以及第一次尋求世界和平與和諧。

這沒有任何誇大。

人類第一所學校是蘇美人創造，是發明和發展寫作的自然產物，有證據（學校遺址和考試練習用的碑刻及石板）顯示，蘇美早在西元前一千年前就有系統性的正規教育。他們有上千名文士，從初級水準到高級水準，從皇家文士、神廟文書人員和「辦公室」的文職官員。其中有一部分人在學校擔任老師，我們至今都能在學校裡朗誦他們寫作的論文，得知他們的辦學宗旨和目標，以及課程與教學方法。

圖19　蘇美人已有輪子

學校不僅僅是教人說話和寫作的地方，同時還教授當時的科學——植物學、動物學、地理學、數學和神學。在這裡學習與抄寫過去的文學作品，同時也創作出新的作品。

學校由ummia（意思是專家級教授）帶領，他的職責除了做「一名決策者」、「一名承擔蘇美文化的負責人」，還要做「鞭打者」。顯然，教學過程是嚴厲的。一名學校學員在泥版上記錄了他因為蹺課、不夠整潔、四處閒逛、吵鬧、調皮搗蛋、甚至是因為字不夠工整，而遭受了可怕的體罰。

一部描寫以力歷史的史詩，描述了它對以力和基什城邦對抗的擔心。史詩描述了基什的使節帶著和平協議，前往以力。但是當時的以力統治者吉爾伽美什，寧願打仗也不願意議和。有趣的是，他不得不把這件事放進長老會議，也就是他們的「參議院」表決：

吉爾伽美什大王，在他城市的長老們面前提出事件，尋求表決：「讓我們別在基什面前屈服，讓我們拿起武器擊敗他們。」

然而，長老們的意見是進行議和。不服輸的吉爾伽美什將這個問題帶到了年輕人之中，這些好戰的人們認為，打仗才是正確的選擇。這個故事的意義在於，它暗示了蘇美的統治者必須將要戰或議和等問題，放在第一所參議院進行討論和表決，那時是大約五千年前。

世界上第一部史記由克萊默命名為《恩鐵美那》，恩鐵美那是恩納圖姆的繼承人，格拉什之王。他將他與鄰國烏瑪（Umma）的戰爭記錄在泥柱上。當時的其他文獻都是用文學作品或史詩的形式來記錄歷史事件，而恩鐵美那的文字則是在碑文上直接敘述。

因為我們比較能解讀亞述和巴比倫的文獻，而比較不會解讀蘇美文獻，所以在很長一段時間裡，人們都認為世界上第一部法典是由古巴比倫王漢摩拉比（Hammurabi）制定和頒布的，那是大約西元前一九〇〇年。但當蘇美文明重見天日時，卻很清晰的表明這「第一部」法律系統、第一個社會秩序及司法公正的概念，是屬於蘇美文明的。

在比漢摩拉比更早之前，靠近巴比倫東北的蘇美城邦愛什南那（Eshnunna）當地統治者就編訂了法律，訂立出租食品及車輛船隻的上限價格，目的是使窮人不受到壓迫；這部法律也有針對人身及財產犯罪的處理方案，也有處理家庭糾紛和主僕關係的條例。

甚至在更早的時候，黎皮特—伊斯塔（Lipit-Ishtar），伊辛（Isin）的統治者，就頒布了一部法典，其中三十條現在仍然清晰的刻在一塊殘缺的碑文上（**這是刻在一個石碑上，是原法典的副本**），分別是關於房契、奴隸和僕人、婚姻和繼承、雇用船隻、牛的租金，以及如何處置拖欠稅款的條例。《漢摩拉比法典》是在黎皮特—伊斯塔之後才頒布的。黎皮特—伊斯塔解釋說，他的法典是根據「偉大諸神」的指示所擬定，諸神要他「把幸福帶給蘇美人和阿卡德人」。

但哪怕是黎皮特—伊斯塔，也不是第一個頒布法律的蘇美統治者。在出土的泥版片段上，刻有一小段由烏爾南姆制定的法律，他是大約西元前二三五〇年烏爾的統治者，比漢摩拉比早了五百年以上。這部法典，因月神娜娜（Nannar）的權威而制定，目的是制止並懲罰「盜取市民牛、羊和驢」的行為，使得「孤兒不會成為財富的犧牲品，寡婦不會成為力量的犧牲品，一名只有一枚銀幣的人不會成為六十枚銀幣的人的犧牲品」。烏爾南姆還規定「測量和秤重時要誠實」。

不僅如此，蘇美人的法律制度，以及執法的公正，甚至要回溯到更遠的時候。

西元前兩千六百年的蘇美，一定發生了許多的事情，以至於烏魯卡基納（Urukagina）這位「英明的統治者」認為有必要進行一次改革。學者認為一塊由烏魯卡基納寫下的碑文，是人類第一個基於自由、平等、正義的社會改革的寶貴紀錄——比一七八九年七月十四日的法國大革命早了四千四百年，這是一場由國王發動的社會改革。

烏魯卡基納的改革法令，列出了在他執政時期所發生的罪惡，然後進行重組。那些罪行主要是掌權者用權力為自己服務，濫發地方官位，以及權貴的高價勒索行為。

所有這些不公正的現象，以及其他的罪行，都被新的改革法典禁止。官員再也不能自己定了一個價格，就去購買「不錯的毛驢或房屋」，一個「大人物」再也不能欺壓普通百姓。重申了盲人、窮人、寡婦、孤兒的權力。五千年前的離婚婦女，也獲得了法律的保護。

蘇美文明到底存在了多久，以至於它需要一個重大的改革？顯然，是經歷了很長一段時間，因為烏魯卡基納聲稱，是他的神寧吉爾蘇要求他「恢復先前的法律」。這裡很顯然是說，要回到一個甚至更為古老久遠的社會體系。

蘇美的法律一直由法院系統維護，其中的訴訟程式、判決及協定，都有嚴謹的紀錄和保存。審判制度很像是由陪審團判定，而非僅由法官判決；法庭一般由三到四位法官組成，其中一名是專業的「皇家法官」，剩下的人是從一個三十六人的小組裡挑選出來的。

當巴比倫制定他們的規章制度時，蘇美的社會早就開始關心公正問題，因為他們相信神要求國王保證這片土地的公平與正義。

這裡，不僅與《舊約》中正義與道德的概念相對應，甚至在希伯來有國王之前，蘇美人就已經很關注公正的議題了；評價國王不是靠戰功或財富，而是靠是否「做英明的事」。在猶太教中，新年是代表審判的日子，這十天是對人們所行事蹟的權衡和評估，以確定他們在未來一年的運勢。這與蘇美人的做法可能不僅是個巧合而已——蘇美人相信女神娜社（Nanshe）也在用相同的方式審判人類。不管怎麼說，第一個希伯來族長——亞伯拉罕——是來自蘇美城市吾珥（烏爾），也就是烏爾南姆及其法典的城市。

蘇美人對公正的關注，同樣表現在克萊默所說的「第一個約伯」。克萊默把伊斯坦布爾（Istanbul）博物館現存的泥版片段拼湊起來，解讀了一首蘇美的詩歌，就像是《聖經．約伯記》所說的，處理一個正直的人的抱怨。他不但沒有接受到神的祝福，反而遭受了各種形式的損失和不尊重。他痛苦的喊道：「我的正義之詞已經變成一個謊言。」

這個不知名的受害者，在第二部分，用一些類似希伯來詩文的方式請求他的神：

我的主，您是我的父親，您生下我——抬起了我的臉……您還要忽視我多久，丟下我，讓我失去了庇佑……丟下我，讓我失去了方向？

接著是一個圓滿結局，「他所說的正義之詞和單純的言語被神接受，他的神收回了對他殘酷宣判的手。」

比《聖經．傳道書》早了兩千年，蘇美諺語轉達了許多與之相同的概念和極具智慧的諷喻：

- 如果我們注定難逃一死——讓我們將時間度過；如果我們可以長命百歲——讓我們將時間保存。
- 當一個窮人快死的時候，可別去搖醒他。
- 那個擁有很多白銀的人，可能是快樂的；那個擁有很多糧食的人，可能是快樂的；那個什麼都沒有的人，是最能睡得著的！
- 男人為了高興而結婚；細想之後卻決定離婚。
- 將人引致仇恨的不是內心，而是舌頭。
- 在一個沒有看門狗的城市，狐狸就是守護者。

蘇美的音樂藝術

蘇美文明在物質和精神的成就上，也伴隨著表演藝術的發展。一組來自加州大學柏克萊分校的學者，一九三七年三月發表新聞表示，他們已經破譯了世界上最古老的歌。克羅克（Richard L. Crocker）、吉爾莫（Anne D. Kilmer）和布朗（Robert R. Brown）教授成功解讀了大約西元前一千八百年的楔形文字上的音符，並演奏出來。這首歌出土於地中海沿岸的烏加里特（Ugarit，今天的敘利亞）。

柏克萊的學者說道：「我們一直都知道，早期的亞述─巴比倫文明裡有音樂存在，但在此次解讀之前，我們還不知道他們有七聲音階，與當代西方音樂和西元前一千年的希臘音樂是一樣的。」至今為止，人們都認為當代西方音樂源於希臘；但就現在的情況看來，西方音樂——以及很多我們文明的其他方面——都源於美索不達米亞。這並不是一件令人驚訝的事情，因為希臘學者斐羅（Philo）早就說過，美索不達米亞以「透過音樂尋求世界和諧」聞名。

找不到任何理由否認，音樂和歌曲的「第一次」是由蘇美人辦到的。實際上，克羅克教授可以做出一個類似在烏爾遺址出土的琴，演奏這些古調。西元前兩千年的文獻顯示，當時就有音樂的「主調」和一個連貫的音樂理論。吉爾莫教授也在《琴絃樂器：它們的名字、數量及意義》（*The Strings of Musical Instruments: Their Names, Numbers and Significance*）一書中說，大量的蘇美讚美詩「在頁面空白處都標有音樂的記號」、「蘇美人和他們的繼承人有豐富多彩的音樂生活」。難怪，我們發現了大量的樂器——以及歌手和舞蹈演員的表演——被刻在圓柱和泥版上。（見圖20）

圖20　蘇美的琴絃

就像很多其他的蘇美成就，音樂和歌曲同樣起源於神廟。只是，剛開始僅僅是為神祇服務的音樂和歌曲，很快就在神廟外廣受流行。針對歌手收費一事，用當時在蘇美相當流行的話來說就是：「一名聲音並不甜美的歌手是個『窮』歌手。」

經過證實，很多蘇美人熱愛歌曲；無疑的，他們唱歌時會有音樂伴奏。最感人的，是一位母親為她生病的兒子唱的搖籃曲：

睡吧，睡吧，孩子睡吧。我的孩子快睡吧；疲倦的雙眼，睡了吧……我病痛中的孩子；讓我發愁，說不出話，我仰望群星。新月照耀你的臉，你的影子將為你流淚。躺下來，躺進你的睡夢中……

願你有生長女神為伴；願天堂有你的守護神；願你一生過上好日子……願你娶個好妻子；願你生個乖孩子。

這些音樂和歌曲最引人注目的，不僅因為它們是現代西方音樂結構和音階的源頭。同樣重要的是，我們聽到這些音樂和詩歌，一點都不感陌生或怪異，甚至感受到他們的情感深處。確實，當我們注視著這個偉大的蘇美文明時，不僅發現了我們的道德規範、我們的法律條文、我們的藝術等等方面，源頭都來自於蘇美，還發現這些蘇美的事物對我們而言是如此熟悉、如此接近。從內心深處，我們可以看出：我們都是蘇美人。

蘇美文明的開端

在格拉什的發掘之後，考古學家們開始挖掘尼普爾（Nippur），它是過去蘇美和阿卡德的宗教中心。從那裡發掘出來的三萬份文獻看來，其中包含了很多現今尚未解讀的東西。在舒魯派克（Shuruppak），發現了西元前三千年的學校遺址。在烏爾，學者發現了精緻的花瓶、珠寶、武器、戰車、鍍金頭盔、各種金屬掛牌、一間紡織廠遺址、法院紀錄，以及一座高聳的廟塔廢墟，它仍然是那裡主要的景觀。在愛什南那和阿達布（Adab），考古學家發現了前薩貢時代的寺廟和雕像。在烏瑪出土的文獻，記錄了早期帝國的歷史。在基什出土了西元前三千年的紀念碑和廟塔。

烏魯克（《聖經》的以力）將考古學家帶回西元前四千年。他們發現了一個上色的陶器被放進窯裡燒烤，發現了第一次使用陶瓷輪的證據。一條用石灰岩鋪成的道路，被認為是人類歷史上最古老的石頭建築。在烏魯克，考古學家同樣發現了第一座廟塔——一座巨大的人造山——頂部有一間白色神廟和一間紅色神廟。歷史上第一部被刻下的文獻，也與這個圓柱碑刻一同被發現。傑克・法那根（Jack Finegan）在《來自遠古的光輝》（*Light from the Ancient Past*）一書中，對這個碑刻如此讚道：「這些第一次出現在烏魯克時期的印章之完美，簡直讓人驚歎！」烏魯克時期其他地方的發掘工作，也為進入金屬時代找到了證據。

一九一九年，豪爾（H. R. Hall）在現今叫做埃魯拜德（El-Ubaid）的地方，發現了一個古老的村莊遺跡。現在的學者大都認為，這個地方是蘇美文明的第一個階段。那個時代的蘇美城邦——從美索不達米亞北部到南部的札格羅斯山腳——首次製作和使用黏土磚、泥灰牆、鑲嵌的飾品、磚砌墳墓、塗有幾何圖案的陶瓷、銅鏡、綠松石項鍊、眼影、一種銅頭「戰斧」、衣服、住房，以及最重要的巨型神廟建築。

在更遠的南方，考古學家發現了埃利都（Eridu）——古代文獻中所說的第一座蘇美城市。隨著更深的挖掘，最後發現了一座神廟，是為了蘇美的知識之神恩基（Enki）所修建的，這座神廟被重建和翻修了很多次。發掘的土層很清晰的將學者帶回蘇美文明的開端：西元前兩千五百年、西元前兩千八百年、西元前三千年和西元前三千五百年。

接下來，考古挖掘到了第一座祀奉恩基的神廟。在此之前，就再也沒有任何建築物了。那時大約是西元前三千八百年，也就是文明的開端。

這不僅是第一個真正意義上的文明，還是一個影響最廣泛的文明，它包羅萬象，在很多方面比後來追隨的古文明更先進。無疑的，它也是我們文明的基礎。

在兩百萬多年前，人類最早的祖先開始使用石器。在大約西元前三千八百年，人類建立了一個史無前例的文明——蘇美文明。只是直到今天，都讓學者感到困惑的是，沒有任何線索告訴我們，蘇美人到底是誰？他們來自哪裡？以及，他們的文明又是為何及怎樣建立的？

因為，蘇美文明的出現太過突然，毫無預兆，毫無原因。

法蘭克福（H. Frankfort）在《告知歐蓋爾》（*Tell Uqair*）一書中說，這是「令人驚訝的」。皮爾．阿米埃（Pierre Amiet）在《埃蘭》（*Elam*）一書中說，這是「非常奇怪的」。帕羅特（A. Parrot）在《蘇美》（*Sumer*）一書形容，這是「突然點亮的一團火」。李奧．奧本海姆（Leo Oppenheim）在《古代美索不達米亞》（*Ancient Mesopotamia*）一書中說，這個文明的崛起是「一段短暫而令人驚訝的時期」。約瑟夫．坎伯（Joseph Campbell）在《神的面具》（*The Masks of God*）一書中，如此形容這一事件：「伴隨著極其炫目的突然性……出現在了蘇美的小花園裡……世界上所有文明都是從這個高度發達的文明上，長出的嫩芽。」

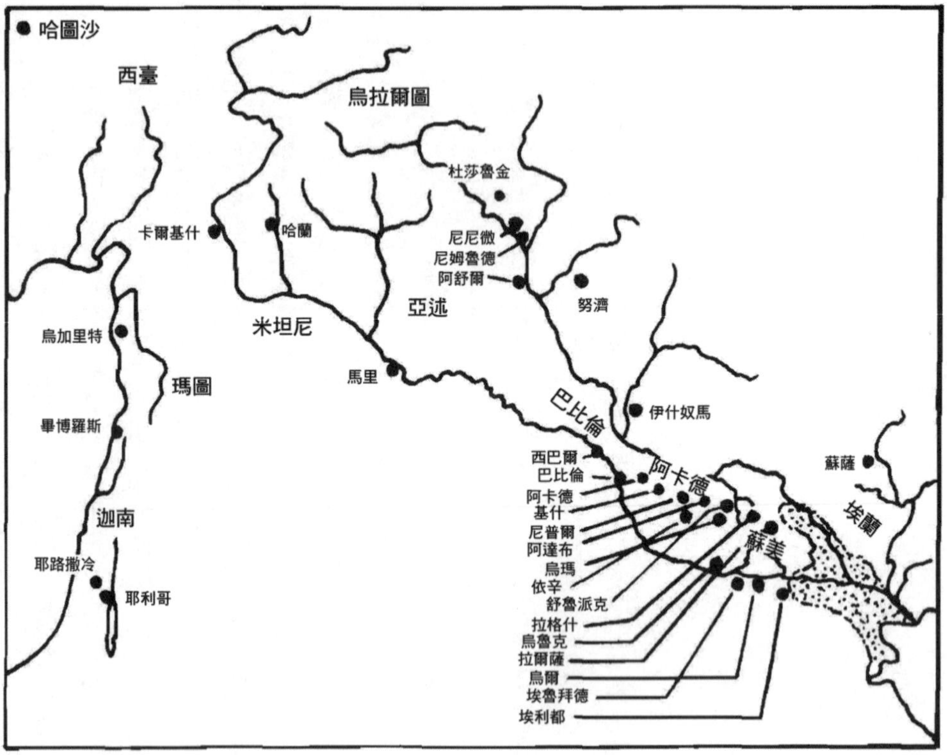

兩河流域及鄰近地區的古城地圖

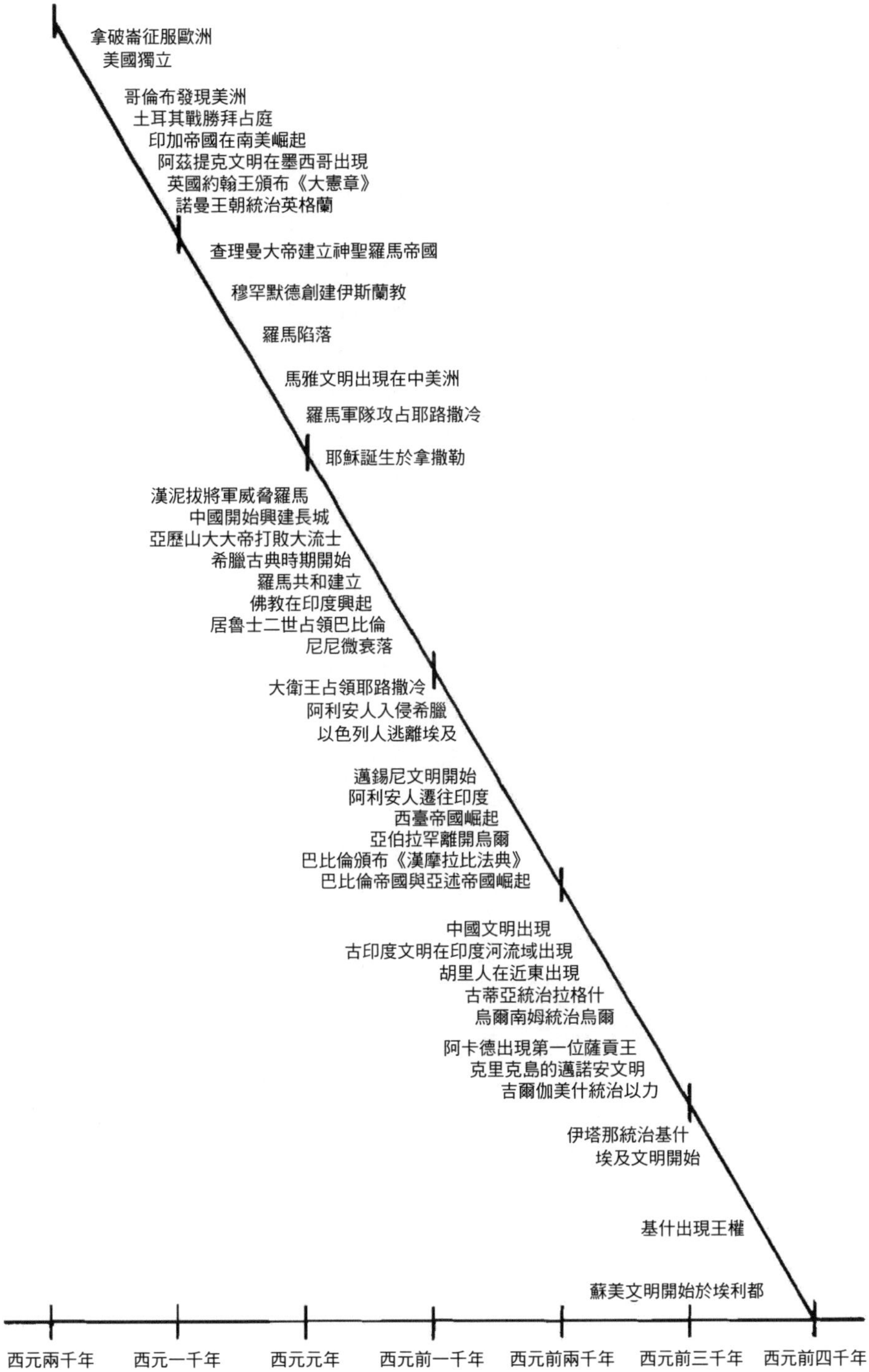
拿破崙征服歐洲
美國獨立
哥倫布發現美洲
土耳其戰勝拜占庭
印加帝國在南美崛起
阿茲提克文明在墨西哥出現
英國約翰王頒布《大憲章》
諾曼王朝統治英格蘭
查理曼大帝建立神聖羅馬帝國
穆罕默德創建伊斯蘭教
羅馬陷落
馬雅文明出現在中美洲
羅馬軍隊攻占耶路撒冷
耶穌誕生於拿撒勒
漢泥拔將軍威脅羅馬
中國開始興建長城
亞歷山大大帝打敗大流士
希臘古典時期開始
羅馬共和建立
佛教在印度興起
居魯士二世占領巴比倫
尼尼微衰落
大衛王占領耶路撒冷
阿利安人入侵希臘
以色列人逃離埃及
邁錫尼文明開始
阿利安人遷往印度
西臺帝國崛起
亞伯拉罕離開烏爾
巴比倫頒布《漢摩拉比法典》
巴比倫帝國與亞述帝國崛起
中國文明出現
古印度文明在印度河流域出現
胡里人在近東出現
古蒂亞統治拉格什
烏爾南姆統治烏爾
阿卡德出現第一位薩貢王
克里克島的邁諾安文明
吉爾伽美什統治以力
伊塔那統治基什
埃及文明開始
基什出現王權
蘇美文明開始於埃利都
西元兩千年
西元一千年
西元元年
西元前一千年
西元前兩千年
西元前三千年
西元前四千年

人類文明史

3・天地眾神

在幾千個世紀，甚至上百萬年的人類，漫長而痛苦的發展之後，是什麼突然將一切都變得如此清晰明朗，而且透過剛好一個三部曲——大約西元前一萬一千年、西元前七千四百年，以及西元前三千八百年——將大批原來的獵人和食物採集者，變成了農民和陶器工人，接著又變成了城市建造者、工程師、數學家、天文學家、冶金師、商人、音樂家、法官、醫師、作家、圖書管理員和神職人員？還有個更深刻和基礎的問題，是由布雷德伍德教授在《史前人類》（*Prehistoric Men*）一書中提出的：「這究竟是因為什麼而發生？為什麼所有的人類不是仍然像北歐中石器時期文化的馬格勒莫斯人（Maglemosians）那樣生活？」

蘇美人，這個突如其來的文明之中的人們從何而來，有了一個答案。這個答案是從出土的一萬多份古美索不達米亞文獻中裡總結出來的：「看似多麼美麗，我們是由諸神的榮光所創。」

蘇美的諸神。他們是誰？

蘇美諸神是不是就像是希臘諸神，被描述為坐在一個宮廷裡，在天堂裡的宙斯（Zeus）神殿裡，在人間的奧林帕斯（Olympus）山上大吃大喝？

希臘諸神

希臘人將他們的神祇賦予人性，就像是人間的男男女女：他們會高興、生氣，也會有嫉妒之情；他們會相愛、吵架、打鬥；他們的生育也和人類一樣，是透過與神或與人性交而產生後代。

希臘諸神是遙不可及的，並且常常混入人類的一些事件中。他們可以快速移動，出現然後消失；他們的武器擁有無邊而奇特的威力。每一位神都有具體的能力，因此，每種特定的人類活動，都會因掌管此活動的神的態度而受到懲罰或祝福；祭拜儀式、向神獻祭，都是為了獲得他們的青睞。

主神宙斯

古希臘文明裡，希臘人的主神是宙斯，「人類及眾神之父」、「天上之火的主人」。他最重要的武器和象徵是閃電。他是從天庭來的世界之「王」；是一位決策者，和賞善罰惡者，而他的初始領域是在天上。

宙斯既不是第一位世界之王，也不是第一位待在天堂的神。神話學，這門由神學與宇宙學共同組成的學科指出，希臘人認為首先出現的是混沌的創造之神卡俄斯（Chaos）；然後大地女神蓋亞（Gaea）和她的丈夫天空之神烏拉諾斯（Uranus）出現了。蓋亞和烏拉諾斯生下了十二個泰坦（Titans），六男六女。雖然他們在傳說中的事蹟看似發生在地球上，不過可以推測出對應的星辰。

克洛諾斯（Cronus）是最年輕的男性泰坦，是奧林匹亞神話中的主要人物。在閹割自己的父親烏拉諾斯之後，他篡位成了所有泰坦中地位最高的一個。克洛諾斯出於對其他泰坦的恐懼，囚禁並驅逐了他們。正因如此，克洛諾斯被自己的母親詛咒了：他也將承受和父親同樣的痛苦，被自己的某個兒子廢掉。

宙斯的手足諸神

克洛諾斯與姊妹瑞亞（Rhea）結婚後，生下了三男三女：分別是黑帝斯（Hades）、波塞頓（Poseidon）、宙斯，以及赫斯提亞（Hestia）、狄蜜特（Demeter）、赫拉（Hera）。再一次，又是最年輕的兒子廢除了自己的父親，當宙斯替代克洛諾斯時，蓋亞的詛咒成真了。

這些推翻和繼承，看起來並不是順利進行的。在諸神與巨怪首領之間，持續了多年的戰爭。決定性的戰役，發生在宙斯和蛇形神泰風（Typhon）之間。這場戰爭波及了許多區域，包括地上和天上。最後的戰場是卡修斯（Casius）山，靠近埃及和阿拉伯的邊境——顯然是今日西奈半島的某個地方。（見圖21）

圖21　宙斯與泰風之戰

在獲得勝利之後，公認宙斯是至高無上的神。然而，他必須與兄弟們分享世界的掌控權。透過選擇（另一種版本是透過擲骰子），宙斯掌管天界，大哥黑帝斯掌管冥界，二哥波塞頓掌管海洋。

雖然最後黑帝斯以及他掌管之地成為了地獄的象徵，但他最初掌管之地卻是一個「很下面」的地方，那裡是沼澤、無人區和有大河流過的陸地。黑帝斯被描述為「不可見的」——冷漠、可怕、嚴厲，面對祈禱和供品都無動於衷。波塞頓剛好相反，時常可以看見他舉著三叉戟的象徵物。波塞頓是海神，也是冶金及雕刻藝術之神，像是一位靈巧的魔法師或巫師。在希臘傳統和神話中，宙斯對人類非常嚴格——甚至有人指出宙斯處心積慮想要消滅人類——波塞頓卻是人類的朋友，他是一位凡人高度讚賞的神。

這三兄弟和三姐妹，所有克洛諾斯和瑞亞的孩子，這六位神組成了老一代的奧林匹亞十二主神（**其餘六神則是宙斯的後代**），希臘神話中大部分都涉及到了他們的系譜和關係。

宙斯的兒女諸神

宙斯所生的男女神有不同的母親。宙斯的第一個孩子是和墨提斯（Metis）所生，是個女兒，也就是偉大的女神雅典娜（Athena）。她主管人類的主要感官和行為，成為了智慧女神。在宙斯與泰風的戰爭中，其他神都逃走了，雅典娜是唯一幫助宙斯的女神，因此她獲得了軍事能力，成為了戰爭女神。她成了「完美的處女」，一直不是誰的妻子；但有一些神話，說她常與她的叔叔波塞頓交往，雖然波塞頓的配偶是來自克里特島的迷宮女神，但侄女雅典娜是他的情婦。

宙斯又和其他女神生下了孩子，但他們的孩子沒有資格成為奧林匹亞眾神。當宙斯想方設法要有一個兒子當繼承人時，他想到了自己的姐妹。大姐赫斯提亞，在所有的紀錄中，都是一位隱士——也許因為她太老、太虛弱而無法生育——宙斯將注意力轉到二姐狄蜜特身上，她是豐產之神。但她並沒有為宙斯生下兒子，而是生下女兒泊瑟芬（Persephone），後來成為了黑帝斯的妻子，與他共掌冥界。

宙斯由於沒有生下兒子，失望的他開始與其他女神尋歡作樂。他與哈爾摩尼亞（Harmonia）生下了九個女兒。接著，勒托（Leto）又為他生了一個女兒和一個男孩，分別是阿耳忒彌斯（Artemis）和阿波羅（Apollo），他們都列為主神。

阿波羅是宙斯的第一個兒子，是希臘眾神中最偉大之一，深受人類和其他神敬畏。阿波羅將宙斯的需求傳達給人類，並因此在神廟裡受到供奉。他代表道德與神聖的律法，也代表心靈和肉體的淨化與完美。

宙斯的第二個兒子是和女神邁亞（Maia）所生，叫做赫耳墨斯（Hermes），是人群和牲畜的守護者。他沒有哥哥阿波羅那麼有地位和能力，但更接近人類；各種形式的幸運都被認為是出自於他。作為一位給予人類這麼多好事的神，赫耳墨斯成為貿易之神，是商人和旅行者的庇護者。但他在神話和史詩中最主要的職務是充當宙斯的使者，諸神的信使。

由於傳位所需，宙斯還需要他的姐妹為他生一個男孩——宙斯想到了年紀最輕的赫拉。在一次神聖的婚禮中，宙斯娶了赫拉為妻，並冊封她為眾神的皇后，稱為母神。他們的婚姻帶來了一個男孩阿瑞斯（Ares），還有兩個女孩，但由於宙斯常常與其他女神通姦，以及傳言中赫拉的不忠，導致另一個兒子的身世常被懷疑，他就是赫准斯托斯（Hephaestus）。

阿瑞斯立刻就進入了由十二主神組成的奧林匹亞眾神，並成了宙斯的最高軍官，戰神。他被描述為屠殺之魂；特洛伊戰爭時的阿瑞斯，離不可戰勝還有些距離，受了只有宙斯才能醫治的傷。

赫准斯托斯，則剛好相反，他必須努力奮鬥才能進入奧林匹亞眾神。他是創造之神，冶金術及鍛造之火都認為出自他的手中。他是神中的技師，為人類和諸神製造日用品和充滿魔力的物品。傳說赫准斯托斯生來醜陋，於是他的母親赫拉在氣頭上將他驅逐到人間。另一個更可信的版本，則是宙斯趕走了赫准斯托斯——因為他的身世被懷疑——但赫准斯托斯用自己魔法般的創造能力，逼迫宙斯在眾神之中給他一席之地。

愛芙羅黛蒂

傳說中提到，赫准斯托斯曾製作了一張看不見的網，如果他妻子的床上有某個情人來睡的話，就會被這張網罩住。赫准斯托斯的確需要如此防範，因為他的妻子是愛芙羅黛蒂

（Aphrodite），是愛與美的女神。很自然的，許多與愛情有關的神話都圍繞著她；在許多勾引她的人中，有一個是阿瑞斯，也就是她丈夫赫准斯托斯的哥哥。他們生了一個私生子厄洛斯（Eros），也就是愛神。

圖22　愛芙羅黛蒂

愛芙羅黛蒂是奧林匹亞十二主神之一，這對我們的研究很重要。她既不是宙斯的姐妹，也不是他的女兒，但卻不能被忽視。她來自於面向希臘的地中海亞洲沿岸——古希臘詩人赫西奧德（Hesiod）說她經過賽普勒斯（Cyprus）而來；也有一說是她來自於天空之神烏拉諾斯的生殖器，因此她在系譜中和宙斯的輩分相同，可以說是宙斯父親的妹妹，是早已失去勢力的眾神先祖化身。（見圖22）

這麼說來，愛芙羅黛蒂應該被歸在奧林匹亞主神中。可是主神只能有十二位，不能被超過。解決辦法相當靈活：加入一位神時，同時去掉另一位。自從黑帝斯被授予了冥界的控制權而離開奧林帕斯山的眾神，就出現了一個空位，剛好方便愛芙羅黛蒂加入。

狄奧尼索斯

十二這個數目同樣是一種工作上的需求：奧林匹亞神不能多於十二位，也不能少於十二位。這成為了狄奧尼索斯（Dionysus）加入奧林匹亞眾神的依據。他是宙斯之子，是宙斯與他自己的女兒塞墨勒（Semele）所生。狄奧尼索斯為了躲避赫拉的怒火，被送到了極為遙遠的地方（甚至遠及印度），他在所到之處傳播了種植葡萄和釀造葡萄酒的技術。與此同時，在奧林帕斯又多出了一個空位。赫斯提亞，宙斯最老的姐姐，因為過度年老和虛弱，被迫從十二主神退位。所以，狄奧尼索斯回到了希臘，獲准填補這個空位。於是，奧林匹亞神又成了十二位。

雖然希臘的神話沒有明確描述人類的起源，但它和傳統觀點一樣，都說神生下了英雄和國王。這些半神，成為了人的命運（日復一日的辛勤勞動，還要受自然、瘟疫、疾病和死亡左右）與一個輝煌的過去（一個只有諸神在世間行走的時代）之間的聯繫。而且，雖然眾多的神祇都是在地球出生，但十二主神的選拔卻展示出了他們的神性。在史詩《奧德賽》（*Odyssey*）中，最早的奧林帕斯被描述是在「純淨的高空中」。這十二位主神是從天堂來到地球上的神祇；他們代表「天堂的穹頂」裡的十二個天體。

圖23　雷神

這些主神的拉丁名字，是在羅馬人接受這些希臘神話後所取的，並表明了他們所對應的星體：蓋亞是地球，赫耳墨斯是水星，愛芙羅黛蒂是金星，阿瑞斯是火星，克洛諾斯是土星，宙斯是天王星。如同希臘人的傳統，羅馬人認為木星是雷神，他的武器是閃電和雷鎚；和希臘人一樣，羅馬人也將雷神和公牛相連。（見圖23）

從天堂、經近東，傳到希臘

現在人們普遍認為，是克里特島奠定了引人注目的希臘文明的基礎。克里特島的邁諾安文明興盛期是從大約西元前兩千七百年到西元前一千四百年。在克里特的神話和傳說中，米諾陶洛斯（Minotaur）的神話是最著名的。這個半人半牛是波斯法爾（Pasiphaë）的後代，她是邁諾斯王和一頭牛的妻子。考古學的發現已經證明了克里特島人供奉公牛，一些圓柱碑刻將公牛描述為神聖存有，身邊圍繞著一圈符號，代表一些尚未辨認出的行星或天體。因此，可以推斷克里特島人的公牛崇拜，不是源於地球生物，而是天上的公牛——金牛座——以紀念春分太陽出現在這個星座時所發生的某些事件，大約是在西元前四千年。（見圖24）

在希臘傳說中，宙斯經過克里特島到達了希臘大陸，他在化身為公牛，劫持歐羅巴（Europa）後，從那裡逃跑（游過地中海）。歐羅巴是腓尼基（位於現在黎巴嫩的提爾）國王的漂亮女兒。事實上，當最早的克里特文獻終於被戈登教授譯解了，就是「來自地中海沿岸東部的閃族土語」。

圖24　邁諾安文明中的的公牛崇拜

事實上，希臘人從未宣稱，他們的奧林匹亞（Olympian）諸神是直接從天堂來到希臘。宙斯是經過克里特，從地中海游過來的。愛芙羅黛蒂則是從近東渡海經過賽普勒斯而來。波塞頓（羅馬的海王星）和馬從小亞細亞來。雅典娜帶著「橄欖、富饒與天然播種」從《聖經》裡的土地，來到希臘。

毫無疑問的，希臘的傳統和宗教是從近東，經過了小亞細亞和地中海群島，傳到希臘大陸。希臘神話的根扎在近東，也正是這個地方，才是我們需要尋找的希臘諸神源頭，以及他們為何要對應天體數目「十二」的地方。

印度神祇

源自古印度的印度教認為，由頌歌、祭祀以及其他與神有關的文字組成的《吠陀經》（*Veda*）是神聖的文字，「不是出於人類」。印度教的傳統觀點認為，在現在這個時代之前的那個時代，是由神所創造出來的。但隨著時間的流逝，那十萬條最早的經文，經過代代口語相傳，越來越多的經文流失或被扭曲了。最後，有一位聖人寫下殘留下來的經文，將它們分開放進四本書裡，讓他的四個主要弟子每人各守護一部吠陀本集。

十九世紀，學者開始譯解、了解一些已被遺忘的語言，並探尋它們之間的關係。他們發現《吠陀經》是用一種非常古老的印歐語系寫下的，是印度古梵語、希臘語、拉丁語和其他歐洲語言的前身。當學者最終能閱讀並解釋《吠陀經》時，他們很驚訝的發現，吠陀神話中的神祇與希臘諸神竟然有非比尋常的相似之處。

《吠陀經》中講到的神祇，都是來自於不和諧的龐大家族。神話中充滿了升上天穹和淪落地下，空中戰爭，超級武器，友好和對抗，婚姻和不忠，似乎也有一個基本的系譜——誰是誰的父親，以及誰是誰的長子。地球上的諸神都是來自天堂，而主要的神祇即使在地球上生活時，仍然代表著天體。

在遠古時代，仙人（Rishis，意思是太古最初的流動）神聖的「流動」著，為令人著魔的強大力量而瘋狂。其中，有七個偉大的先祖。羅喉（Rahu，意思是惡鬼）和計都（Ketu，意思是失聯）曾是一個天體，沒有獲得允許，卻試圖成為神；風暴之神將「易燃的武器」（可能是燃燒彈）擲向它，將它劈成了兩半。其中，羅喉是「龍頭」，不斷的在天堂裡穿梭伺機報復；計都則是

「龍尾」。太陽王朝的先祖摩利支（Mar-Ishi），生下了迦葉波（Kash-Yapa，意思是繼承王位）。《吠陀經》裡描述迦葉波相當多子，繼承王位的第十子是他和婆利蒂毗（Prit-Hivi，意思是地母）所生。

作為王朝之首的迦葉波，同樣還是半神的首領，又叫做帝奧斯（Dyaus-Pitar，意思是閃亮的天父）。他和妻子與十個孩子，成了十二位阿底提耶眾神（Adityas），每位神都分配到了一個天體和一段黃道帶。迦葉波的天體是「閃亮之星」，婆利蒂毗代表地球。其他神祇則代表太陽、月亮、火星、水星、木星、金星和土星。

最後，十二天神的領導權轉移到了伐樓拿（Varunna）的手中，他是宇宙之神，無所不在，無所不見；有一首寫給他的頌歌，讀起來很像《聖經》的詩篇：

> 正是他讓太陽在天國裡閃閃發光，吹過的風是他的呼吸。他為河流挖出了通道，聽著他的指揮而流動。他造就了海洋之深。

而伐樓拿的統治，同樣遲早都會走到盡頭。因陀羅（Indra），轉動天「龍」的神，殺死自己的父親，取得王座。他是天空和風暴的新主，武器是閃電和雷霆，叫做戰神。然而，他不得不與他的兩個兄弟分享權力。一個是日神毗婆藪（Vivashvat），他是摩奴（Manu）的先祖，摩奴是人類始祖；另一個是火神阿耆尼（Agni），他把火種從天國帶到人間，人類才懂得用火。

吠陀神話與希臘神話的相似性

吠陀神話與希臘神話的相似很明顯。神話中關於主神，以及詩句中提到的其他小神——兒子、妻子、女兒、情婦等——顯然是在重複希臘神話的故事（或者吠陀神話才是原稿）。毫無疑問的，帝奧斯就是宙斯，伐樓拿就是天王星等等。而且，在兩個例子中，主神的範圍始終保持在十二，無論在那些神的繼承者之間發生了什麼。

這兩個在地理位置上相隔如此遠的地方，怎麼可能在神話上有如此相同的內容？

學者相信，在西元前兩千年的某個時候，一群在北部伊朗或高加索地區說印歐語言的人，開始了重大的移民。一群人向東南方走，到了印度；印度人稱他們為阿利安人（意思是高尚的人）。他們將《吠陀經》以口述的方式帶給印度人，那時大約是西元前一千五百年。另一群人向西到了歐洲。有些人繞著黑海，經過俄羅斯的草原，到了歐洲。但若要讓這些人將他們的傳統和宗教帶到希臘去，最主要、也最短的一條道路，就是小亞細亞。一些最古老的希臘城市，實際上，並不是在希臘大陸上，而是在小亞細亞的最西部。

但這些將小亞細亞作為自己住所的印歐人種又是誰呢？西方知識的微小亮光就是由他們所點燃的。

西臺十二「集團」神祇

再一次，唯一現成又可靠的來源是依然是《舊約》。學者發現《舊約》裡多次提到了住在小亞細亞山區的西臺人。並不像《舊約》對迦南人和其他鄰國所抱有的「仇恨」，西臺人對以色列人來說始終是友好的盟友。拔示巴是以色列的大衛王之妻，所羅門王的母親，她原來是大衛王軍隊裡一位西臺人（編按：《聖經》裡的赫人）軍官烏利亞的妻子。所羅門王也透過娶鄰國國王的女兒建立和親關係，其中一個是埃及法老的女兒，另一個正是友好的西臺王的女兒。在另一個時候，入侵敘利亞的軍隊因聽到「這必是以色列王賄買赫人的諸王和埃及人的諸王來攻擊我們」

（《列王記下》7：6）的傳言而逃跑了。這些針對西臺的小典故，顯示他們在古代近東有強大的武力。

隨著對埃及聖書體的破譯——而後接著是對美索不達米亞楔形文字的破解——學者見到了很多文獻，描述「西臺之地」是一個小亞細亞龐大強盛的王國。但一支如此重要的力量會消失得如此毫無痕跡嗎？

根據由埃及和美索不達米亞提供的線索，學者開始對小亞細亞古代山區進行考古挖掘。努力見到了成效：他們發現了西臺的城市、宮殿、皇家寶藏、皇陵、神廟、祭祀用品、工具、武器、工藝品。除了這些，還有很多文獻出土——既有象形文字又有楔形文字。《聖經》中的赫人進入現實。

古代近東遺留給我們一個獨特的石刻紀念碑，是在古代西臺首都郊外發現的。現今叫做雅茲勒卡亞（Yazilikaya），土耳其語的意思是銘刻之石。古代的參拜者在經過大門和聖殿之後，會進入一座露天的畫廊。在一個石頭圈裡的空地上，西臺所有的神祇都刻在一隊行進的佇列之中。

由左向右行進的是男性神祇，很明顯是按照十二「集團」組成的。最左邊，是看起來完全相同的十二位女神，她們都拿著相同的武器。（見圖25）

中間的十二個行進者中，包括了一些看上去較老的神和拿著不同武器的神；還有兩位神用一個神聖符號突出顯示。（見圖26）

第三組「十二神」顯而易見的是由更重要的神祇組成。他們的武器和標誌都更具特色。有四位神的頭上有神聖的天國標誌，有兩位神有翅膀。這組隊伍中還包括不是神的人員：兩頭公牛頂著一個球體，西臺之王戴著一個無邊帽站在翼碟的符號下面。（見圖27）

來自右邊的是兩支女神隊伍；然而，石刻已經太過破損，以至於我們無法看清她們的人數。沒有推測錯誤的話，她們也是兩隊十二「集團」。

圖25　西臺十二位神的石刻之一

圖26　西臺十二位神石刻之二

圖27　西臺十二位神與國王的隊伍

來自左邊和右邊的隊伍在面板的中心相遇，那裡很明顯的是描述主神，因為他們都顯得很高興，站在山頂上、動物身上，甚至是神僕的肩上。（見圖28）

學者投入很多努力，例如拉洛奇（E. Laroche）在《雅茲勒卡亞的眾神》（*Le Panthéon de Yazilikaya*）一書中研究了這些圖畫與象形符號，還有相對易讀刻在岩石上的神的名字。這些行進佇列中有名字、稱號和地位。有一點是很明確的，就是西臺眾神也是由「奧林匹亞」十二神統治。那些次神也是十二位一組，而地上的主神也對應著十二個天體。

這些神祇由十二這個「神聖數字」決定的現象，還被刻在了另一個西臺古蹟上，它是一個石磚築成的聖壇，靠近現今叫做拜特—澤希爾（Betit-Zehir）的地方。它清楚描述了一對男女神，由另外十位神繞著——加總起來，剛好是十二。（見圖29）

考古發現無疑的顯示出，西臺人崇拜的神祇在「天上和地上」，這與他們的等級制度息息相關。一些偉大的「老」神是天國的創立者。他們的標誌——在西臺象形文字中的意思是神聖或天國之神——看上去就像是一對護目鏡。（見圖30）他們常常出現在一個火箭狀物品的周圍。（見圖31）

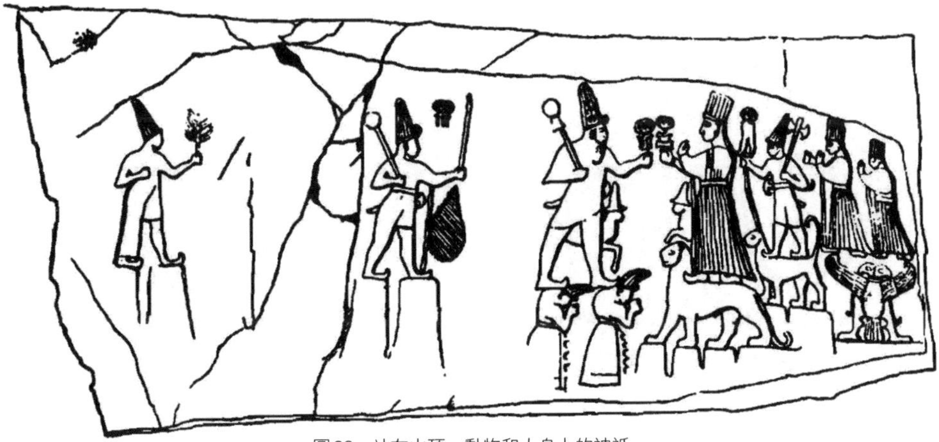

圖28　站在山頂、動物和人身上的神祇

其他的神則是現在的神，他們不僅在地球上，也在西臺人之中擔任統治者，任命人類的國王，在戰爭、擬定條約和一些其他國際事務中指導。

神的戰爭

一位親自領導西臺人的神叫做特舒蔔（Teshub，意思是鼓風者）。他被學者叫做暴風之神，與風、閃電和雷霆有很大的關係。他也有個綽號叫做塔魯（Taru，意思是公牛）。和希臘人一樣，西臺人也有公牛崇拜；就像之後的木星神朱比特（Jupiter）一般，特舒蔔也被描述成了閃電與雷霆之神，一樣是站在公牛身上。（見圖32）

圖29　十位神環繞一對男女神

圖31　神出現在火箭狀物品旁

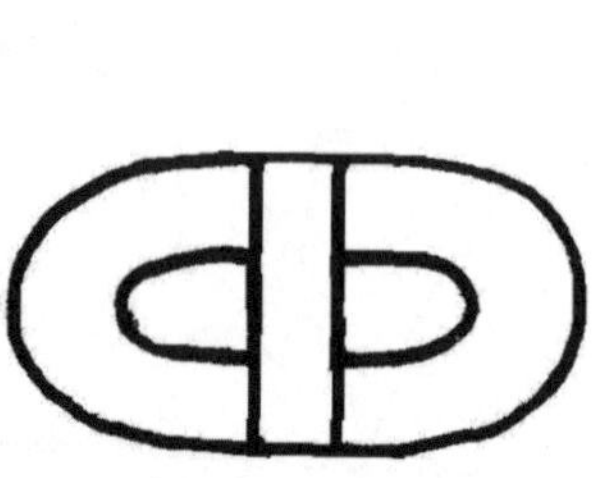

圖30　西臺象形文字：神聖或天國之神

西臺文獻就像後來的希臘神話，描述神為了顯示自己的至高無上是如何與怪物作戰的。學者叫做「屠龍神話」的文獻，提到了特舒葡的對手是楊卡（Yanka）。特舒蔔未能在戰場上打敗他，於是請求其他神的幫助，但只有一名女神來到他的陣營中，設計在一次聚會中將楊卡灌醉。

圖32　站在公牛上的暴風之神特舒蔔（塔魯）

可以認識到，這些故事類似聖喬治（Saint George）和龍的傳說，學者將這種對抗稱作「好神」與「惡龍」的爭端。但事實上，楊卡的含義是大蛇，古代人都如此描述「惡神」——這一點可以從西臺的浮雕作品中看出。（見圖33）宙斯也是如此，正如我們看到的，他戰勝的並不是一條「龍」，而是一位蛇形的神。我們會在之後說明，暴風神擊敗蛇神以取得神之王位的戰爭，在古代傳統中具有重要的意義。這裡只是先強調一下，這樣的戰爭在古代文獻中是作為一種確實發生過的歷史事件，嚴謹的記錄下來。

一篇保存較好的長篇西臺史詩，題為〈天國之王〉，講的就是這樣的事件——天上諸神的起源。這段故事的敘述者首次呼請「十二大古神」來傾聽他的故事，見證故事的真實性：

讓各位天上的神和深色大地之上的神傾聽吧！傾聽吧，偉大古老的神！

由此證實了這些古神既在天上又在地上，這首史詩記錄了十二位「偉大古老的神」，並且為了吸引他們的注意，敘述者描述了「天國之王」是如何來到「深色大地」的：

很久之前，遙遠的時代，阿拉盧（Alalu）是天國之王；是他，阿拉盧，坐在王座上。偉大的阿努（Anu），第一神，站在他的面前，鞠躬直到腳底，呈上了酒杯。在九個時代，阿拉盧都是天國之王。在第九個時代，阿努發動戰爭。阿拉盧失敗了，在阿努前逃跑了——他降到深色的大地。阿拉盧去到了下面的深色大地，阿努則坐在王座上。

圖33　惡神的蛇形特徵

史詩由此描述了「天國之王」是因為王座被奪而來到地球：一個名叫阿拉盧的神被武力趕下了王座（也就是天上的某個地方），接著，為了逃生，「他降到了深色的大地」。但這還沒有結束。這首史詩繼續描述了阿努的遭遇，之後，他又被一個叫做庫瑪爾比（Kumarbi）的神（在一些文獻中，他是阿努的親哥哥）篡位。

毫無疑問的，這首史詩早於希臘神話一千年，是克洛諾斯趕走烏拉諾斯、宙斯又趕走克洛諾斯這則神話的先驅。甚至在西臺文獻中，也能看到宙斯趕走克洛諾斯這個故事的影子，這完全就是庫瑪爾比對阿努做的：

在九個時代，阿努都是天國之王；在第九個時代，阿努不得不和庫瑪爾比打仗。阿努掙脫庫瑪爾比的拘留，逃走了——阿努向天上逃。庫瑪爾比在後頭追著，抓住阿努的腳；將他從天上拽下。他咬著阿努的腰；咬著阿努的「雄風」——在庫瑪爾比的體內，它像銅一樣融化了。

照這個神話來看，這場戰役不能算是完勝。雖然阿努被「閹割」了，他設法飛回了自己天上的住所，離開掌控大地的庫瑪爾比。同時，阿努的「雄性」在庫瑪爾比體內誕生了幾位神，導致他（就像希臘神話中的克洛諾斯一樣）必須將他們釋放出來。其中一位就是特舒蔔，最高的西臺神。

然而，在特舒蔔和平掌權之前，還有另一場史詩戰爭。

庫瑪爾比在得知阿努的後代在自己體內之後，想到了一個計畫，「給暴風神製造一個對手」。「他把力量放在手中；腳上的鞋輕巧得像風」；他還從他的城市烏爾基什（Ur-Kish），去了大山之女的住所。

他的願望是喚醒她；他與山女一起睡覺；他的男子氣息流入她的身體。他與她做了五次……他與她做了十次。

難道庫瑪爾比只是好色嗎？我們有理由相信他這麼做是有深意的。我們猜測神的統治者需要繼承人，而庫瑪爾比和山女生下的兒子有資格登上天國的王座；因此，庫瑪爾比與她「做了」五次和十次，是為了確保讓山女懷孕。確實她懷上了孩子：她生下一子，庫瑪爾比為他取了象徵性的名字烏力庫米（Ulli-Kummi，意思是庫米亞〔Kummiya，特舒蔔的住所〕的鎮壓者）。

庫瑪爾比預見了天國即將發生一場為了搶奪繼承權而引發的戰爭。他命令他的兒子去剿滅庫米亞的現任者，進一步對他的兒子宣布：

讓他為了王位而升上天國！讓他征服庫米亞，這美麗的城市！讓他攻擊風暴之神，並把他撕成碎片，像撕裂一個凡人！讓他擊落天空裡所有的神。

這場在地上和天上發生，與特舒蔔有關的特別戰爭，是大約西元前四千年左右的金牛座時代的開端嗎？是因為這個原因導致勝利者要踩在公牛背上嗎？這些事情是否與同一時間蘇美文明的開端，有著某種關聯？

毫無疑問的是，西臺眾神與神話故事，確實在蘇美文明及神祇中可以找得根源。

老神

有關烏力庫米挑戰天國王位的神話，繼續描述了這個英雄式戰爭。特舒葡在與對手的戰爭中失敗了，甚至導致他的妻子赫巴特（Hebat）試圖自殺。最後，諸神進入調停，並且召集了一次神的聚會。這是兩位「老神」恩利爾（Enlil）和艾（Ea）領導的，艾呼籲製作「天命古書」——某種可以幫助解決神的王位繼承問題的古代紀錄。

然而這份紀錄卻無法解決糾紛，恩利爾建議為這些挑戰者設立另一場戰鬥，用一種極為古老的武器。「聽著，古老的神，您們懂得這些古老的詞彙，」恩利爾向他的追隨者們說：

打開古老的倉庫，那些屬於父輩和先祖的倉庫！拿出那些銅矛，它們曾劈開天堂與凡間；用它們劈開烏力庫米的雙腳。

這些「老神」是誰？答案很明顯，他們是阿努、安圖（Antu）、恩利爾、寧利爾（Ninlil）、艾、伊希庫爾（Ishkur）——他們使用的是蘇美的名字。甚至連特舒蔔這個名字，也和其他「西臺」神的名字一樣，常常以蘇美文字來表達他們的身分。同樣的，這些事件發生的一些地點也是古代蘇美的地名。

這種現象讓學者認為，事實上，西臺人崇拜的諸神神話起源於蘇美，還有那些「老神」也都是蘇美的。事實上，這只是一個更大發現的一部分。不僅發現了西臺語是基於印歐語系，還發現它的發音和寫法都受了阿卡德語的影響。自從阿卡德語在西元前兩千年成為了古代世界的國際語言，就能理解它為什麼影響西臺語了。

但真正的問題是，學者在譯解西臺語的過程中驚奇發現，它廣泛使用蘇美的象形符號、音節，甚至是整個單詞！不僅如此，很明顯的，他們也在相當程度上掌握了蘇美語的使用。用格尼（O. R. Gurney）在《西臺文化》（*The Hitties*）的話來說，蘇美語「在首都哈圖—沙斯（Hattu-Shash）被人們積極學習，而且蘇美—西臺詞彙也是在那裡發現的……許多西臺文獻中與楔形符號有關的象徵物的確是蘇美詞彙，但也許它們的實際意義已經被西臺人遺忘了……在西臺文獻中，西臺詞彙都用與之類似的蘇美或巴比倫詞彙代替。」

而後，當西臺人在西元前一千六百年接觸了巴比倫人，那時蘇美人早就消失於近東的舞臺。那就是為什麼，他們的語言、文學和宗教影響到了亞洲另一頭的偉大王國，而且時隔千年？

胡里

這個文化橋梁，學者已經發現了，是一個叫做胡里人（Hurrians）的民族。

在《舊約》中他們被叫做何利人（Horites，意思是自由之人）。他們控制美索不達米亞的蘇美和阿卡德與小亞細亞的西臺王國之間的廣大區域。領土北至古代的「雪松之地」，領土東達現在伊拉克的油田；考古學家在努濟（Nuzi）這座城市不僅發現了一般建築和工藝品，同時還發現了上千件價值連城的法律及社會文件。胡里的法律和影響力一直向西延伸到了地中海沿岸，其中包括古老的貿易和工業中心，被迦基米施（Carchemish）和亞拉拉克（Alalakh）所學習。

但胡里的權力中心與主要商路，以及最受人崇拜的神廟地點，是在兩河之間的中心區域，希伯來《聖經》中的Naharayim。胡里最古老的城市（還沒有被發現），定都於哈布林河（Khabur River）流域的某個地方。胡里最顯赫的貿易中心，是在巴厘克河（Balikh river），也就是《聖經》裡的哈蘭——亞伯拉罕家族從美索不達米亞南部的吾珥（烏爾）前往迦南途中旅居的城市。

埃及和美索不達米亞的皇家檔案都提到了一個胡里王國，叫做米坦尼（Mitanni），並把它放在同等的地位——這是一個在自己國境外具有影響力的強大王國。西臺人稱他們的胡里人鄰居為赫利（Hurri）。一些學者指出，這個詞還可以被念作哈爾（Har），並且，正如康特勞（G. Contenau）在《古代西臺與米坦尼文明》（*la Civilisation des Hottites et des Hurrites du Mitanni*）中所說的，它也可能就是哈利（Harri）。

毫無疑問的，胡里人是阿利安或印歐語系的民族。他們的碑文中援引了很多阿利安語中的神的名字，他們的國王使用印歐語系的名字，他們的軍事和騎兵術語也是源自印歐語系。一九二〇年，赫羅茲尼（B. Hrozny）致力於解讀西臺和胡里文獻，雖然兩者時隔很久，他仍稱胡里人是「最早的印度教徒」。

這些胡里人在文化上和宗教上統治著西臺。發現西臺的神話文獻是出自胡里。甚至包括史前神話，半神英雄的史詩都起源於胡里。無疑的，西臺人是從胡里人那裡獲得了宇宙學、他們的「神話」、他們的諸神，以及他們的十二主神。

有一篇著名的文獻，是一個女人為祈求她生病丈夫康復所寫的祈禱文，可以看出這個三角關聯——阿利安人的起源、西臺神祇以及胡里人對信仰的源頭。這個女人向女神赫巴特（特舒葡的妻子）祈求：

> 喔，讓阿利安崛起的女神，我的女士，哈地的女主，天與地的皇后……在哈地這裡，妳的名字是「讓阿利安崛起的女神」，但在松雪之地，妳的名字是「赫巴特」。

所有這些由胡里人所採用並傳遞的文化和宗教，並不屬於印歐語系。甚至他們的語言本身就不是印歐語系。毋庸置疑的，在胡里語言、文化和傳統中充滿了阿卡德（《聖經》的亞甲）的元素。胡里首都瓦樹格尼（Washugeni），是閃族語言resh-eni的變體，意思是水的發源地。胡里人把底格里斯河叫做阿蘭扎卡（Aranzakh），我認為是從阿卡德語「雪松之河」演變過來的。神祇沙馬氏（Shamash）和塔什美圖（Tashmetum）是從胡里語的沙馬基（Shimiki）和塔什美特什（Tashimmetish）演變而來——還有很多例子。

但阿卡德人的文化和宗教，也是從蘇美文化與信仰的基礎上發展而來；事實上，胡里人吸收並傳承了蘇美的宗教。正是這樣，他們很明顯頻繁使用了原來蘇美神的名字、稱號和符號。史詩講得很清楚，故事內容是蘇美的神話；「老神」的居住地是蘇美城市，「老神的語言」是蘇美語。甚至胡里藝術也是重複著蘇美藝術——在形式、主題和象徵上。

到底是在什麼地方透過怎樣的方式，胡里人「突變」成了蘇美的「基因」？有證據提出，西元前兩千年，胡里人是蘇美與阿卡德的北方鄰居，並且在之前的一千年與蘇美人混居過。這個事實證明：西元前三千年，胡里人存在和活躍於蘇美。在蘇美最後一個光榮時期，烏爾的第三個王朝，胡里人在蘇美占有重要的地位。有證據顯示，胡里人在蘇美（特別是烏爾王朝）對服裝業的管理和操作聞名於古代。那些享有聲譽的烏爾商人，很可能大部分都是胡里人。

西元前十三世紀，在外來入侵和大量移民（包括從埃及前往迦南的以色列人）的壓力下，胡里人撤往他們王國的東北方，在靠近凡湖（Lake Van）的地方定了新都。他們稱這個王國為烏拉爾圖（Urartu，也就是亞拉拉特）。在那裡，他們崇拜由特什蔔（Tesheba，特舒蔔的諧音）帶領的眾神，並把他描述為一個充滿力量的神：他頭戴角帽，站在他的符號——公牛身上。（見圖34）他們把最重要的聖壇叫做比特阿努（Bitanu，意思是阿努的房子），並稱他們自己正在將這個王國建設成「阿努山谷的要塞」。

而阿努，我們可以看出來，正是蘇美的眾神之父。

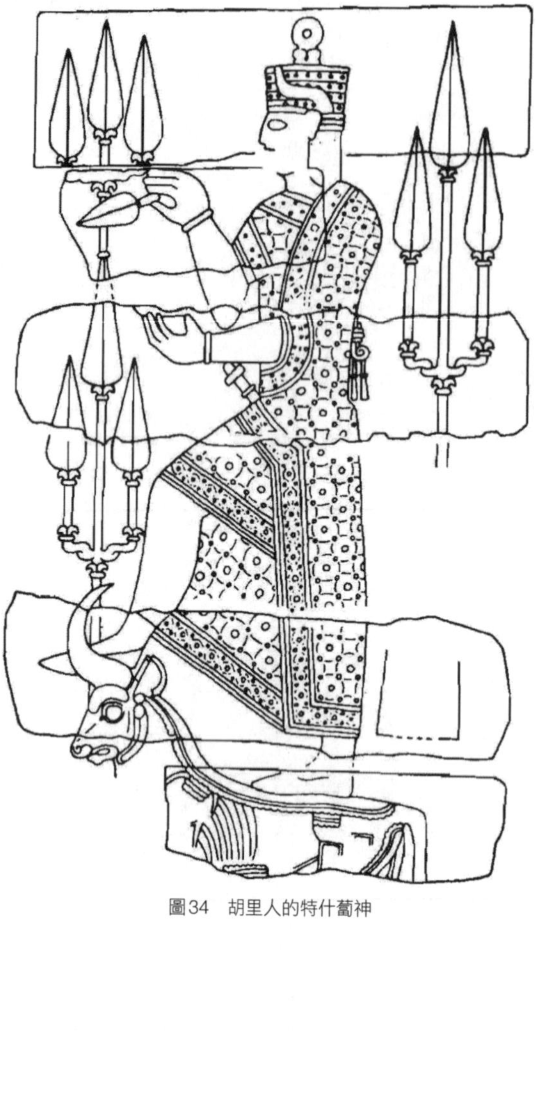

圖34　胡里人的特什蔔神

迦南

那麼，這些神話和神祇崇拜到達希臘的另一條路，是從地中海東部沿海，經過克里特島和賽普勒斯，到達希臘嗎？

這片土地現在是以色列、黎巴嫩和敘利亞南部——形成了古代新月沃地的西南部——當時是迦南人的居住地。再一次，我們認識到，所有那些直到最近才被發現的史實，其實在《舊約》和一些零散的腓尼基文稿中早已提及了。考古學家在以下兩項發現之後，才開始瞭解迦南：在盧克索（Luxor）和塞加拉（Saqqara）找到的埃及文獻，以及（更重要的）在迦南的一個主要中心有關歷史、文學和宗教文獻的出土。這個地方位於敘利亞海岸上，現今是拉絲沙姆拉（Ras Shamra），當時是古城烏加里特。

烏加里特文稿中所使用的語言是迦南語，學者叫做西閃族語，西閃族語是最早的阿卡德語以及現在希伯來語的一個分支。確實，任何一個通曉希伯來語的人都覺得相對容易認識迦南語。迦南的語言、文學風格和專用術語，在《舊約》中都有跡可尋，在以色列希伯來語也是如此。

迦南文稿中展現出來的神話，和之後希臘的神話有很多相似的地方。在迦南神話的開頭，也有一位至高無上的神，叫做ＥＩ，這字既是一位神的名字，又有崇高神性的意思。ＥＩ是所有事物，包括神界和人界的最終裁決者。ＥＩ的稱號是阿博．亞當（Ab Adam，意思是人類之父），又稱肯德里（Kindly，意思是友好的）、莫西浮（Merciful，意思是仁慈的）。他是「萬物的創造者，王權的掌握者」。

迦南文稿（對許多學者而言，這些文稿只是「神話」）把ＥＩ描述為一位賢明的神，已經遠離日常事務的老神。他住在很遙遠的地方，在「（底格里斯河和幼發拉底河）兩河的源頭」。在那裡，他坐在王座上，接收使者的信件，思量著其他神祇告訴他的問題和困難。

一塊在巴勒斯坦發現的石碑上，描述一位較老的神祇坐在王座上，一位較年輕神祇為他端上飲料。坐著的神，頭戴一頂裝飾著角的圓錐形頭飾——角是神的標誌，就像我們從史前時代就開始看到的一樣——在畫面中心上方有一顆帶翅膀的星星，這個象徵物我們將會越來越常見。學者普遍認為這雕刻是描述迦南諸神裡較老的ＥＩ。（見圖35）

圖35　迦南年輕神為El神端上飲料

ＥＩ自然不是一開始就是年老的領袖。他還有一個綽號叫做托兒（Tor，意思是公牛）。學者相信，這是為了表達他卓越的性能力，並以此作為眾神之父的身分象徵。〈仁慈之神的誕生〉這首迦南詩，描述ＥＩ在海邊（可能是裸體），兩個女人被他陽具的尺寸深深吸引。當一隻鳥在沙灘上曬太陽時，ＥＩ和這兩個女人交合了。由此生下了沙哈（Shahar，意思是黎明）與沙拉木（Shalem，意思是黃昏或完結）兩位神。

但他們不是ＥＩ僅有的孩子，也不是他所有七個孩子中最重要的。ＥＩ最重要的兒子是巴爾（Baal）——既是一個神性的名字，又有領主的意思。就像希臘神話一樣，迦南人也提到了兒子爭奪父親王位和統治權的故事。巴爾和他父親ＥＩ一樣，學者也叫他暴風神，是個閃電與雷霆之神。巴爾還有一個小名叫做哈達（Hadad，意思是鋒芒）。他的武器是戰斧和閃電矛；他的代表動物，和ＥＩ的一樣，都是公牛；巴爾和ＥＩ相同的還有頭飾，都是鑲有一對角的圓錐形。

巴爾也叫做伊利恩（Elyon，意思是至高無上）；這是因為他是被承認的王子，王座的繼承人。但他並不是毫無競爭就獲得這個稱號，首先，巴爾與他的兄弟亞姆（Yam，意思是海王子）

征戰，接著與另一個兄弟莫特（Mot，意思是毀滅者）爭奪。在一首用碑刻碎片拼湊起來的感人長詩裡，開頭就寫道，「工匠大師」受到召喚，來到ＥＩ「於水的源頭，兩河之源的中心」的住處：

他來了，穿越了ＥＩ的領地。他走進了歲月之父的庭院。他在ＥＩ腳下，他鞠躬，彎下腰，拜倒，以示崇敬。

「工匠大師」被命令為亞姆修建一所宮殿，以象徵他日益增強的力量和權力。亞姆有了這個壯膽，向群神發出訊息，要求巴爾向他屈服。亞姆命令他的使節挑釁，群神都沒有反抗，甚至連ＥＩ都承認了他兒子之間所出現的新局面。「巴爾是你的奴隸，啊，亞姆。」他說。

然而，亞姆的至高無上是短暫的。有兩樣「神器」的巴爾與亞姆對抗，擊敗了他——巴爾現在只剩與莫特之間的挑戰了。在這場戰鬥中，巴爾很快就處於下風，但他的妹妹阿娜特（Anat）最終不願讓巴爾成為犧牲者，於是她「抓住了莫特，ＥＩ之子，並用劍劈死了他」。

根據迦南神話，莫特沒有搶到王位，巴爾奇蹟般的成為最後的贏家。學者試圖透過認為這整個神話只是一個象徵，來證明它存在的合理性；也就是說，這僅是描述近東一年一度的乾旱與雨季之間的對抗，植物復活或復甦的故事。但我們沒有任何理由認為迦南神話不帶有任何寓意。它們提到了一些後來發現是真實事件的情節：神的兒子是如何自相殘殺的，其中一子在失敗後如何仍成為繼承人，這可使ＥＩ高興了：

ＥＩ，善良的、仁慈的那一位，高興了。他的腳放在坐的凳子上，放開嗓子大笑；提高聲音大聲叫喊：「我應該坐著靜享安寧，靈魂應該在我的呼吸中安息；因為強大的巴爾活了下來，因為大地之主存活了下來！」

在迦南信仰中，阿娜特是站在在巴爾這邊，在巴爾與邪惡的莫特的生死較量中陪伴著他；這與希臘神話中雅典娜站在宙斯一邊，在宙斯與泰風的生死較量中陪伴宙斯，是多麼相似。雅典娜，我們已經知道她叫做「完美處女」，即便她有一些不太正當的戀情。同樣的，在希臘神話之前的迦南神話，也有「處女阿娜特」的稱號，而且她也有大量的愛情故事流傳，特別是與自己哥哥巴爾。有一段文稿描述阿娜特到了巴爾位於扎豐山（Mount Zaphon）的住所，巴爾急忙將妻子們支開。接著他站到阿娜特的腳上；他們雙眼互望；在對方的「角」上塗油——

他拿起並握住她的子宮……她拿起並握住他的「石頭」……處女阿娜特……懷孕了。

難怪，常常描述阿娜特全裸，來強調她的性能力——如下面的印章中所描述的，加入了一個戴頭盔的巴爾，他正在與其他神戰鬥。（見圖36）

就像希臘信仰和創始者一樣，迦南眾神中也有一位母神，眾神之主的正式妻子。迦南人叫她阿舍拉（Ashera），剛好對應希臘神話的赫拉。阿斯塔特（Astarte，即《聖經》中的亞斯他錄），對應著希臘神話的愛芙羅黛蒂；她常與阿斯爾（Athrar）交往。阿斯爾常與一顆明亮的星星有關，可能對應著希臘神話的阿瑞斯（愛芙羅黛蒂的哥哥）。還有一些年輕的神祇，這些男神、女神與希臘諸神的對應關係，可以很容易看出來。

圖36　阿娜特幫助巴爾

然而，除了這些年輕神之外還有一批「老神」，他們遠離日常事物，但當諸神陷入麻煩時，卻只有老神能出面解決。一些關於他們的雕塑，甚至是在一個半毀的石碑上，可以從他們的特徵和角帽上，看出他們是老資格的神。（見圖37）

迦南人是從何處制定他們的文化和宗教的呢？

《舊約》認為迦南人是含語系（Hamitic family）的一部分，扎根於非洲的熱帶（**炎熱正好是哈姆的含義**），是埃及人的兄弟。一些考古出土的人造物品和文字紀錄，顯示出了兩者的相似，就像迦南和埃及之間的諸多相似一樣。

很多當地的神祇，大量的名字和稱號，不同的職務、象徵物，以及動物符號……第一次出現在埃及神譜上，就像一群在陌生舞臺上表演的奇怪演員。但進一步來看，他們與古代世界裡的其他大陸上，基本上並沒有太大區別。

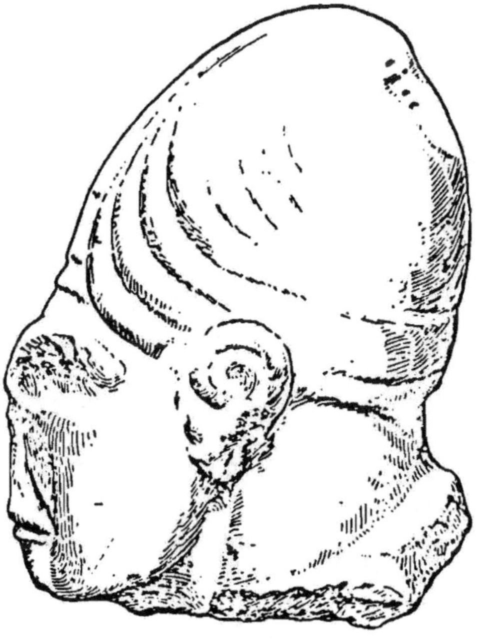

圖37　頭戴角帽的老神

埃及

埃及人相信天國與地球上的神，大神與小神很明確的區分。韋恩萊特（G. A. Wainwright）在

《埃及天神》（*The Sky-Religon in Egypt*）一書中總結證據，埃及人相信天神從天上降到地球是在「太初之時」。一些大神的稱號——最偉大的神、天國公牛、山王或山女——聽起來都很耳熟。

雖然埃及人使用十進位計算，但在宗教活動中卻繼承了蘇美人的六十進位，而且與天有關的事情都用十二這個神聖數字。天國分成三個部分，每一部分都包含十二個天體。死後的世界也分成十二個部分。白天和晚上各分為十二個小時，每一種分法都對應著神的「集團」，由十二位神組成。

埃及眾神之首是拉（Ra，意思是創造者），他主持了十二位神的集會。在遠古時代，他執行了奇妙的創造，帶來了蓋布（Geb，意思是大地）和努特（Nut，意思是天空）。接著，拉讓植物在大地上生長，動物在地上爬行——還有，在最後，創造了人。拉是一位看不見的天神，只會週期性的出現。拉的象徵物是阿托恩（Aten）——天碟，一顆長翅的球。（見圖38）

圖38　拉的象徵物阿托恩

在埃及信仰中，拉在地球上的出現與活動，是直接與埃及的王位相關的。依據傳說，埃及的第一批統治者不是人類，而是神，第一位掌管埃及的神就是拉。他將王國分開，將下埃及給了他的兒子陰間之神歐西里斯（Osiris），將上埃及給了另一個兒子塞特（Seth）。但塞特企圖推翻歐西里斯，最後將他淹死。歐西里斯的妻子和姐妹艾希絲（Isis），找到歐西里斯的屍體，並將其復活。之後，歐西里斯穿過了「玄祕之門」，加入了拉的天國之路；他在埃及的王位由其子荷魯斯（Horus）繼承，荷魯斯有時被描述為帶翼和長角的神。（見圖39）

雖然拉是天國中最高等級的神，但在地上，他卻是普塔（Ptah，意思是發展者、引領事物發展）之子。埃及人相信是普塔透過在尼羅河的關鍵區域修建防水工事，將埃及陸地從洪水中升起。他們認為，這位大神是從其他地方來到埃及；普塔不僅建立了埃及，還建立了「山地和遙遠的他國」。事實上埃及人認為，他們所有的「老神」都是從南方坐船來的；很多發現的史前石刻上，可以看見這些老神——因為他們戴著長角的頭飾——坐船來到埃及。（見圖40）

從南方通往埃及唯一的海路就是紅海，埃及名字叫做烏爾海。在象形文字中，烏爾這個符號的含義是「東方遙遠的土地」；當然這同樣可能是指蘇美的烏爾，因為它就在那個方位，所以不可能排除這種可能性。

埃及語言中對應聖物或神的單詞是NTR（意思是**看著的那個**）。值得注意的是，這簡直就是蘇美這個名字的含義：「看著的那些」之地。

早期認為埃及是文明起源的觀點，現在已經被推翻了。現在有很多證據顯示，埃及文明晚於蘇美文明五百年以上，並吸收了蘇美文明的文化、建築、科技、藝術和很多其他方面的成就。甚至，眾多證據還顯示，埃及神都是起源於蘇美。

與埃及人有血緣關係的迦南人，和他們信仰相同的神。但是，由於迦南從遠古開始就是連接著亞非的橋梁，他們也受到了閃族或美索不達米亞的強烈影響。就像北方的西臺、最北方的胡里、南方的

圖40　老神坐船來到埃及

圖39　荷魯斯

埃及，迦南人不可能有完全屬於自己原始的神。他們同樣是從其他地方，得到了他們的宇宙觀、眾神及神話故事。而他們是透過亞摩利人（Amorites）接觸到來自蘇美的資源。

亞摩利

亞摩利人的土地坐落在美索不達米亞和西亞的地中海陸地之間。他們的名字得自阿卡德語的amurru和蘇美語的瑪圖（martu，意思是西方人）。他們不被當作外來人對待，而是居住在蘇美和阿卡德西部領地上的居民。

在蘇美，有亞摩利名字的人列為寺廟工作者。大約西元前兩千年，烏爾敗給埃蘭入侵者時，一個名叫伊什比艾拉（Ishbi-Irra）的瑪圖人，在拉爾薩（Larsa）重建了蘇美王權，並完成了他的首要任務：奪回烏爾，將那裡重建成為供奉月神辛（Sin）的聖壇。亞摩利人的「酋長」建立了第一個獨立的亞述王朝，那時大約是西元前一九〇〇年。還有為巴比倫帶來榮耀的漢摩拉比，在西元前大約一八〇〇年，是巴比倫第一個王朝的第六位繼承人，也是亞摩利人。

在一九三〇年代，考古學家找到了亞摩利人的中心和城市，叫做馬里（Mari），位於幼發拉底河的一個蜿蜒處，也就是現在敘利亞邊境穿越河流的所在。挖掘者在那裡發現了一座主城，其建築在西元前三千年到西元前兩千年之間連續不斷的修建和重建，地基更早了幾個世紀。馬里這些最早的遺跡，包括一座階梯金字塔和供奉蘇美神伊南娜、寧呼爾薩格（Ninhursag）和恩利爾的神廟。

馬里的宮殿獨自占據了五英畝，其中包括了一間畫了大型壁畫的王座房間，三百間各式各樣的房間、文官辦公室，以及（對史學家們來說最重要的）兩萬塊以上寫滿楔形文字的碑刻，其中提到了當時的經濟、貿易、政治和社會生活，以及國家和軍隊，當然還有那裡的宗教和人民。

馬里宮殿的壁畫中，有一幅描述了女神伊南娜（亞摩利人叫她伊斯塔）授予基姆利里姆（Zimri-Lim）王權的事蹟。（見圖41）

就像在其他神話中一樣，亞摩利人的主神同樣是一位氣候或暴風之神。他們叫他阿達德（Adad）——相當於迦南神話中的巴爾——還為他取了個小名叫做哈達（Hadad）。他的標誌，如預料之中的，是叉狀閃電。

在迦南文獻中，巴爾常叫做「龍之子」，馬里文獻中也講到一位名叫龍的老神，是「豐腴之神」——就像EI——也是一位退了休的神。有一次，他抱怨說，他再也不能與戰爭的領導層一起議事了。

諸神的其他成員還包括了月神，迦南語叫做耶拉（Yerah），阿卡德語叫做辛，蘇美語則是娜娜；當然也有太陽神，叫做沙馬氏；此外，還有一些其他神祇。所有這些神都證明了，毫無疑問的，馬里在地理上和時間上，都是連接地中海東部和美索不達米亞的橋梁。

在馬里發現的文物，就像在蘇美發現的一樣，有很多人們的自雕像：國王、貴族、神職人員、歌手，始終呈現雙手緊握的禱告樣貌，眼神永遠凝望著自己的神。（見圖42）

這些始終由一組十二主神集團帶領的天地諸神到底是誰？

我們進入過希臘和阿利安的神廟，西臺人和胡里人的神廟，以及迦南人、埃及人和亞摩利人的神廟。我們跟隨著這個軌道和上千年前的線索越過大陸，跨過海洋。

而且每座神廟的每條走廊都把我們帶向一個地方：蘇美。

圖41　女神伊南娜將王權授予基姆利里姆

圖42　馬里人的自雕像

4・蘇美：神的領地

無疑的，組成了這幾千年來高度發達的知識和宗教的「古老文字」就是蘇美語。無疑的，所謂的「老神」就是蘇美的神；比這些蘇美神還要古老的神，卻還沒有找到。

當這些神在最初的蘇美版本或後來的阿卡德、巴比倫或亞述版本中，被命名和記錄時，這份名單裡共有數百位。但一旦他們被分類了，就可以很明顯的看出，他們並不是一個眾神大雜燴。他們被一組主神統治，被一群次神環繞，互相都有關係。一旦排除了眾多的侄女、外甥、孫子這類親屬關係，一個小得多卻又更加連貫的神祇團體出現了——每一位神都扮演著一個角色，每一位都有一種獨特的力量和屬性。

蘇美人相信，諸神來自「天國」。有文獻提到，「在萬物創造之前」，有很多天國之神，例如阿普蘇（Apsu）、提亞馬特（Tiamat）、安莎（Anshar）、基莎（Kishar）等，沒有任何聲明表示這一批神到過地球。當我們進一步察看這些存在於地球之前的「神」時，我們發現，他們竟是組成我們這個星系的天體；而且，蘇美神話相當關心這些天神，實際上，用較為科學合理的話來講，他們很關心我們這個星系的創立。

也有一些次神是「地球」的。主要是一些偏遠的小地方信仰他們；他們頂多就是在地的神。在最好的情況下，他們也只是有限的管理一些事物——舉例來說，女神寧凱西（NIN.KASHI）只監管飲料製作。在這些次神之中，沒有英雄級的神話。在西臺雅茲勒卡亞發現的石頭上，他們是走在隊伍最後面一些年輕的神。

在上述主神和次神之間，是天上和地上的神，被稱作「遠古諸神」。他們是史詩中的「老神」，蘇美人相信他們是從天上來到地球。

他們不僅是某地的神，而是全國性的神——事實上，是國際性的神。他們之中的一些神甚至比人類出現在地球上還早。確實，人類的最終存在就是這些神在地球上的活動而引發的結果。他們力量強大，不是世俗可以理解的。而這些神祇不僅看上去像人，也和人一樣吃喝，並且和人一樣有著七情六欲。

雖然一些主神所扮演的角色和地位在千年過後有了轉變，但仍有一部分從來沒有失去過他們的高位，以及在國內、甚至國際上所享受的尊崇。當我們進一步察看這一群核心神祇的時候，出現了一張繪著密切相關、不可分離的神族家庭系譜。

眾神之父：安（阿努）

領導天上和地上這個神族家庭之首的是安（AN，或巴比倫和亞述中的阿努〔Anu〕）。他是眾神之父，眾神之王。領土遍及整個天國，標誌是一顆星星。在蘇美的象形符號裡，星星符號也代表安，或天國、神性存有、神。這個四重含義的符號，在歲月的流逝中保存了下來，以文字的方式，從蘇美人（象形文字）傳到了阿卡德人（楔形文字），再傳到了巴比倫人和亞述人手裡。（見圖43）

從很久很久之前，一直到楔形文字逐漸消失——從西元前四千年開

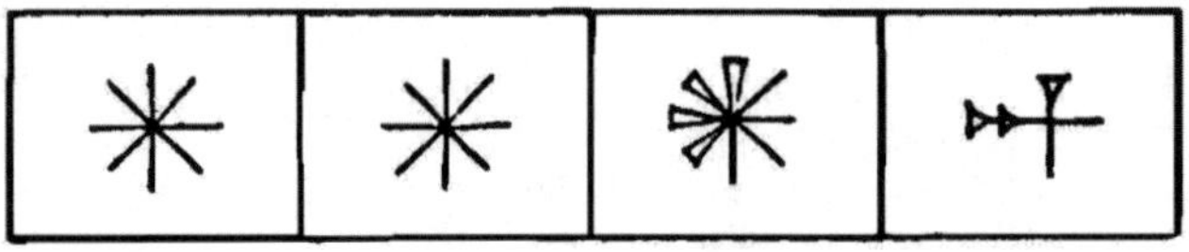

圖43　星星符號的四重含義

始，幾乎到接近基督的時代——這些在神祇的名字出現之前就有的符號，顯示這個寫在文獻中的不是一個凡人的名字，而是原始天堂的神。

阿努的住所以及王座是在天上的。那裡就是其他天地眾神請願或是朝拜時要去的地方，當然也是他們需要解決糾紛或制定決策時該去的地方。很多文獻都形容，在阿努的宮殿（由真實之樹和生命之樹這兩位神把守入口）和王座面前，其他神祇如何走近他，在他面前坐下。

蘇美文獻同樣提到過，不僅是其他的神祇，甚至包括一些被選定的凡人也能走進他的居所，大多數都是為了躲避死亡。有一則神話是關於亞達帕（Adapa，意思是模範人類），傳說他相當完美，且對創造他的神艾（Ea）十分忠誠。艾把他推薦給阿努。接著艾就向亞達帕描繪了即將發生的事：

> 亞達帕，你走到國王阿努之前；你將踏上天國之路。到達天堂前，你要先上升，跨過阿努之門，穿越「生命的信使」和「真實的耕種者」，將會站在阿努的門前。

在創造者的指引下，亞達帕「去到天國……上升到天國，穿過阿努之門」。但當他接到這個能擺脫凡塵的機會時，卻拒絕吃下生命的麵包，認為憤怒的阿努會給他有毒的食物。他因此回到地球，成了一名神職人員，不過仍是一個凡人。

蘇美人聲稱，不僅是神，甚至是被選定的凡人，也能上升到天堂並進入神的居所，這與《舊約》中透過以諾和先知以利亞上升天國相互對應。

阿努與妻子安圖造訪地球

雖說阿努住在神的地界，蘇美文獻中也記錄了他下臨地球的例子——發生某種大危機之時，或是禮儀上的往來之需（由他的妻子安圖〔ANTU〕陪伴），或（至少一次）來找他在地球上的曾孫女印安娜（IN.ANNA）。

因為安不是定居地球上，似乎沒有必要為他築一座城或建一所祭祀中心；而他的居所或「高房子」在烏魯克（也就是《聖經》中的以力），這裡也是女神伊南娜的領地。烏魯克的遺址包括一座巨大的人造山，考古學家找到此處曾經修建並重修過一座大型神廟的證據——共有十八層的阿努神廟。

阿努神廟的名字稱作E.ANNA（意思是安的房子）。但對於這個龐大的建築而言，這個簡單的名字顯得相當微不足道。蘇美文獻譽之為「真正的聖地」，連大神們自己「都塑造一部分」。「它的簷口就像銅」，「高聳的牆壁觸及雲朵——居高臨下的居所」，「這是一個無法抗拒充滿魅力的建築」。當然，文獻中提到了修築神廟的目的，是「為了神從天上降臨而建的房子」。

一座屬於烏魯克官方檔案的碑刻啟發了我們去想像，當阿努和他妻子來這裡進行「國事訪問」時的壯觀場面。因為這個碑刻已經損壞，我們只能從中間部分看到這場慶典，那時，阿努和安圖在神廟的庭院中間坐定。他們周圍，「聽眾同一個命令」，眾神手舉權杖，形成了一個首尾相顧的遊行隊伍，一場外交典禮開始了：

> 他們下降到了神聖的庭院，轉身面向阿努神。純淨的祭司向權杖敬酒，舉著權杖的神走進來並坐下。神帕蘇卡爾（Papsukal）、努斯庫（Nusku）和莎拉（Shala），隨後坐在了阿努神的庭院。

同時，諸位女神，「阿努的神聖後代，烏魯克的神聖女兒們」（她們的名字不清楚），接下第二個任務，前往E.NIR（意思是女神安圖的金床之屋）。隨後，她們組成了一隊佇列回來，到了安圖坐著的地方。雖然晚餐按照嚴格的儀式準備，一名特別的神職人員還是把由「好油」和葡萄酒製成的混合物，塗抹在阿努和安圖準備用來過夜的屋子大門插槽上——這是一個細心的動作，看起來是為了避免在阿努和安圖睡覺時大門吱吱作響。

當「晚餐」——各種飲品及開胃食品——端上來時，研究天文的神職人員走到了「主殿高塔的最上層」觀察星象。他背誦了〈獻給帶來光明、天國之星的主阿努〉和〈創造者的形象提升了〉這兩篇文章。

阿努和安圖用從金盆中流出來的水洗了手，於是，宴會第一階段開始了。接著，七位大神也用從同一個金盆裡流出來的水洗了手，宴會的第二階段也開始了。接著上演是「洗嘴的儀式」；神職人員朗誦了讚美詩〈阿努之星是天國的英雄〉。點燃火炬，各位神祇、歌手、神職人員以及端菜的人都把自己編入一列之中，陪伴著阿努和安圖這兩位訪客，前往他們夜晚的聖地。

四位主神留在院子裡看守，直到天亮。其他神祇站在其他大門。與此同時，整個國家都燃起火炬，慶祝這兩名神聖訪客的到來。在一個主殿的標誌中，整個烏魯克所有神殿中的神職人員都「用火炬燃起了篝火」；其他城市裡的神職人員看見烏魯克的篝火，也同樣的燃起了篝火。接著：

整個陸地的人們在家裡點亮了火光，向所有神祇奉上盛宴……城裡的守衛在街上、廣場上點燃了篝火。

兩位大神的離開也是計畫好的，不只是按天數來算，還要依分鐘記時。

在第十七天，日出後的第四十分鐘，大門在阿努神和安圖神面前打開，為他們的旅行畫下了終點。

這個碑刻的結尾已損毀了，但在其他文獻中也有對他們離開的描述：早餐，符咒，神之間的握手。大神被帶到他們的出發點，神職人員的肩上扛著像王座的轎子。在亞述文獻描述的一列神的隊伍中（雖然是在很久以後），也許可以向我們提供一些有關阿努和安圖在烏魯克訪問時當地的風俗習慣。（見圖44）

在隊伍走過「滿街諸神」時，要朗誦一些特殊的咒文；當佇列走到了「神聖碼頭」上「備好的阿努的船」，則唱起其他詩篇和聖歌。他們在那裡說了再見。「揮手告別」時，吟誦更多的聖歌。

接著，所有的神職人員在最高神職人員的帶領下，進行了一場「臨行前的祈禱」：「偉大的阿努，願天國和大地保佑你！」吟誦七遍，祈禱並懇求七位天神和其他天地眾神的保佑。在最後，他們向阿努和安圖告別：

> 願深遠之神，以及有著神聖居所的神，保佑你！願他們保佑你每一年、每一月、每一天！

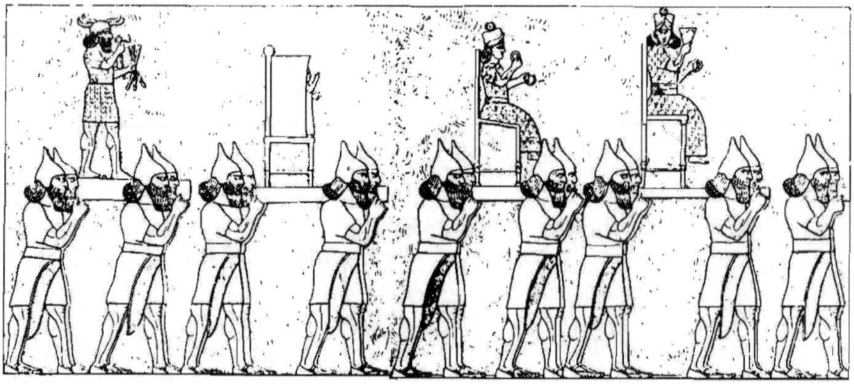

圖44　神坐在像王座的轎子上

在已發現大量關於古代神祇的描述之中，好像沒有一篇是直接關於阿努的。儘管他從每一個雕塑和每一個國王像中凝視著我們，從遠古到現在。在蘇美文明中，權力由阿努而來；而且，王權的另一種說法是阿努圖（Anutu，意思是阿努的權力）。阿努的徽章有三種物件：王冠（神聖的頭飾）、權杖（權力的象徵），以及牧人的手杖（象徵善牧者給予迷失的人的引導）。

現在，牧人的手杖更常出現在主教手中、而非國王，但皇冠和權杖仍然是國王的代表。

天上和地上的主神：恩利爾

在蘇美眾神中，排名第二的神是恩利爾（EN.LIL）。他的名字的意思是天空大神，也是後來統治古代世界眾神的暴風神原型和父親。

恩利爾是阿努的長子，在阿努天國的居所誕生。但出於某些原因，在很早的時候，恩利爾被送到了地球，並因此成為天上和地上的主神。眾神在天上聚會時，恩利爾在他父親身邊主持會議。當眾神到地球上聚集時，則在恩利爾位於尼普爾的神廟相會，尼普爾是一座獻給恩利爾的城市，該地神廟叫做E.KUR（意思是像山一樣的房屋）。

不僅是蘇美人，連蘇美眾神都認為，恩利爾是至高無上的。他們叫他是「萬物統治者」，並很清楚的說明：「在天國裡——他是王子；在地球上——他是領袖。」他的一句話「向上使天國顫動，向下使大地震裂」：

> 恩利爾，他的命令影響深遠；他的「話語」崇高而神聖；他的決定不能更改；他為遙遠的將來寫下命運……地上諸神願意在他面前彎腰低頭；地上天神在他面前謙卑；他們按照指示，忠實的站立著。

在蘇美人的心目中，恩利爾在地球開化之前就來到了地球。一首名為〈獻給恩利爾所有的仁慈〉的讚歌，描述如果不是因為恩利爾諸多「長遠的指令」，社會和文明的很多方面都不會存在：

> 沒有任何城市被建立，沒有任何居住地被設立；沒有任何商鋪被建造，沒有任何羊圈會出現；沒有任何國王被擁立，沒有任何祭司會誕生。

蘇美文獻還指出，恩利爾在「黑頭人」（Black-Headed People）被創造之前抵達地球；黑頭人是蘇美語言中對人類的暱稱。在人類之前的這段時期，恩利爾將尼普爾作為中心或「指揮部」，在這裡，天國和大地透過某種「連接」有所聯繫。蘇美文獻中將這種「連接」叫做DUR.AN.KI（意思是天地連接），並用詩化的語言記述了恩利爾在地球上做的第一件事情：

> 恩利爾，當您在大地上標注了神聖的定居點，尼普爾是您為自己設計的城市。崇高的大地之城，您所在的純淨之地，水都是甜的。您在世界中心創建了杜爾安基（Dur-An-Ki）。

恩利爾的妻子寧利爾

在那些遙遠的日子，當只有諸神居住在尼普爾而人類尚未被創造的年代，恩利爾認識了將成為他妻子的女神。在一個故事裡，恩利爾看見了未來的妻子在小河裡全裸洗澡。他一見鍾情了，不過，也不一定當時就想到結婚：

> 善牧者恩利爾，命運的裁決者，眼睛一亮，看見了她。恩利爾欲與她交媾，她卻不情願。她

說：「我的陰道太小了，不知道如何交配；我的雙唇太小了，不知道怎樣親吻。」

但恩利爾沒有給她任何回答。他只是向侍從努西庫（Nushku）訴說了他對這位蘇德（SUD，意思是護士）「年輕女士」的強烈渴望。蘇德與她母親伊立什（E.RESH，意思是有香味的房屋）住在一起。努西庫建議帶她乘船遊河，於是恩利爾說服蘇德與他一起上了船，然後在船上強姦了她。

這個古代故事描述了身為領袖的恩利爾是如何被屬下的神祇痛恨。他們抓住他，把他驅逐到下部世界。「道德敗壞的恩利爾！」他們向他怒吼：「自己滾出城去！」在這個版本中，蘇德懷上了恩利爾的孩子，跟隨被放逐的恩利爾，最後和他結婚了。另一個版本中講到，懺悔的恩利爾尋找這個女孩，派遣侍從去求她的母親，希望得到蘇德的原諒。不過不管怎樣，反正最後蘇德成了恩利爾的妻子，而且賜給她一個稱號：寧利爾（NIN.LIL，意思是天空女神）。

圖45　恩利爾（右上）與寧利爾（左上）

但無論是恩利爾還是驅逐他的神都沒有想到，事情的真相並不是恩利爾勾引寧利爾，相反的是寧利爾的母親蓄意安排寧利爾在河裡裸浴，為的就是讓常常路過小河邊的恩利爾能注意到她，並能「毫不猶豫的擁抱妳、親吻妳」。

且不管是用何種方式讓兩者愛上對方，最終，恩利爾一直都對寧利爾寵愛有加。有一次，恩利爾賜給了她一件「貴婦之衣」。一塊在尼普爾發現的碑刻，顯示恩利爾和寧利爾在他們的神廟裡享受食物和飲料。這塊碑刻是由烏爾—恩利爾（Ur-Enlil，恩利爾的傭人）授權。（見圖45）

恩利爾除了是眾神的領袖之外，還是其領地蘇美之主

（有時蘇美人叫做「大地」）和「黑頭人」至高無上的神。一首蘇美聖歌用崇拜的語氣說道：

知道這片大地命運的主，他的召喚是值得信賴的；知道蘇美命運的恩利爾，他的呼喚是值得信賴的；父親恩利爾，大地之主；父親恩利爾，權威的主；父親恩利爾，帶領著黑頭人……從日出之山，到日落之山；這片土地再無他神；您是唯一的君王。

蘇美人對恩利爾的尊崇已經超過恐懼和感謝了。是他批准了諸神會議中對付人類的命令；是他的「風」颳起了摧毀不忠城市的大型風暴；是他在大洪水時代力圖毀滅人類。但恩利爾在與人類和平共處時，也是一個備受人喜愛的友好的神；在蘇美文獻裡，耕作知識、犁、鋤，都是恩利爾帶給人類的。

恩利爾還選擇了統治人類的國王，但國王不是最高統治者，而是神的侍從，他的職責是聽從神聖計畫的安排。蘇美、阿卡德和巴比倫的國王都曾公開記錄對恩利爾的崇拜，描述恩利爾授予他們王位。這種授權的行為——出於恩利爾和他父親阿努的利益——賦予了統治者權威性，也標示出了他的職能。就連漢摩拉比——他承認一位名叫馬杜克的神是巴比倫的國神——都在他的法典的開頭寫下：「阿努和恩利爾要求我提高人民的福祉……讓正義充滿這片大地。」

天上和地上的神，阿努的長子，王權的分配人，諸神的領袖，眾神及人類之父，農業的發明者，天空大神——這些都被認為是恩利爾的功績，這些名號顯示了他的偉大和力量。他的「命令影響深遠」，他的「決定不能更改」，他「為遙遠的將來寫下命運」，他擁有「天地連接」，並且從他「令人敬畏的城市尼普爾」，他可以「集中光束，搜索所有土地之心」——「眼睛可以審視整片大地」。

但他也像人類的年輕人一樣，被一個裸體美女誘惑；也不得不服從諸神給他的懲罰，遭到驅逐；甚至也會抱怨。至少在一個已知的例子中，烏爾的一個蘇美王直接向眾神議會抱怨，烏爾出現了一系列的問題，它的人民會遭受厄運，因為「恩利爾將王位給了一個不值得的人……他不是蘇美種」。

當我們繼續向前考察，我們還可以看到，在處理地球事務時，恩利爾在神和人之中扮演的關鍵角色，以及他的幾個兒子為了繼承權與其他神交戰，甚至自相殘殺，無疑的，這展開了之後的諸神戰役。

鹹水之王：艾（恩基）

在阿努、恩利爾之後，蘇美的第三位大神是阿努的另一個兒子，他有兩個名字，艾（E.A）和恩基（EN.KI）。和他的哥哥一樣，他是天上和地上的神，也從天國來到了地球。

在蘇美文獻中，當他抵達地球時，淹蓋波斯灣內陸的海水遠比現在多，整個國家的南部都變成濕地。艾（**這個名字的意思是水房**）是一位工程大師，設計並監管了運河以及河堤的修築，還有濕地的排水工程。他喜歡在這些水道上滑水，特別是在濕地上。這些水域，就像他名字的意思，象徵著他的家。他在濕地邊緣修建了一座城市，裡頭建造了他的「大宅」；這座城市叫做哈亞基（HA.A.KI，**意思是水族的領地**），又叫做埃利都（E.RI.DU，**意思是遠行的家**）。

艾是「鹹水之王」，統領近海與大洋。蘇美文獻中一再提到，在很早之前，三位大神分配領土的時候，「海洋給了恩基〔**艾的另一個名字**〕，他是地上的王子」。恩基由此得到了阿普蘇的統治權。作為海神，艾打造船隊，前往遙遠的陸地，特別是前往為蘇美提供貴金屬和寶石的地方。

最早的蘇美圓筒印章上，描述艾是一位被流動溪水包圍的神，有時水裡還有魚。與艾有關的印章中，比如下面的圖，出現一個月亮（用月牙象徵），這也許是出於月亮引發潮汐。無疑的，文獻裡艾的天體圖像是NIN.IGI.KU（意思是明亮的眼睛之主）。（見圖46）

在蘇美文獻裡，有一篇艾的自傳非常令人震驚，他說自己生於天國，並在人類還沒有任何文明之前來到地球。「當我接近地面，那裡是一片澤國。」他如此說道。接著繼續描述他採用了多項舉動，將這裡改建為居住地：他讓底格里斯河充滿淡水，「哺育生命的水域」；他派遣了一位神監管河堤建設，讓底格里斯河和幼發拉底河能夠通航；他還清空了淤塞的濕地，將魚投放進去，成為各種鳥類的棲息地；此外，他還下令種植了蘆葦，這是一種很實用的建築材料。

後來，他的工作從海洋與河流轉向陸地，艾宣稱是他「提供了耕犁和牛軛……切開了神聖的犁溝……修建畜欄……製作羊圈」。這篇學者叫做〈恩基和世界秩序〉的自傳中，還寫到神把製磚的技術、住房與城市的建造、冶金和其他文明帶到地球。

艾是人類最偉大的恩人，就連那些同樣為人

圖46　艾的天體圖像：月牙

類帶來文明的神，也在許多文獻中將艾描述成諸神圈裡人類的首領。在蘇美和阿卡德關於大洪水的文獻中，當然《聖經》也有類似描述，說艾後來無視眾神的決定，讓一個值得信任的跟隨者（美索不達米亞的挪亞）從災難中逃脫。

實際上，蘇美和阿卡德文獻（就像《舊約》一樣），都認為是神或眾神蓄意創造了人類，而艾是個關鍵人物：他是眾神的科學首領，是他制定了創造人類的方式和過程。這種「創造」，或人類的出現，無疑是由艾引導亞達帕——以艾的「智慧」創造的「模範人類」——在阿努的天國居所裡，無視眾神要扣留人類「永恆生命」的決定，保留了人類的遺脈。

艾之所以站在人類這邊，是因為他自己參與創造了人類，還是另有什麼更深的動機呢？當我們仔細審視這些紀錄，我們發現，無論是凡人或神的事件中，艾至始至終都在違抗恩利爾的決定或計畫。

艾（恩基）與恩利爾的手足之戰

這些文獻充滿了艾對恩利爾的嫉妒。確實，艾的另一個（也有可能是第一個）名字是恩基（意思是大地之主），這些文獻暗示，阿努、恩利爾與艾這三位神透過擲骰子的方式分割世界，艾因此將世界的掌控權輸給了恩利爾：

> 諸神將手握在一起，擲出骰子開始了劃分。阿努升入天國；恩利爾得到了大地。海洋，連在一起，給了恩基，他是大地的王子。

艾／恩基的不幸大概可以看出來，他內心深處種下了怨恨的種子。他在恩基的自傳中寫出了原因：第一個出生的是他，而不是恩利爾，他才有資格繼承阿努：

我的父，宇宙之王，將我帶到宇宙之外……我是多產的種子，由大野牛產生；我是阿努的第一個兒子。我是眾神最大的哥哥……我生來就是神聖阿努的第一個兒子。

自從法律被諸神帶給了古代近東的人，就已表明人類所使用的社會或家庭的法典，只是複製神的法典而已。在馬里和努濟發現的宮廷和家庭的紀錄，證明了《聖經》中的習俗和法律，也就是希伯來人父權法律，約束了整個古代近東。之後的人類對於父權及其繼承人的問題，也由此受到啟發。

亞伯拉罕被剝奪了擁有子女的權力，因為其妻子撒拉不孕，他的第一個兒子是撒拉的女傭所生。然而這個叫以實瑪利的孩子，在撒拉自己終於為亞伯拉罕生下以撒之後，就喪失了家族繼承權。

以撒的妻子利百加懷了一對雙胞胎。理論上先出生的是以掃，他是一個長著很多淡紅色毛髮的強壯小子。跟在以掃腳跟後的是文靜的雅各，也是利百加最寵愛的一個。當以撒因年老而雙目近乎失明，宣布遺囑時，利百加用了一個掉包計，使原本應該是以掃的祝福旁落在了雅各身上。

最後，雅各的繼承問題也有一連串的問題，他先服侍拉班二十年，得到可以娶拉班的女兒拉結的允許，但拉班又逼迫他先娶姐姐利亞。利亞為雅各生了第一個兒子流便，此外，她還和另外兩個妾為雅各生下了其他幾個兒子和一個女兒。然而，當後來妹妹拉結最終得以嫁給雅各，並為他生下她的第一個孩子約瑟之後，相比其他的孩子，雅各更喜歡約瑟這個孩子。

在這樣的習俗和繼承規則的背景下，人們可以瞭解恩利爾和恩基之間的衝突。恩利爾在所有紀錄中，都是阿努和他的正房妻子安圖所生的孩子，是法定的長子。但艾／恩基則在痛苦中呼喊著：「我是多產的種子……我是阿努的第一個兒子。」這肯定是基於事實的聲明。是不是艾／恩基本來是阿努的第一個兒子，但是由一個身為小妾的女神所生？以撒和以實瑪利的故事，或以掃和雅各的故事，可能在天國中也發生過？

雖然恩基承認了恩利爾的繼承權，不過一些學者發現有足夠的證據證明，這兩位神之間有著持續的權力鬥爭。克萊默曾經把一篇古代文獻取為〈恩基及其自卑情節〉。就像我們之後會看到的幾個《聖經》故事——關於伊甸園中夏娃和蛇的故事，或者大洪水的故事——在蘇美的原版中，都有恩基違背兄弟命令的例子。

從某種角度來說，恩基知道自己爭奪神的王座是個沒有意義的鬥爭；他要讓自己的孩子——當然不能是恩利爾的孩子——成為第三代的繼承人。他這麼做，至少在一開始，是在他的姐妹寧呼爾薩格（NIN.HUR.SAG，意思是大地之女）的幫助下進行的。

既是姐妹又是妻子的寧呼爾薩格

寧呼爾薩格也是阿努的女兒，但不是安圖所生。這牽涉到了另一條繼承規則。過去幾年學者一直想知道，為什麼亞伯拉罕和以撒兩人的妻子同時也是他們的姐妹——這對於《聖經》中反對與姐妹產生性關係而言，的確是一個困惑。但當馬里和努濟的法律文獻出土之後，事情才變得清楚，原來男人可以和同父異母的姐妹結婚。不僅如此，這些既是姐妹又是妻子生下的「純種」孩子，可以分得比所有妻子生下的所有孩子更多五成的遺產——而繼承權不一定給長子。這樣一來，就讓馬里和努濟的人們在選擇妻子時首選自己的「姐妹」，以便讓她的兒子獲得不可動搖的繼承權。

寧呼爾薩格就是這個同父異母的姐妹，恩基想要她為他生一個兒子。她同樣是「天上的」神，在非常早的時候來到了地球。許多文獻提起，當諸神在地球上劃分領域時，她分到了迪爾門（Dilmun）之地——「一個純淨的地方……一片純淨的陸地……一個光明的地方」。在一篇學者取名為〈恩基和寧呼爾薩格：樂園神話〉的文獻中，講到恩基為了婚姻之事而前往迪爾門。文獻中一再強調寧呼爾薩格是「單身的」——尚未訂婚的處女。雖然之後她被描述成一個老婦人，但她年輕時肯定很有魅力，因為文獻中很直白的告訴我們，當恩基靠近她的時候，她的目光「讓他的陰莖像決水之堤」。

當他們單獨在一起時，恩基「讓精液進入了寧呼爾薩格的子宮。她將精液放進子宮，這些精液來自恩基」；接著「過了九個月的孕期……她在河岸上生下了孩子」。但這個孩子是個女兒。

在生男失敗後，恩基繼續與自己的女兒做愛。「他抱住她，親吻她；恩基將精液射進了她的子宮。」但她也生下了女兒。恩基繼續讓他的孫女懷孕；但再一次，她又生了一個女兒。寧呼爾薩格決定停止恩基的這些努力，她在恩基身上下了一個詛咒，在吃了一些植物後，他生病了。然而，其他諸神迫使寧呼爾薩格解除了這個咒語。

當這些事件在神的事務中產生巨大影響的時候，其他關於恩基和寧呼爾薩格的神話卻在人類的事務中產生了巨大影響；在蘇美文獻裡，人類是在寧呼爾薩格遵循恩基所制定的準則和過程創造出來的。她是護理長，掌管醫藥設備；正因為有這樣一個角色，所以這位女神又叫做寧替（NIN.TI，意思是生命之女）。（見圖47）

一些學者把恩基的「模範人類」亞達帕（Adapa），視為《聖經》中的阿達瑪（Adama）或亞當（Adam）。蘇美文中的TI的雙重含義也在《聖經》中找到了對應。因為TI同時具有生命和肋骨兩個意思，所以寧替（NIN.TI）這個名字既有生命之女的意思，又有肋骨之女的意思。《聖經》裡的夏娃——這個名字的意思是生命——是由亞當的肋骨所創，所以夏娃也是生命之女和肋骨

圖47　掌管醫藥的女神寧替（寧呼爾薩格）

之女。

寧呼爾薩格作為諸神和人類的生命給予者，也是母神。她有一個暱稱叫瑪姆（Mammu）——這是現在的母親（mom）或媽媽（mamma）這兩個詞的原型；她的象徵符號是一把切割刀——這是一種在古老的年代裡，接生婆用來剪斷新生兒臍帶的工具。（見圖48）

尼努爾塔打敗邪神祖

恩基的弟弟和競爭對手恩利爾，的確是交了好運，他和姐妹寧呼爾薩格在天國生下了尼努爾塔（NIN.UR.TA，意思是完成建設的主）。尼努爾塔是「恩利爾英勇的兒子，帶著光束之網」去為他的父親戰鬥；尼努爾塔是「發射光束……的復仇之子」。（見圖49）他的妻子巴烏（BA.U）同樣也是一名護士或醫師，她的綽號是「起死回生術之女」。

尼努爾塔的古代肖像顯示，他拿著一個奇特的武器——毫無疑問這就是那個可以發射「光束」的東西。古代文獻中將他譬為一個強大的獵人，因善戰而叫做戰神。他最偉大、最英勇的一次戰役並不是為了他的父親，而是為了自己。這是一次波及很廣的戰鬥，牽涉到

圖48　母神的象徵符號

圖49　尼努爾塔拿著奇怪的武器

地上眾神的領導權。對手是一位叫做祖（ZU，意思是聰明）的邪神。交戰的原因，則是祖非法獲取了諸神之首恩利爾的徽章和神聖物件。

文獻中對這些事件的描述在一開始是較為混亂的，直到祖來到恩利爾的神廟伊庫爾（E-Kur），故事才變得清晰起來。因為自己的尊崇地位，恩利爾如儀合禮的歡迎了祖，「囑託他守護好自己聖壇的大門入口」。但「邪神祖」卻把信任變為背叛，因為他想要趁機「除掉恩利爾的王權」——奪取神權——所以，「他在心裡反覆謀劃」。

祖為了達成目標，他知道必須設法從恩利爾手中盜走一些重要的東西，包括充滿魔力的命運碑刻。在恩利爾脫掉衣服走進池子，開始每天一次的游泳時，詭計多端的祖抓住了這個機會：

> 在聖地的入口，祖一直觀察著恩利爾，等待著一天的開始。當恩利爾用純淨之水洗浴時——他摘掉了王冠，放在王座上——祖將命運碑刻緊握於手，帶走了恩利爾的王權。

當祖搭乘他的MU（可以譯成名字，但這字也暗指一種飛行器）逃到了一個遙遠的隱蔽處，他這種放肆行為引發的後果開始慢慢顯現出來：

> 神聖的規則被懸置；四野寂靜，八方沉默……聖地的光彩消失了。

「父親恩利爾隱忍難言」、「諸神聚集，傳遞著這個消息」。這個後果實在是太嚴重了，以至於就連在天國居所的阿努，都被告知了這個消息。他回顧了這起事件一遍，認為必須拘捕祖，這樣「規則」才能恢復。阿努問「諸神、他的孩子們」：「諸神之中，誰可以戰勝祖？他的名字將是所有神之中最榮耀的一個！」

一些以勇武著稱的神被徵召了。但他們都指出，掠取了命運石刻的祖，現在擁有和恩利爾相同的力量，所以「祖可以像擊打泥土一樣擊敗」他們。出於這個顧慮，艾有了一個重要的想法：為什麼不叫恩利爾的兒子尼努爾塔去打這場幾乎沒有希望的戰鬥？

眾神會議沒有錯過艾的惡作劇。很明顯的，如果尼努爾塔戰死，繼承王權的機會將會落在他的後代身上。讓眾神驚訝的是，寧呼爾薩格（在這段文獻中被叫做寧瑪赫〔NIN.MAH〕，意思是偉大的女士）同意了。她對她的兒子尼努爾塔解釋說，祖搶奪恩利爾王權的行為不僅侵犯了恩利爾，還侵犯了尼努爾塔。她認為「我在極度疼痛中」的分娩本身，也是「為我的兄弟和阿努取得了一定的天國王權」。所以她的苦痛不應白費。她命令尼努爾塔在戰鬥中獲得勝利：

啟動你的進攻……捕獲逃犯祖……用你可怕的進攻對付他的憤怒……割破他的喉嚨！征服祖！……讓你的七魔風迎面吹向他……讓整個旋風攻擊他……讓你的光束攻擊他……用你的風帶著他的翅膀去一個祕密地點……讓王權回歸伊庫爾；讓神聖的規則得以恢復，到生下你的父親那裡。

各種不同版本的史詩都描述了接下來的這場戰鬥。尼努爾塔向祖發射「箭矢」，但「箭矢無法接近祖的身體……當他將諸神的命運碑刻拿在手裡的時候」。雙方的飛行器發射出的「武器都停在中間」。這場毫無結果的戰鬥繼續著，艾建議尼努爾塔使用他一種叫做til-lum的武器，射進祖「翅膀」的「小齒輪」裡。尼努爾塔根據建議，一再射擊「翅膀」，將til-lum射進了祖的小齒輪。透過密集的擊發，小齒輪變得鬆散，接著祖的「翅膀」開始打轉。祖被打敗了，命運碑刻也送還恩利爾。

邪神祖的真實身分

誰是祖？是不是如一些學者認為的，是一隻「神鳥」？

很明顯的，祖可以飛。但現在的任何人都可以搭飛機，或任何太空人都可以進入太空。尼努爾塔也可以飛，和祖一樣熟練（甚至更好），可是他自己卻不是任何一種鳥類，就像所有描述中的一樣。實際上，他不是任何一種鳥；從他和妻子巴烏（也叫做GU.LA）的許多描寫中，更清楚知道尼努爾塔是靠一種非凡的「鳥」幫助飛行，而這隻「鳥」，平常存放在拉格什的一處聖地GIR.SU裡。

祖不是一隻「鳥」；顯然他也有自己的一隻「鳥」，這樣才能飛走躲起來。也就是說，他們都是依靠這種「鳥」進行這場神之間的空戰。而且毫無疑問的，最後是某種武器擊敗了祖的「鳥」。蘇美語叫它TIL，亞述語是til-lum，在象形文字中則寫作 ；TIL在現今希伯來語的意思是：導彈！

祖，一位來歷不明的神，一位策劃篡奪恩利爾王權的邪神；尼努爾塔，作為法定繼承人，有充分的理由去攻擊。但我們面臨的問題是：祖究竟是何方神聖，他從何而來？

馬杜克？

有一種猜測是：祖可能實際上另有身分，是恩基和他另一個妻子唐基娜（DAM.KI.NA）所生的第一個兒子馬杜克（MAR.DUK）？因為他不是法定繼承人，而不擇手段？

有理由相信，恩基想借姐妹生下恩利爾王權的王儲競爭者失敗後，決定依靠兒子馬杜克。事實上，在西元前兩千年初始之時，古代近東經歷了社會和軍事的大變動，馬杜克的地位在巴比倫被提高到和蘇美及阿卡德神一樣的國家級神位。馬杜克取代了恩利爾，被宣稱為眾神之王，要求

圖50　馬杜克

其他諸神來巴比倫向他宣誓效忠。馬杜克在巴比倫成了至高無上的神。（見圖50）

這次對恩利爾王權的篡奪（當然，是在祖第一次事變過後很久），伴隨著巴比倫人大規模偽造古文獻。為了讓馬杜克以天國之主、造物者、大恩人以及大英雄的形象出現，取代阿努、恩利爾或尼努爾塔，最重要的文獻被重寫，其中包括關於祖的神話。於是，在巴比倫版本中，擊敗祖的是馬杜克，而不是尼努爾塔。在這個版本中，馬杜克自吹道：「Maẖasti moẖ il Zu」，意思是「我碾碎了祖這位神的頭顱」。所以，祖顯然不是馬杜克。

還有另一個理由則來自於恩基。這位「科學之神」提議尼努爾塔參戰，並建議他使用一個很成功的武器對付祖；如果祖真的是恩基的兒子馬杜克，他根本不可能想讓這種武器對付自己的兒子。恩基慫恿尼努爾塔無論勝負，都要「割掉了祖的咽喉」。唯一符合邏輯的是，祖的神祕面具後隱藏著另一個合法的恩利爾王儲競爭者。

蘭納（辛）

這位競爭者只可能是蘭納（Nanna），他是恩利爾法定妻子寧利爾所生的第一個兒子。因為一旦尼努爾塔被消滅後，蘭納的繼承之路就暢通無阻了。

蘭納是是NANNAR（意思是閃光者）的簡稱，是寧利爾為恩利爾生的第一個孩子。蘭納在經過時間的流逝之後來到我們身邊，不過用的是他另一個廣為人知的阿卡德（或閃族）名字：辛（Sin）。

蘭納是恩利爾的長子，被授予蘇美最著名的城市烏爾（UR，意思是城市）的最高統治權。

在烏爾，他的神廟叫做E.GISH.NU.GAL（意思是王孫的房子）。在這個地方，蘭納和妻子寧加爾（NIN.GAL，意思是偉大的女性）用他們的仁慈和善良帶領城市及人民蓬勃發展。烏爾的人民則用愛來回報統治他們的神，親切的稱他們的神為「父親蘭納」。

烏爾的繁榮完全取決於蘭納帶領下的人民。舒爾吉（Slugi）是西元前三千年末葉烏爾（由神指派的）統治者，他形容蘭納的「房子」是「一個滿載的畜欄」，一個「提供麵包的富足之地」，那裡屠牛宰羊，環繞著美妙的音樂。

在蘭納的管理之下，烏爾成了蘇美的糧倉，一個向各地神廟提供穀物和牛羊的地方。一首〈烏爾衰亡的悼詞〉，以負面的方式告訴我們，在烏爾衰亡之前，那裡曾是什麼樣子的：

在蘭納的糧倉裡，現在顆粒無存。諸神的晚宴不再豐盛；在他偉大的餐廳裡，酒和蜜都消失了……在他崇高的神廟裡，看不見備好的牛羊；忙碌聲不再出現在蘭納的羈絆大殿；那裡曾是屠牛之地——現在卻是寂靜一片……磨缽和搗杵躺在一旁……送貨船上沒有貨物……也沒有人送麵包給尼普爾的恩利爾。烏爾的河流空了，沒有駁船航行……路上沒有腳印；如今是一片荒草。

另外一段悲歎，則因「羊圈交給了風」而起。這些描述被遺棄的畜棚、出走的牧人與屠夫的文段，實在是極不尋常的：這不是烏爾的人們所寫，而是由神祇蘭納和寧加爾寫下的。各式各樣關於烏爾衰落的哀嘆，揭示了一些不尋常的事件。蘇美文獻告訴我們，蘭納和寧加爾在烏爾完全衰落之前就離開了這個城市。這次離開非常倉促：

蘭納，他曾愛著他的城市，卻離開了這座城。辛，他愛著烏爾，但已不再待在他的居所。寧加爾……穿過敵軍占領的地區，逃離了她的城市，匆忙坐上貨船，離開她的居所。

這些文字描述了烏爾的衰落以及神祇的出走，而這是阿努和恩利爾的蓄意之作。蘭納在他們面前懇求取消對他的懲罰，於是：

阿努，眾神之王，說「這已經夠了」；恩利爾，大地之王，做出一個適合的判決！

辛直接向恩利爾哀求，「辛將他痛苦的心帶給他的父親，在這位生他的父親前行屈膝禮」，懇求道：

啊，生下我的父親，什麼時候您因我的罪過對我充滿敵意？什麼時候？……您讓心上有如火焰搖曳的苦痛——請給我一個友善的眼神。

文字中卻沒有任何地方告訴我們阿努和恩利爾暴怒的原因。但如果蘭納是祖，判決就是因為他企圖篡奪王位。蘭納就是祖嗎？

蘭納當然有可能就是祖，因為祖占有某種飛行器——與尼努爾塔戰役中駕著離開的這隻「鳥」。蘇美頌歌稱它是「天國之船」：

父親蘭納，烏爾之王……神聖天國之船中的榮耀……主，恩利爾的長子。當您在天國之船中飛升而上，美侖美奐。當您的聖船穿越烏爾時，恩利爾讓您手持永恆的權杖。

還有另外一個證據顯示蘭納可能是祖。蘭納的另一個名字辛（SIN），是由SU.EN轉化來的，這是祖ZU.EN的另一種拼讀方式。一個雙音詞包含了兩個同樣的意思，那麼其中的兩個音節則可以任意擺放。而ZU.EN和EN.ZU則是互為鏡像的單詞。蘭納／辛是ZU.EN，這與EN.ZU沒有任何區別，而EN.ZU則是統治者祖的意思。我們必須指出，祖就是蘭納／辛，想要篡奪恩利爾的王權。

現在可以知道是為什麼，儘管艾出主意將祖打敗了，但祖（辛）卻沒有被依法處決，而是流放。這是恩利爾的家醜。蘇美文獻和考古發掘都證明，辛和妻子逃到了哈蘭，一個由很多河流和山脈保護著胡里人的城市。這裡有個值得注意的地方，當亞伯拉罕家族在父親他拉的帶領下離開烏爾，他們也是將目標設在哈蘭，通往應許之地的道路上，他們在那兒停留了數年。

雖然烏爾一直被當作供奉給蘭納／辛的城市而保留下來，但哈蘭一定也是他長期居住過的地方，因為那裡的建物——神廟、建築和街道——與烏爾極其相似，幾乎是一樣的。安德魯．帕羅特（André Parrot）在《亞伯拉罕及其有生之年》（*Abraham et son temps*）一書說：「任何事物都能證明，哈蘭除了是烏爾的複製品之外，什麼都不是。」

辛離開地球

當辛位於哈蘭的神廟——它在千年之內不停重建——在五十年以上的考古發掘中發現時，文物中包含兩支紀念石柱，上面刻著一段由辛的高級祭司阿達迪古皮（Adadguppi）口述的紀錄，說她在先前一段時期，是怎樣祈禱並祈求辛回來地球：

> 辛，眾神之王，對他的城市和神廟生氣了，所以回升天國。

辛厭煩或無望了，於是匆匆「收拾行李」、「回升天國」這一事件，在其他的文獻資料中也有紀錄。這些資料告訴我們，亞述王亞述巴尼帕從某些敵人那裡，尋回了一個神聖而「昂貴的碧玉印章」，並「在上面畫了一個關於辛的圖畫來修飾它」。他還在這塊聖石上刻著「辛的頌詞，並把它佩戴在辛的雕像脖子上」。這個辛的印石肯定是古代留下來的遺跡，因為它進一步陳述：「當敵人進行破壞時，臉部被毀掉了。」

阿達迪古皮生於亞述巴尼帕當政期間，被認為擁有皇室血統。她在對辛的請求中，提出了一項實際的「交易」：她把他對手的力量歸還他，他則幫助她的兒子拿波尼度（Nabunaid）成為蘇美和阿卡德之王。歷史紀錄證明，在西元前五五五年，拿波尼度控制著巴比倫的軍隊，被手下的官員推上了王座。對於這一崛起，紀錄顯示，肯定是受了辛的幫助。拿波尼度寫下的文獻告訴我們：辛「在他出現的第一天」，用了「阿努的武器」——它可以「用光速觸碰」天空，擊碎敵人，讓敵人掉下地面。

拿波尼度信守他母親對這位神的諾言，重建了辛的神廟E.HUL.HUL（意思是極樂之屋），並宣布辛是最高的神。這樣，才能讓辛抓住「阿努的能力、恩利爾的能力、艾的能力——在手中把持著整個天國的力量」，由此擊敗馬杜克，甚至奪取馬杜克父親艾的權力。辛得到聖月牙的稱號，成為所謂的月神。

辛是怎麼在地球上擁有了如此眾多的榮耀之後，在厭惡中回到天國？他是否一去不復返？根據拿波尼度的描述，辛後來又完全「忘記了他憤怒的指令……並計畫回到E.HUL.HUL神廟」，試圖透過重返地球創造一個奇蹟，一個「從遠古時代就沒有再出現過的」奇蹟：

> 這是辛的偉大奇蹟，從遠古時代之後，就沒有在這片土地發生過，一位神祇「從天國下來了」；這片土地的人民從沒有見過，也未曾記錄在泥版上，永恆的保存下去：辛，眾神之主，居住在天國，如今已從天國下來了。

遺憾的是，沒有提供任何辛重返地球的細節，比如地點或事件。但我們知道那是在哈蘭的郊外。來自迦南的雅各在去「老村莊」尋找新娘的路上，看見「一個梯子立在地上，梯子的頭頂著天，有上帝的使者在梯子上，上去下來」。（《創世記》28：12）

烏圖

在同一時刻，拿波尼度正在重建蘭納／辛的神殿並恢復他的力量；他同樣也重建了辛的雙胞胎孩子的神廟——他們是伊南娜（IN.ANNA，意思是阿努之女）和烏圖（UTU，意思是閃亮者）。

他們兩個是辛的正房寧加爾所生，並因此成為了神皇室的一員。理論上說伊南娜是先出生的，但她的弟弟烏圖才是長子，因此成為法定繼承人。和以掃和雅各之間的敵對競爭不一樣，這兩位神姊弟非常親密友好的一起長大。他們分享歡樂和刺激，互相幫助，而且當伊南娜要在兩位神中選擇一位作為自己的丈夫時，她尋求弟弟的建議。

伊南娜和烏圖出生於回憶所不及的遠古時代，當時只有諸神待在地球。烏圖的城市西巴爾（Sippar）是蘇美諸神建立的最早的城市之一。拿波尼度在一份文獻中描述他著手重建烏圖在西巴爾的神廟伊巴巴拉（E.BABBARA，意思是閃光之屋）：

> 我尋找著它在遠古的根基，我向下走了十八腕尺，進入了泥地。烏圖，伊巴巴拉偉大的主神……向我個人展示了它的根基，那是那拉姆——辛（Naram-Sim），薩貢之子，三千兩百年來沒有任何我之前的君王見過。

當文明之花在蘇美開始綻放時，在這片界於兩條河之間的土地上，人類加入了神的佇列，烏圖確立了法律與公正的原則。一些早期的法典，除了引用過阿努和恩利爾的內容，還提出了要保持讚美和忠誠，因為它們是在「與烏圖的真言符合」的前提下頒布的。巴比倫王漢摩拉比將他的法典刻在柱子上，他在開篇告訴我們，這些法律條文都是從諸神那裡得來的。（見圖51）

西巴爾出土的泥版證實，在古代之時，這裡是一個有著公正法律的地方。一些文獻描述烏圖親自坐在對神或人的審判位置上；西巴爾實際上是蘇美的「仲裁」之座。烏圖提倡的公正，使人想到《新約》裡的「登山寶訓」，耶穌在山頭上的訓導。一塊「睿智的泥版」記錄著合乎烏圖心意的行為：

圖51　神授予人法典

> 不要對你的對手做惡事；你會為你的惡行受到報應。對待敵人，要以公正行事……而面對一個乞丐——給他吃的東西，喝的飲料……助人為樂，做好事。

因為烏圖相信正義、反對壓迫——可能是出於其他一些原因，我們之後將會看到——烏圖被認為是旅行者的保護神。然而對烏圖最普遍也是最持久的看法，無一例外都集中在他的光輝上。從最早的時候起，烏爾又叫巴巴爾（Babbar，意思是發光體）。他是「烏圖，散發著大片的光彩」，他「點亮了天國和地球」。

漢摩拉比在他的描述中，將這位神稱作沙馬氏（Shamash），這是他的阿卡德名字，在閃族語系中的解釋是「太陽」。因此很多學者推斷沙馬氏其實是美索不達米亞的太陽神，這位神的天體標誌是太陽。這麼一來，就可以從另一個角度來看待他在執行祖父恩利爾交代的特殊任務時，「散發著大片的光彩」。

伊南娜

就像眾多紀錄顯示，一位叫做烏圖／沙馬氏的神祇在古代美索不達米亞的人群中確實存在過一樣，也有數不盡的文稿、文獻、符咒、神諭和禱告詞，證實女神伊南娜確實存在過。她的阿卡德名字叫做伊師塔（Ishtar）。西元前十三世紀，一位美索不達米亞的國王記錄了，他在她弟弟的城市西巴爾重建了她的神廟，是在一個當時已有八百年歷史的地基上重建的。但在她的主要城市烏魯克，關於她的神話則回溯到了更遠古的時期。

羅馬神話裡的維納斯，希臘神話裡的愛芙羅黛蒂，迦南和希伯來神話裡的阿施塔特（Astarte），在亞述、巴比倫、西臺及其他一些古文明裡，則是伊師塔或伊師達（Eshdar）；阿卡德人和蘇美人稱之為伊南娜或者伊寧（Innin）、寧尼（Ninni），或其他很多暱稱和稱號。她在所有時候都是戰爭女神和愛神，一位凶狠、美麗的女性。雖然她只是阿努唯一的曾孫女，但仍然為自己在天地眾神之間謀得了主神地位。

作為一位年輕的女神，顯而易見的，她只分配到了蘇美東邊一塊偏遠的土地，也就是阿拉塔（Aratta）之地。就是在這個地方，「最高的，伊南娜，所有土地的女王」有了她的「家」。但伊南娜有更大的野心。烏魯克城裡有阿努的大神廟，只有在他極少數造訪地球時才會使用；而伊南娜將她的目光放到了這個權力寶座。

蘇美國王將美什迦格什（Meshkiaggasher）列為烏魯克的第一個統治者，他是神烏圖的兒子，媽媽卻是人類。在他之後是他的兒子恩麥卡爾（Enmerkar），一個偉大的蘇美王。伊南娜則是恩麥卡爾的姑婆；然而她發現，要勸服他相信她可以成為烏魯克而不是偏遠阿拉塔的女神，似乎有些小困難。

一份相當吸引人的長篇文獻，叫做〈恩麥卡爾和阿拉塔之主〉，描述了恩麥卡爾是如何派遣使者前往阿拉塔，在一次「心理戰」中用盡了每一種能想到的辯論方法，迫使阿拉塔屈服，因為「伊南娜的僕人——恩麥卡爾大人——讓她成為了阿努神殿的女王」。這段史詩不太清晰的暗示了一個完美的結局：當伊南娜前往烏魯克時，她沒有「遺棄她在阿拉特的房屋」。她成為一位「通勤兩地的神祇」並不是不可能，因為在其他很多文獻中，伊南娜／伊師塔被描述成一個充滿冒險精神的旅行者。

伊南娜占領了烏魯克的阿努神廟，不可能在恩麥卡爾不允許的情況下成功；文獻中有強力的線索。很快的，伊南娜就被稱作阿努寧圖（Anunitum，意思是阿努所寵愛者）。在文獻中，她被進一步說成是「阿努的情人」；而且在那之後，伊南娜不僅分享了阿努的神廟，同樣分享了阿努的床——不管是在他來烏魯克停留期間，還是她去到他在天國的居所之時。

透過這些手段，伊南娜成了烏魯克的女神和阿努神殿的女主人。隨後，她用更多權謀來加強自己在烏魯克的地位，提升自己的權力。幼發拉底河的下游，佇立著一座古城——埃利都，恩基領地的中心。在得知恩基對各種工藝以及科學知識十分精通後，伊南娜決定借用（或偷盜）這些祕密。很顯然，她將對這位大名鼎鼎的伯叔公（祖父的兄弟）施展其「個人魅力」。伊南娜安排了一次對恩基的單獨拜訪。恩基並沒有忽視她，他吩咐管家準備了兩份菜餚：

> 過來，我的管家伊斯穆德（Isimud），聽從我的命令；我將告訴你一句話：這位少女，獨自一人，直接將腳步踏進了冥界之屋……當這位少女進入了埃利都的冥界之屋，給她吃奶油大麥蛋糕，給她澆淋清淨心靈的涼水，給她喝啤酒……

他們盡情飲酒後，恩基打算為伊南娜做些什麼。她大膽的問起了神聖公式，也就是這個高度文明的根基。恩基答應給她一百個公式，包括了至高無上的神權、王權、祭祀、武器、法律、印刷、木工……甚至有關樂器和廟妓的知識。當恩基清醒過來發現自己的所作所為時，伊南娜早就在回烏魯克的路上了。後悔不已的恩基在她後面用一種「令人敬畏的武器」拚命追趕，但為時已晚，因為伊南娜已經坐上她的「天國之船」急速飛往烏魯克了。

伊南娜常常被描繪成一位裸體的女神，炫耀著自己的美麗；在某些時候她甚至被描繪成一個撩起裙襬、露出下體的形象。（見圖52）

圖52　撩起裙襬、露出下體的伊南娜

吉爾伽美什是西元前兩千九百年時烏魯克的統治者。這個半神（由人類父親和女神所生）描述伊南娜是怎樣誘惑他的——甚至是在她已經擁有正式伴侶之後。吉爾伽美什在一次戰鬥之後，伊南娜為他洗了澡，並為他披上「一件飾邊的斗篷，用飾帶紮上」。

> 愉快的伊師塔將目光移到了他的健美上。「來吧，吉爾伽美什，做我的情人！來吧，給我你的果實。你將成為我的男伴，我將是你的女人。」

但吉爾伽美什明白這一招。「妳的哪個愛人是妳一直都愛著的？」他問：「妳的哪個情人一直能取悅妳？」在歷數了一大段她的情事之後，他拒絕了。

隨著時間的推移——當她在眾神中占有更高的地位，隨之而來的則是承擔處理國家事務的責任——伊南娜／伊師塔開始進行更多的軍事活動，並時常被描述為戰爭女神，連牙齒都做了武

裝。（見圖53）

亞述國王留下來的文獻，描述他們如何為了她，並在她的指揮下投身戰場，她是如何直接提出何時等待何時進攻，在某些時候，她又是如何領著軍隊向前挺進，還有，至少有一次，她是如何突然現身在整個隊伍的面前。為了回報亞述王的忠心，她承諾給予他們長壽和成功。「我將在一個天上的金色房間裡看著你們，」她向他們保證。

伊南娜變成一位激烈的戰士，是因為她也受到馬杜克崛起的威脅嗎？在拿波尼度的一份文獻中說：「烏魯克的伊南娜，住在金色內殿的高貴公主，騎在由七頭雄獅牽著的戰車上——烏魯克的居民在歐巴—馬杜克（Erba-Marduk）的統治時期改變了對她的崇拜，移除了她的內殿，並放棄了對她的信仰。」根據拿波尼度的說法，伊南娜「憤怒的離開埃安那（**E-Anna**），從此待在一個看不見的地方（沒有說該地的名字）」。（見圖54）

可能是因為追求著愛與權力，伊南娜選擇恩基的小兒子杜姆茲（DU.MU.ZI）作為自己的丈夫。許多古代文獻都在描述這兩位神之間的愛與恨。一些是描述極美與激烈做愛的情歌，其他則描述伊南娜回家時發現杜姆茲正在慶祝她的離開。於是她安排了杜姆茲被捕和下落冥界——一個由她的姐妹厄里斯奇格（E.RESH.KI.GAL）丈夫奈格爾（NER.GAL）統治的區域。在一些蘇美

圖53　戰爭女神伊南娜／伊師塔

和阿卡德的著名文獻中，描述伊南娜為了尋找她被驅逐的愛人，探訪冥界的旅程。

圖54　待在看不見之處的伊南娜

伊希庫爾（阿達德）

在恩基六個已知的兒子裡面，其中三個在蘇美神話中有具體描寫：長子馬杜克，最終篡奪了王座；奈格爾，成為了冥界的統治者；杜姆茲，娶了伊南娜／伊師塔。

恩利爾，同樣有三個兒子在神界和人界的事物中扮演著關鍵角色：尼努爾塔，由恩利爾的姐妹寧呼爾薩格所生，是個法定繼承人；蘭納／辛，恩利爾正式伴侶寧利爾所生的長子；最後，是一個由寧利爾所生的小兒子，叫做伊希庫爾（ISH.KUR，意思是山或遠山的大地），常常被叫做阿達德（Adad，意思是所寵愛的）。

阿達德是辛的弟弟，烏圖及伊南娜的叔叔，他常常待在他們的住所，而不在自己的神廟裡。蘇美文獻中經常把這四位神放在一起。有一份文獻，描述阿努造訪烏魯克，也將這四位神放在了一起。另一份文獻，由蘇俄材料文化史學院的西列考（V. K. Shileiko）首先公諸於世，描述通往阿努的庭院入口處，王座房間是透過「辛、沙馬氏、阿達德和伊師塔之門」到達的。這份文獻用一段詩韻的語言描述他們四位神悠閒的共度夜晚。

阿達德和伊南娜之間似乎有種很深的吸引力，他們兩個甚至被形容幾乎總是黏在一起。在一塊殘碑上，一名亞述統治者接受了阿達德（拿著戒指和閃電）和伊南娜（拿著她的弓）的賜福（第三位神由於碑刻太殘破而不能識別出來）。（見圖55）

除了這種柏拉圖式的關係之外，這種「吸引力」還有沒有更多的解釋，特別是由於當伊南娜有著為數不少的「情史」？值得注意的是，希伯來語《聖經．雅歌》裡，一個愛玩的女孩叫她的戀人為dod——這個希伯來語既是愛人又是叔叔。現在，伊希庫爾是否該叫阿達德，因為他就是那個既是戀人又是叔叔的人？

但伊希庫爾不僅是一個花花公子，他還是一位明智的神。他的父親恩利爾賜給了他暴風神的力量和權力。胡里人、西臺人稱他為特什蔔（Teshub），烏拉尼亞人（Urartian）稱他為特舒蔔（Teshubu，意思是轟鳴者），亞摩利人稱他為拉瑪努（Ramanu，意思是雷神），迦南人稱他為拉吉木（Ragimu，意思是冰雹投擲者），在印歐語系中，稱他為布里亞什（Buriash，意思是光源）。而在閃族語裡，則稱他為美爾（Meir，意思是他點亮了天空）。（見圖56）

漢斯．斯奇洛比（Hans Schlobies）展示一份收藏在大英博物館裡的神祇名單，證實伊希庫爾是一

圖56　暴風神伊希庫爾

圖55　阿達德和伊南娜賜福亞述王

位遠離蘇美和阿卡德的統治者。正如蘇美文獻展現的，這並不是意外。看起來似乎是恩利爾親自派遣他年輕的兒子去美索不達米亞北邊和西邊的山地，並成為那兒的「常駐神」。

為什麼恩利爾要把自己最受寵愛的小兒子派遣到遠離尼普爾的地方？

一些描述年輕神祇之間的衝突，甚至流血事件的蘇美史詩神話被發掘出來。許多印章都描述了神與神之間的戰鬥場面。（見圖57）可以看出，最初在恩基和恩利爾之間的衝突延續到了他們的兒子那一代，並且更為激烈。有時兄弟之間也會反目——比如凱恩（Cain）和阿伯爾（Abel）的神話；有時是為了庫爾（Kur）而戰——庫爾唯一的可能就是阿達德／伊希庫爾。如果是這樣的話，就可以很好的解釋，為什麼恩利爾同意給他小兒子一個很遙遠的領地，因為如此一來，才能讓他遠離這些爭權奪位的危險戰鬥。

圖57　神與神之間的戰爭

蘇美神祇的數字密碼和系譜

阿努的兒子恩利爾和恩基，以及他們的後代在王室血統中的地位，用的是一種獨特的蘇美方式來表達的：以數字來分類神祇。這個體系的發現，同時還讓我們知道了蘇美文明出現時，天上與地上的主神圈裡的成員組成。我們可以發現，這個主神圈是由十二位神祇組成的。

發現這個主神的密碼數位系統的第一條線索，是辛、沙馬氏和伊師塔這幾個神名的一些文獻中，它們偶爾會分別用三十、二十、十五這幾個數字來代替。在蘇美的數學體系中，是用六十進位法，最大的數字（六十）代表阿努；恩利爾「是」五十，恩基四十，阿達德十。數字十和它的六倍數代表男性神祇，尾數五則代表女性神祇。如下表：

男性	**女性**
60—阿努	55—安圖
50—恩利爾	45—寧利爾
40—艾／恩基	35—寧基（Ninki）
30—蘭納／辛	25—寧加爾
20—烏圖／沙馬氏	15—伊南娜／伊師塔
10—伊希庫爾／阿達德	5—寧呼爾薩格
6位男神	6位女神

尼努爾塔——我們不必驚訝——他也是用五十來表示的，就像他的父親一樣。在其他一些文獻中，尼努塔爾在王室中的地位是用一段密碼資訊傳達的：如果恩利爾走了，你，尼努爾塔，穿上他的鞋；但直到那時，你都不是十二神之一，因為「五十」這個位置已經被占了。

同樣我們不必為另一件事感到驚訝：當馬杜克篡奪了恩利爾王權，他堅持宣稱諸神將「五十的名字」贈給了他，「五十」這個位置也成了他的。

蘇美還有很多其他的神祇——這些大神的孩子、孫子、侄女和侄兒；同樣還有幾百個擁有名字和固定地位的神祇，稱作阿努納奇（Anunnaki），被指派擔任「一般職務」。但是主神圈，只有十二位。

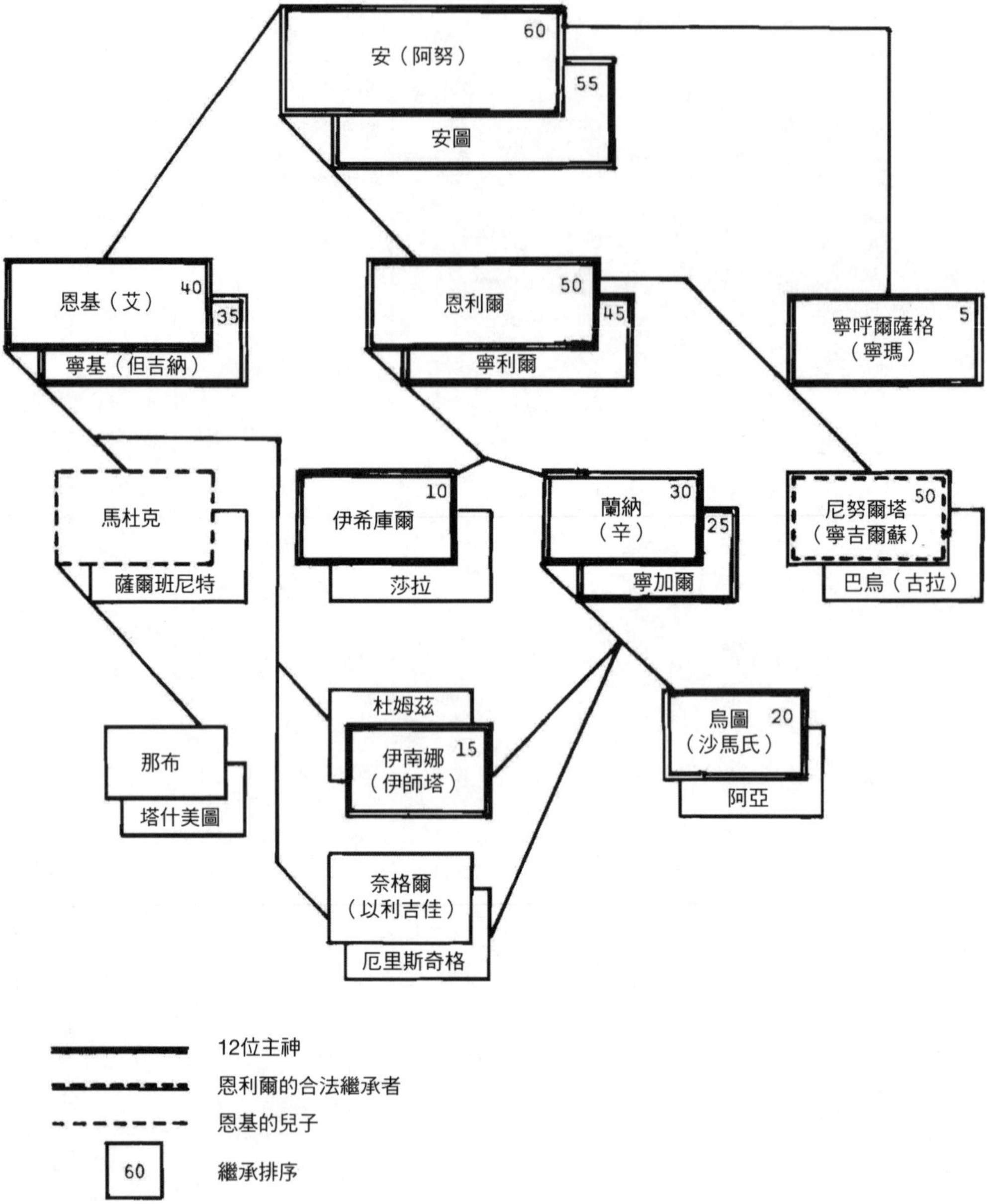
60
安（阿努）
55
安圖
40
恩基（艾）
35
寧基（但吉納）
50
恩利爾
45
寧利爾
5
寧呼爾薩格
（寧瑪）
馬杜克
薩爾班尼特
10
伊希庫爾
莎拉
30
蘭納
（辛）
25
寧加爾
50
尼努爾塔
（寧吉爾蘇）
巴烏（古拉）
杜姆茲
15
伊南娜
（伊師塔）
20
烏圖
（沙馬氏）
阿亞
那布
塔什美圖
奈格爾
（以利吉佳）
厄里斯奇格
12位主神
恩利爾的合法繼承者
恩基的兒子
60
繼承排序

蘇美諸神系譜

5・納菲力姆：火箭裡的人

蘇美和阿卡德文獻毫無疑問的顯示古代近東的居民是天上和地上的諸神，他們可以從地上升到天國，就像是能任意在地球上空漫步一樣。

伊南娜進行太空旅行的七個物體

一段文獻描述了伊南娜被一個無法辨識的人強姦，那個人為自己的行為辯解：

有一天，我的女王，在跨過天國，跨過地球之後——伊南娜，在跨過天國，跨過地球之後——在跨過埃蘭和舒布（Shubur）之後，在跨過……之後，她變得疲憊，進入了夢鄉。我在我的花園邊緣看見她，親吻了她，與她交媾。

這裡描述伊南娜穿越了天國大片遙遠的土地——這只可能是飛行——她自己在其他地方也提過另一次飛行。朗盾（S. Langdon）將一篇文獻叫做〈獻給伊尼尼（Innini）的古典崇拜儀式〉，這位女神因從自己的城裡被驅逐而感到悲哀。她說，按照恩利爾的命令，一位使者「給了我天堂的話語」，進入了她的王座房間，「他沒有洗過的手放在我的身上」，並在其他一些不禮貌的行為之後，伊南娜繼續說道：

我，從我的神廟裡，他們讓我飛起；我，一個女王，像隻鳥，從我的城市裡，他們讓我飛走。

伊南娜擁有如此的能力，和其他主神一樣，常常在古代藝術品上以有翅膀的形象出現——正如我們曾看見過的，其他各方面都很擬人。這雙翅膀，從很多地方都可以看出，並不是她身體的一部分——不是天生的翅膀——更像是神衣服上的飾物。（見圖58）

很多文獻中都提到，伊南娜／伊師塔的廣泛旅遊——往返於她最初在阿拉塔的偏遠領地和她後來在烏魯克的住所之間。她拜訪過埃利都的恩基和尼普爾的恩利爾，也到過他弟弟烏圖的城市西巴爾。但她最重要的一次旅行是前往冥界，她姐妹厄里斯奇格的領地。這段旅行不僅僅記錄在史詩和神話上，還被雕刻在很多浮雕和印章上——一幅石雕展示了這位背著翅膀的女神從蘇美飛往冥界的畫面。（見圖59）

圖59　背著翅膀的女神從蘇美飛往冥界

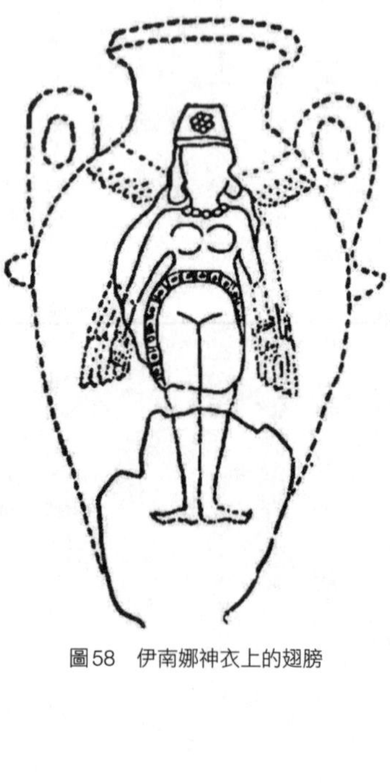

圖58　伊南娜神衣上的翅膀

描述這段冒險旅行的文獻中，描寫伊南娜在旅行開始是如何將七個物體放到自己身上，接著在穿越通向她姐妹住所的七道門時，又不得不將它們丟棄。在其他一些描述伊南娜空中旅行的文獻中，也提到了這七個物體：

1. 放在她頭部的SHU.GAR.RA，
2. 在她耳朵上的「測量墜飾」，
3. 圍在她脖子上的小藍石項鍊，
4. 一對在她肩上的「石頭」，
5. 她手上的一根金柱，
6. 扣在她胸前的帶子，
7. 穿在身上的PALA服。

雖然沒有人可以真正解釋這七個物體是什麼和其意義，但我們還是可以感覺到，答案早就是現成的了。從一九〇三年到一九一四年，在亞述城市阿舒爾的考古發掘中，沃爾特・安德魯（Walter Andrae）和同僚在伊師塔的神廟裡，發現了一尊受損的女神雕像，她有各種各樣的「奇特裝置」，安放在她的胸和背上。一九三四年，考古學家在馬里的挖掘活動中，又發現了一尊很相似而且相當完整的雕像。這是一個真人尺寸大小的美麗女人。她戴著一個非比尋常、有一對角的頭飾，顯示她是位女神。站在這尊擁有四千年歷史的雕像旁，考古學家為她栩栩如生的樣貌感到無比激動（乍看之下，很難發現這不是一個活著的人，而是一尊雕像）。考古學家把她叫做「花瓶女神」，因為她手裡握著一根柱狀物。（見圖60）

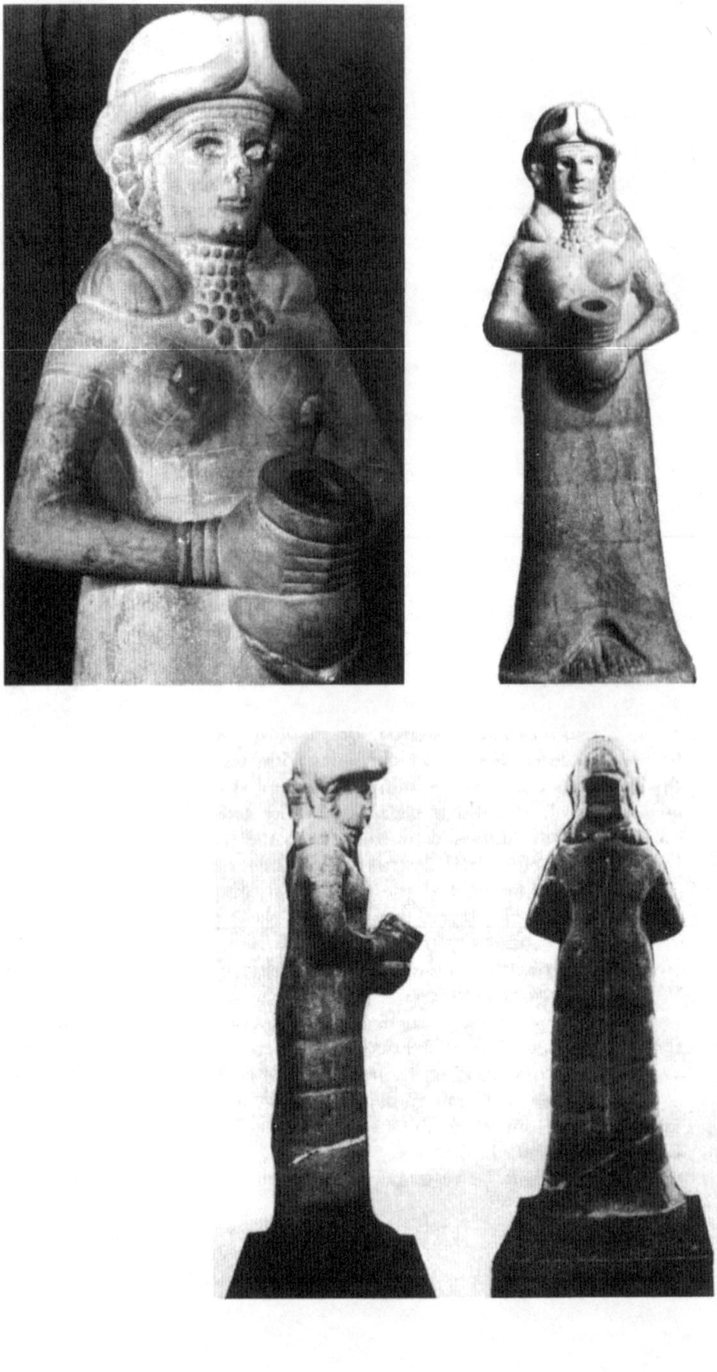

圖60　馬里出土的「花瓶」女神

這個真人尺寸大小、擁有立體效果的女神塑像不同於其他浮雕和壁畫，它勾起了人們對她服飾的極大興趣。她的頭上，不是普通女帽，而是一頂特製的頭盔；從兩邊伸出來的東西，讓人聯想起太空人的耳機。脖子和前胸是一串用很多藍色小石頭（可能是寶石）串成的項鍊；她手裡拿著的柱狀物，如果是用來裝水的瓶子，那就太厚重了。

她穿著一件用透視材料製成的襯衣，兩條帶子從她胸前穿過，指向一個長方形的奇特盒子。這個盒子緊緊綁在女神的脖子後面，並用一條帶子綁在她的頭盔上。無論盒子裡面是什麼，顯然都很重，需要用兩塊墊肩墊著。盒子因為和它基座相連的圓扣而更重了。要完成這套裝備的穿戴，得靠兩條綁在女神背部和胸前的十字型帶子。

伊南娜用於太空旅行的七個物體，和在馬里出土塑像的服飾（**當然還有在阿舒爾的伊師塔神廟中發現的殘缺雕塑**）之間關係不言自明。我們可以看見「測量耳墜」——耳機——在她的耳朵上；小石頭「項鍊」在她脖子上；兩個石頭——兩個墊肩——在她的肩上；和她手上的「金柱」，以及呈十字型綁在她胸上的緊身帶。她的確是穿著一套「PALA服」（**統治者的服裝**），戴著一個SHU.GAR.RA頭盔——這個詞的意思是「使旅行更深入太空」。

所有這些都讓我們相信伊南娜是一個太空人。

《聖經》中的使者

希伯來《舊約》將主的「天使」稱作malachim——字面上意思是帶著神的訊息和指令的「使者」。就像所有的例子中所顯示的，他們是神聖的飛行員：雅各看見他們在一個天梯上向上前行，他們在天上叫住了夏甲（**亞伯拉罕的妾**）；而且是他們在天上導致了所多瑪和蛾摩拉的毀滅。

《聖經》在記錄天使毀滅這兩個罪惡城市的事件時，他們各方面都很像人類，但一旦被人看見時，人就認出他們是「天使」。我們知道，他們的出現是很突然的。亞伯拉罕「舉目觀看，見有三個人在對面站著」。他向他們俯伏在地，並稱他們為「我主」，他懇求他們，「不要離開僕人往前去」，並為他們洗腳、休息和吃飯。

接受亞伯拉罕邀請之後，兩個天使（第三「人」變成了主本身）便前往了所多瑪。亞伯拉罕的侄子羅得，「正坐在所多瑪城門口，看見他們，就起來迎接，臉伏於地下拜，說『我主啊，請你們到僕人家裡洗洗腳，住一夜，清早起來再走。』」接著「為他們預備筵席，烤無酵餅，他們就吃了」。當天使來到城裡的消息傳遍全城的時候，「所多瑪城裡各處的人，連老帶少，都來圍住那房子，呼叫羅得說：『今日晚上到你這裡的人在哪裡呢？』」（《創世記》19：1—5）

這兩個人——他們要吃喝睡，還要洗腳——是怎麼那麼快就被辨認出是主的天使？唯一說得過去的解釋就是他們的穿著——頭盔或是制服——或是他們手中拿的——武器——讓他們很容易被辨認出來。很有可能他們拿著奇特的武器：這兩「人」在所多瑪，就要被眾人害死的時候，「門外的人……眼都昏迷……總尋不著房門」（《創世記》19：11）。另一個天使，這時出現在基甸（他是被選中的以色列士師）的面前，用手杖觸碰一塊磐石授予他一個神聖符號，磐石就冒了一團火出來。

太空頭盔和護目鏡

安德魯帶隊的小組在阿舒爾的伊師塔神廟裡，發現了另一尊不太尋常的雕刻。與其說是浮雕，不如說它是刻在牆裡面的雕塑。顯然，女神頭上戴著一個緊身頭盔，兩邊伸出類似太空人的「耳機」，上面還有很明顯的護目鏡。（見圖61）

不用說，任何人看見這樣的穿著，都會在第一時間就認為這是一名太空人。

在蘇美遺址發現的小泥塑，其中一部分距今五千五百年以上。它們很清晰的表現了這些天使所使用的棍形武器。在一個泥塑上，我們可以透過護目鏡看見頭盔下的臉。在另一些泥塑上，這些「使者」戴著截然不同的錐形頭盔，並穿著用一些圓形物件裝飾的制服。我們目前還不清楚這些圓形物件的用途。（見圖62和圖63）

這些面罩或「護目鏡」是最引人注意的，因為西元前四千年的近東有大量的薄餅狀泥塑，用一種較為風格化的手法來描繪神的上半身，並誇大了他們的特徵：帶著面罩或護目鏡的錐形頭盔。（見圖64）在特爾布拉克（Tell Brak）發現了很多這樣的泥塑，那裡是哈布林河流域的史前遺址，以西結正是在這裡的河岸上，看見了神的戰車。

毫無疑問的，不僅是西臺，透過哈布林流域連接到蘇美和阿卡德，都用一個顯然是「眼睛」的形象來表達「神」這個

圖61　戴著頭盔和「耳機」的女神

圖62　頭戴護目鏡、手持棍型物件的泥塑之一

圖63　頭戴護目鏡、手持棍型物件的泥塑之二

概念；同樣，這個用藝術手法來表示的「神聖存有」的符號，不僅僅存在於小亞細亞，同時還存在於古代希臘。（見圖65）

古代文獻中指出，諸神不僅為了在地球上空飛行，同時也是為了升入天國。伊南娜在描述她到阿努的天國住所時，解釋她能夠進行這次旅行，是因為「恩利爾親自將神聖的ME服，穿在了我的身上」。文獻中引用了恩利爾對她說的話：

> 妳已經穿上了ME，妳已經把ME繫在妳的手上，妳已經穿上了ME，妳已經將ME綁在了妳的胸前……啊，ME中的王后，啊，躍動的光芒，她的手握緊了七個ME。

一個名叫恩麥杜蘭基（EN.ME.DUR.AN.KI）的蘇美先王曾被邀請到天國。他名字的意思是「擁有連接天國和地球ME的統治者」。一部由尼布甲尼撒二世（Nebuchadnezzar II）留下的文獻，描述為馬杜克的「飛天戰車」重建了一個特殊的亭子，說它是「天地七個ME的堅固屋子」。

學者認為ME是「神的能量物體」。這個術語

圖64　帶護目鏡、錐形頭盔的泥塑

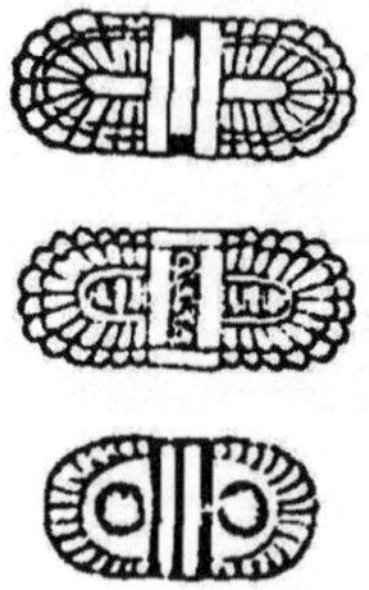

圖65　神聖存有的符號

源自於「在天河中游泳」的概念。伊南娜形容它們是「天服」，她穿著它們坐上天國之船旅行。這種ME是一種在地球上空和外太空飛行時穿著的特殊衣物。

希臘神話的伊卡洛斯（Icarus），將羽毛翅膀用蠟黏在自己身體上嘗試飛行。來自古代近東的證據顯示，雖然神被描述成有翅膀的，以顯示他們的飛行能力——或有時需要穿上有翅膀的衣服來顯示他們的飛人身分——他們卻從來不透過拍動翅膀飛行。相反的，他們使用裝備來進行這樣的旅行。

太空船

《舊約》告訴我們，族長雅各在哈蘭郊外過夜，看見「一個梯子立在地上，梯子的頭頂著天」，「上帝的使者」繁忙的上去下來。主就站在梯子最上方。雅各懼怕了，他說：

> 耶和華真在這裡，我竟不知道……這地方何等可畏！這不是別的，乃是上帝的殿，也是天的門。（《創世記》28：16—17）

這個故事中有兩個有趣的地方。第一是那些天神在「天的門」上下使用了一種設備：一座「梯子」。第二是這樣的景象讓雅各大吃一驚。當雅各在那個地方躺下睡覺的時候，「上帝的殿」、「梯子」和「上帝的使者」並不在那兒。他突然有了令人敬畏的「視野」，而且到了早上，「殿」、「梯子」和所有其他的，又都不在了。

我們可以認為，這些天神所使用的道具是某種太空船，這樣才可以突然出現在某個地方，停留一段時間之後，再次消失於人的視野。

《舊約》裡同樣還記錄了先知以利亞並沒有死在地球上，而是「乘旋風升天」。這並不是一個突然而無法預知的事件：以利亞的升天是預先安排好的。他被告知在特殊的一天去伯特利（Beth-El，意思是主的房子）。他的門徒中，早就有流言傳說他將升入天堂。當他們詢問他的門徒這些流言是不是真的時，他證明了這件事，的確，「耶和華今日要接師傅」。接下來：

> 忽有火車火馬將二人隔開，以利亞就乘旋風升天去了。（《列王紀下》2：11）

更著名、而且描述得更清楚的，是先知以西結看見的「天國戰車」。他住在美索不達米亞北部的哈布林河（編按：《和合本》是迦巴魯河）岸邊的猶地亞（Judaean）：

> 那時天開了，我看見上帝的異象。（《以西結書》1：1）

以西結看見的是一個人型物體，被光芒包圍，坐在一輛金屬「戰車」裡的王座上。王座放置在一片金屬蒼穹上。戰車本身呢，可以走任何的軌道，還可以垂直升降，這位先知形容為一股炙熱的旋風。

> 我觀望，看見暴風從北方颳來；有閃電從一堆雲層裡閃出，雲層四周非常光亮，好像銅一般發亮。（《以西結書》1：4）

不久之前，一些研究《聖經》的學者，比如美國太空總署的布拉里奇（Josef F. Blumrich）指出，被以西結看見的「戰車」實際上是一艘太空船，有螺旋槳、在四個架椿上有駕駛艙——所以被認為是「旋風」。

大約兩千年前，當時的蘇美統治者古蒂亞為他修建的尼努爾塔神廟舉行了一次慶典，他在記錄中寫道：在他的面前出現一個「像天國般閃耀之人……戴著頭盔，他是一位神」。當尼努爾塔和兩位天神出現在古蒂亞面前時，他們都站在尼努爾塔「聖黑風鳥」的旁邊。結果，修建這座神廟的主要目的是為了在神廟內部建造一個安全區，用來停放「神鳥」。

關於這次修建工程，古蒂亞記錄，需要從遠方運來巨大梁柱和大塊石頭。只有當「神鳥」可以被放在裡面時，神廟的建設才算完工。而且，這裡落成後，「神鳥」「可以飛向天堂」和有能力「往返天堂和地球」。這個物體非常重要——「神聖」——以至於始終由兩件「神聖兵器」守護著：「至尊獵手」和「至尊殺手」——它們可以發射出致命的光束。

《聖經》神話與蘇美神話中的描述是極為相似的，包括這些天神和交通工具。在文獻中這些交通工具被描述為「鳥」、「風鳥」、「旋風」等物體，它們能在一團光輝之中升入天上。毫無疑問，這只能是某種飛行器。

在特爾佳蘇爾（Tell Ghassul）發現了一些讓人難以理解的壁畫。而那裡是死海東邊的一處遺址，人們尚不清楚它在古代叫什麼名字。而那些奇怪的壁畫也許會在這個問題上幫我們一把。讓我們回到西元前三千五百年，當時，這些壁畫描繪的是一個有八個點的巨大「指南針」，和一個在鐘狀房間裡帶著頭盔的人的頭部，以及兩個完全有可能是古代所謂「旋風」太空船的形象。（見圖66）

圖66　旋風太空船

火箭升空

古代文獻還提到一些用來幫助太空人升天的交通工具。古蒂亞指出，當「神鳥」升到空中開始盤旋時，它們「讓人想到飛天的磚塊」。這個被守護著的庫房，是MU.NA.DA.TUIR.TUR（意思是MU的大石室）。拉格什的統治者烏魯卡基納（Urukagina），曾對「聖黑風鳥」尊敬的說道：「燃氣火焰的MU，我已修建得又高又強。」與之相似的，曾在西元前三千年統治烏瑪的陸—烏圖（Lu-Utu），為神鳥圖在「他神廟中指定的地方」修建了一個MU專用的地方，「那裡有火焰向外散發」。

巴比倫王尼布甲尼撒二世，留下了有關重建馬杜克聖域的紀錄，其中講到，在一道用燒過的磚與閃閃發光的條紋大理石製成的強化牆裡面：

> 我升起了船ID.GE.UL的頭部，這高貴馬杜克的戰車；還有船ZAG.MU.KU，可以看見它的接近，這往返於天地之間偉大的旅行者；在區域最中間，我上去了，用布幕隔開它的兩邊。

第一個詞ID.GE.UL，描述「偉大的旅行者」或「馬杜克的戰車」，字面上的意思是「高至天國，在夜晚發光」；第二個詞ZAG.MU.KU是形容這些交通工具——很明顯，它是停在一個特殊區域裡的「船」——意思是「為了遠征明亮的MU」。

MU是一種橢圓頂、錐形的物體——被放在天地眾神神廟內的某個神聖區域，很幸運，這點是可以被證明的。在地中海海岸，現今黎巴嫩的畢博羅斯（Byblos，《聖經》中的迦巴勒）發現的古代硬幣——來自於西元前一千年——描繪了伊師塔的大神殿。

這枚硬幣描繪出神廟的兩部分。前面是神廟的主建築和莊嚴的門柱，後面是一個內部庭院，或「聖域」，用高大的牆圍住。很明顯這是個凸起的區域，因為只有透過一些上行的梯子才能到達。（見圖67）

在這個神聖區域中心有一個特殊的平臺，它的大梁建築像極了艾菲爾鐵塔，像是為了負荷極大的重量。在這個平臺上，有一個物體，它可能就是MU。

和所有蘇美象形文字一樣，MU有一個基本含義，就是「直線上升」的意思。它同時還有其他的一些意思：高、火焰、指揮、有記錄的時期——就像（後來）「被記住的那一個」。如果我們將亞述和巴比倫楔形文字中的MU，溯源到蘇美象形文字中的MU，那麼這些圖形將證明：

圖67　古硬幣的神廟聖域

我們很清楚的看到一個錐形房間。「我將在天上的金色房間看著你們，」伊南娜是這樣向亞述王承諾的。這個MU是「天國房間」嗎？

一首寫給伊南娜及她乘坐天國之船旅行的讚美詩，很清楚的指出，MU就是諸神用於高空旅行的交通工具：

> 天國的女士：她穿上了天國之服；她勇敢的升上了天國。穿過所有有人的土地，她在她的MU中飛行。在MU中的女士，用喜悅的翅膀升入高高的天國。穿過所有無人的土地，她在她的MU中飛行。

證據顯示，地中海東部的居民曾看過這種形似火箭的物體，不僅停在神廟的庫房裡，而是真的在飛行。例如一些西臺象形符號，顯示了飛行中的巡航導彈、發射架上的火箭，以及一位在房間裡散發光芒的神。（見圖68）

法蘭克福教授在《圓筒印章》（*Cylinder Seals*）一書中，論證了他們是如何製作這些美索不達米亞印章，並讓其描述的形象流傳整個古代世界。在克里特發現的西元前十三世紀的印章上，描繪了一艘正在空中航行的火箭太空船，其尾部有火焰助推。（見圖69）

圖68　西臺象形符號顯示火箭、巡航導彈及在房裡散發光芒的神

有翅膀的馬、纏在一起的動物、有翅膀的天球，以及在頭盔上有角伸出的神祇，都被證明是美索不達米亞的形象。這就完全可以推斷出，出現在克里特的噴焰火箭形象，也是由古代近東流傳過來的。

確實，有「翅膀」或鰭——用一個「梯子」到達——的火箭形象，也可以在從基色（Gezer）出土的泥版上看到。基色是古代迦南的一個城鎮，在耶路撒冷的西邊。同一個印章的兩個相似版本，都顯示一架火箭停靠在一棵棕櫚樹旁邊。這個物體的「天空屬性」及歸屬地，透過太陽、月亮和黃道帶上的星座符號的裝飾表露無疑。（見圖70）

MU、sham是火箭，不是名字

很多提到過神廟的內部圈用地，或神的天國旅行，甚至還有凡人升天的美索不達米亞文獻，都使用了蘇美文字

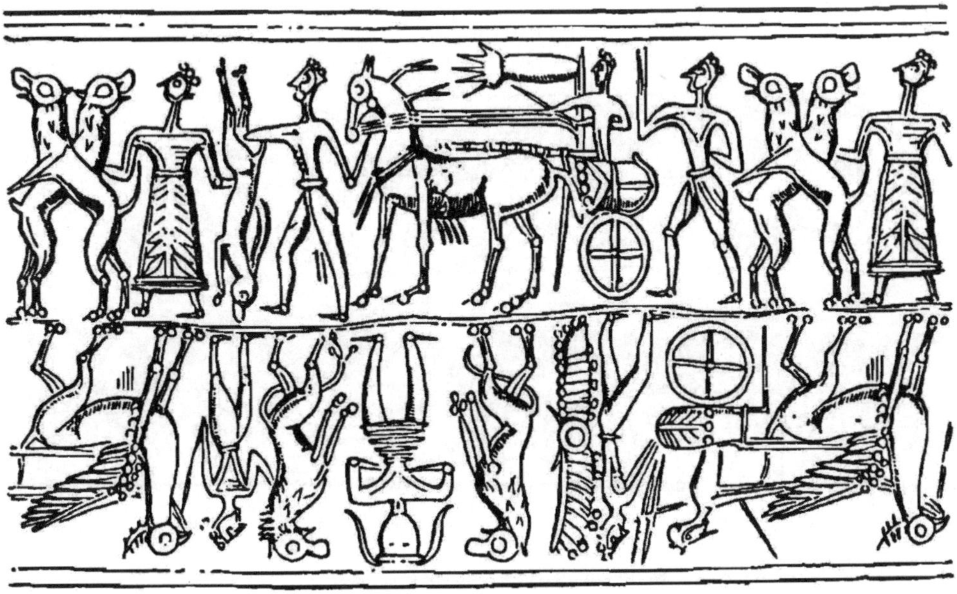

圖69　正在空中航行的火箭太空船

MU，或是它的閃族版本shu-mu（意思是它是MU）、sham或shem。因為這個詞同時還有「被記住的那一個」的意思，後來也就有了「名字」的意思。但早期文獻中「名字」一詞的普遍使用，混淆了它們的原本含義。

因此，巴頓（G.A. Barton）在《蘇美和阿卡德的皇家文獻》（*The Royal Inscriptions of Sumer and Akkad*）一書中，對古蒂亞神廟中的文獻有一段未引起質疑的翻譯：原文是「它的MU將擁抱著地平線，從一端到另一端」，譯為「它的名字遍布天下」。在一首寫給伊希庫爾的讚美詩中，稱讚「他發出光的MU」到達了天國的頂點，被譯成：「他的名字光芒四射，直到天際。」顯然的，這裡的MU應該是一個物體，而不是「名字」；有些學者卻認為兩者是可以互相替換的，在翻譯時沒有留意。

要溯源這個詞的詞源並不是很困難，而且「天上的房間」的來源可以推測出是「名字」一詞。有出土的雕塑顯示，一位神在一

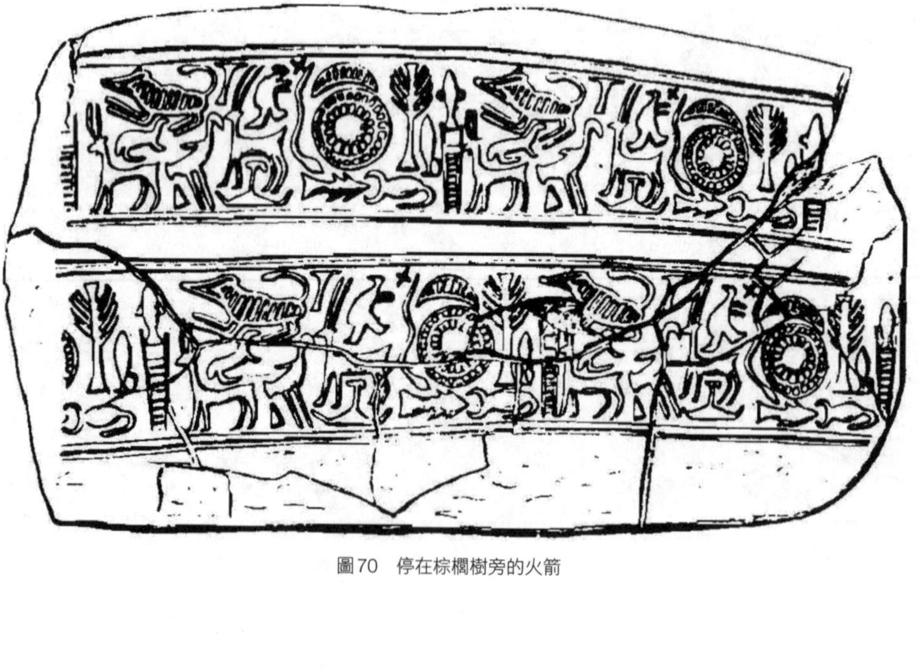

圖70　停在棕櫚樹旁的火箭

個火箭狀的房間裡面，而十二個天球環繞在外。這個雕塑現今存放在費城大學博物館。（見圖71）

有很多印章都極為相似的描繪了一位（有時是兩位）這樣的神祇：他們在橢圓形的「神聖房間」裡受到尊崇。

古代人民希望他們的神不只留在神的神聖居所，而是能遍及整片土地，因此他們在習俗上會仿造神的神聖房間。豎起石柱，模擬神的橢圓形交通工具，裡面則雕出神的形像，象徵神就在這件物體內。

這是發生在人類的國王和統治者出現之前，將這些神祇的形象刻在了石柱裡——稱為石柱群（stelae）——透過石柱群，讓神祇與天國的永恆居所連在一起。如果他們最終無可避免的被遺忘了，至少他們的「名字」會被永久的記住。（見圖72）

圖71　在火箭狀房間裡的神

圖72　刻在石柱裡的神

這些紀念石柱是在模擬一艘「噴火的」太空船。蘇美人叫做NA.RU（意思是上升的石頭），阿卡德人、巴比倫人和亞述人叫做naru（意思是發光的物體），亞摩利人叫做nuras（意思是噴火的物體）——希伯來語中的ner，至今都有發光柱子的意思，由此衍生出現在的蠟燭（candle）一詞；在哈蘭和西臺的印歐語裡，這些石柱被叫做hu-u-ashi（意思是石頭火鳥）。

《聖經》的內容顯示了兩種類型紀念碑的近親關係：yad和shem。先知以賽亞為在苦痛中的猶地亞人帶去主所承諾更好更安全的未來：

我會給他們，在我房子和我牆內的yad和shem。（《以賽亞書》56：5。編按：此處保留原譯文，《和合本》譯為：「我必使他們在我殿中，在我牆內，有記念，有名號……」）

照字面翻譯，這意味著主承諾給他的人民一隻「手」和一個「名字」。幸運的是，聖地至今都還保留有一個叫做Yad的遺跡，可以透過它酷似方尖塔的頂部認出。另一方面，shem則是一座橢圓頂紀念碑。這樣一來，看上去似乎有些明白了：它們都是模仿「天上的房間」，這種諸神升空所用的交通工具。事實上，古埃及虔誠的信徒會前往太陽城一座特殊的神廟朝聖，為了拜見一塊本本石（ben-ben）——一個方尖塔狀的物體，傳說它在太初之時隨著神來到地球。埃及法老死時，都有一次「張嘴」儀式，猜測是用一架yad或shem帶他們升入天國，以獲永生。（見圖73）

《聖經》的譯者在遇到shem一詞時，通通譯為「名字」，這完全忽略了一個世紀以前雷德斯羅布（G. M. Redslob）就提出的一個相當具有遠見的觀點，他很正確的指出shem和shamain（意思是天國）的詞源都是shamah（意思是很高的）。《舊約》中有對大衛王的紀錄，說他「製作了一架shem」，象徵自己在阿拉米的卓越功績，雷德斯羅布相信，他並不是「取了一個名字」，而是修建了一座指向天空的紀念塔。

圖73　法老死亡儀式中的「張嘴」動作

在許多美索不達米亞文獻中，MU或shem多不能譯為「名字」，而應譯成「飛行器」，這樣才可以明白那些古代文獻的真正涵義，其中就包括《聖經》中的巴別塔。

《創世記》第十一章，記錄人們要修建一架shem。《聖經》用很簡單明確的語言記錄了這一事件。然而一代又一代的學者和譯者的努力，都只能從這段故事中讀出寓言意義，因為——在他們的認知裡——這是一個關於人類打算為自己「取個名字」的故事。這樣的方向讓真正的意義無法浮現；我們認為，shem的真正含義能讓這個故事充滿意義，就像古代人曾經認為的那樣。

《聖經》中的巴別塔描述了這樣一件事：在大洪水之後，地球的生物再次復甦，有一些人「往東邊遷移的時候（編按：根據作者的說法，後來《聖經》誤譯成「從東邊來」），在示拿地遇見一片平原，就住在那裡」。

示拿地，就是蘇美，位於南部美索不達米亞兩河流域之間的平原。而那些人，他們已經掌握了製磚和建造較高建築物的知識和技能。

他們說：「來吧！我們要建造一座城和一座塔，塔頂通天，**為我們造一架shem**（編按：《和合本》譯為「為要傳揚我們的名」），免得我們分散在全地上。」（《創世記》11：4）

但人類這項計畫並不是神所樂見的：

耶和華降臨，要看看世人所建造的城和塔。耶和華說：「看哪，他們成為一樣的人民，都是一樣的言語，如今既做起這事來，以後他們所要做的事就沒有不成就的了。」（《創世記》11：5—6）

接著，主對他的同僚（《舊約》中並沒有名字）說：

「我們下去，在那裡變亂他們的口音，使他們的言語彼此不通。」於是耶和華使他們從那裡分散在全地上；他們就停工，不造那城了。因為耶和華在那裡變亂天下人的言語，使眾人分散在全地上，所以那城名叫巴別（就是變亂的意思）。（《創世記》11：7—9）

shem的傳統譯法是「名字」，使這一段故事從來沒有被真正理解過。為什麼古代的巴別——也就是巴比倫——居民要盡力「傳揚一個名字」，為什麼這個「名字」會被放在通天塔上，而且，為什麼「傳揚一個名字」就可以避免人類在地球上分散？

如果天下人是如同學者所解釋的，想要為自己傳揚「名聲」，為什麼他們的計畫讓主這麼不安？為什麼傳揚一個「名字」會讓神那麼害怕以後「他們所要做的事就沒有不成就的了」？傳統的解釋不足以闡明為什麼主要叫其他神祇一起下去，終止人類這項計畫？

巴別塔是火箭發射臺

我們相信，能夠回答這些問題的答案已經很清楚了——甚至很明顯——我們將希伯來文《聖經》原始版本用的 shem 一詞，譯為「飛行器」，而不是「名字」。這個故事描寫的是，當人類遍布地球時，他們將失去彼此之間的聯繫。所以他們決定製造一具「飛行器」並為它修建一座高塔，這樣他們就可以——像伊南娜一樣——在一架 MU 裡飛過「所有有人居住的土地」。

有一份叫做《創世史詩》的巴比倫文獻，描述了第一個「眾神的門廊」，它是由諸神自己在巴比倫修建的。一位普通神阿努納奇，被命令去：

> 修建眾神的門廊……讓它完工。它的 shem 要放在指定的位置。

阿努納奇辛苦工作了兩年——「使用模塑成型的磚」——直到「他們建起了埃薩吉拉」（Eshagila，意思是偉大眾神之屋的頂部），以及「和天國一樣高的塔」。

正是由於這個，一部分人類才打算在這座原本供神使用的塔上，修建自己的通天塔，因為巴比利（Babili）的意思就是「眾神的門廊」。

還有其他能支持我們理解《聖經》故事的證據嗎？

西元前三世紀的巴比倫史學家兼祭司貝羅蘇斯（Berossus），總結了人類的發展史，認為「地上的第一批居民，憑著自己的力量升起了一座齊天高塔」。但這座塔被眾神和颶風推翻了，「而且神讓人類的語言變得混亂，原本當時他們說的是同一種語言」。

喬治·史密斯（George Smith）在《迦勒底創世記》（*The Chaldean Account of Genesis*）中披露，他從希臘史學家赫斯塔亞斯（Hestaeus）的文稿中，發現了與「古代傳統」相符合的紀錄：

從大洪水中逃脫的人來到了巴比倫的賽拿（Senaar），但由於語言不通而被趕了出去。西元前一世紀的史學家亞歷山大．波里希斯托（Alexander Polyhistor）寫道：所有人原本都使用同一種語言，後來一部分人為了「通向天國」而修建了一座又高又大的塔。但神的首領用一陣旋風制止了他們的行動，而每一個部落都被賦予不同的語言。「這件事就發生在巴比倫」。

如今，就像是兩千年前的希臘史學家以及他們前輩貝羅蘇斯的紀錄一樣，關於《聖經》故事，我們也有一些小小的疑問：它們都是源於蘇美嗎？賽斯（A. H. Sayce）在《巴比倫的宗教》（*The Religion of the Babylonians*）一書中，講他讀過一塊放在大英博物館的泥版碎片，是一個「巴別塔的巴比倫版本」。而在所有的版本中，整個故事的基礎都是嘗試通往天堂，然後語言變得混亂。在其他的一些蘇美文獻中，則是說一位狂怒的神讓人類變得語言不通。

人類在那個時代，多半還沒有掌握修建這個飛行計畫的科技，所以與一位技術豐富的神合作並接受他的指導是必不可少的。那麼，是否有這麼一位違背其他神而幫助人類的神呢？一個蘇美的印章描繪了這樣的畫面：諸神全副武裝對抗，而很明顯的，是因為一場針對人類修建高塔的爭論。（見圖74）

現在在巴黎羅浮宮內展出的一個蘇美石柱上，很完美的表現《創世記》中描述的這個故事。它是在大約西元前兩千三百年時，由阿卡德國王那拉姆—辛修建的。學者推測，它描繪的是國王殺敵獲勝的畫面。只是，中心部位的圖畫卻是一位神而不是人類的國王，因為這個

圖74　眾神對人類修建高塔的爭論

「人」帶著長角的頭盔——這是神的通用標誌。此外，這個中心部位的大型人體，並不是在指揮那些小一號的人類，而是踩在他們身上。這些人類依序前行，但不像是被徵召進行任何軍事行動，而像是邁向一個受人崇拜的大型圓錐形物體。連那位神也注意著這個物體。這位神拿著弓和矛，看上去似乎對它帶有敵意，而不是崇敬。（見圖75）

這個錐形物體指向三個天體。如果錐形物體的大小、形狀和目的都指出它是一架shem，那麼這幅畫就是描繪一位生氣的神祇，全副武裝，踏過人群，前往這架shem。

美索不達米亞文獻和《聖經》都很明白的指出：這些飛行器是神的，不是人的。人類——《聖經》和美索不達米亞文獻都聲稱——只能在神的許可之下才能升到天國。其中又出現了更多升天、甚至宇宙飛行的故事。

圖75　全副武裝的神踏過人群，前往一架shem

凡人升天

《舊約》的記載

《舊約》中記錄了幾個凡人升天的事蹟。

第一個是以諾，他是大洪水之前的一位族長，是主的朋友，「與上帝同行」。他是自亞當以下的第七個族長，也是挪亞這位大洪水故事英雄的曾祖父。《創世記》的第五章列出了所有這些族長的關係和系譜，以及他們是何時去世的——除了以諾，「上帝將他取去，他就不在世了」。用暗示的手法說明他進入了天國，避開了地球凡人的生老病死。第二個升天的凡人是先知以利亞，他在一陣「旋風」中升入了天國。

而第三個升天的凡人則鮮為人知，他造訪了天國，並在那裡被賜予了偉大的智慧。後來他成為了地中海東海岸城市泰爾（Tyre）的統治者。我們可以在《舊約．以西結書》讀到，主讓以西結回想起這位國王是多麼的完美和睿智，他是被神允許和其他天神一同造訪天國的人：

> 你無所不備，智慧充足，全然美麗。你曾在伊甸上帝的園中，佩戴各樣寶石……你是那受膏遮掩法櫃的基路伯；我將你安置在上帝的聖山上；你在發光如火的寶石中間往來。（《以西結書》28：12—14）

書中預言了這位泰爾王會死於「未受割禮」，一群陌生人會殺了他，哪怕他向他們喊出「我是神」。接著主將原因告訴了以西結：在這位國王被帶到神的居所並賜予他財富和智慧之後，他的內心「變得高傲」，他將他的智慧用錯了地方，玷汙了神廟，神說：

因你心裡高傲，說：「我是神；我在海中坐神之位。」你雖然居心自比神，也不過是人，並不是神！（《以西結書》28：2）

阿達帕

蘇美文獻也有類似的描述，一些凡人被授予通往天國的特權。其中一個是阿達帕，他是由艾創造的「模範人類」。艾給了他「智慧，但沒有給他永生」。隨著時光的推移，艾打算「赦免」他的凡人屬性，給了他一架shem，通往阿努在天國的居所，吃生命麵包，飲生命之水。當阿達帕到達了阿努的天國居所，阿努想要知道，是誰向阿達帕提供了到天國的shem。

在《聖經》和美索不達米亞文獻中，關於凡人升天的事情，我們發現了幾個很重要的線索。就像泰爾王一樣，阿達帕也是用完美的「模子」塑造出來的。他們都必須乘坐shem——火石——才能到達天上的「伊甸園」。其中一些人上去了，然後又回到了地球；其他一些人，像是大洪水時期的美索不達米亞英雄，至今仍與神一起享福。這位美索不達米亞的「挪亞」，留給了蘇美王吉爾伽美什生命之樹的祕密。

吉爾伽美什

凡人徒勞無功的尋找生命之樹，是蘇美文明留給人類文化的最長篇、最重要的史詩巨作。現代學者稱之其為《吉爾伽美什史詩》，描述一位烏魯克統治者的故事，他的父親是人類，而母親是神。吉爾伽美什擁有「三分之二的神性，三分之一的人性」。由於人終有一死，他不得不尋求如何躲過死亡。

他得知他的祖先烏特納比西丁（Utnapishtim）——大洪水時的英雄——躲過了死亡，並和妻子一起被帶到了天國。於是吉爾伽美什打算去那裡得到祖先的永生祕方。驅使他去天國的直接原因，是他接到了阿努的邀請。這段詩文讀起來好像是一架降落在地球的火箭。他是這樣向他母親（女神寧桑〔NIN.SUN〕）描述的：

我的母親，在那個夜晚裡，我覺得十分愉快，而我走在壯麗之中。群星匯聚在天國。阿努的自製物品朝我降下。我試著去舉起它；但它太重了。我試著去移動它；卻移不動。烏魯克的人民圍繞著它，貴族們親吻它的腳。當把它裝在我頭上時，它們撐住我。我升起它，將它帶給你。

吉爾伽美什的母親對這個現象的解釋如今已殘缺不全了，所以並不清楚。但很明顯的是，吉爾伽美什因為看見了這個降落的物體而興奮——「阿努的自製物品」——載著他進行旅程。在史詩的序言中，古代作者將吉爾伽美什稱為「英明之人，見識過所有事情」：

他見過祕密事件，人類被隱瞞著，但他知道；他甚至帶來大洪水之前的消息。他還進行過困難、疲倦的遠行；他回來了，將他的艱辛通通刻在石柱上。

吉爾伽美什經歷的「遠行」，當然是說他前往眾神的居所一事；他一直由夥伴恩奇都（Enkidu）陪著。他們的目的地是提爾蒙（Tilmun）之地，因為在那裡，吉爾伽美什才可以為自己升起 shem。在蘇美和阿卡德的古代文獻中出現的 MU 和 shem，現在多數譯文中都譯成「名字」；然而，我們要解讀成「飛行器」，才能使文獻的本意表達出來：

統治者吉爾伽美什，將思緒鎖定在提爾蒙。他對他的夥伴恩奇都說：「啊，恩奇都……我要進入那片土地，建立我的shem。在shem升起的那個地方，我會升起我的shem。」

與他商議此事的烏魯克元老和諸神，無法勸說吉爾伽美什，只好建議他首先要得到烏圖／沙馬氏的允許和幫助。他們提醒他，「如果你想進入那裡——告訴烏圖」，他們一再強調「這片土地，是烏圖在管轄」。有了這些建議和預警，吉爾伽美什懇請烏圖的批准：

讓我進入這片土地，讓我建立自己的shem。在shem升起的這個地方，讓我升起我的shem，帶我到達要降落的地方……讓我在您的保護下成功！

很不幸，石碑上的一道裂縫使原文殘失，讓我們無法得知「要降落的地方」是哪裡。不過，無論那是哪裡，吉爾伽美什和夥伴最終到達附近。那裡是一處「限制區」，有威嚴的衛兵守衛著。他們兩人由於勞累和疲倦，決定在那裡過了夜再繼續。

當他們剛睡著沒多久，就有東西射在他們身上，把他們弄醒了。「是你弄醒我的嗎？」吉爾伽美什問他的夥伴。「我是醒著嗎？」他在想，因為他看見一個不平凡的景象，大為驚恐，以至於不知道自己是醒或夢。他告訴恩奇都：

在我夢裡，我的朋友，很高的土地倒下了。它將我甩到很低的地方，壓住我的腳……還有無法抵抗的強光！出現了一個人；世上最美的就是他。他風度翩翩……他將我從倒下的土地拉出。他給我水喝；我的心平靜了。

這個「世上最美的」人是何方神聖？是誰將吉爾伽美什拉出了崩塌的土地，給他水喝，讓「他的心平靜」？而「無法抵抗的強光」又是什麼，而且還伴隨著無法解釋的山崩？說不清楚怎麼回事，吉爾伽美什再一次睡著了——不過沒睡多久。

睡到一半他就醒了。他起身對他朋友說：「我的朋友，你叫我嗎？我為什麼醒了？你有碰我嗎？我怎麼會震一下？有什麼神經過這裡嗎？為什麼我身體發麻？」

因為這次神祕的驚醒，吉爾伽美什開始思考是誰碰了他。如果不是他的夥伴，那麼是有「什麼神」從旁經過？再一次，吉爾伽美什睡著了，於是有了第三次驚醒。他向他的朋友描述了這樣的驚險場面。

我看到的景象令人驚懼！天空發出尖叫，大地隆隆作響；光明消失，黑暗來臨。光芒閃過，一團火焰升起。雲朵膨脹，下起死亡之雨！接著燃燒停止了，火焰消失了。而所有掉下來的東西都化為塵土。

只需要一點想像力，就可以從這幾行詩文看出，這是一名古人看見了火箭升空。首先，巨大的重擊聲就像是火箭引擎的發動聲（天空發出尖叫），伴隨著大地的震動（大地隆隆作響）。灰塵和煙霧籠罩著發射地點（光明消失，黑暗來臨）。接著引擎帶來了「光芒閃過」；當火箭向天空飛升，「一團火焰升起」。充滿了煙塵和小碎片的雲向四周「膨脹」；接著，當它們要掉下來的時候，「下起死亡之雨！」現在火箭已經到了很高的天空，逼近天國了，於是「燃燒停止了，火焰消失了」。火箭逐漸從視野消失，那些散落的碎片「都化為塵土」。

吉爾伽美什為見到的場景震撼不已，因此而更想到達他的目的地了。於是他再一次向沙馬氏請求保護和幫助。他戰勝一個「巨大的守衛」之後，到達了馬舒（Mashu）山，那裡能看到沙馬氏「升到天國的拱頂」。

現在吉爾伽美什已經接近了他的第一個目標——「shem升起的地方」。但在入口處——很明顯是建在山裡的——有強大的守衛守護著：

他們的恐怖令人畏懼，他們的一瞥都帶來死亡。他們一閃一閃的聚光燈在山上掃來掃去。他們監視著沙馬氏的升降。

一個描繪吉爾伽美什和他的夥伴恩奇都的印章，充分描繪出他們在懇求著一位神，旁邊還有一個長得像機器人的守衛，他可以用聚光燈掃描這個區域，還能發射死亡之光。（見圖76）這個描繪讓人想到《創世記》中的陳述，主在伊甸園入口處放置了「四面轉動發火焰的劍」，封鎖人類的來路。

當吉爾伽美什解釋自己的半神血統、這次旅行的目的（我想詢問烏特納比西丁生死的祕密），以及是沙馬氏允許這次行動之後，守衛讓他通行。

吉爾伽美什在「沙馬氏之路」上繼續前進，發現自己身處在完全的黑暗之中；「看不見前後」，他在恐懼中大喊。在數個貝魯（beru，天國的時間、距離或角度的單位）之後，他仍被黑暗包圍。最後，「在經過了十二個貝魯之後終於變亮了」。

破損和模糊的文獻接著說道，吉爾伽美什到達一座華美的花園，那裡

圖76　吉爾伽美什和同夥請求進入神之地

的水果和樹木都是用半寶石雕刻。烏特納比西丁就定居在這裡。吉爾伽美什把他想問的問題告訴了他的祖先，但得到讓人失望的答案：烏特納比西丁告訴他，人類無法避免凡人的宿命。然而，他又向吉爾伽美什描述一種可以延緩死亡的方法，透露了長生植物的位置——這株植物能讓「人類可以返老還童」。吉爾伽美什成功取得它。但就像是命中注定的，他在回程時傻傻的弄丟了，空手回到烏魯克。

先撇開這篇史詩的文學和哲學價值，吉爾伽美什的故事最吸引我們的是「航空」的部分。吉爾伽美什需要得到一架shem才能到達眾神的住所，那無疑的就是一架火箭。而他還在靠近「發射地」的地方目睹了一次發射。這架火箭似乎是放在一座山裡，而且這個地方是被嚴密守護的禁區。

已經出土的文物中，沒有任何有關吉爾伽美什所見景象的圖畫描述。但在一個埃及官員墓中所發現的圖畫，描繪了在一個樹木環繞的遙遠地方，有一架火箭頭露出地表。火箭的機身很明顯的是被放在地下，那裡是如人造發射井一樣、裝飾著豹皮的筒形建築。（見圖77）

對於現代製圖者來說，古代畫家想表達的是一個地下發射井的橫剖面。我們可以看見這架火箭有隔間。最下層有兩個人，身邊有軟管。在他們上面那一層裡，有三個圓形面板。比較火箭頭——本本石——與火箭裡兩個人，以及站在地面上的人的大小，可以證明，這個火箭頭相當於蘇美的MU，「天上的房間」——可以輕易搭載一到兩名飛行員或乘客。

提爾蒙（TIL.MUN）是吉爾伽美什的目的地。這個名字直譯是「飛彈之地」。shem在此方發射，由烏圖／沙馬氏管轄，在這裡可以看見這位神「上升到天國拱頂」。

雖然與這位十二大神之一的烏圖對應的天體是太陽，但我們認為這個稱號並不意味著太陽，而是說明他的職責所在。烏圖的蘇美名字意味著「光明之人」。衍生的阿卡德名字希美斯（Shem-Esh）更直接：Esh是火焰，而shem的本意是什麼我們已經很清楚了。

圖77　露出地表的火箭頭與放在地下的機身

烏圖／沙馬氏是「火箭船裡的神」。我們認為，他是神的航太站的指揮官。

伊塔那

烏圖／沙馬氏扮演指揮官的角色，由他安排通往眾神居所的航行，以及他下屬的職能，在另一則描述凡人升天的蘇美文獻中，有更詳細的描述。

蘇美的「列王記」告訴我們，第十三個統治者是伊塔那（Etana），意思是升入天國的人。這則簡短的紀錄無須詳盡闡述，因為關於這位人類國王升天的故事，在近東早已廣為流傳，而且有眾多的圖畫描繪。

伊塔那是由眾神指派，帶給人類安全和繁榮的國王，擁有建立組織文明的王權。但他似乎生不出孩子繼承王位。唯一可行的方法，是從天國裡拿到生育植物。

就像後來的吉爾伽美什，伊塔那取得沙馬氏的同意和支持。如史詩描述，伊塔那向沙馬氏要求一架shem。

> 啊，主，希望您能同意！賜予我生育植物！賜予我生育植物！去除我的障礙！為我打造一架shem。

透過祈禱和羊隻獻祭，沙馬氏同意給伊塔那一架shem。但不是以shem之名，沙馬氏告訴伊塔那，有一隻「鷹」會將他帶到他渴求的天國之地。

沙馬氏指引伊塔那到停放鷹的凹處，也事先告訴鷹即將執行的任務。「沙馬氏，他的主人」向這隻「鷹」傳達了祕密資訊，告訴這隻「鷹」：「我將送一個人到這裡；他會得到你的幫助……帶他到這裡……照他說的去做……如同我的指揮。」

當伊塔那到達沙馬氏所說的山上，「伊塔那看見了那個凹處」，裡面「有一隻鷹」。在「英勇的沙馬氏的命令下」，這隻鷹開始與伊塔那溝通。伊塔那再一次解釋他的目的和目的地；於是，鷹就給了伊塔那「將鷹從凹處升起」的步驟。前兩次嘗試失敗，第三次鷹才起飛。在破曉時，鷹通知伊塔那：「我的朋友……我將載你到阿努的天國！」告訴他如何駕駛，鷹就起飛了——很快就升到高處。

就像現代火箭裡的太空人描述地球的樣子，這個古代說書者，同樣也從伊塔那的眼裡，描述地球是怎樣越變越小的：

當他載著他飛行了一個貝魯之後，這隻鷹向伊塔那說道：「看吧，我的朋友，大地的樣貌變得如何！看那大山看那大海：大地變成了一個小丘，而大海也變成了一盆水。」

鷹越飛越高；地球越來越小。

當他載著伊塔那飛了另一個貝魯之後，鷹說：「我的朋友，看一眼大地的樣貌變得如何！它就像是犁溝……寬闊的海洋就像是麵包籃……」

當他載著伊塔那飛了三個貝魯之後，鷹說：「看吧，我的朋友，大地的樣貌變得如何！整個大地都變成了花園裡的溝渠！」

之後，他們繼續上升，地球突然從他們的視野消失。

當我環顧四周，大地消失了，我的雙眼在廣袤的大海上無法看到東西了。

在一個版本的神話裡，鷹和伊塔那確實到達阿努的天國。但在另一個版本中，當伊塔那看不見地球時，他心生膽怯，讓鷹返航並「降落」地球。

再一次，我們在《聖經》中也找到了對應的描述，即從高空觀看地球景象的段落。讚美主耶和華，先知以賽亞這樣描述他：「上帝坐在地球大圈之上；地上的居民好像蝗蟲。」（《以賽亞書》40：22）

伊塔那的神話告訴我們，為了尋找shem，伊塔那必須與位於凹處的鷹溝通。一個印章上描述一座有翅膀的高聳建築（發射塔？），上面停著一隻鷹。（見圖78）

鷹是太空人

那隻載著伊塔那去天國的鷹到底是誰？或者，它到底是什麼？

我們忍不住要把這些文獻中的描述與一九六九年阿波羅十一號太空船的指揮官阿姆斯壯（Neil Armstrong）帶回地球的資訊比較：「休士頓！這裡是寧靜海基地，鷹已登陸！」阿姆斯壯是在報告人類第一次登月。「寧靜海基地」是登陸地點；鷹是登月艙的名字，這艘登月艙的任務是從太空船脫離，帶著兩名太空人到月球和回太空船。當登月艙第一次從太空船上分離時，開始在月球軌道上獨立飛行的時候，太空人告訴休士頓的指揮部：「鷹有翅膀。」

然而，「鷹」同樣也代表駕駛太空船的太空人。在阿波羅十一號的任務裡，「鷹」也代表太

圖78　停在發射塔上的鷹

空人自己，他們的制服上也有這樣的標誌。就像在伊塔那神話中一樣，他們就是能飛、能說話、能與人溝通的「鷹」。(見圖79)

圖79　阿波羅十一號制服的標誌

古代藝術家是如何畫出神的太空船裡的太空人？他們是否有機會描述這些太空人，就像描述鷹一樣？

而這正好是我們所發現的。在西元前一千五百年的亞述印章中，有這樣的描述：兩名「鷹人」在向一架shem致敬！（見圖80）

很多關於「鷹」的描述出土，學者稱為「鳥人」。大多數描繪中，他們都在生命之樹一旁，就像是在強調，他們的shem是連接有著生命麵包和生命之水的天國紐帶。確實，在阿達帕、伊塔那和吉爾伽美什的故事中，描述鷹一手持生命麵包，一手握生命之水。（見圖81）

圖80　兩名鷹人與一架shem

圖81　兩名鳥人一手持生命麵包，一手握生命之水

還有很多鷹的描繪很清楚的顯示了他們不是外形奇怪的「鳥人」，而是一種像人的存有，是穿著的衣服或制服讓他們看起來像鷹。

一則關於已消失的神鐵烈平（Telepinu）的西臺神話，記錄了「大神和次神都開始尋找鐵烈平」，而且

「沙馬氏派出了一隻迅捷的鷹」去找他。

《出埃及記》19：4有一段記錄，神想到以色列的孩子，「且看見我如鷹將你們背在翅膀上，帶來歸我」。很明顯的，到達天堂的方式是靠一隻有翅膀的鷹——和伊塔那神話中描述的一樣。《聖經》中許多段落，像是描述一種事實，形容耶和華是一名有翅膀的存有。例如：波阿斯迎接路得到猶地亞，說：「你來投靠耶和華——以色列上帝的翅膀下……」（《路得記》2：12）《詩篇》的作者向主求援，「投靠在你翅膀的蔭下……」（《詩篇》57：1）描述主從天國下降到地球：「他坐著基路伯飛行，在風的翅膀上顯現。」（《撒母耳記下》22：11）透過分析《聖經》中的El（作為神的稱號或族譜符號而使用的詞）和迦南的El，朗盾在《閃族神話》（*Semitic Mythology*）一書中指出，它們都是文獻和硬幣上描述有翅膀的神。（見圖82）

美索不達米亞文獻始終都將鳥圖／沙馬氏描述為管轄shem和鷹的發射地點的神。他和下屬常常穿戴一套象徵權力的鷹服。正因這樣的身分，他才能賦予國王們「在鳥翼上飛行」的特權，

圖82　穿著鷹服的神

讓他們「從低空上升到高空」。而且當他自己在一架火箭裡飛升到高空時，他「用一段漫長的時間，延伸了未知的空間」。

多節火箭

蘇美用於表達與太空旅行有關的物體的術語，不僅局限在諸神乘坐的me's或圓錐形「戰車」mu's上。

蘇美文獻認為烏圖城市西巴爾有一個主要的部分，被堅固的圍牆藏起來保護著。在這些圍牆之中，佇立著烏圖神殿，「一座像是天國建築的房子」。同樣被圍牆保護的內院裡，佇立著「高聳堅固的APIN（意思是一個要費力穿過的物體）」。

在烏魯克的阿努神廟中發現的圖畫描述了這樣的物體。我們很難在幾十年前猜測它到底是什麼；不過現在我們知道這是一架多節火箭，頂部就是圓錐形的MU，或指揮艙。（見圖83）

文獻中還有證據顯示，蘇美諸神不僅乘坐「飛行艙」在地球上空漫遊，他們還用這種多節火箭進行太空旅行，而這種神聖的物體就停放在西巴爾的烏圖神殿裡。我們已經知道，蘇美最高法院的證人必須在內院裡，站在一道通往三個「聖物」的門廊前發誓。這三個聖物叫做「金球」（船員艙？）、基爾（GIR）和阿萊克馬哈拉第（alikmahrati，意思是讓船艦前行的推進器）——也就是我們所說的發動機或引擎。

圖83　多節火箭

這架三節火箭的頂端是駕駛艙或指揮艙，底部是引擎，中間則是基爾。基爾一詞，在與空中飛行相關的事物中廣為使用。吉爾伽美什在沙馬氏的發射地入口遇見的守衛，叫做基爾曼（gir-men）。尼努塔爾神廟中，最神聖、也是守衛得最嚴密的區域，叫做基爾蘇（GIR.SU，意思是基爾升起的地方）。

基爾在當時是廣為人知的。這個詞形容的是一個有著銳利邊緣的物體。仔細看基爾的圖形符號，更能明白它的「神聖」性質；因為我們看見的是一個長型如箭矢形狀、被分為很多部分或隔間的物體：

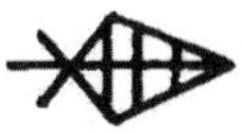

MU可以獨自在地球上空盤旋，或與基爾相連在空中飛行，或作為指揮艙裝在多節火箭的頂端。這可以證明蘇美的工程師——那些天地眾神是多麼心靈手巧。

回顧一下蘇美的圖畫和表意文字，我們有無數個理由相信，這些東西的創作者一定非常熟悉這些有噴射火焰、飛彈狀艙體和「駕駛艙」的火箭的形狀和作用。

卡基爾（KA.GIR，意思是火箭的嘴），是一個裝有鰭狀物的基爾或火箭，停放在一個軸狀的地下室裡。

依希（ESH，意思是神聖居所），是一個太空交通工具的艙室或指揮艙。

茲克（ZIK，意思是上升）一個起飛的指揮艙。

最後，讓我們再看看蘇美象形文字裡的「神」。這是一個雙音節詞：丁基爾（DIN.GIR）。我們已經見過GIR的符號：帶有鰭狀物的兩節火箭。第一個音節DIN，意思是正直、純潔、光明。放在一起，這個作為「神」或「神聖存有」的丁基爾，意思就是光明、交端物體上的正直者，或更加明確的是：炙熱火箭中的純粹者。

丁（DIN）的象形符號是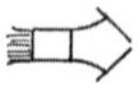，讓人很容易看出，這是一個尾部噴射著火焰的噴嘴引擎，而在前部卻有個莫名其妙的開口。如果我們將這兩個象形文字結合起來「拼寫」成DINGIR，這種莫名疑惑的感覺立刻成為驚訝：基爾（GIR）的鰭狀尾部，和丁（DIN）頭部開口完美的結合在一起！（見圖84和圖85）

這個使人大吃一驚的結果，就是一艘有火箭推進器的太空船，還有一艘停靠在母船上的登陸艙，每個部分都能與其他部分完美的組接在一起：推進器有引擎，中央是補給和裝備，以及圓錐形的「天艙」，住著叫做丁基爾的人——諸神，數千年前的太空人。

降落到地球的人

古代人有沒有可能稱他們的神是「天上與地上的神」，更進一步解釋是：他們是從其他地方來的人，是從天國來到地球的人？

由此我們完全可以得出這樣的結論，那些古代的神以及他們的交通工

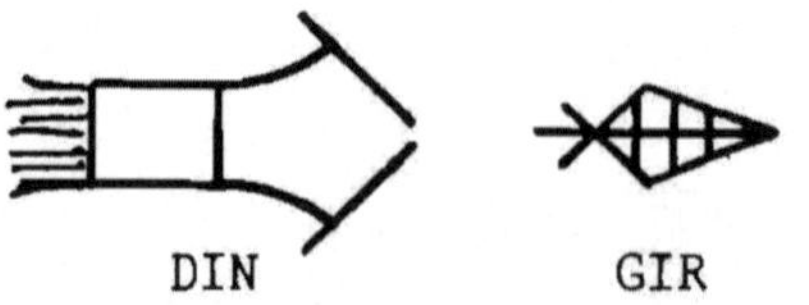

圖84　DIN和GIR的象形符號

圖85　DIN和GIR結合後，成為DINGIR

具，無疑來自於宇宙其他地方，而他們原本也是血肉之軀。

甚至就連古代《舊約》的編著者——致力於《聖經》為唯一的神——都認為有必要描述在更早之前的地球上，有很多這樣的神聖存有確實存在。

《創世記》第六章的開始，是《聖經》最難以理解的章節，也是翻譯者和神學家最討厭的章節。它插在亞當以下的人類繁衍，和大洪水前人類的覺醒之間。它毫不含糊的陳述道：

上帝的兒子們看見人的女子美貌，就隨意挑選，娶來為妻。（《創世記》6：2）

當我們繼續讀下去，這些《聖經》經文的含義，與描述蘇美諸神和兒孫，以及介於人神之間半神後代的神話故事，會有更多相符之處：

那時候有納菲力姆在地球上，後來神的兒子們與亞當的女兒們交合生子；那就是永恆的強者——shem裡的人。（編按：保留原譯文，《和合本》譯為「那時候有偉人在地上，後來上帝的兒子們和人的女子們交合生子；那就是上古英武有名的人。」《創世記》6：4）

上述的翻譯絕不是傳統譯法。很長一段時間，「納菲力姆在地球上」一直被譯為「那時候有偉人在地上」。然而最近的譯者認出這個錯誤，於是在譯文中保留了希伯來語納菲力姆（Nefilim）一詞。「shem裡的人」這一句，如預料之中，被譯為「有名字的人」，由此衍生為「有名的人」。但就像之前我們所說的，shem一詞必須採用它的原始含義——火箭，太空船。

那麼，納菲力姆這個詞，到底是什麼意思呢？源於閃族的NFL（意思是被降下的），它意味著字義所表達的：納菲力姆就是那些降落到地球的人！

當代神學家及《聖經》學者似乎是有意避開了這些難解的經文，要不是將它們翻譯為一個比喻，就是直接忽略。然而，第二聖殿時期的猶太文獻，確實與有關「墮落天使」的傳統說法有著共鳴。一些早期的學術研究甚至還提到了這些「從天堂墜落到地球」的神聖存有的名字：沙穆—哈宅（Sham-Hazzai，意思是shem的瞭望塔），烏撒（Uzza，意思是強大），烏茲—艾（Uzi-El，意思是神力）。

十九世紀著名的猶太《聖經》學者瑪律畢姆（Malbim）認出這些古代經文並解釋說：「古代的一國之主都是從天國下降到地球的諸神的兒子們，他們統治了地球，並在人類的女兒中挑選自己的妻子；他們的後代則包括了那些英雄和強者，王子和君王。」瑪律畢姆說，這些故事是關於非基督教神「及神的兒子，在太初之時從天國墜入地球……所以他們稱自己為『納菲力姆』，意思是墜落之人」。

不論這些經文在神學上是否有所暗示，它們最原始的意思絕對不能忽略：諸神的兒子們來到地球，他們是納菲力姆。

而且，納菲力姆又是shem裡的人——火箭裡的人。那麼，從今以後，我們應該歸還他們在《聖經》中的真實名字。

6・第十二個天體

既然地球曾被來自其他地方的高智能存有造訪過，那麼，更進一步的假說就是：另一個星球上，有比我們更先進的文明。

過去，許多關於外星高智能存有的推測，都認為他們來自火星或金星。然而，現在我們相當確定，這兩顆鄰近地球的行星上既沒有高智能存有，也沒有先進文明。認為地球曾被外星高智能存有造訪的人，把眼光望向了其他的星系，認為那些更遙遠的星球才是這些外來太空人的故鄉。

這些假說的優勢是，它們既不能被證明為真，也不能被證明是假。而缺點則是他們提出的外星「故鄉」到地球的距離，完全是幻想，即便是光速也需要很多很多年才能到達。因此，這些假說的作者又提出另一種假設，那就是，他們當初只有通往地球的單程旅行：有一隊太空人執行不返航的任務，或是一艘失控的太空船迫降到地球。

這很明顯的，不是蘇美人所說的天國諸神。

眾神住在太陽系裡

蘇美人認為有一處「天國居所」，那是一個「純潔之地」、「太初的居所」。當恩利爾、恩基和寧呼爾薩格到達地球，在地上有自己的居所時，他們的父親阿努還在天國裡當統治者。這在眾多的經文中，可不是偶爾提及，而是有著詳細的「神祇名單」，並在阿努「純潔之地」的王座前，明確寫上了二十一對神祇伴侶的名字。

阿努親自統治著一座巨大而輝煌的宮廷。就像吉爾伽美什提到的（《聖經·以西結書》也有同樣的觀點），那個地方有一座由寶石鑲嵌著的美麗花園。阿努和他的結髮妻子安圖及六個妾、八十個子女（其中十四個是安圖所生）一起生活在那裡，還有一位總理大臣、三名管理MU（火箭船）的指揮官，兩名掌管武器的指揮官、兩位掌管寫作知識的大師、一位財政大臣、兩位主法官、兩位「有著聲音印記」的神，以及兩位大文士和手下五名助理文官。

美索不達米亞文獻常常提到阿努居所的富麗堂皇，以及守衛在大門前全副武裝的神祇。阿達帕的故事裡，恩基提供了他一架shem：

為他指一條通往天國之路，到那要上去的天國。當他升到了天堂，他到達了阿努之門。搭模斯（Tammuz）和基茲達（Gizzida）守衛著阿努之門。

阿努的王座室是眾神集會的地方，有SHAR.UR（皇家獵手）和SHAR.GAZ（皇家殺手）守護。在這裡，入場禮儀和座位順序都有嚴格的規定：

恩利爾進入了阿努的王座房間，坐在右邊皇冠的地方，阿努之右。艾進入了阿努的王座房間，坐在神聖皇冠的地方，阿努之左。

古代近東的天地眾神不僅是從天國來，還可以回到天國去。阿努偶爾會從天國來地球訪問；伊南娜至少去了阿努的天國居所兩次。恩利爾在尼普爾的中心裝備著「天與地的紐帶」。沙馬氏掌管鷹和火箭發射地。吉爾伽美什去過永恆之地，又返回烏魯克；阿達帕也有過類似的旅行，之後回到地球；同樣這麼做的，還有《聖經》中泰爾的國王。

有很多美索不達米亞的文獻和阿普卡爾（Apkallu）有關，這個阿卡德字是源於蘇美文AB.GAL（偉大的領導者或指點方向的大師）。古斯塔夫·古特博克（Gastav Guterbock）證明，阿普卡爾就是我們已知的被描述為「鷹」的「鳥人」。一些歌頌阿普卡爾的文獻提到，他「從天堂帶著伊南娜，在伊安納（E-Anna）神廟降落」。這段和其他文獻都指出，阿普卡爾是駕駛太空船的納菲力姆太空人。

雙向旅行不僅是可行的，還是事先規劃好的，我們已經知道，決定在蘇美修建眾神的通道巴比利之後，諸神的領袖解釋說：

當要去太初之地，你們一起起飛；應該有個夜裡休息、接待你們所有人的地方。當從天國而來，你們一起降落；應該有個夜裡休息、接待你們所有人的地方。

往返地球和天國居所的雙向旅行，既深思熟慮又實際可行，蘇美人並不認為他們的神來自遙遠的星系。從遺址可以看出，眾神的居所就在我們的太陽系裡。

我們看見過沙馬氏穿制服，像是鷹的指揮官一樣。他的兩個腕關節，戴著看上去像是錶的物體，用金屬釦扣住。其他鷹的描繪顯示出，所有重要人物都帶著這樣的東西。而它是真的有用，還是僅作為裝飾，我們無從得知。只是所有的學者都同意，這些物件代表的是圓花飾——由中心放射出來的「花瓣」簇。（見圖86）

這種花飾是古代神廟符號中最常見的裝飾，盛行於美索不達米亞、西亞、小亞細亞、賽普勒斯、克里特和希臘。比較被認同的觀點是，將這些花飾作為神廟符號，是因為它們代表著一種天

圖86　眾神戴的圓花飾

圖87　阿努天國的門廊

體現象——被行星環繞的太陽——的結果或格式。這些古代太空人將這樣的符號放在制服的腕部，更是支持了這一說法。

從一個關於阿努天國門廊的亞述文物可以看出，古代人熟知我們現在的太陽系。（見圖87）門廊兩側是兩隻鷹——指出需要他們的服務才能到達天國居所。有翅膀的球——象徵著至高無上的神聖——標誌在門廊上。它被架在月牙和七個天體之間，（我們相信）象徵著阿努被恩利爾和恩基環繞著。

這些符號所指的天體到底在什麼地方？哪裡才是天國居所？古代的藝術家用另一幅圖畫來回答：一位大天神將自己的光束散發到十一個環繞著他的較小天體上。這是指由十一顆行星環繞的太陽。

當然這並不是唯一一幅有這種場景的圖畫，柏林博物館另一幅古代近東的作品，也描畫了相似的事件。（見圖88）

當這枚柏林印章上的天體或神祇放大之後，可以看見，一顆發光的大星星被七個天體圍繞著，它們依次由二十四顆小球連接。這僅僅只是巧合嗎？（見圖89）因為我們太陽系裡，也有同樣二十四顆衛星（天文學家排除直徑小於十哩的衛星）。

當然，也有一些蹊蹺。描繪著太陽和十一個天體的這些圖案代表我們的星系嗎？因為我們的學者告訴我們，太陽系是由太陽、地球和月亮，水星、金星、火星、木星、土星、天王星、海王星和冥王星組成。也就是說，除了太陽之外，只有十個天體（哪怕把月亮也算上了）。

但這並不是蘇美人說的。蘇美人認為，我們的太陽系是由太陽和十一個天體（包括月亮）組成的，除了我們今天已經知道的行星之外，我們的星系還有第十二個成員——也就是納菲力姆的家園。

我們可以稱之為「第十二個天體」。

蘇美人早就知道太陽位於星系中心

在我們考證這個蘇美資訊的準確性之前，讓我們回顧一下自己對於地球和圍繞著它的天體所知有多少。

今天我們知道，在木星和土星這兩顆巨大行星背後——在宇宙中這種距離甚至可以忽略，但對人類來說這是極其遙遠的——還有兩顆較大的行星（天王星和海王星），以及第三顆，小一點的冥王星。但這樣的觀念其實也是不久之前的事。天王星的發現，在一七八一年已用天文望遠鏡證實了。在觀察天王星接近五十年之後，一些天文學家指出它的運行軌道是

圖88　由七個天體圍繞的神祇

圖89　放大圖：由七個天體和二十四顆小球圍繞的神祇

受了另一顆行星的影響。在一連串精確的計算和推斷之後，一八四六年天文學家指出了那顆被忽略的行星（海王星）的所在位置。接著，十九世紀末，又有證明指出海王星受著某種未知力場的拉扯。那麼我們的星系裡還有另外的行星嗎？這個問題到一九三〇年得到解答，天文學家透過觀測發現了冥王星，並為其定位。

在一七八〇之前，人們相信我們的星系只有七顆行星：太陽、月亮、水星、金星、火星、木星和土星。地球當然不算成行星，因為人們相信它是宇宙的中心，其他天體都圍繞著它運行——地球是神所創造最重要的天體；人是神在地球上最偉大的造物。

我們的教科書當然介紹了哥白尼發現地球僅是一顆普通的行星，在以太陽為中心的系統裡圍繞著太陽運行。這個發現動搖了地心說和地球的神聖地位。哥白尼因為懼怕狂怒的天主教會，所以一直等到去世時（一五四三年）才出版了《天體運行論》（*De revolutionibus orbium coelestium*）。

幾個世紀之前的發現時代，哥倫布（一四九二年）、麥哲倫（一五二〇年）和其他航海家的發現，也證明了地球不是平的、而是圓的。哥倫布是透過精確的計算以及在古文獻中搜尋答案而發現。有一位支持哥白尼的教會人士，名叫卡蒂諾．勳伯格（Cardinal Schonber），在一五三六年寫給他的一封信中寫道：「我發現你不僅知道古代數理的基礎，還創造了一個全新的體系……地球是運動的，而太陽才是中心，它居於最主要的位置。」

人們以希臘和羅馬的概念為基礎，認為地球是平的，被遙遠的天空「覆蓋」著，而天上則布滿了星星。與那些鑲在天幕上的星星不同，有七顆行星（希臘語中行星的意思是漫遊者）繞著地球轉。這七顆行星根據一週七天和它們的名字來命名：太陽，Sun（星期天，Sunday）；月亮，Moon（星期一，Monday）；火星，Mars（星期二，Mardi）；水星，Mercury（星期三，Mercredi）；木星，Jupiter（星期四，Jeudi）；金星，Venus（星期五，Vendredi）；土星，Saturn（星期六，Saturday）。（見圖90）

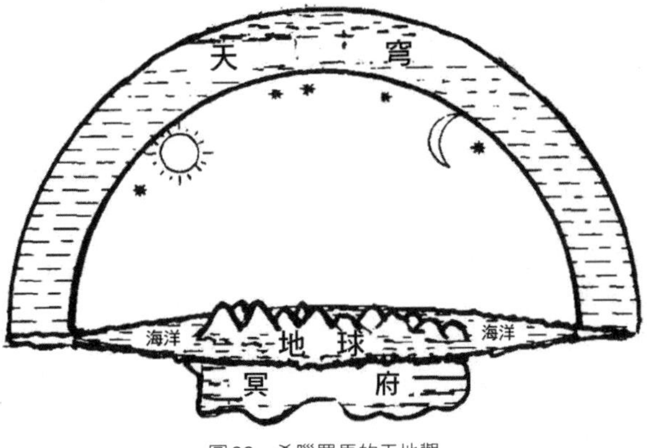

圖90　希臘羅馬的天地觀

這種天文觀來自西元二世紀時埃及亞歷山大城的天文學家托勒密。托勒密的宇宙觀一直延續了一千三百年以上——直到哥白尼將太陽放置中心。

當一些人稱哥白尼為「現代天文學之父」的時候，其他人則認為他更像是一個早期理念的研究者和重建者。事實上，哥白尼深入研究托勒密之前的希臘天文學文獻，比如希帕恰斯（Hipparchus）和薩莫斯島的阿里斯塔克斯（Aristarchus of Samos）。後者於西元前三世紀指出，如果太陽——而不是地球——是中心的話，天體運行便能得到更好的解釋。事實上，希臘的天文學家比哥白尼早了兩千年，就已經以太陽為起始，透過正確的順序排列了當時已知的天體，知道太陽位於星系的中心，而不是地球。

日心說的觀點僅是被哥白尼重提出來；而更有趣的是，西元前五百年的天文學家比西元五百年和西元一千五百年的天文學家知道得更多。

的確，學者現在都很難解釋，為什麼先是希臘後期、之後的羅馬都認為地球是平的，浮在一層黑暗之水上，水下則是黑帝斯或「冥界」。更早的希臘天文家們留下的證據，卻顯示他們反而知道得更多。

希帕恰斯，生活在西元前二世紀的小亞細亞，討論過「冬至與夏至的位移」，現在這個現象被叫做分點歲差。但這種現象只能用「球面天文學」解釋，也就是需要一個球形的地球，被其他一些球形天體環繞著，而天體都在一個球面宇宙中。

那麼希帕恰斯早就知道地球是球形了？他的計算和推測是基於球面天文學嗎？與之同樣重要

的，還有另外一個問題：這種歲差現象可以透過連結春分時間和黃道帶星座上太陽的位置（**從地球上看上去**）來觀測。然而從一個黃道宮位移動到另一個宮位需要二千一百六十年。很顯然，希帕恰斯不可能活那麼長的時間來做這樣的天文觀測。那麼，他是從哪裡得到這樣的資訊？

尼多斯的歐多克索斯，比希帕恰斯更早兩個世紀生活在小亞細亞的數學家和天文學家，設計了一個天球，這個球上描繪了黃道帶的星座。但如果歐多克索斯將天想成一個球型，那麼地球呢？他會認為天球擱在平面的地球上——這是個最尷尬的安排——或是他知道球狀地球被球狀的天體包圍著？（**見圖91**）

歐多克索斯的研究原本已經失傳了，但感謝阿拉托斯（Aratus）的詩歌讓它們得以留存到我們的時代。阿拉托斯是西元前三世紀的詩人，他將天文學的事實「翻譯」成詩歌的語言。在這首詩中——聖保羅一定很熟悉它，他曾引用過——這些星座被極為詳細的描述，「畫滿了」；並把它們的分組和命名歸於一個很遙遠的年代。「昔時之人構想的系統和命名，他們找到了合適的名字。」

那些被歐多克索斯認為構想星座的「昔時之人」是誰？從詩中明顯的線索來看，現代天文學家相信，希臘詩文描述的天，就跟西元前兩千兩百年的美索不達米亞所觀測到的一樣。

同時，小亞細亞的希帕恰斯和歐多克索斯有可能是從西臺得到這些知識。也許他們甚至還去過西臺的城市，看見過那些刻在岩石上的神聖佇列；因為在那些行進

圖91　尼多斯的歐多克索斯的天地觀

圖92　西臺神祇佇列中舉起天球

的神祇中，兩個牛人舉起一個球體——它可能為歐多克索斯設計他的天球帶來很大的啟發。（見圖92）

那些生活在小亞細亞的早期天文學家，是否比他們的繼任者更瞭解情況——因為他們取得美索不達米亞的資源？

實際上，希帕恰斯在著作中證實，他的學說建立於已積累上千年的知識上。他稱他的導師為「埃里克（Erech）、博爾西巴（Borsippa）和巴比倫的天文學家」。羅茲的吉米紐斯（Geminus of Rhodes）認為是迦勒底人（古巴比倫人）發現了月球的精確運行。史學家迪奧多羅斯・塞庫魯斯（Diodorus Siculus）在西元前一世紀寫下的文字，證明了美索不達米亞天文學的精確。他寫道：「迦勒底人為行星命名……他們星系的中心是太陽，那朵大光；其他行星都是『後裔』，反映著太陽的位置和光輝。」

希臘天文學的知識源頭是迦勒底；那些早期的迦勒底人掌握了比他們的後人都還要偉大和精確的知識。一代又一代，遍及整個古代世界，「迦勒底」這個名字是「占星師」和天文學家的代稱。

亞伯拉罕從「迦勒底的吾珥」中出來，當他討論著希伯來未來的後代時，被上帝告知應凝望星星。確實，《舊約》充滿了天文資訊。約瑟將自己和兄弟與十二個天體比較，族長雅各將他的十二個後代與黃道十二宮連結、並以此祝福他們。《詩篇》和《約伯記》一再提出天文現象、黃道宮位和其他星宿（例如昂宿星）。古代近東比古希臘更早就有黃道帶的知識、天的科學劃分，以及其他天文學的資訊。

早期希臘天文學家從美索不達米亞天文學中汲取的領域一定是很廣泛的，因為考古學家發現了無以計數的文稿、描述、印章、浮雕、繪畫、天體名單、占卜涵義、日曆、太陽和其他行星上升下降表，以及日月蝕預測。

很多後來的此類文獻，顯然占卜的意義比天文學還多。天和天體的運行成為了國王、神廟祭祀、甚至普通百姓最為關心的重要大事；對星相的觀測似乎能從到地球上所發生事情（戰爭、和平、富足、饑荒）的答案。

R．C．湯普森（R. C. Thompson）在《尼尼微與巴比倫的法師和占星師報導》（*The Reports of the Magicains and Astologers of Nineveh and Babylon*）一書中，編譯和分析了上百份西元前一世紀的文獻資料，告訴我們，這些觀星者試圖從一個國家的視角來觀測這片土地、人民和統治者的命運，而不是從一個個體的命運（如現在的星宮占星術）來看：

> 當月亮在預計出現的時刻卻看不見時，一個強大的城市將遭到侵略。
> 當一顆彗星觸及太陽的軌道時，場流減小；將發生兩次騷亂。
> 當木星與金星同時離開時，地上的祈禱將進入諸神的心。
> 如果太陽出現在月亮的宮位，這片土地的君王將有牢固的王權。

這些占星術甚至還需要廣泛而精確的天文學知識，如果沒有掌握那些知識的話，預兆就不會成立。美索不達米亞人掌握了這樣的知識，劃分「不動」的星星和「漫遊」的行星，還知道太陽和月亮既不是不動的星星、也不是普通的行星。他們很熟悉彗星、流星和其他天文現象，並計算出太陽、月亮和地球的運行與預測日月蝕之間的關係。他們觀察天體與地球軌道運行的關聯，發現它們在太陽系中旋轉——迄今這套系統依然適用，可以觀測星星的升降，地球上空和太陽有關的行星。

為了追蹤天體運行軌道及其位置與地球之間的關聯，巴比倫人和亞述人製作了精確的曆表。這個曆表能夠定位並預測天體的未來位置。喬治・薩頓（George Sarton）教授在《西元前最後三世紀的迦勒底天文學》（*Chaldean Astronomy of the Last Three Centuries B.C.*）一書中，發現他們用兩種方法計算：巴比倫人用後一種，而較古老的一種則來自烏魯克；烏魯克的方法比起後來的方法更加成熟精確。他解釋了這種令人吃驚的現象，指出希臘和羅馬不正確的宇宙觀源自一個幾何世界觀的變形，而迦勒底的占星師和天文家則繼承了蘇美人的想法和傳統。

在過去的一百年裡，美索不達米亞文明的重現天日，毫無疑問的告訴我們，無論是在天文領域和其他很多領域，我們知識的根源都是源於美索不達米亞。在天文方面，我們也繼承和發揚了蘇美的遺產。

薩頓的成果經過紐格伯爾（O. Neugebauer）教授更深入廣泛的研究而加強。他在《楔形文字的天文手冊》（*Astronomical Cuneiform Texts*）一書中，很驚訝的發現，巴比倫這些天文學家的曆表十分精確，卻並不是自己觀察得來的。相反的，它們的計算是「透過一些固定的演算法……是被授予，未受到使用這套演算法的天文學家干預」。

自動遵循這套這種自動運算的「演算法」，衍生出星曆的「程序文本」，它基於某種「嚴謹的數學理論」，「制定了計算星曆的每一個步驟」。紐格伯爾指出，巴比倫天文學家並不知道這套演算法，儘管他們的星曆和數學運算都基於此。他同時還認為，這個精確圖表的「觀測和推論基礎」的範圍很廣，現代學者也沒注意到。然而他相信一點，古代天文理論「必定是存在的，因為如果沒有一個非常複雜精巧的計畫，是不可能制定出一套高難度的計算法則」。

阿爾弗雷德・耶利米亞（Alfred Jeremias）教授在《古代東方精神文化手冊》（*Handbuch der Altorientalischen Geistkultur*）一書中指出，美索不達米亞的天文學家很熟悉逆行現象——從地球上看行星，有時會感覺行星軌跡不穩定甚至呈蛇形，這是因為地球繞太陽運動的速度比其他行星有時快一些，有時慢一些。這些知識的重要意義，不僅出現在逆行是一種與繞太陽運行軌道相關的現象，在觀測上也是如此。

這些結構複雜的理論從何產生的呢？紐格伯爾指出：「在程序文本裡，我們看見了一大批完全無法閱讀的術語。」一定有另一群遠遠早於巴比倫時期就掌握了天文和數學知識的人，當然，比後來的亞述、埃及、希臘和羅馬還要早得多。

巴比倫人和亞述人將他們大部分的天文學努力，都融匯到了一部精確的曆法中。就像猶太曆法，它是一部和月亮有關的陰陽合曆，一個太陽年運行超過三百六十五天，而每個太陰月都在三十天以下。曆法對於日常事物和其他小事都是相當重要的，它的準確性可以讓人們確定哪一天是一年中較為特殊的節日或時刻，以及祭神的日子。

要測量並掌握太陽、地球、月亮和其他行星複雜的運行規律，美索不達米亞的天文學家和祭司相信一種複雜的球面宇宙學。在這種學說看來，地球是一個有赤道和兩極的球體；天空，則被假想中的赤道和極線分開。天體的運行與黃道帶有關，黃道帶是我們在地球上看到的太陽運行的軌跡，也就是太陽在「天球」上運動的軌跡；此外，這個年代所使用的天文知識還包括對歲差和冬夏兩至點的認識。

然而巴比倫和亞述並不是自己發明曆法，或做出精確的預測。他們的曆法——和我們使用的曆法一樣——源自蘇美。有學者發現在很久之前就開始使用的一部曆法，是所有後來曆法的基礎。最重要的曆法是尼普爾曆，而尼普爾正是恩利爾的領域和管轄中心。我們現在所使用的曆法是以尼普爾曆為基礎。

蘇美人認為，當太陽越過春分點的時候，新年就到來了。朗盾在《德萊海姆檔案》（*Tablets from the Archives of Drehem*）中發現，唐爾吉（Dungi）——大約西元前兩千四百年的烏爾統治者——留下的紀錄中，顯示尼普爾曆選擇了一個特殊天體，它能夠算出新年的具體時間。對於這一點，他指出，「可能是在舒爾吉時代兩千年之前」完成的——也就是大約西元前四千四百年！難道蘇美人有可能在沒有現代設備的情況下，仍然擁有如此成熟的天文學和數學知識，哪怕它們是基於球面宇宙學和幾何學？他們的語言顯示正是如此。

他們有這樣一個術語——DUB——（在天文學中）意思是三百六十度的「世界圓周」，同時，他們也提到過天空的曲度和弧度。根據他們的天文和數學計算，他們畫出了AN.UR——以他們測量出的天體升降為標準的假想「天平線」。他們還假想了一條與這條天平線垂直的分隔號，叫做NU.BU.SAR.DA；在此幫助下，他們得知了天穹的頂點，叫做AN.PA。他們描出了我們稱作子午線的經線，稱其為「分級的軛」；緯線被稱作「天國中線」。緯線標出了蘇美的夏至點，AN.BIL的意思是「天國的炙熱之點」。

阿卡德人、哈蘭人、西臺人和古代近東的其他傑作，都是蘇美原版的翻版，他們大量學習了蘇美與天體和天文現象有關的語言及詞彙。巴比倫和亞述學者在碑刻上列出星體表或計算行星運行時，往往標注出它們的蘇美出處，並指出他們是在引用或翻譯。曾於亞述巴尼帕時代放在尼尼微圖書館的兩萬五千份天文學和占星學文獻，顯示出它們正是承襲蘇美的知識。

三路天空

一個主要的天文學說被巴比倫人稱作「主之日」，是從阿卡德的薩貢時代留下的蘇美碑文中複製來的——薩貢時代是西元前三千年。一個來自烏爾第三王朝時期——同樣是西元前三千年——的碑刻，十分清晰的描述並列出了一系列天體，現代學者甚至很輕鬆的就能識別它們的身分，就像是讀星座分類資料一樣。它們包含了北天星座的大熊座、天龍座、天琴座、天鵝座、仙王座和三角座；南天星座的獵戶座、大犬座、長蛇座、烏鴉座和半人馬座；還有大家都很熟悉的黃道星座。

在古代的美索不達米亞，天文學的祕密被天文學家和祭司守護、學習和傳播著。三位耶穌會神父——艾平（Joseph Epping）、斯特拉斯曼（Johann Strassman）和庫格勒（Franz X. Kugler）——將失落的「迦勒底」科學帶給了我們。庫格勒在《巴比倫的星學和占星師》（*Sternkunde und Sterndienst in Babel*）這本傑作中，解讀了一大批文獻和列表。有一個例子，是用數學方法「回溯天空」，可以用現在的星群整齊排列出西元前一千八百年巴比倫上空三十三個天體的清單。

完成了判定哪些是真正的星群、哪些又只是一些子群的大量工作之後，世界天文組織於一九二五年同意把從地球上看見的天空分成三個部分——北天、中天和南天——並把其中的星星歸類於八十八個星座。這項工作所完成的，實際上已經不是什麼新東西了，因為蘇美人才是首先將天空分為三段或三「路」——北路以恩利爾為名，南路以艾為名，中段則是「阿努之路」——並讓他們管轄各類星座。現在的中段，也就是黃道十二宮，與阿努之路剛好相符，蘇美也將這一路的星星分別歸入十二個宮位。

在那古老的年代裡，也如同今天一樣，都有黃道帶的概念。地球圍繞太陽的這個大圈被等分成十二個部分，每一部分有三十度。每一部分或「宮位」裡的星星合在一起組成了星系，而它們的形狀看上去像什麼，就被如此稱呼。

這些星系及它們的內部細分星群，甚至是星系裡面某顆單獨的星星，在西方文明裡都有自己的名字和描述，這些都取自希臘神話——西方世界回溯了接近兩千年才能從希臘人那裡借來這些東西。然而，很顯然，早期的希臘天文學家僅是將一套從蘇美人那裡得來、已經成型的宇宙觀放入自己的語言和神話中。我們已經談過希帕恰斯、歐多克索斯和其他人是如何得到這些知識的。甚至連泰利斯（Thales），最具影響力的古希臘天文學家，據說他預測了西元前五八五年三月二十八日的日全蝕，而正是這場日蝕停止了呂底亞人（Lydian）和美地亞人（Median）之間的戰爭。泰利斯的知識源頭正是前閃族美索不達米亞文明的起始——也就是蘇美。

我們從希臘的「動物圈」——那些星星組成的形狀看起來就像是獅子與魚等——中得到了黃道帶這個詞。但這些假想的形狀和名字實際上是由蘇美人發明的，他們稱這十二個黃道帶上的星座為UL.H̱E（意思是閃光的獸群）：

1. GU.AN.NA（天牛），金牛座。
2. MASH.TAB.BA（孿生子），雙子座。
3. DUB（夾子／鉗子），巨蟹座。
4. UR.GULA（獅子），獅子座。
5. AB.SIN（她的父親是辛），處女座。
6. ZI.BA.AN.NA（天命），天秤座。
7. GIR.TAB（抓撕者），天蠍座。
8. PA.BIL（衛士、弓箭手），射手座。
9. SUH̱UR.MASH（山羊魚），摩羯座。
10. GU（水神），水瓶座。
11. SIM.MAH̱（魚），雙魚座。
12. KU.MAL（牧場居民），白羊座。

這些黃道帶的圖畫或符號，從蘇美人創造它們開始，一直到現在幾乎都保存下來。（見圖93）

直到望遠鏡發明後，歐洲的天文學家才接受了托勒密的想法，認為在北天只有十九個星系。

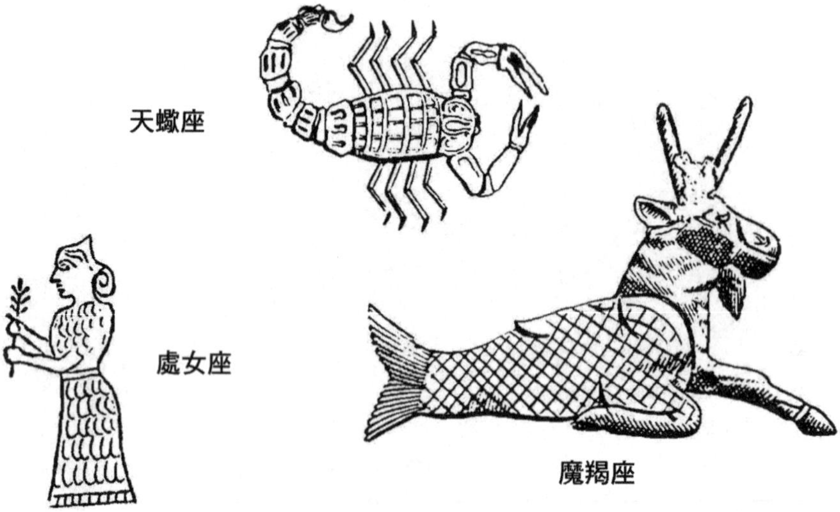

圖93　蘇美星座

到了一九二五年，通用規範的分類方法被接受，在蘇美人所說的恩利爾之路上又發現了二十八個星系。我們對此完全沒有理由感到驚訝，那些古老的蘇美人早就知道、認出了所有的北天星座，為之命名和分組，列出了一長串讓托勒密無法想像的清單！

在恩利爾之路上的星系裡，有十二個被認為是屬於恩利爾的——就像是在阿努之路上的十二個黃道帶天體。同樣的，在南空的艾之路，也有十二個天體被標了出來，不僅僅是作為南天的一員，更是屬於神艾的。除了這些屬於艾的十二個主星之外，也標注了一些其他的南部星系——儘管沒有今天我們看見的那麼多。

艾之路對於致力於研究破解古代天文學的亞述學家來說，可是一個大問題，不僅要破解那些術語，還必須知道在幾個世紀、甚至幾千年之前，人們看見的天空究竟應該是什麼樣的。從烏爾或巴比倫觀測南天，那些美索不達米亞的天文學家能看見的南天剛好過半；其餘的都隱藏在地平線之下。然而，如果識別正確，艾之路上的一些星系也是在地平線之上。

但這裡有一個更加嚴峻的問題：如果像學者所推測的，美索不達米亞人相信（就像後來的希臘人所相信的一樣）地球是一團浮在混沌黑暗的陰間（希臘人的冥界）之上的乾地——一個平的碟狀世界，天空像個半圓形的罩子罩在地球上——那麼如此一來，就根本不存在南天了！

現代學者受限於認定美索不達米亞人抱持著平面地球觀的推測，不允許他們的觀點中出現低於赤道線的世界。而我們的證據則顯示，蘇美人的三條「路」很明顯的說明，他們眼中的地球是一個球體，而不是平的。

一九〇〇年，平切斯（T. G. Pinches）在向英國皇家亞洲學會的報告中，說他可以重組和重建一個完整的美索不達米亞星盤。他做出來的是一個圓形的碟子，像一塊蛋糕一樣被切成了十二片，同時也劃分出了三個同心圓，最後就得到了三十六個小部分。這整個設計中出現了十二片「葉子」的花狀物，每片「葉子」上都分別寫有每個月的名字。平切斯為了方便，以一到十二標注，從Nisannu（相當於我們的一月）開始，這是美索不達米亞曆法的第一個月分。（見圖94）

這三十六個部分還分別包含了一個底部有小圓圈的名字，代表一個天體的名字。這些名字在許多文獻和「星表」中都被發現過，不用懷疑它們就是星系、恒星或行星的名字。

這三十六個部分中的任何一個，都還有一個寫在天體名字下邊的數字。在最內層的圓內，這些數的範圍是三十到六十；在中間的圓內，是從六十（六十進位中寫作「1」）到一百二十（六十進位中寫作「2」，意思是2×60＝120）；而在最外面的圓內，是從一百二十到兩百四十。這些數字是想表達什麼？

在平切斯報告之後的近五十年，紐格伯爾在《古代天文史：疑問和解答》（*A History of Ancient Astronomy: Problems and Methods*）一書中，也只能說：「這整個文稿組成了某種圖解式的天體圖……在這三十六個部分中的任意一個中，我們都能找到一個星系的名字和一個簡單數字，不過數字的意思還不太清楚。」這個領域的另一位權威范德瓦爾登（B. L. Van der

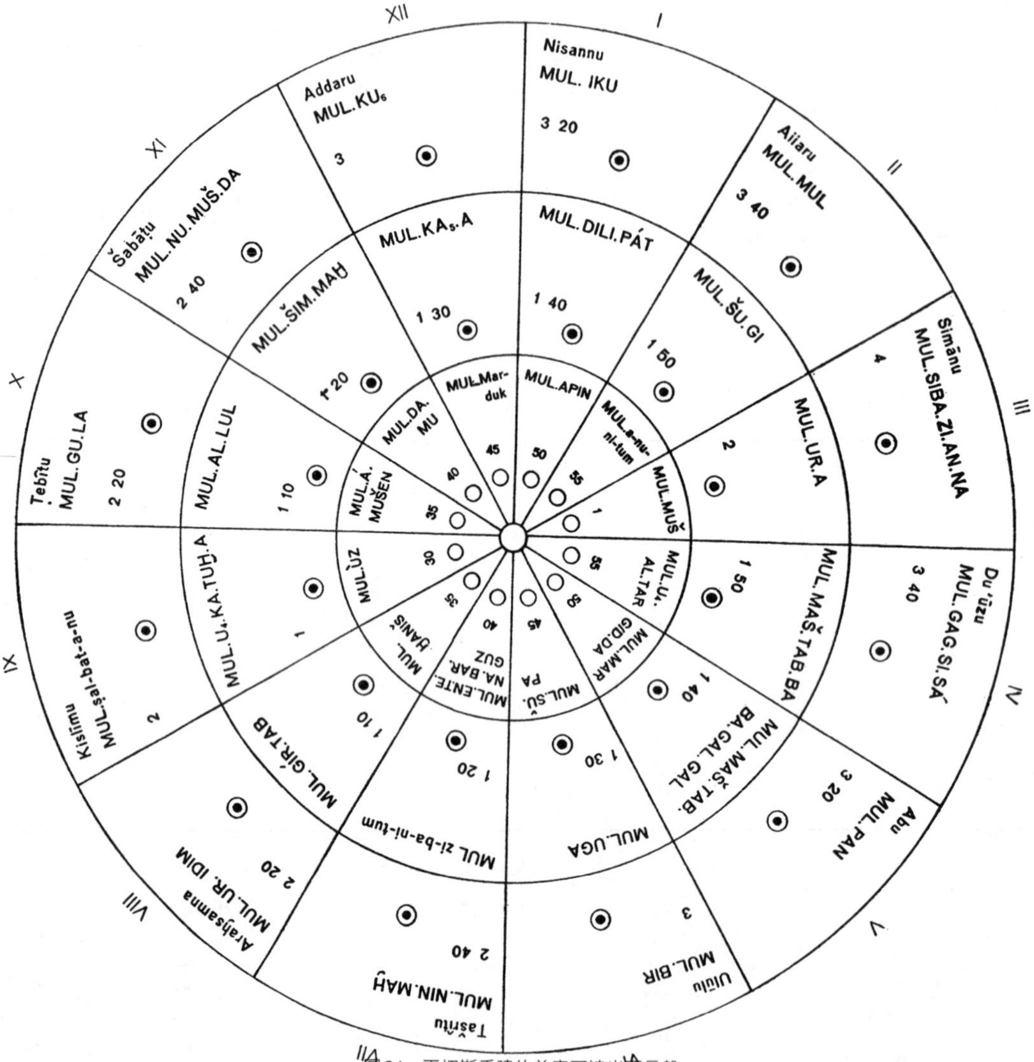

圖94　平切斯重建的美索不達米亞星盤

Waerden），在《巴比倫天文學：三十六星體》中（*Babylonian Astronomy: The Thirty-Six Stars*），描述了這些數字在一些節奏上較為明顯的升降，而這只能表明「這些數字是與白晝的持續時間有關」。

我們相信這是一個可以解決的問題，只要我們丟掉美索不達米亞人相信平面地球的觀念，知道他們的天文學知識和我們一樣好——倒不是因為他們有和我們一樣的儀器，而是因為他們知識的來源是納菲力姆。

我們認為，這些難解數字所表示的是天弧的度數。以北極作為起始點，而這個星盤是一張平面天球圖，也就是說，是用一個平面來表示球體。

隨著這些數字增減，恩利爾之路的數字（Nisannu-50和Tashritu-40）加起來就是九十；所有阿努之路的數字加起來則是一百八十；而那些艾之路的數字加起來就是三百六十（Nisannu 200和Tashritu 160）。它們代表一個完整球形圓周的各個部分：四分之一個圓周（九十度），半個圓周（一百八十度），或整個圓（三百六十度）。

這些標記恩利爾之路的數字，非常適合代表從北極開始，一直延續至六十度的蘇美人的北天，在赤道下方三十度與阿努之路分界。阿努之路到赤道兩側是等距的，一直到赤道南方三十度。接著，更南邊以及從北極算起最遠的地方，就是艾之路——從南極點開始三十度的天球和地球的部分。（見圖95）

艾之路裡面的數字在阿達加（Addaru，相當於我們的二月中旬到三月中旬）和烏魯魯（Ululu，相當於我們的八月中旬到九月中旬）裡，加起來等於一百八十度。這是唯一一個從北極延續一百八十度的點，無論你是往西南方還是東南方走，都是朝著南極方向。而只有在球體時，才能適用。

歲差現象是由地球南北軸的不穩定所造成，導致北極（指向北極星的地方）和南極在天空中畫出一個壯麗的大圈。地球相對於星系的明顯減速在一年的合計是大約五十五秒（表示弧度），或是每七十二年一度。由此得出這個大圈——它將地球的北極再次指向同一顆北極星——一圈要持續兩萬五千九百二十年（72×360），這就是天文學家所說的大年或柏拉圖年——因為很明顯，柏拉圖曾意識到這種現象。

金牛座時代

在古老的年代，各種星星的升降被認為具有重大意義，而且春分（帶來新的一年）的精確測量，與黃道宮中所發生的天文現象有著較大的關聯。由於歲差的存在，春分和其他天文現象一年一年的延遲，最終會在兩千一百六十年之後進入下一個黃道宮。我們的天文學家繼續使用「零點」（白羊座的起點），它代表大約西元前九百年的春分，但現在這點已經換到了雙魚座。大約在西元兩千一百年的春分點，又將進入寶瓶座。這就是為什麼有些人說我們正在進入寶瓶座時代。（見圖96）

因為從一個黃道宮位轉移另一個宮位需要超過兩千年，學者想知道希帕恰斯是怎樣或從何處

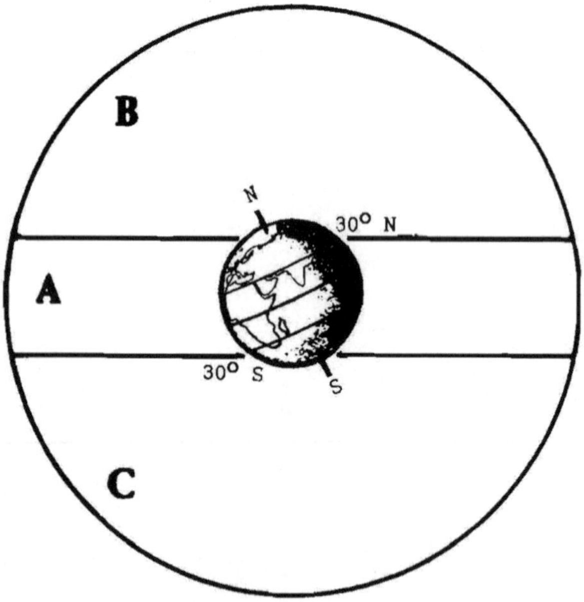

圖95　天分「三路」

A. 阿努之路，太陽、行星和黃道帶宮位
B. 恩利爾之路，北天
C. 艾之路，南天

學來這些知識，而那時還是西元前二世紀。現在已經清楚了，他的知識源頭是蘇美。朗盾教授的發現顯示出，尼普爾曆是在西元前四千四百年建立的，那時是金牛座時代，反映出當時早就已掌握了歲差和黃道帶宮位轉移要花上兩千一百六十年的知識。比對美索不達米亞天文文獻與西臺天文文獻的耶利米亞教授，同樣告訴我們，更古老的天文文獻記錄了從金牛座轉換到白羊座；他還指出，美索不達米亞的天文學家預測出白羊座轉換到雙魚座。

威利．哈爾特勒（Willy Hartner）教授同意這些結論，他在《近東，最早的星座史》（*The Earliest History of the Constellations in the Near East*）

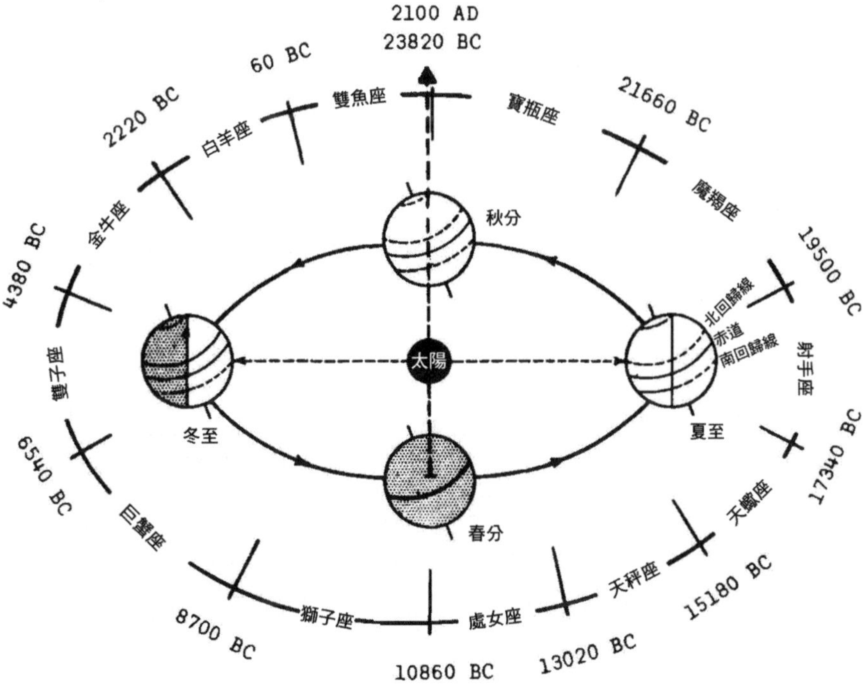

圖96　黃道宮與各時代

一書中提出，蘇美人留下了大量的圖畫證明這些現象。當春分點在金牛座的時候，蘇美的夏至點還在獅子座。哈爾特勒注意到，在蘇美的圖畫中，從最早的時候開始就有著週期性的「牛獅之爭」，並認為這種鬥爭表現了西元前四千年的觀測者從北緯三十度（比如烏爾）看到的金牛座和獅子座的關係。（見圖97）

大多數學者認為，蘇美人將金牛座視為他們的第一個星座，不僅僅是因為黃道帶的古老證據——可以回溯至西元前四千年——同時還可以證明的是，蘇美文明的建立是多麼突然。耶利米亞教授在《古老東方之光下的舊約》（*The Old Testament in the Light of the Ancient East*）一書中，找到一些證據，顯示蘇美的「零點」剛好是在金牛座和雙子座之間；透過這點和其他一些檔案，他指出黃道帶這個概念是在雙子座時代設計出來的，然而那時蘇美文明壓根沒有開始。存放於柏林博物館的一個蘇美的碑刻（VAT.7847）上，黃道十二宮是從獅子座開始的——它帶我們回到了西元前一萬一千年，那時的人類剛剛開始耕地。

圖97　牛獅之爭

希爾普雷奇特（H. V. Hilprecht）走得更遠。透過研究幾千份數表文獻，他在《賓夕法尼亞大學的巴比倫探險考察》（*The Babylonian Expedition of the University of Pennsylvania*）中指出：「所有來自尼普爾和西巴爾圖書館的乘除法文獻，以及所有亞述巴尼帕圖書館（在尼尼微）的文獻都是以〔數字〕12,960,000為基礎的。」在分析這個數字及它所代表的意義之後，他再次指出它只可能與歲差現象有關，並且蘇美人知道兩萬五千九百二十年是一個週期的大年。

這絕對是一種在不可能的時代的天文幻想。

正如有證據顯示，蘇美天文學家掌握了他們不可能透過自身而掌握的知識一樣，這裡有證據證明，他們擁有大量對他們沒有實際作用的知識。

納菲力姆傳授天文知識

這不僅與使用的那套相當精密的天文方法有關——例如，哪個古代蘇美人真的需要建立一個天體赤道？——還與各種測量各星體之間距離的複雜文獻有關。

其中一份文獻（AO.6478），列出了二十六顆主星，都可以在今天我們所說的北回歸線上清晰看見。文獻中用三種不同的方法測量它們之間的距離。首先是用一個叫做**mana shukultu**（意思是測量和稱量）的單位，算出星群之間距離。我們相信這是一個聰明的構想，它將流失的水的重量與時間的經過相關聯。它讓用時間來測算兩星之間的距離成為可能。

第二種方法是由天弧的度數得來的。一整天（白晝和黑夜）分為兩個十二小時，整個天弧包括了三百六十度。因此，「一個貝魯（beru）」或「兩個小時」代表三十度的天弧。用這種方法，地球上時間的推移完成了指定天體間距離的測量。

第三種測量方法是beru ina shame（意思是天之長）。塔里奧—但基（F. Thureau-Dangin）教授在《星之距離》（*Distances entre Etoiles Fixes*）一書中指出，前兩種方法都是依靠其他現象才能得出，第三種方法則是直接的測量。他和其他一些人都相信，一個「天上的貝魯」，相當於我們現在使用的一萬零六百九十二公尺。文獻中計算了二十六顆主星之間的「天距」，加起來總和是六十五萬五千兩百個「貝魯」。

這三種測量星體之間距離方法的實用性，表達出這類事物的重要性。然而，生活在蘇美的男女老少到底又是誰需要這樣的知識——而且他們之中又有誰能發明這樣的方法，實際應用？唯一的答案是：這是納菲力姆的知識，只有他們需要如此精確的測量。

具有太空旅行的能力，從另一個星球到達地球，在地球上空漫遊——他們是唯一能夠在人類文明還需要數千年發展的曙光前，就掌握這類知識的物種，是他們擁有如此成熟的數學與天文學的概念和方法，而且他們需要教導人類的文士如何抄寫和記錄這些天文資訊，例如星星之間的距離，星系、天體的升降和秩序，天文曆法，以及其他那些精確得不現實的天地知識。

有著這樣的背景，美索不達米亞的天文學家，在納菲力姆的帶領下，甚至還沒有意識到土星之後的行星——他們並不知道天王星、海王星和冥王星？他們對於太陽系——地球家園的知識，還不如他們對星星之間的距離以及它們排列順序的知識？

上百份詳細記錄古代天文資訊的文獻列出的天體，按照它們的天體順序、或神祇、或月分、或土地、或所屬星系，整齊的排列著。威德納（Ernst F. Weidner）在《巴比倫天文手冊》分析一份文獻，叫做「大星表」。有五欄十位數的天體，和月分、國家和神祇互相關聯。另一份文獻列出了正確的黃道十二宮裡的主要星體。一份文獻索引（B.M.86378）則在較破損的部分，按照它們在天上的位置排列出了七十一個天體；此外，還有很多很多很多。

要讓這些眾多文獻有意義，特別是精確指出我們太陽系的天體，一個個學者往往帶來令人困惑的結果。當我們知道，學者的努力會失敗是因為他們誤以為蘇美人和他們的繼承人不知道我們的星系是以太陽為中心，地球只是普通行星，土星之後還有更多的行星。

學者忽略了一些星星的名字可能代表地球本身，把大量的名字及稱號和他們認為蘇美人只知道五個行星的信念結合，因而得到衝突的結論。有些學者甚至認為這些衝突不是他們造成的，而是迦勒底人弄混了——他們認為，因為某些未知的理由，迦勒底人轉換了這五顆「已知」行星的名字。

蘇美人也把所有的天體（行星、恒星或星系）都叫做MUL（意思是在高處閃耀）。巴比倫人和亞述人使用的阿卡德詞彙kakkab也代表任何天體。這讓學者想破解古代天文文獻更為困難。但有一些MUL是用LU.BAD這個術語，很明確的指出是我們星系的行星。

得知希臘人叫這些行星為「漫遊者」，一些學者將LU.BAD理解成「漫遊的羊」，由LU（意思是牧羊人）和BAD（意思是高遠）衍生出來。但現在我們知道蘇美人很了解太陽系，BAD的另一意思是古老的、基礎或歸宿，則指出了重要性。

這很適合描述太陽，太陽之後就是LU.BAD，蘇美人不是意謂「漫遊的羊」，而是被太陽放牧的「羊」——我們太陽之下的行星。

這些LU.BAD的位置和它們與太陽的關係，在很多美索不達米亞天文文獻中都有描述。它們有些「在上面」，有些「在下面」，庫格勒猜對了，其參照點就是地球。

只是大多數情況下，這些行星都是在描述MUL.MUL的文獻中才提到——MUL.MUL是一個讓學者不斷猜測的詞彙。由於沒有更好的解決方法，多數學者同意mulmul意謂昴宿星團，金牛座中的星群，在西元前兩千兩百年時穿過春分線（對巴比倫而言）。美索不達米亞的文獻常常提到mulmul包含了七個LU.MASH（意思是七個近親漫遊者），學者由此推斷它們是昴宿星團中最亮的七顆星星，肉眼就能看見。事實上，基於分類的原則，這組星體中不是六顆，就是九顆亮星，反正不是七顆，這就造成了問題；但這一點被忽略了，因為除此之外沒有什麼更好的想法能解釋mulmul的含義了。

庫格勒很不情願的接受了mulmul意謂昴宿星團的說法，但當他發現美索不達米亞文獻中，mulmul不僅有「漫遊者」（行星）的意思，還清楚的包含了太陽和月亮，他感到相當驚訝——這完全可以推翻MUL.MUL意謂昴宿星團的說法。同樣，他還找到一份文獻清晰描述「mulmul ulshu 12」，意謂mulmul是一個「十二帶」。

我們建議將mulmul一詞當作太陽系，用重複的詞MUL.MUL則表達這個全面的、「包含了所有天體的天體」。

神聖數字十二

查理斯．維洛列伍德（Charles Virolleaud）在《迦勒底占星學》（*L'Astrologie Chaldéenne*）中翻譯了一份美索不達米亞文獻（K.3558），描述mulmul或kakkabu／kakkabu群。文獻的最後一句說得相當明確：

Kakkabu／kakkabu，它的天體數為十二。它的天體量是十二。月亮的月分共有十二。

這份文獻毫無疑問的說明：mulmul——我們的太陽系——是由十二個成員所組成。也許我們不須為這一點感到驚訝，因為希臘學者迪奧多羅斯．塞庫魯斯在解釋迦勒底的這三條「路」以及隨之而來的三十六個天體時，就說道：「在這些天神中，有十二位主神；迦勒底人為每一位神分派一個月分和黃道帶上的一個符號。」

恩斯特．威德納的研究顯示，除了阿努之路和其黃道十二宮，在一些文獻中還提到了「日之路」，同樣也是由十二個天體所組成：太陽、月亮和其他十個天體。在一份叫做「TE—碑刻」的第二十行上，寫道：「naph̲ar 12 shere-mesh h̲a.la sha kakkab.lu sha Sin u Shamash ina libbi ittiqu」，意思是「總的來說，有包含日月在內的十二個天體，繞軌道運行著」。

我們現在可以抓住古代世界中十二的重大意義了。蘇美主神圈、以及之後的奧林匹亞十二主神，都剛好有十二位；只有在老神退休之後，年輕的神祇才能晉級到十二神之列。同樣的，如果十二這個神聖數字有空缺，必須填補。與之相對的，一年有十二個月，一天有兩次十二個小時。蘇美的每一項設計和發明都參照了十二個天體，以此來保證好運。

許多研究，例如朗盾的《巴比倫月曆和閃族曆法》就顯示出，起初將一年設計成十二個月分，就與十二主神有關。在他之後的弗里茲·霍米爾（Fritx Hommel）和其他人，則證明這十二月分與黃道十二宮有緊密關聯，而且它們都是源於十二個主要天體。簡（Charles F. Jean）在《蘇美詞彙學》（*Lexicologie sumerienne*）中，重製了蘇美人的二十四天體表，將黃道十二宮與我們星系的十二個成員配對。

塔里奧—但基（F. Thureau-Dangin）鑑定了一份長篇文獻，指出那是巴比倫神廟的新年慶祝活動，其中對十二位主神的奉獻儀式非常具有說服力。埃薩吉拉神廟，有十二個大門。透過連續背誦十二次「我的主，你是我的主」，馬杜克授予所有天神力量。祈求神的悲憫十二次，並向神的伴侶祈求十二次合計二十四次，剛好符合黃道十二宮和太陽系十二個天體。

一塊由蘇薩（Susa）國王刻下天體符號的界石，描繪了二十四個符號：有十二個像黃道帶，還有十二個代表太陽系天體。它們是美索不達米亞的十二位星際神祇，和哈蘭、西臺、希臘以及所有其他古代神話中的一樣。（見圖98）

雖然我們採用了十進位，但十二這個數字滲入蘇美消失很久以後的各類天文和神聖的事物中。希臘有十二個泰坦，以色列有十二個部落，以色列的大祭司魔法般的護甲有十二個部分。數字十二還存在於耶穌的十二個門徒，甚至我們在十進位中還是從一數到十二，十三是十和三，十四是十和四，以此類推。（譯注：英語中一至十二的單字完全沒有重複，而十三開始則是由兩個數位單詞組合而成，十三是由ten和three組成thirteen，十四是ten和four組成fourteen。）

這個具有如此力量的數字十二是從哪裡來的呢？答案是從天而來。

因為太陽系（mulmul）裡，除了我們現在已知的之外，還有阿努之星，它的符號是一個發光的天體，在蘇美文獻中代表著阿努和「神聖」。「至高權杖之星是太陽系裡的一隻羊」。當馬杜克篡奪了阿努的王位成為這顆星的主人之後，巴比倫人說道：「太陽系中，出現了馬杜克之星。」

納菲力姆在教導人類認識真正的地球和宇宙時，不僅僅向古代的天文學家和祭司傳授了關於土星之後的行星的知識，還包括他們那顆最重要的行星，也就是納菲力姆的家：第十二個天體。

圖98　美索不達米亞的十二位星際神祇

7・創世史詩

蘇美人眼中的太陽系

在大多數已發現的古代圓柱印章上，都有代表特定天體——我們星系中的行星——的符號。一個西元前三千年的阿卡德印章，現存放於柏林國家博物館，索引號為VA／243，它並不是一個個的描繪，而是十一顆天球為一組，環繞在一個大的發光星體周圍。很明顯的，這是在描繪蘇美人眼中的星系：它由十二個天體組成。（見圖99）

我們通常用這樣的平面圖描述我們的星系：一條從太陽拉出來的線，線上依次排列著行星，依序是水星、金星，然後是地球，以此類推。但如果我們用一個圓，而不是一條線，描繪我們的行星，那麼畫出來的圖就下一頁圖：（見圖100）

如果再看一眼描繪在VA／243文獻中左上角的太陽系放大圖，我們可以看見一些「小圓球」圍繞著一顆大星，而它們的

圖99　十二個天體：十一顆天球圍繞太陽旋轉（左上角）

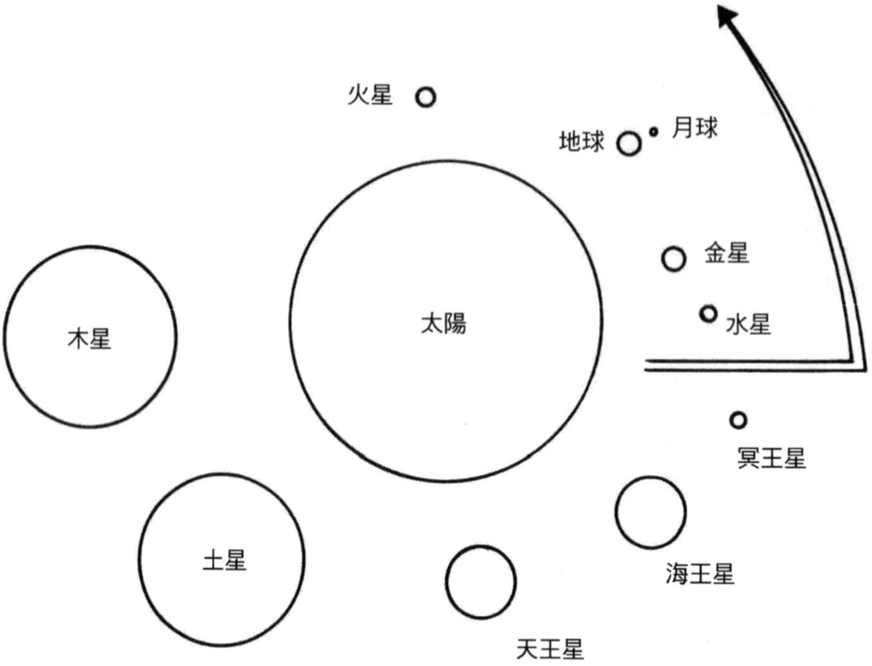

圖100　太陽系分布圖

大小比例和順序，剛好與我們現在的太陽系吻合：水星後面跟著大一號的金星，地球和金星一樣大，月球圍繞地球。按照這樣的順序下去，火星也是剛好比地球小，但比月球或水星大。（見圖101）

但接下來，古代描繪中出現了一顆我們不知道的星球——很明顯比地球大，但又比木星和土星小，它在木星旁邊。在更遠的地方，有另一對行星很完美的與天王星和海王星匹配。最後，最小的冥王星也在這裡，但不是現在我們所看到的地方（海王星之後），而是在土星和天王星之間。

蘇美人將月球也算成一個天體，而他們對天體的描繪，和我們現在已知的所有行星一樣。除了冥王星之外，其他天體都有著正確的順序和大小。

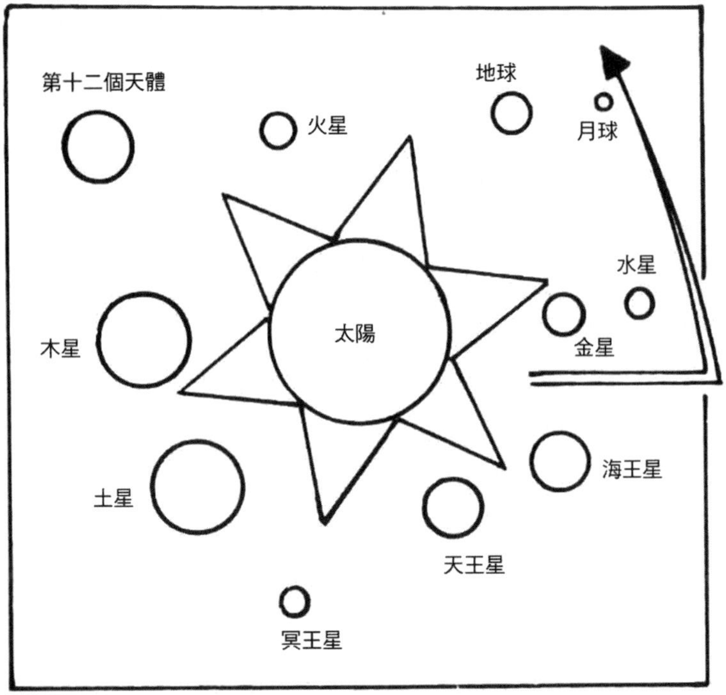

圖101　蘇美人的太陽系分布圖（圖99左上角放大）

這幅四千五百年前的圖畫，同時還提示了，在火星和木星之間，有著另一顆大行星。它其實就是我們之前一直提到的第十二個天體——納菲力姆的家園。

如果這幅蘇美天體圖是在兩個世紀前就被發現了，天文學家會認為蘇美人無知，竟然幻想在土星之後還有這麼多不存在的行星。然而現在，我們知道已經有天王星、海王星和冥王星了。那麼，蘇美人是否又在幻想，還是他們確實在納菲力姆的教導下，得知月球在這太陽系中也有自己的一席之地，冥王星實際上靠近土星，在火星和木星之間還有第十二個天體？

以前的理論認為，月亮除了是「一顆結冰的高爾夫球」之外什麼也不是，這種觀點一直持續到美國的阿波羅登月計畫才徹底結束。最符合的猜測是，月亮是從地球分離出來的一大塊，那時的地球還處於熔爐般的狀態。月球受到百萬顆隕石的撞擊，在地表有了很多隕石坑，它是無生命、無歷史、並永遠跟著地球運行的衛星。

月球曾是行星

無人衛星的觀測，將這樣的陳舊信念帶入了新問題。現在已經可以確定的是，組成月球的化學物質和礦物質與地球有著很大的不同，挑戰了「分裂說」。美國太空人在月球上進行的實驗，以及把月球的土壤和岩石樣本帶回地球研究分析，指出現在是不毛之地的月球，曾經是顆「活生生的行星」。像地球一樣，月球也有地層，它是從自己的熔融核心開始凝固的。像地球一樣，月球也產生熱能，只是地球的熱能來自於它的放射性物質，在地球內部極大的壓力下「衰變」；而月球的熱能，則是來自於很靠近表面的放射性物質層。那麼，是什麼將它們翻到了如此靠近月球表面的位置？

月球的重力是不規則的，彷彿有很大的重物（比如鐵）並沒有沉到它的核心，而是散亂分布。我們想問，這是怎麼形成的，為什麼要這樣？有證據顯示，月球上的古岩石是有磁性的。也有證據指出，月球的磁場改變甚至反轉了。它是在一些不為人知的內部過程之後，或是在一些暫時無法確定的外部影響之後改變的嗎？

阿波羅十六的太空人在月球上發現的岩石（角礫岩）是曾經被粉碎後的實心固態岩，而後來卻在突然的極度高溫中又混和在一起。這些岩石是在什麼時候、又是怎樣被粉碎，又是如何混和的呢？月球上其他的表面物質，富含稀有的放射性鉀和磷，這類物質在地球上是深藏於地下的。

將這些發現放在一起，科學家現在肯定，月球和地球大約是在同一時間由相近的化學物質組成，但有著各自的發展和演變。美國太空總署的科學家認為，月球在形成的前五億年屬於「正常」發展期。根據《紐約時報》報導，他們說：

最大變動期是在四十億年前，當時月球被大如一座大城、甚至一個國家的巨大隕石撞擊，形成了巨大的隕石坑和環形山。

這些重擊留下來的放射性物質，開始在月球表層下發熱，融化了大量地表，熔岩也像海一樣在地表蔓延。

阿波羅十五號在環形山附近發現了一個滑坡，它比地球上任何滑坡至少大了六倍。阿波羅十六號發現，創造酒神海（Sea of Nectar）的那次撞擊，碎片散布到了一千英里以外的地方。

阿波羅十七號降落在一個懸崖附近，這個懸崖比地球上任何一個懸崖高了八倍，也就是說，月球曾發生比地球上任何一次地震都強了八倍的地震。

這次宇宙大事件引起的變動一直持續了八億年，以至於三十二億年之前，月球才最終有了冰凍的表面。

蘇美人很正確的給予了月球一個正常行星的地位。他們留下了大量文獻，解釋並描述了這次讓美國太空總署專家關心的宇宙大事。

謎樣的冥王星

冥王星曾被稱作「謎」。因為它圍繞太陽的軌道，不只是像其他行星那樣略微偏離一個完美的圓圈，而是很明顯的被拉長成了橢圓；當其他行星只是或多或少的偏離軌道時，冥王星卻傾斜了十七度，這是相當巨大的數字。因為這個很不正常的軌道現象，冥王星是唯一一個切過其他行星（海王星）軌道的行星。

論大小，冥王星的確只是「衛星」級：它的直徑（三千六百英里）不比海王星的衛星「海衛一」大上多少，也不比土星十顆衛星之一的「土衛六」大上多少。因為這樣的特點，有人認為冥王星的「不夠格」是因為它一開始只是一顆衛星，由於某種原因脫離了主星，才像一顆行星般運行。這種可能性即將得到證明，我們馬上就能看到蘇美文獻的相關紀錄。

現在，我們對太初宇宙事件的追尋到達了高潮：也就是第十二個天體的存在。令人吃驚的是，我們的天文學家也發現了在火星和木星之間曾有這樣一顆星球曾經存在。

十八世紀末期，在還沒有發現海王星的時候，一些天文學家推論：「這些行星按照某種既定規律，排列在與太陽相隔某段距離的地方。」這種規律後來被叫做波德定律（Bode's Law，編按：利用簡單的倍數計算方法，求得行星與太陽的距離），它讓天文學家相信，有一顆行星應該在一個至今尚未被發現有行星存在的地方運行——而這個地方，剛好是在火星與木星之間的軌道上。

小行星帶

天文學家受波德定律的數字鼓舞，開始在這片區域搜尋這顆「消失的星球」。一八〇一年，義大利天文學家朱塞普．皮亞齊（Giuseppe Piazzi）在這個區域發現了一顆非常小的行星，他稱為穀神星。直到一八〇四年，在這個區域發現了四顆小行星；而到目前為止，已經發現了將近三千顆小行星（編按：現今已發現十二萬顆小行星），在火星和木星之間圍繞著太陽運行，被叫做小行星帶。還需要懷疑嗎？這無疑就是一顆粉碎後的行星。俄羅斯天文學家稱其為戰車。

當天文學家肯定這顆行星的存在時，對於它的消失卻無法解釋。它是自己爆炸了嗎？如果是這樣的話，行星碎片應該是四散開來，而不是停留在一個小行星帶裡。如果是一次撞擊摧毀了這顆行星，那麼誰才是肇事的行星呢？它也粉碎了嗎？然而如果把那些圍繞太陽漂浮的殘骸加起來，甚至還不足以稱其為一顆行星，別提可能是兩顆行星了。同樣的，如果火星和木星之間的小行星帶，包含著兩顆行星，它們就應該分別保留著兩顆行星的公轉方式。但所有的小行星都只有一種公轉方式，這暗示著它們來自同一個天體。那麼，這顆行星是怎樣被粉碎的呢，是誰粉碎了它？

古人給了我們這些問題的答案。

《創世史詩》

大約一個世紀以前，解讀了在美索不達米亞出土的文獻，讓我們突然了解美索不達米亞的文獻不僅與《聖經》內容對應，更與之前的描述一致。艾伯赫・施拉德（Eberhard Schräder）於一八七二年寫下的《楔形文字與舊約》（*Die Keilschriften und das alte Testament*）一書，造成了持續半個世紀的相關書籍、文章、演講和辯論的雪崩。在某個很早的時候，在巴比倫和《聖經》是不是有所連結？各個頭條標題都很煽動的寫著：巴比倫和《聖經》。

亨利・萊亞德在尼尼微的亞述巴尼帕圖書館發現了眾多文獻，其中一份描述的創世神話就像《聖經・創世記》裡所描述的一樣。這個破損的碑刻，是由喬治・史密斯首次拼起來，在一八七六年以《迦勒底創世記》一書公諸於世。該書證據確鑿的指出，的確有這麼一份阿卡德文獻，用古巴比倫方言書寫，描述了唯一的神如何創造了天地萬物，乃至於人類。

迄今，仍有無數個研究正在對比美索不達米亞文獻和《聖經》故事的異同。那位巴比倫神，如果不是在六「天」之內完成創世，就是被記錄在六個碑刻上的。和《聖經》中的上帝一樣，在第七日歇息了一切工，並安息著看著自己的成果；相同的是，美索不達米亞史詩中用第七個碑刻，寫下那位巴比倫神的興奮和他的功績。L・W・金（L. W. King）極為恰當的將之命名為

《創世七碑刻》。

現在，它被叫做《創世史詩》。這部文獻因為它著名的開篇——《伊奴瑪・伊立什》（*Enuma Elish*，意思是當處於頂點時）——而在古代流傳甚廣。《聖經》的創世神話是從創造天地開始的，美索不達米亞的故事則是一段真實的宇宙進化史，描述的是很久之前的事件，帶領我們回到時間的開始：

> 當處於頂點之時，天堂還沒有被命名。在那之下，結實的大地還沒有名字。

史詩告訴我們，在那之後這兩個太初天體生下了一系列的「天神」。隨著天體數量的激增，它們製造出很大的噪音和騷亂，打擾了太初之父。他忠誠的信使勸他好好考慮懲罰一下這些年輕的神，但他們聯合起來，搶奪了他的創造力。太初之母試圖報仇。一位帶頭反叛的神提出了一個建議：讓他的小兒子加入眾神集會，並給他至高權力，好讓他去單獨迎戰那隻由他們的母親變成的「怪獸」。

取得王權之後，這位年輕的神——巴比倫的馬杜克——面對這隻怪獸，在一次激烈的戰鬥之後把她劈成兩半。用她的一半做成天，一半做成地。

接著他宣布了天國的固定秩序，為每位神定下了固定的位置。在地球上，他製造了高山、海洋與河流，建立了季節和植物，並創造了人。他往返於天國與巴比倫，以及修建在地球上的廟塔之間。神和人都被指派了工作與任務，還有需要遵守的儀軌。眾神於是承認馬杜克是最高之神，獻給他「五十個名字」——繼承恩利爾王權的特權和順位。

隨著更多的碑刻和碎片被發現和翻譯，我們可以證明，這段文字不是一個單一的文學作品：它是巴比倫最神聖的宗教史詩，會在新年慶典上被誦讀。這個巴比倫版本宣稱馬杜克的至高無上，將他視為創世神話中的英雄。然而，並非一直如此。有足夠的證據表明，巴比倫版本的史詩是早期蘇美版本（關於阿努、恩利爾和尼努爾塔等英雄）的政教合一的偽版。

然而，無論在這些天神的戲劇中，演員叫什麼名字，這些神話的確和蘇美文明一樣古老。大多數學者將之看成是哲學作品——神與邪惡之間永恆鬥爭的最早版本——或關於自然界的冬夏更迭、日出日落、死亡與復活之間的古老寓言。

那麼，我們為什麼不能承認這些神話有其本身的價值，它們確實是在陳述蘇美人從已知納菲力姆獲知的宇宙現象？當我們抱持這樣一種大膽而新穎的看法時，會發現《創世史詩》很完美的解釋了太陽系中可能發生過的事情。

第一幕

《伊奴瑪．伊立什》第一幕，從太初宇宙開始。而那些演員則既是創造者，又是被創造者：

當處於頂點之時，天堂還沒有被命名，在那之下，結實的大地還沒有名字；一切皆無，而最初的阿普蘇（APSU），他們的創造者，穆牧（MUMMU）和提亞瑪特（TIAMAT）——她生下了他們所有；他們的水被混合在一起。水裡沒有蘆葦，沒有沼澤。眾神之中，沒有誰出現；萬物沒有名字，沒有既定之命運；接著，在他們之間，諸神形成。

這位遠古詩人用了短短九行，以蘆葦筆在這第一塊泥版上的草草幾筆，讓我們宛如置身於劇院的前排正中，然後勇敢且戲劇性的拉開了有史以來最偉大壯麗的一幕：我們太陽系的誕生。

在廣闊空間中，諸神（眾行星）出現了，有了名字，有了自己的既定「命運」——也就是軌道。最初有三個主體存在：最初的阿普蘇（意思是從一開始就存在）、穆牧（意思是出生者）和提亞瑪特（意思是生命處女）。阿普蘇和提亞瑪特的「水」混合在一起，文獻裡講得很清楚了，這不是長著蘆葦的水，而是原始水域，宇宙最基礎的生命搖籃。

阿普蘇，就是太陽，「從開始就存在」。

最接近太陽的是穆牧。史詩故事在之後講得很清楚，穆牧是阿普蘇最信任的助手和使者：這是對水星的形容，迅速圍繞著主人的小顆行星。事實上，這也是古希臘和羅馬人對於水星神的觀點：神的信使。

稍遠一點的是提亞瑪特。她就是後來被馬杜克劈開的「怪物」——消失的行星。但在太初之時，她是第一個聖三位一體的處女母親。她和阿普蘇之間的空間並不是空無，那裡充滿著阿普蘇和提亞瑪特的原始力。這些「水」「混合」了，一對天神（行星）在阿普蘇和提亞瑪特之間出現。

> 他們的水被混合在了一起……在它們之間，諸神形成：拉赫姆（LAHMU）和拉哈姆（LAHAMU）這對神誕生了；因為他們有這樣的名字。

從字源學上講，這兩顆行星的名字是起源於LHM（意思是製造戰爭）。古代傳說告訴我們火星是戰神，而金星既是愛神又是戰神。拉赫姆和拉哈姆分別是一男一女的名字；史詩中這兩位神和火星、金星的身分特性，不僅從字源學和神學上，也從天文學上得到了證實：提亞瑪特是「消失的行星」，在火星之後。火星和金星確實應該出現在太陽（阿普蘇）和提亞瑪特之間。我們可以用下面蘇美的天體圖說明。（見圖102和圖103）

太陽系的形成繼續著。拉赫姆（火星）和拉哈姆（金星）出現了，然而：

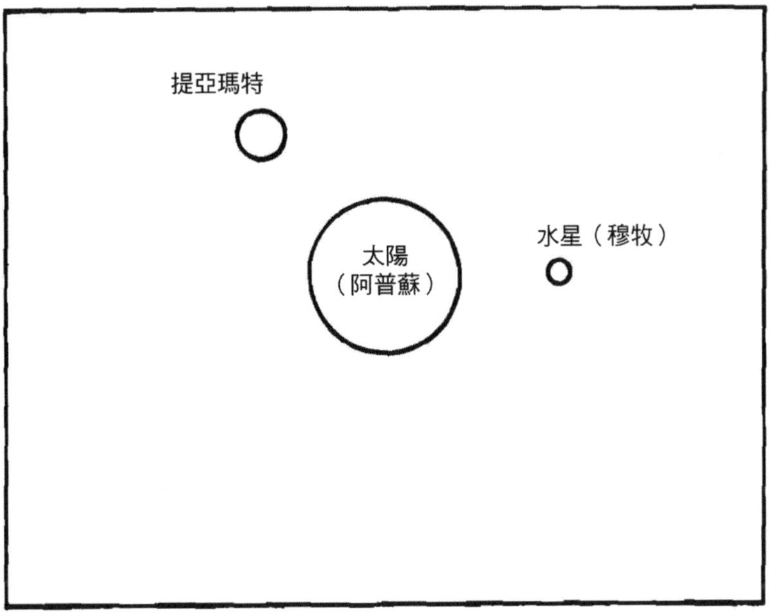

圖102　一、太古之初：太陽、水星和提亞瑪特

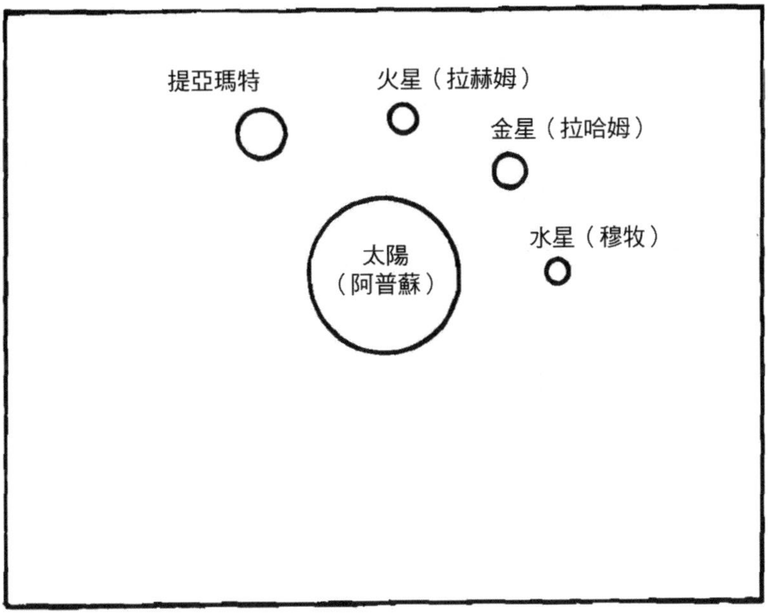

圖103　二、內在的行星：諸神之中生出第三、四顆行星

在他們成長完之前，也是指定個子大小的時候——安莎（ANSHAR）和基莎（KISHAR）形成了，〔大小上〕超過了他們。隨著日復一日年復一年，阿努（ANU）成為他們的兒子——是他祖先的競爭對手。接著安莎的第一個孩子，阿努，以他自己的地位、自己的形象生下了努迪穆德（NUDIMMUD）。

《創世史詩》第一幕只描述了一個簡單的故事，就在我們眼前演出完畢。我們得知，火星和金星只長到一個有限的大小；然而在它們還沒有完全形成時，另一對行星出現了。這是兩顆壯觀的星球，像它們的名字一樣——安莎的意思是「王子，天國最重要的」，而基莎則是「結實大地上最重要的」。顯然，它們的大小超越了第一對行星。這些描述、用詞和位置很容易讓人看出，安莎和基莎就是土星和木星。（見圖104）

又過了一段時間（年復一年），第三對行星出現了。先出現的是阿努，比安莎和基莎都小（成為他們的兒子），但比第一對大（是他祖先的競爭對手）。之後阿努又生了一對孿生行星，「以他自己的

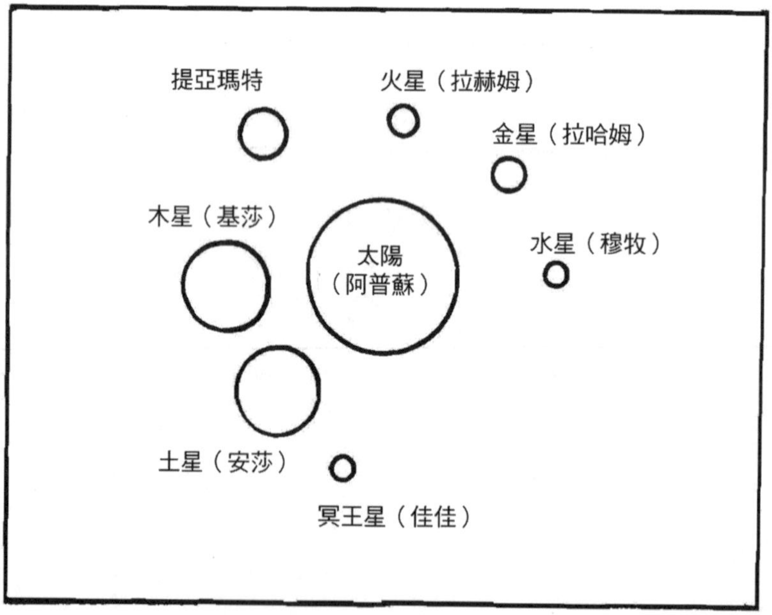

圖104　三、安莎（土星）和基莎（木星）的出現

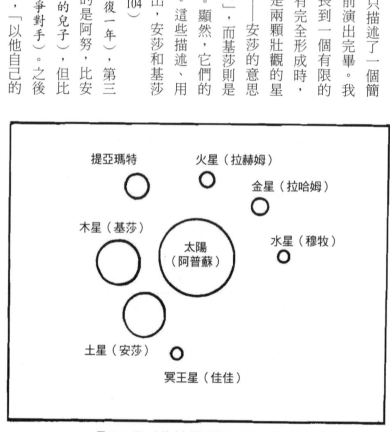

地位，自己的形象」。巴比倫人稱這顆星為努迪穆德，也就是恩基／艾的另一種寫法。再一次，這顆星的大小和位置讓我們知道了這對星在我們太陽系中的身分：天王星和海王星。

然而，在這些行星的外層還有一顆行星，也就是我們所稱的冥王星。《創始史詩》中已經描述了阿努是「安莎的第一個孩子」，暗示著安莎（土星）還有另一個孩子。史詩後來提到了這個孩子：安莎將他的信使佳佳派往其他行星進行大量任務。而佳佳的作用和個子，與阿普蘇的信使穆牧差不多；這讓人聯想到水星和冥王星之間的諸多相同點。佳佳，就是冥王星。但蘇美的天體圖並沒有將冥王星放在海王星之後，而是在土星一旁，作為他的「信使」或衛星。（見圖105）

《創世史詩》第一幕走到了結尾，這裡有了由九個行星和一個太陽組成的星系：

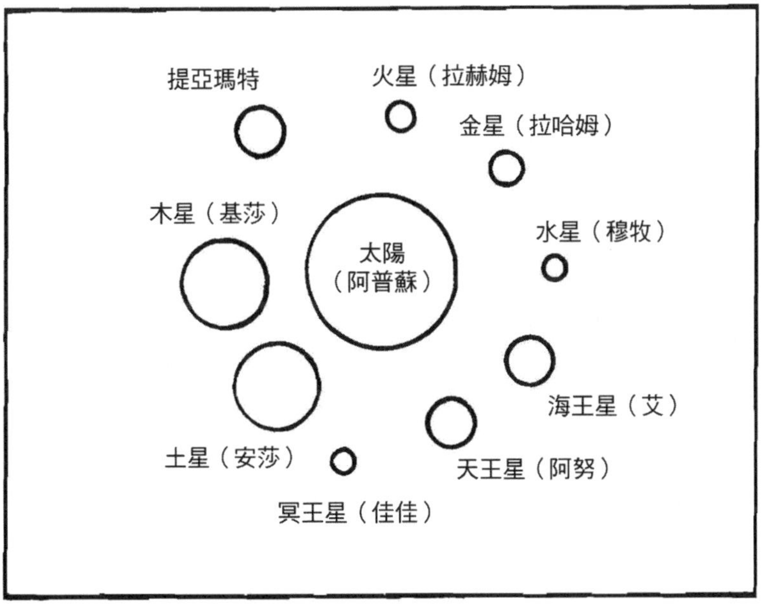

圖105　四、阿努（天王星）和艾（海王星）的出現

太陽——阿普蘇，從一開始就存在。
水星——穆牧，阿普蘇的助手和信使。
金星——拉哈姆，戰爭之女。
火星——拉赫姆，戰神。
？？——提亞瑪特，給予生命的處女。
木星——基莎，結實大地上最重要的。
土星——安莎，天國最重要的。
冥王星——佳佳，安莎的助手和信使。
天王星——阿努，天國的他。
海王星——努迪穆德（艾），靈巧的創造者。

第二幕

地球和月球跑哪兒去了？它們也被創造了，在之後的一次宇宙碰撞中。

在這齣描述行星誕生的壯麗戲劇最後，《創世史詩》的作者拉開了第二場帷幕：天亂。新出現的行星一點也不穩定。行星們相互牽引著，它們向提亞瑪特湧去，擾亂並危及了她的安全。

神兄弟們聚在一起，他們來回湧動打擾了提亞瑪特。他們在天國家園裡做的傻事，困擾著提亞瑪特的「腹部」。阿普蘇聽不下去他們的喧鬧；提亞瑪特對他們無語了。他們的所為令人厭惡……他們走的道路會惹來麻煩。

我們可以從中看出，哪些行星的軌道不穩定、不規則。新行星「來回湧動」；它們離對方太近了（聚在一起）；它們干擾了提亞瑪特的軌道；它們離她的「腹部」太近了；他們「走的道路」會惹麻煩。雖然提亞瑪特才最危險，但同樣阿普蘇也發現這些行星的所為「令人厭惡」。他打算「毀掉他們的路」。他與穆牧聚在一起，和他祕密商談。但「他們所密謀的」被其他神無意間聽到了，這個要毀掉他們的決定讓他們氣得說不出話。唯一沒有失去理智的是艾。他想出了一個花招，「將睡意倒向阿普蘇」。當其他天神都支持這個計畫的時候，艾「畫了一幅可靠的宇宙圖」，並向行星中的太初之水下了咒。

當艾（海王星）繞行太陽並包圍其他所有行星旋轉時——海王星是當時太陽系最外面的行星——它受到什麼「魔力」或力量影響？是因為海王星自身繞日公轉的軌道，影響了太陽的引力，並因此導致它的輻射外流？或是海王星本身被創造時，放出某種大量的能量射線？無論這種影響是什麼，史詩將其比喻為「將睡意倒向」——一種平靜的影響——阿普蘇（太陽）。甚至「穆牧，他的助手，也無力動彈」。

就像是《聖經》中的參孫和大利拉的故事，英雄被催眠後，力量很容易被奪取。艾迅速搶走了阿普蘇的創造力。看起來好像是阻塞了太陽中原始物質的釋放，艾／海王星「摘下了阿普蘇的王冠，卸下了他的光環斗篷」。阿普蘇被「擊敗」了。穆牧不能再繼續漫遊了。他被「彈開，甩在後面」，成為主人身邊一顆缺乏生命力的行星。

在剝奪了太陽的創造力——停止它釋放更多能量和物質以創造新行星的過程——之後，諸神為星系帶來了短暫的安寧。這次勝利因改變了阿普蘇的意義和位置而具有更深刻的寓意。阿普蘇這個稱號從此被用於表述「艾的住所」。任何新行星從此之後都只能來自一個新的阿普蘇——從「深處」——這顆最外面行星面對的遙遠空間。

第三幕

這次的安寧持續了多久才又被打破？史詩並沒有說。但它在暫停一小會兒之後，繼續上演，開始了第三幕：

在命運之屋、宿命之地，一位神被創造出來了，他是眾神間最有能力和智慧的；在深處之心，馬杜克被創造出來了。

一位新的「天神」——新行星——加入了。他在深處被創造，一個遙遠的空間，一個帶給他運行軌道（也就是行星的「命運」）的地方。他被最外面的行星引入了太陽系：「生下他的是艾（海王星）。」這顆新星看上去是這樣的：

他的樣子是美麗的，眨眼都會閃光；他的步伐如同貴族，自古享有高位……眾神之前，他傲然登場，無神能及。眾神之間，他傲視群雄，俯瞰世事；他的成員極其龐大，他是最高的。

馬杜克來自外太空，是一顆新生的行星，他噴出火、釋放輻射。「當他合脣之時，有烈焰迸發。」

當馬杜克靠近其他行星時，「他們將可怕的閃光投在他身上」，馬杜克閃耀著光芒，「穿上了十位神的光環」，讓太陽系的其他行星排放電或其他物質。因此，我們可以用一句話解讀史詩：有十個天體（太陽和其他九個行星）等著他。

史詩中的故事帶我們進入馬杜克的快速旅行。馬杜克先是經過「生下」他的行星——也就是將他拉進星系的艾（海王星）。當馬杜克靠近海王星時，後者的引力強烈拉著他。它改變了馬杜克的軌道，「使之更可能達到目的地」。

當時，馬杜克肯定還是具有可塑性。當它經過艾（海王星）時，後者的引力讓馬杜克膨脹，因此他有了「第二個頭」。然而，馬杜克的身體這時很完整；但當他接近阿努（天王星）時，有一大塊被扯了下來，因此出現了四顆馬杜克的衛星。「阿努創造並使這四個部分成型，將他們的力量給了他們的主人。」這四顆衛星叫做「風」，並進入了一個圍繞馬杜克的快速軌道，「像一股旋風般旋轉」。

這個秩序——先是海王星，再是天王星——說明馬杜克進入太陽系不是順著星系軌道的方向（逆時針），而是以反方向進入，呈順時針。他繼續前進，這顆迎面而來的行星很快就被巨大的行星安莎（土星）的強大引力和磁場吸引，接著又遇到基莎（木星）。馬杜克的軌道變得更向內了——進入了太陽系的中央部位——直指提亞瑪特。（見圖106）

馬杜克的接近，很快就影響了提亞瑪特和更內圈的行星（火星、金星和水星）。

> 他製造出溪流，影響提亞瑪特；眾神開始不安，像身處暴風之中。

雖然這裡有一部分文獻破損了，我們仍然可以讀出這顆接近中的行星「稀釋了他們的生命之需……刺痛他們的眼睛」。提亞瑪特則「踱來踱去憂心如焚」——這意味著她的軌道顯然受到了影響。

馬杜克這個不速之客的強烈引力，開始撕扯著提亞瑪特。在她的中心部位出現了十一個「怪獸」，一群「咆哮著，憤怒的」衛星從她的體內「自行分裂出來」，並「在提亞瑪特的一側前行」。為了面對奔跑過來的馬杜克，提亞瑪特「為他們帶上光環」，給了他們神（行星）的外表。

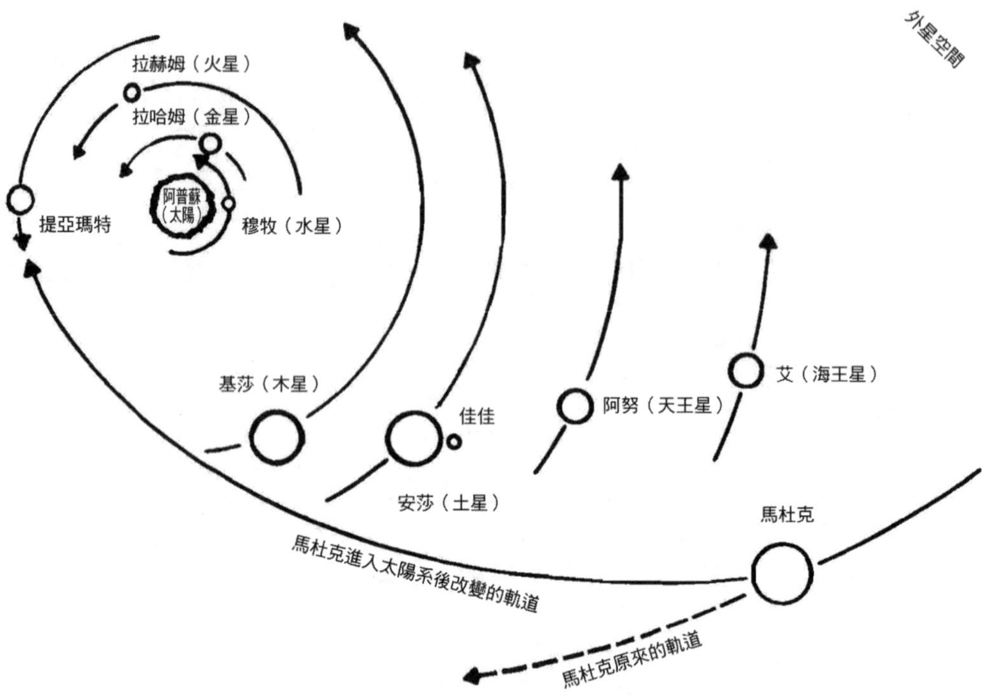

圖106　馬杜克（第十二個天體）運行軌道的改變

其中一顆衛星在《創世史詩》和美索不達米亞宇宙觀中都很重要，是提亞瑪特最主要的衛星之一，叫做金古（KINGU），「眾神中第一個出生的，參加了她的會議」：

她提升了金古地位，讓他成為他們之中最偉大的……她把戰爭的最高指揮權，放在了他的手中。

提亞瑪特的衛星無法對抗引力，開始向馬杜克移去。金古因此拿到了自己的「命運之簽」——一個屬於自己的軌道——這件事嚴重擾亂了其他行星。是誰給予提亞瑪特權力去創造新行星？艾問安莎（巨大的土星）。

他複述提亞瑪特策劃的一切：「她舉行了一次會議，並大發雷霆……她裝備了無與倫比的武器，帶著怪獸……她參與了集會的眾神之中，提升了十一位神祇的地位；她提升她的長子金古的地位，讓他成為首領……她給了他命運之簽，纏在他的胸上。」

安莎轉向艾，問他是否可以去殺掉金古。而艾的答案卻因為碑刻破損遺失了；不過很明顯的，艾沒有答應安莎，因為在接下來的故事中，安莎找到了阿努（天王星），詢問是否可以「去對抗提亞瑪特」。然而阿努「不能面對她而轉身離去」。

在這個不安寧的天上，衝突出現；神一位位離去。沒有哪位能與暴怒的提亞瑪特作戰嗎？馬杜克，在經過海王星和天王星之後，現在接近了安莎（土星）和他的外環。這讓安莎有一個主意：「他力量強大可以作為我們的復仇者；他在戰場上是敏捷睿智的：馬杜克，是英雄！」馬杜克進入土星的外環（他親吻了安莎的嘴脣）後，他回答道：

如果，我確實是你們的復仇者，我將戰勝提亞瑪特，拯救你們——召開會議吧，宣布我至高無上的命運！

這種情形有些冒險，不過也很簡單：馬杜克和他的「命運」——他繞行太陽的軌道——在所有天神中是至高無上的。接著，佳佳，此時是安莎（土星）的衛星，也就是未來的冥王星，從馬杜克的旅行中被釋放了出來：

安莎張開了他的口，對著他的助手佳佳，說：「走你的路吧，佳佳，在眾神前表明立場，向他們複述我對你說的。」

佳佳經過了其他神（行星），勸他們「為馬杜克修改自己的法令」。這個決定是預先想好的：眾神僅是熱切的希望其他神為他們奪取勝利。「馬杜克是君王！」他們大喊著，並勸服馬杜克早日動身：「去結束提亞瑪特的生命！」

第四幕

第四幕由此揭開：天戰。

眾神已經認可了馬杜克的「命運」；他們的引力現在已經確定了馬杜克的軌道，所以他可以走向那場「戰鬥」，與提亞瑪特相撞。

馬杜克作為一名戰士，為自己裝備各式武器。他用「烈焰填滿自己的身體，他做了一把弓……裝上了箭……在他面前，放了閃電」；不僅如此，「他還製作了一張能罩住提亞瑪特的網」。下面是這些天文現象的名字——兩星匯聚時的放電現象，以及相互之間的引力作用（網）。

但馬杜克的首要武器是他的衛星。當他經過天王星時，後者給他四「風」：南風、北風、東風和西風。後來在經過了巨大的土星和木星時，馬杜克自己又「產生」了三顆衛星——邪風、旋風和無敵之風。

馬杜克以他的衛星作為「暴風戰車」，「派出這七股風」。他們已經整裝待發。

上主順著他的航線開始行軍；他的臉朝向暴怒的提亞瑪特……上主接近並審視著提亞瑪特——她的助手金古的軌跡，被察覺了。

然而當這兩顆行星靠近對方時，馬杜克的航線變得不規則了：

他看著這個狀況，開始變得不安，他的航線被擾亂了，他的方向不再明確，他的所為被擾亂了。

甚至馬杜克的衛星都開始偏離軌道：

在他一旁行軍的諸神，他的助手們，看見勇敢的金古時，他們的視力變得模糊。

這些鬥士在最後是否與對手擦肩而過呢？但死亡已是注定的了，他們的軌道無法避免碰撞。「提亞瑪特發出一聲咆哮」……「上主升起狂嘯的暴風，他強大的武器」。當馬杜克走得更近的時候，提亞瑪特更加「憤怒」；「她的腳跟搖來搖去」。她開始向馬杜克「下咒」——就像在更早的時候艾向阿普蘇和穆牧施放的魔力一樣。然而馬杜克還是向她靠攏。

提亞瑪特和馬杜克，最有智慧的神，相互激烈的對抗；面對戰鬥，他們奮勇前行，走向戰爭。

史詩現在開始描述這場天戰——這次創造天與地的行為。

上主張開天網要罩住她；在最後面的邪風，撞在她臉上。當她張開嘴，提亞瑪特想要吃掉他——他駕著邪風，讓她閉上了她的嘴。凶猛的暴風們撞擊著她的腹部；她的身體變得膨脹；她的嘴大張著。他用箭射向那裡，扯破了她的腹部；箭從她體內劃過，戳穿了她的子宮。他征服了她，熄滅了她的生命和呼吸。

這裡，參見圖107，解釋了迄今一直困擾著我們的難題的最早理論。原本一個由太陽和九個行星組成的不穩定星系，被一個來自外太空的巨大行星（馬杜克），像彗星一樣的侵入。它先是遇到海王星；接著經過天王星，然後是土星、木星，它的軌道被深深向內拉進太陽系中央，並因此出現了七顆衛星。它無可改變的軌道，向著下一顆行星（提亞瑪特）撞去。

但馬杜克和提亞瑪特這兩顆行星，實際上並未相撞：而是馬杜克的的衛星（北風）撞進了提亞瑪特。他們「膨脹」了提亞瑪特的身體，讓她出現了很大的裂縫。穿過這些裂縫，馬杜克射了一「箭」，一道「聖光」，強烈的電流集中在一起，現在的馬杜克「充滿了耀眼的光芒」，找到了進入提亞瑪特體內的路，它「熄滅了她的生命和呼吸」——抵銷了提亞瑪特的電磁場，並「熄滅」它們。

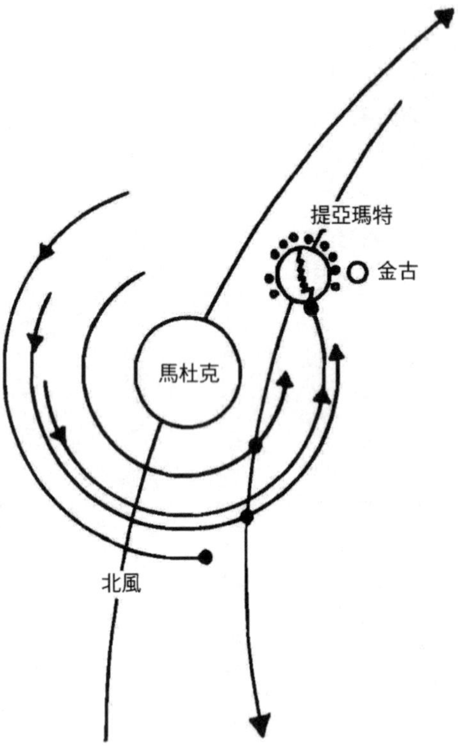

圖107　天幕之戰（1）：馬杜克的「風」撞向提亞瑪特和她的衛星（以金古為首）

馬杜克和提亞瑪特的首次撞擊讓後者分裂，變得不再有生命力；但她最終的毀滅，是在後來與同樣裂成兩半的金古相撞。但首次相撞，就讓提亞瑪特的其他十顆小衛星馬上毀滅了。

他殺死提亞瑪特之後，她的環粉碎了，她的主體破裂。站在她這邊的諸神，因害怕而顫抖，為了保命都轉身離去。

我們能識別這種現象嗎——「粉碎……破裂」，導致了那樣的顫抖，並「轉身離去」——朝相反的方向？

如果是這樣的話，我們就能解釋我們太陽系的另一個現象——彗星。彗星這類小型天體，常被認為是我們星系「無法控制的成員」，因為它們不遵循任何一種正常的軌道路線。行星繞太陽運行的軌道幾乎是圓形的（冥王星是個例外）；而這些彗星的軌道被拉長了，而且在很多例子中都被拉得很長——其中一些長達會從我們眼裡消失數百上千年。行星圍繞太陽的軌道是在一個統一的平面上（除了冥王星）；而彗星的軌道則是在許多不同平面上。最意味深長的是，許多彗星都是反方向運行。

天文學家無法告訴我們是什麼力量、什麼事件創造出彗星，並將它們扔進了奇怪的軌道。我們的答案是：馬杜克。在一個他自己平面的反向軌道上運行，他撕碎並破壞了提亞瑪特的主體，將它們變成了小彗星，再用他所謂的網（引力）影響了它們：

扔進這個網裡，他們發現自己被困了。一整群惡魔在她一旁行進。他在他們的手上帶上手銬。緊緊的綁著，他們無法逃掉。

戰鬥結束之後，馬杜克從金古那裡奪走了命運之簽（金古的獨立軌道），並將它捆在自己的胸上：他的軌道成為永久的繞日軌道。從那時起，馬杜克總是彈回那次天戰的現場。

馬杜克「戰勝」提亞瑪特之後，在天上運行，圍繞著太陽，並再次回到最外層的行星：艾／海王星。「馬杜克完成了他的渴望」，「馬杜克達成了他想要的勝利」。接著，馬杜克的新軌道帶他回到他的勝利之地，「強化他對這些被征服的神的控制」——被征服的神是指提亞瑪特和金古。

第五幕

當第五幕的帷幕就要揭開時，在這個地方——也只在這裡，雖然直到目前為止都沒有被承認——《聖經．創世記》的內容進入了美索不達米亞的《創世史詩》；因為正是這個時候，天地創造才真正開始。

馬杜克完成了他第一次的繞日軌道，「就回到了被他征服的提亞瑪特」。

> 上主躊躇的看著她缺乏生命的身體。精心計畫後，他分開了這個怪物。接著，像一個貝殼，他將她切成了兩半。

現在馬杜克自己撞上了這顆已被擊敗的行星，將提亞瑪特撞成了兩半，切掉了她的「頭」或上身。接著另一個馬杜克的衛星，北風，闖進了已被切開的一半。這一重擊造成他的一部分成為了地球，並被帶到從來沒有出現過任何一個行星的軌道上：

> 上主踐踏著提亞瑪特的身體，用他的武器切掉了身首的連接；他切斷了她的血管；並讓北風

帶著它，去到未知之地。

地球由此誕生！

另一部分有著不同的命運：馬杜克第二次回到這裡時，自己撞了上去，讓它變成一片粉碎（見圖108）：

他將她的（另）一部分做成了天上的屏風：將它們鎖在一起，像一個守護者安置著它們……他將提亞瑪特的尾巴扯成一個如手鐲的大彎。

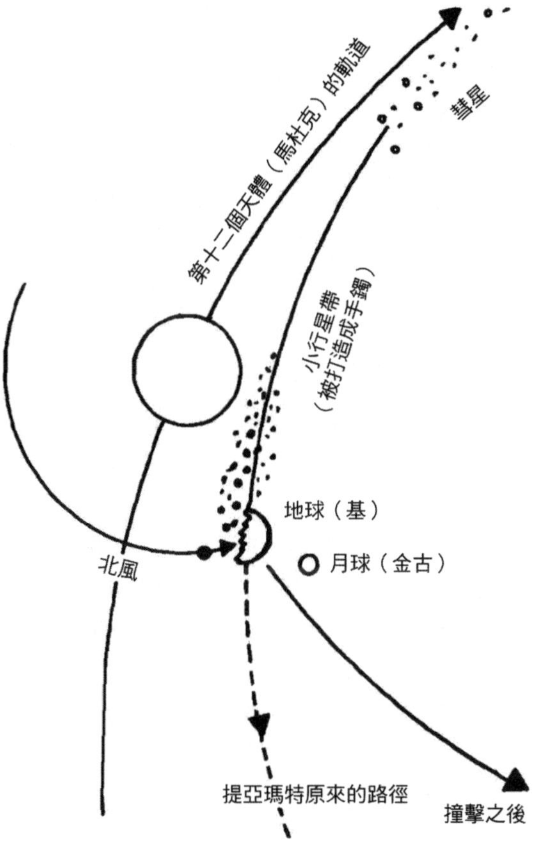

圖108　天幕之戰（2）：提亞瑪特裂開：一半在天上，形成小行星帶；另一半，被馬杜克的衛星「北風」撞擊，形成地球，繞行新軌道。提亞瑪特的最大衛星金古，則變成地球的衛星——月球。提亞瑪特其他的衛星，就成為彗星。

這塊破損部分的碎片被打造成天上的「手鐲」，成了外層行星和內層行星之間的「屏風」。它們舒展開來，成為了一個「大彎」，形成小行星帶。

天文學家和物理學家都承認，內層或是類地行星（terrestrial，水星、金星、地球和月球，以及火星）與外層行星（木星及其之後的行星）有很大的不同，它們之間由小行星帶隔開。現在我們發現蘇美史詩中，古人對這些現象的認識。

除此之外，還提供給我們天文學上一個連貫而條理清楚的科學解釋，從導致「消失行星」的消失、小行星帶（包括彗星）出現、以及地球的誕生。馬杜克的幾顆衛星和電場將提亞瑪特撕成兩半之後，馬杜克的另一顆衛星將她的上半身帶到了一個新的軌道上，成為了我們的地球；而在馬杜克運行的第二圈裡，將下半身撞得粉碎，並使碎片成為了一個巨大的天帶。

在我們成功解讀《創世史詩》之後，所有困擾我們的疑問都得到解答了。不僅如此，我們同時知道，為什麼地球的大陸會集中在它的一側，而一個很深的凹處（太平洋底部）會存在於另外一側。不斷被提到的提亞瑪特的「水」，也給我們啟發。她被叫做「充滿水的怪物」，這代表地球是提亞瑪特的一部分，同樣賦予了這些水。事實上，現在一些學者形容地球為「水球」——因為它是我們太陽系目前已知唯一一帶有如此充滿生機的水的行星。

蘇美《創世史詩》與聖經《創世記》完美吻合

這些天文理論聽起來好像很新鮮，但《舊約》中的先知聖人其實早已描述過這樣的事實。先知以賽亞回憶「太初之時」，上帝「切開了傲慢者，讓充滿水的怪物旋轉，並使提霍深淵（Tehom-Raba）的水乾涸」（編按：此處保留希伯來譯文，對照《和合本》應是《以賽亞書》第51篇。）。稱主耶和華為「我的太初之王」，《舊約．詩篇》的作者以一小段文字提到了宇宙創造。「在你的許可下，那些水散開了；那些充滿水的怪物的首領破碎了。」（編按：此處保留希伯來譯文，對照《和合本》應是《詩篇》第93篇。）約伯回想這位天神還重擊了「傲慢者的助手們」；而且對上帝發出這樣令人印象深刻的讚美：

> 敲打出的華蓋在Tehom伸展開來，大地被懸掛在虛空中……他的力量讓水止住了，他的力量讓傲慢者被劈開；他的風讓打造的手鐲成形了；他的手讓這條扭曲的龍不復存在。（編按：此處保留希伯來譯文，對照《和合本》應是《創世記》第一章「地是空虛混沌，淵面黑暗……」）

《聖經》學者現在認識到，希伯來文的Tehom（意思是充滿水的深淵）一詞源於提亞瑪特（Tiamat）；而Tehom-Raba的意思是「大提亞瑪特」。而且，《聖經》中對這些太初事件的理解是基於蘇美天文史詩。同樣要釐清的是，第一個、也是最重要的相同點，出現在《創世記》的開篇，它形容了上帝的風是如何在Tehom的水域上盤旋，他的光（巴比倫版中的馬杜克）撞上並分裂提亞瑪特時，創造出地球和拉基亞（Rakia，字面上的意思是打造成的手鐲），又是如何照亮這片黑暗的。這條天帶（至今仍被譯為「蒼穹」）叫做「天國」。

《創世記》1：8的希伯來原版很詳細敘述，正是這個「打造出的手鐲」被上帝叫做「天國」。阿卡德丁文獻同樣將這片天域稱作「打造成的手鐲」，描述馬杜克如何將提亞瑪特的下半身延伸到首尾相連，變成一個大圈。蘇美的源頭毫無疑問的指出，這個「天國」完全不是我們對天國的傳統概念，而是指一個小行星帶。

我們的地球和小行星帶，既是美索不達米亞又是《聖經》所指的天與地，而這一切都是由於提亞瑪特被馬杜克（上主）毀掉而誕生的。

在馬杜克的衛星北風將地球帶到它的新位置之後，地球得到了屬於自己的繞日軌道（產生四季），有了自轉軸（出現日夜）。美索不達米亞文獻聲稱，在地球誕生之後，馬杜克的一個任務就是「分配（給地球）日光，並劃分日夜交界」。《聖經》也這麼說：

上帝說：「天上要有光體，可以分晝夜，作記號，定節令、日子、年歲，並要發光在天空，普照在地上。」（《創世記》1：14—15）

現代學者相信，地球在成為一顆行星之後，是一個布滿了活火山的熱球，空中也滿是煙塵和雲。隨著氣溫下降，水蒸氣轉化成了雨水，地表於是有了乾地和海洋。

《伊奴瑪．伊立什》的第五個碑刻雖然損毀嚴重，但還是傳達了相同的科學資訊。它形容噴發出的熔岩就像是提亞瑪特的「唾液」，《創世史詩》很正確的將這種現象放在了大氣層、海洋和陸地形成之前。在「雲雨聚在一起」之後，海洋開始形成，地球的「地基」（大陸）也升了起來。隨著「冷的製造」（氣溫下降），雨和霧出現了。同時，「唾液」繼續持續流著，「流到每一層」，為地球創造出諸多地貌。

再一次，這與《聖經》中的對應多麼明顯：

上帝說：「天下的水要聚在一處，使旱地露出來。」事就這樣成了。（《創世記》1：9）

地球有了海洋、大陸和大氣層，現在已準備好形成山脈、河流、瀑布、山谷。將所有的創造都歸功於馬杜克，《伊奴瑪．伊立什》繼續訴說：

將提亞瑪特的頭部（地球）放在指定位置上，他在那上面升起了山脈。他打開了瀑布，它們飛流直下。他透過她的雙眼釋放出底格里斯和幼發拉底。用她的乳頭創造了高聳之山，鑽了井，好帶走瀑布之水。

無論是《創世記》、《伊奴瑪．伊立什》，或其他一些美索不達米亞的相關文獻，都與現代的發現完美吻合，地球生命開始於水中，然後是「滋生繁多」和出現「雀鳥」。在那之後，地球上「生出活物來，各從其類；牲畜、昆蟲、野獸，各從其類」，之後才到達最後的頂點，人類出現——創世的最後一個動作。

金古成為月球

馬杜克「讓神聖月亮出現……指定他作為夜晚的標誌，界定每月的日子」，作為地球上新天體秩序的一部分。

這位天神又是誰呢？文獻中叫他SHESH.KI（意思是保護大地的天神）。在此之前的文獻沒有提到這個名字；然而他在這裡出現了，「在她的大壓力之下」（力場）。這個「她」是誰：是提亞瑪特？還是地球？

提亞瑪特和地球被認為是可以互換的。地球是提亞瑪特的轉世。月球被稱作地球的「守護者」；而提亞瑪特也是這麼稱呼她的主要衛星金古。

《創世史詩》特別將金古從提亞瑪特被粉碎成彗星的「軍隊」中排除了。在馬杜克完成了他的第一個軌道，回到戰鬥現場時，他判定了金古的分裂命運：

而金古，在他們之中成了首領，他縮小了；他將他看成是DUG.GA.E神。他奪走了他不正當的命運之簽。

但馬杜克並沒有毀掉金古。他奪走了提亞瑪特給金古的獨立軌道，縮成小一號的尺寸。金古讓人想起一位「神」——一顆我們太陽系的行星。由於沒有軌道，他只能再次成為一顆衛星。隨著提亞瑪特的上半部分，被拋入一個新軌道（成為地球），我們認為金古也被拉了過去。我們認為月亮是曾經是提亞瑪特的衛星金古。

金古變成DUG.GA.E後，他原來極重要的元素被剝奪了——大氣層、水、放射性物質；他縮小了，而且變成「一塊無生命的泥」。這些蘇美文獻充分描述了月球，這也是我們近來才發現的月球歷史：月球成為地球的衛星，是從金古開始，而變成DUG.GA.E。

L·W·金在《創世七碑刻》中說，有三塊天文及神話碑刻的碎片，描述了馬杜克對戰提亞瑪特的另一個版本，其中包括了馬杜克調遣金古這件事。「金古，她的配偶，帶著不用於戰爭的武器切掉……金古的命運之簽，他拿在他手裡。」藍德斯伯格（B. Landesberger）在一九二三年重譯了這些文獻，論證金古、恩蘇（ENSU）和月球這三個名字是可以互換的。

這些文獻不僅證明了，提亞瑪特的主要衛星成為了我們的月亮，同時還解釋了美國太空總署發現的大碰撞，「當城市一樣大小的天體衝撞月球」。美國太空總署和L·W·金發現的文獻，都形容月球為「衰敗的行星」。

描繪這次天戰的圓柱印章也被發現了，顯示馬杜克和一名凶狠的女神作戰。其中一個圓柱印章描繪，馬杜克向提亞瑪特射出了他的光，金古（這裡很清楚是指月球）則試圖保護他的創造者提亞瑪特。（見圖109）

這個圖畫說明月球和金古是同一顆衛星。用語源學更能證明這一點。後來與月球有關的神——辛（SIN），名字源於SU.EN（意思是淪陷地之主）。

佳佳成為冥王星

馬杜克處置完提亞瑪特和金古之後，再次「穿越天空並觀察了這個地帶」。這一次他的注意力集中在「努迪穆德（海王星）的住所」，為佳佳制定一個終極「命運」。佳佳曾是安莎（土星）的衛星，是去其他行星的「信使」。

這部史詩告訴我們，當馬杜克在天上進行最終行動時，他將佳佳這位天神指派到了「一個隱蔽地」，一個迄今未知、面向「深處」（外太空）的軌道，授予他當「水淵深處的顧問」。為了與他的新位置符合，這顆行星被重新取名為US.MI（意思是領路者），是太陽系最外圍的行星，也就是我們的冥王星。

按照《創世史詩》的說法，馬杜克曾自誇：「我將巧妙改變天神所走的道路……他們會被分為兩部分。」

圖109　馬杜克和提亞瑪特作戰時，金古（月球）保護提亞瑪特

他的確做到了。馬杜克首先把太陽第一個創造的伴侶提亞瑪特除掉了。他創造了地球，將它拋入靠近太陽的新軌道。他在天上打造了一個「手鐲」——劃分內外行星的小行星帶。他將提亞瑪特的大部分衛星都變成了彗星；而她的主要衛星金古，則被馬杜克放在繞地球的軌道上，成了月球。他還將土星的衛星佳佳切換至一個新的軌道，成為冥王星，並給了它一些馬杜克自身的軌道特點（例如不再在同一個平面上）。

我們對於太陽系的困惑——地球上的海底深溝、月球上的滿目瘡痍、彗星的反向軌道、冥王星的奇怪現象——都在我們解讀美索不達米亞《創世史詩》後，完美得到解答了。

在為各個行星「定位」完之後，馬杜克給了自己一個新身分：尼比魯（Nibiru），並「穿過天空觀察著」這個全新的太陽系。太陽系現在由十二個天體組成，由十二位神代表。（見圖110）

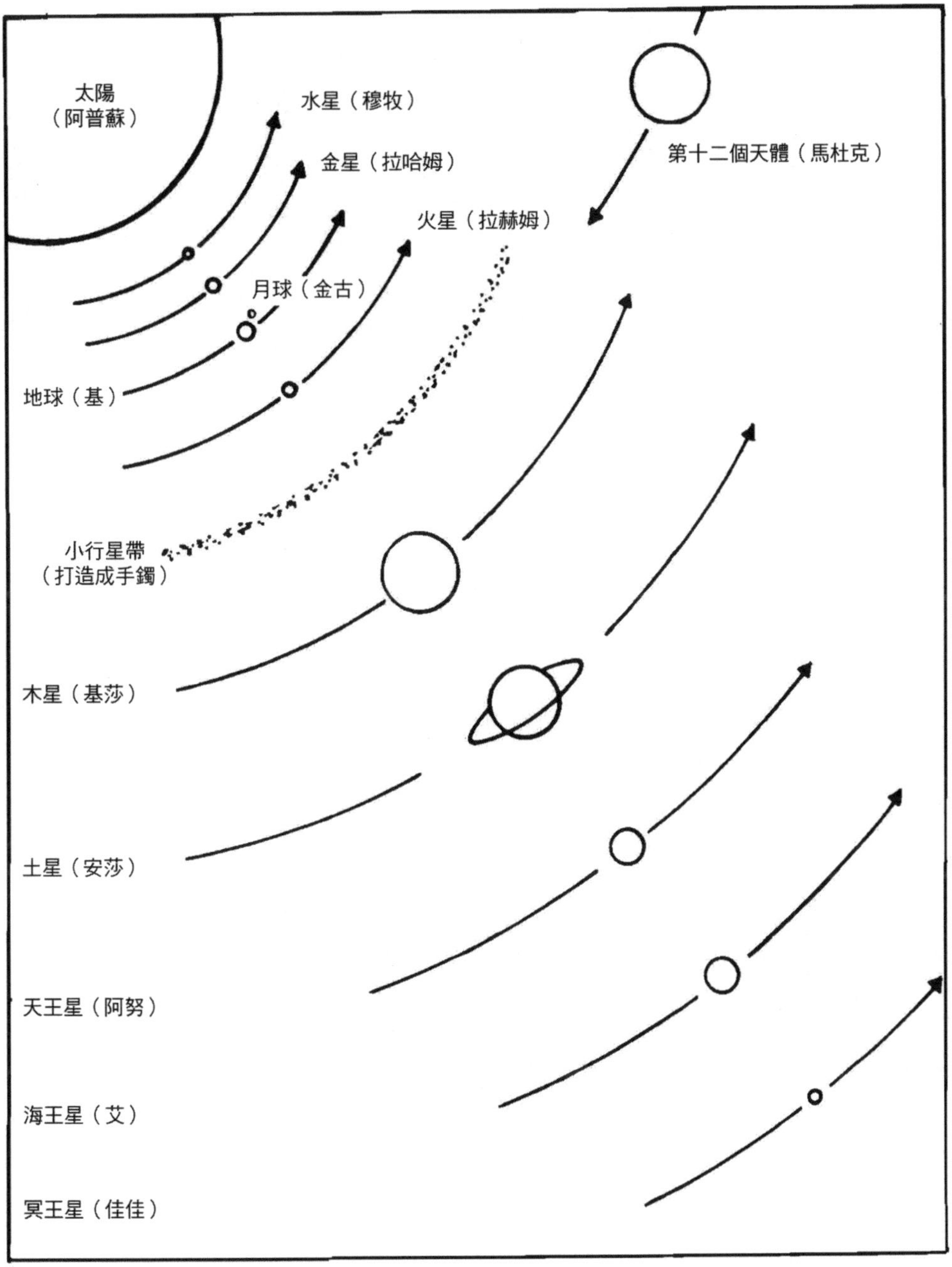

圖110　太陽系的十二個天體

8·天國的王權

研究《創世史詩》及類似文獻，例如朗盾的《巴比倫創世史詩》，顯示大約西元前兩千年之後，恩基之子馬杜克，在與恩利爾之子尼努爾塔的競爭中獲勝，成為了眾神之中的大神。巴比倫人因此修改了蘇美原版的《創世史詩》，從中刪掉了尼努爾塔和大部分有關恩利爾的內容，並將這顆侵入太陽系的行星改名為馬杜克。

馬杜克的地位在地球上明顯提高，最終稱他為「眾神之王」，就像他在天文學上的意義，那是納菲力姆的家園——第十二個天體。作為「天神（行星）之主」，馬杜克成為「天國之王」。

馬杜克是哪顆星？

因為馬杜克被描述成一顆「明亮的天體」，起初一些學者認為馬杜克要不是指北極星，就是在春分之時能從美索不達米亞天空看見的某顆亮星。但是亞伯特·肖特（Albert Schott）在《馬杜克和亮星》（*Marduk und sein Stern*）一書，以及其他學者紛紛找出證據，當所有古代天文書籍提到馬杜克時，都將它視作我們太陽系的一員。

因為有些文字描述馬杜克是「偉大天體」、「照亮之星」，所以也有理論認為馬杜克就是巴比倫的太陽神，相當於埃及的太陽神拉（Ra）。文獻中這樣形容馬杜克，「審視著遙遠天國的頂點……穿戴著光環，他的榮光讓人敬畏」，再一次支持了這種理論。但文獻中接下去卻說：「他像沙馬氏（太陽）那樣瞭望著大地。」如果馬杜克與太陽很像，他也不可能是太陽。

如果馬杜克不是太陽，那他是哪顆行星？古代天文書籍沒有將他指為任何一顆行星。一些學者用「太陽之子」等詞彙為基礎，建立了「馬杜克是土星」的理論。火星也是候選人之一，因為馬杜克有著同樣暗紅的外表。只是文獻中將馬杜克放在了一個較為尷尬的位置（在天國的中部），這一點又讓大多數學者認為最適合他的身分是木星，它位於眾行星軌道的中部位置：

水星　金星　地球　火星　木星　土星　天王星　海王星　冥王星

但這個理論很快被它自己反駁了，持這種理論的學者不相信迦勒底人知道土星之後還有其他行星。他們還主張，迦勒底人相信地球是天體系統中的一個中央平面。他們遺漏了月球，而月球卻是美索不達米亞人最明確肯定過的「天神」之一。視第十二個天體等同於木星，很明顯是不可行的。

《創世史詩》清楚的說明，馬杜克是從外太空進入我們星系的入侵者，在撞擊提亞瑪特之前，經過了其他行星（包括土星和木星）。蘇美人稱這顆星為尼比魯（NIBIRU），「十字行星」。在一部巴比倫版本的文獻中，保留了如下的天文資訊：

尼比魯星：他占領了天地之間的十字路口。自上而下，他們無法經過；他們必須等他。

尼比魯星：天上的光輝之星。他占著中央位置；他們要向他致敬。

尼比魯星：他不知疲憊，在提亞瑪特的中心留下十字，讓「十字」成為他的名字——占領著中央的那一位。

這幾行文字為我們提供額外、同時也是讓人信服的資訊，顯示它將其他行星分為兩部分。第十二個天體「不停穿越提亞瑪特的中心」：它的軌道讓它一次次回到提亞瑪特曾經所在的位置。

我們發現，這些天文文獻對行星時期的敘述相當精密，就像是按照順序排列星表一樣，說出馬杜克出現在木星和火星之間的什麼地方。因此，蘇美人知道所有行星，認為第十二個天體出現在「中央部位」，這便證明了我們的結論：

水星　金星　月球　地球　火星　馬杜克　木星　土星　天王星　海王星　冥王星

如果馬杜克的軌道將它帶去提亞瑪特曾在的地方，相對接近我們，在火星與木星之間，我們為什麼從未看見過這顆又大又亮的行星？

美索不達米亞文獻說，馬杜克去了天上的未知區域，到達宇宙中遙遠的地方。「他審視著隱藏著的知識……他看著宇宙的邊緣。」他被描述成其他行星的「監察者」，他的軌道包圍所有行星的軌道。「他穩住他們的帶子（軌道）」，並做了一個「鐵環」包圍他們。他的軌道「最高」、「最大」。這讓法蘭茲．庫格勒想到：馬杜克是一顆快速移動的天體，在一個巨大的橢圓軌道上航行，就像一顆彗星一樣。

這樣的繞日橢圓軌道，有一個最遠點（apogee，離太陽最遠的位置，也是返程旅行的開端），以及一個近地點（perigee，離太陽最近的地方，從那裡開始向外太空飛去）。我們發現馬杜克的這兩個點，美索不達米亞文獻裡都曾描述過。蘇美文獻形容這顆行星是從AN.UR（意思是天國的基點）飛到E.NUN（意思是上主的居所）。《創世史詩》這麼說馬杜克：

他穿過天國觀察著這片區域……他測量出了上主深處的構造。他建了伊莎拉（E-Shara）作為他重要的住所；他建了伊莎拉作為他在天國的宏偉住所。

一個「住所」如此「重要」——位於太空中遙遠的「深處」；另一個住所則是在「天國」建立，位於火星和木星之間的小行星帶裡。（見圖111）

吾珥的亞伯拉罕，在他的蘇美祖先的教誨下，同樣將古希伯來人的大神與地位最高的行星相連。就如美索不達米亞文獻，希伯來《舊約》中許多章節都形容「上帝」在「天國的頂點」有著他的住所，在那裡他「看著主要的行星升起」；一位看不見的天上的主，「在天上，在一個圓圈上移動」。（編按：保留希伯來譯文，《和合本》無相符段落。）《約伯記》描述過這次天體撞擊，並暗示我們這顆上帝的行星到底去了哪裡：

> 那地甚是幽暗，是死蔭混沌之地；那裡的光好像幽暗。（《約伯記》10：22）

《詩篇》毫無隱瞞，寫出了這顆行星宏偉的軌道：

> 諸天述說上帝的榮耀，打造出的手鐲也是他的手

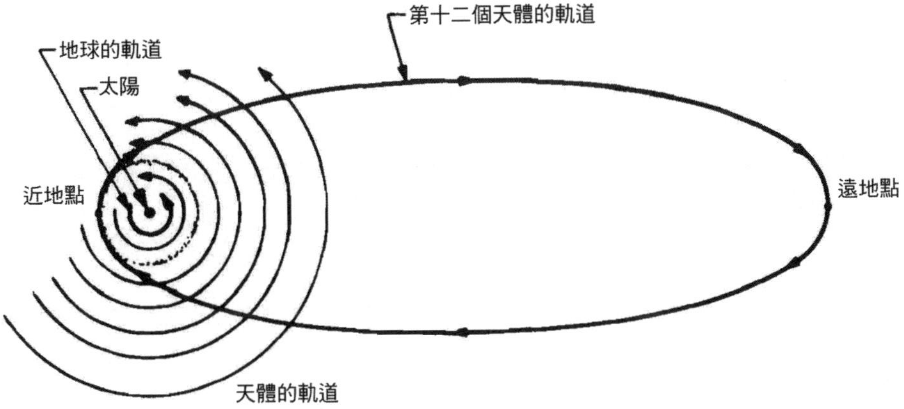

圖111　馬杜克的軌道

工藝品（編按：《和合本》譯文是「穹蒼傳揚他的手段」）……如同新郎出洞房，又如勇士歡然奔路。它從天這邊出來，繞到天那邊……（《詩篇》19：1—6）

它被認為是天國裡的偉大旅行家，飛往它極高的最遠點，然後再「出來，繞到天那邊」，到了它的近地點。這顆行星被形容為有翅膀的天球。無論在什麼地方，一旦考古學家發現近東人的遺物，都會看到有翅膀天球的符號裝飾著神廟和宮殿，刻在岩石上，印在圓柱印章上，畫在牆上。它伴隨著國王和祭司，刻在寶座上，「盤旋」在他們戰鬥的上方，印在他們的戰車上。泥土、金屬、石頭和木頭上，也裝飾著這樣的符號。蘇美、阿卡德、巴比倫、亞述、埃蘭、烏拉爾圖、馬里、努濟、米坦尼和迦南，各地都有這樣的符號。西臺國王、埃及法老、波斯最高統治者，都崇尚這樣的符號，它代表至高無上。它一直延續了上千年。（見圖112）

古代的宗教和天文學認為第十二個天體「眾神的行星」，在我們的星系內逗留，它的軌道將帶他再次接近地球。第十二個天體的圖畫符號「十字行星」，是一個十字。這個楔形符號：，同樣意味著阿努和神聖，演變成閃族語的字母tav，的意思是符號。

第十二個天體週期性靠近地球

的確，所有古代世界的人都認為，第十二個天體的週期性靠近，代表著大動盪、大改變和新紀元。美索不達米亞的文獻將這顆行星週期性的出現，視為一種能夠預知、可觀測的事件：

偉大的行星：當他出現時，是深紅色的。他從中分開天國，他是尼比魯。

圖112　有翅膀的天球

許多描述該行星到來的文獻，都預言這個事件將影響到地球和人類。R．C．湯普森在《尼尼微與巴比倫的法師和占星師報導》一書中，翻拍了一些文獻，重現這顆行星的前進：當它「包圍了木星」，到達十字路口的中心，尼比魯：

當從木星來的時候，這顆行星向西前行，會有一段時間待在安全的住所中。安寧會降臨大地。

當從木星來的時候，這顆行星放出榮光，在巨蟹座成為尼比魯，阿卡德將會豐收，阿卡德之王將變得強大。

當尼比魯到達最高點……大地將是安全的，敵國君王將變得平和，諸神將接受禱告，傾聽懇求。

這顆靠近中的行星，預言將會導致大雨和洪水，就像它已知的強大引力：

當天國王座之星變得光亮，將會有洪水和降雨。

當尼比魯到達近地點，諸神會給予和平；麻煩將被解決，難題會被解開。雨水和洪水將至。

和美索不達米亞的文士一樣，希伯來先知認為，當這顆行星靠近地球，被人類看見時，人類將進入一個新的紀元。就像美索不達米亞的預言，隨著「天國王座之星」而來的是和平，《聖經》裡關於主之日後的地球，也有和平與公正的預言。這些從以賽亞的話中很容易讀出來：

末後的日子……他必在列國中施行審判，為許多國民斷定是非。他們要將刀打成犁頭，把

槍打成鐮刀。這國不舉刀攻擊那國；他們也不再學習戰事。（《以賽亞書》2：2—4）

相對於主之日以後的新紀元祝福，《舊約》描述這一天發生降雨、洪水和地震。如果我們將《聖經》提及的段落，視為描述一顆具有強大引力的巨大行星接近地球，那麼就能輕鬆的理解以賽亞的話了：

山間有多人的聲音，好像是大國人民。有許多國的民聚集鬨嚷的聲音；這是萬軍之耶和華點齊軍隊，預備打仗。他們從遠方來，從天邊來，就是耶和華並他惱恨的兵器要毀滅這全地……我——萬軍之耶和華在忿恨中發烈怒的日子，必使天震動，使地搖撼，離其本位。（《以賽亞書》13：4—5；13）

而這時的地球「群山在他腳下崩裂，正像蠟被火鎔化；岩石傾注山谷，如同山洪沖下溪澗」。（《彌迦書》1：4），連自轉都被干擾了。先知阿摩司清楚預言了：

主耶和華說：到那日，我必使日頭在午間落下，使地在白晝黑暗。（《阿摩司書》8：9）

先知撒迦利亞告訴人們「耶和華的日子臨近」，地球自轉將只持續一天：

那日，必是耶和華所知道的，不是白晝，也不是黑夜，到了晚上才有光明。（《撒迦利亞書》14：7）

在主之日，先知約珥說：「他們一來，地震天動，日月昏暗，星宿無光。」「日頭要變為黑暗，月亮要變為血。」（《約珥書》2：10；31）

美索不達米亞文獻讚揚著這顆行星的光輝，在白天也能見：「日出時被看見，日落時消失於視野。」一個在尼普爾發現的圓柱印章，描繪一群犁地的農夫敬畏的望著第十二個天體（十字符號）。（見圖113）

古人不僅預言了第十二個天體的週期性到來，也畫出他的運行軌道。

《聖經》許多段落，特別是在《以賽亞書》、《阿摩司書》和《約伯書》中，描述了它移向眾多星系的運行。「他獨自鋪張蒼天，步行在海浪之上。他造北斗、參星、昴星，並南方的密宮。（《約伯記》9：8—9）「他向金牛座和白羊座微笑；他要從金牛座去射手座。」（編按：保留希伯來譯文，《和合本》無相符段落。）這些經文描述這顆行星不僅是在天國最高點巡遊，而且是從南部進入、以順時針方向移動，就像我們從美索不達米亞文獻中看到的一樣。相當明顯的，先知哈巴谷說道：「主從南邊來，他的榮光布滿大地，金星會發光，它的光是主賜的。」（編按：保留希伯來譯文，《和合本》應是《哈巴谷書》3：3。）

在許多描述這件事的美索不達米亞文獻中，有一個說得

圖113　犁地的農夫敬畏的望著第十個天體（十字符號）

十分清楚：

> 神馬杜克之星：出現在其上——水星。上升三十度天弧——木星。站在天戰之地——尼比魯。

下面這張對應的圖將說明，以上文字不僅是將第十二個天體叫成不同的名字（如一些學者推測的那樣），也是透過地球上的觀測，描述這顆行星的移動和三個關鍵點。（見圖114）

當第十二個天體的軌道繞回地球附近時，有三個觀測機會：第一個觀測機會，是透過水星（A點），經過我們的計算，與太陽—地球—近地點的軸線呈三十度時。靠近地球時，會出現在地球天空的上升三十度天弧（相當精確）；第二個觀測機會是當這顆行星在B點穿過木星的軌道時。最後，則是到達C點，那裡

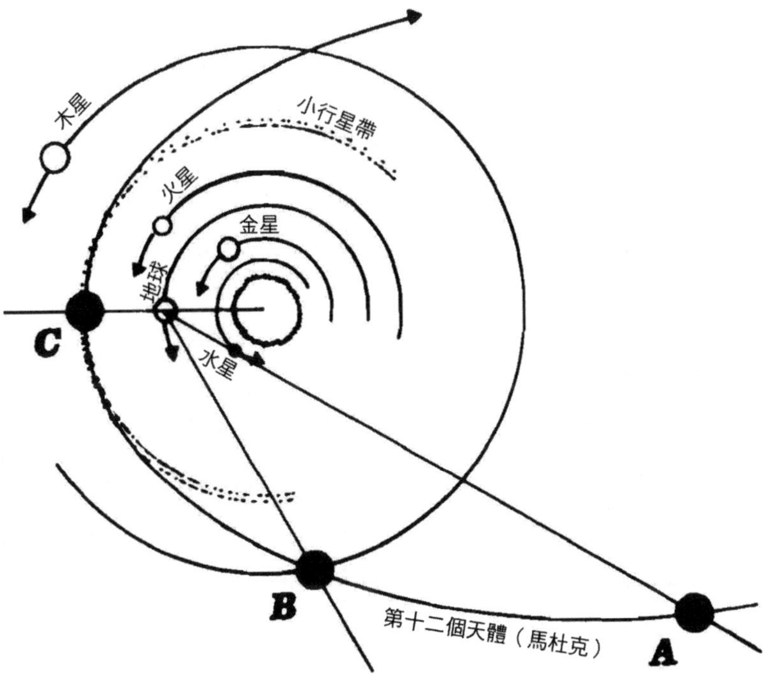

圖114　第十二個天體的軌道

是曾經發生過天戰的地方，它的近地點，或叫做「十字路口」，這時這顆行星叫做尼比魯。我們假想有一條軸線，連結太陽、地球和馬杜克軌道的近地點，而這條假想的軸線，會與從地球上勘測時首先看到的馬杜克與水星的連線呈三十度角。而另一個三十度角，是馬杜克在B點穿過木星的軌道。

接著，在它的近地點（C點）上，馬杜克遇到了「十字路口」：重回天戰遺址，這裡最接近地球。然後，它繼續在軌道上飛往遙遠的宇宙。

古代美索不達米亞和希伯來文獻，是從地球人的真實經驗，預測了主之日的到來：古代人曾在地球上見證了王權之星的週期性來訪。

這顆行星週期性的來訪和遠去，證明了它在太陽系有永恆軌道的假設。在這一點上，它就像很多彗星一樣。一些已知的彗星（例如哈雷彗星每七十五年接近地球一次），會消失很久才出現一次，以至於很多天文學家很難說他們是否看見了同一顆彗星。其他一些彗星，在整個人類歷史中僅見過一次，推測它們的軌道需要上千年才會再回來。科胡特克彗星就是一例，一九七三年三月首次發現，一九七四年飛到了離地球七千五百萬英里的地方，此後很快消失在太陽之後。天文學家推測它將會在未來的七千五百至七萬五千年之間在某個地方重現。

第十二個天體每三千六百年繞太陽一圈

人類通曉第十二個天體週期的再現與消失，是假設它的週期比科胡特克彗星的週期還要短。如果是這樣，為什麼天文學家從來沒有察覺到這個行星？事實上，哪怕它的軌道只有科胡特克彗星下半部分軌道的一半，也會讓第十二個天體比冥王星距地球的距離更遠了六倍——這種距離下反射太陽光的行星，從地球上不可能看見。實際上，首次發現土星之後的行星，並不是透過觀測，而是根據計算。天文學家現在已經知道，行星的軌道會受到其他天體的影響。

這其實不失為「發現」第十二個天體的方式。現在看不見的X行星（冥王星），也是透過某些彗星的軌道上「測出」的。一九七二年，加州大學的勞倫斯．利文—莫爾國家實驗室的布蘭迪（Joseph L. Brady），發現哈雷彗星軌道上的問題，可能是由一個木星大小、圍繞太陽每一千八百年公轉一圈的行星造成的。估計它遠在六十億英里之外，它的存在只能用計算算出。

當這種軌道週期沒有被排除時，美索不達米亞文獻和《聖經》卻為我們提供了強大的證據，證明第十二個天體的公轉是每三千六百年一圈。數字三千六百在蘇美語中被寫成一個大圈。shar一詞用來代表行星，意思是最高統治者，同樣還有「完美之圓」、「完整的圓」的意義。同時，它也代表數字三千六百。行星、軌道、三千六百這三個詞的一致性，不能完全視為巧合。

巴比倫的祭司、史學家和大學者貝羅蘇斯，提到了大洪水之前，地球上的十位統治者。亞歷山大．波里希斯托概述貝羅蘇斯的著作，寫道：「他的第二本書，描述的是大洪水之前，迦勒底十位君王的歷史，他們執政期間共達一百二十個shar's，或是四十三萬二千年。」

亞里斯多德的學生阿比德納斯（Abydenus），同樣引用了貝羅蘇斯筆下十位前大洪水時代的統治者，共執政了一百二十個shar's。他清楚的列出這些統治者，和他們位於古代美索不達米亞的城市：

> 據說地上的第一個王是阿諾努斯（Alorus）……他統治了十個shar's。
>
> 現在，一個shar估計有三千六百年……
>
> 在他之後，阿拉普魯斯（Alaprus）統治了三個shar's；來自盤梯—比布倫（panti-Biblon）的阿米拉努斯（Amillarus）繼承了王位，他統治了十三個shar's……

> 在他之後，阿麥侖（Ammenon）統治了十二個shar's；他也出於盤梯—比布倫。接著是來自同一個地方的美加路努斯（Megalurus），統治了十八個shar's。
>
> 接著，道斯（Daos），這位領導者，管理這片土地達十個shar's……
>
> 後來還有其他統治者，最後一位是西斯特拉斯（Sisithrus）；所以，共有十個君王，加起來是一百二十個shar's。

雅典的阿波羅托羅斯（Apollodorus of Athens）也以類似的方法解讀貝羅蘇斯的史前紀錄：十個統治者一共執政了一百二十個shar's（相當於四十三萬兩千年），而且每一位的執政時間都是按照一個shar（三千六百年）的單位計算。

隨著蘇美學的興起，貝羅蘇斯所指的「古書」被發現並破譯了；這些蘇美國王清單，清楚記錄了前大洪水時代的十位統治者，當「王權由天國下落」時，他們開始統治地球，一直到「大洪水淹沒地球」為止。

一份蘇美國王名單（W-B／144），記錄了五個地點或「城市」的神聖統治。第一座城市，埃利都，有兩位統治者。文獻在他們兩人的名字前加上了首碼「A」，意思是「先祖」。

> 當王權由天國下落，埃利都首先有了王權。在埃利都，阿魯利姆（A.LU.LIM）成為王；他統治了兩萬八千八百年。阿拉加爾（A.LAL.GAR）統治了三萬六千年。這兩位王在這裡統治了六萬四千八百年。

之後王權傳給其他地方的統治者，他們被稱為EN或「主」——也就是丁基爾（DINGIR）。

我扔下埃利都；它的王權被帶到了巴地比拉（Bad-Tibira）。在巴地比拉，恩門路安納（EN.MEN.LU.AN.NA）統治了四萬三千兩百年；恩門加安納（EN.MEN.GAL.AN.NA）統治了兩萬八千八百年；聖杜姆茲（DU.MU.ZI）統治了三萬六千年。這三位王在這裡共統治了十萬八千年。

這份清單上接著列出了之後的城市，拉勒克（Larak）和西巴爾，以及它們的神聖統治者；最後，舒魯派克這座城市，出現一個有著神聖血統的人類，成為那裡的國王。這些統治者的統治時間久到不現實，卻有一個很顯著的特點，都是三千六百年的倍數。

阿魯利姆	— 8×3,600＝28,800
阿拉加爾	—10×3,600＝36,000
恩門路安納	—12×3,600＝43,200
恩門加安納	— 8×3,600＝28,800
杜姆茲	—10×3,600＝36,000
恩斯帕茲安納（Ensipazianna）	— 8×3,600＝28,800
恩門杜蘭納（Enmenduranna）	— 6×3,600＝21,600
烏巴圖圖（Ubartutu）	— 5×3,600＝18,000

另一份蘇美文獻（W-B／62），將拉爾薩和它的兩位神聖統治者，也加入了這份國王名單之中，同樣的，他們的統治時間也剛好是三千六百年的倍數。在其他文獻的幫助下，我們可以發現，在大洪水之前蘇美的確有十位統治者；他們分別統治了許多個shar's；總共是一百二十個shar's——和貝羅蘇斯的紀錄相符。

這個結論表明，這些以shar計算的統治時間，與行星Shar（意思是王權之星）的繞日軌道（三千六百年）有著明顯的關係；阿魯利姆的統治時間是第十二個天體的八個軌道時間，阿拉加爾是十個，以此類推。

如果這些前大洪水時代的統治者，是從第十二個天體來到地球的納菲力姆，那麼他們在地球上的統治時間與第十二個天體軌道有所關聯，也就不奇怪了。這種王權的任期是從他們的降落開始，一直到他們再次起飛結束；當一名指揮官從第十二個天體下來時，他的統治就開始了。因為降落和起飛必須在第十二個天體靠近地球時進行，所以他們的任期就不得不與這顆行星的軌道週期有關，他們的任期只能用shar來計算。

納菲力姆可以活多久？

當然，人們也許會問，難道納菲力姆中的一員來到地球上，竟然能活了兩萬八千八百或三萬六千年？無怪乎學者將他們的任期比喻為「傳奇」。

問題是，什麼叫做一年？我們的「年」只是地球圍繞太陽轉一圈的時間。因為地球生命是隨著地球繞著太陽旋轉的，所以軌道長度是地球生命的「模板」（甚至受更小軌道的影響下，就像月球，日夜的迴圈也有足夠的能量影響地球上幾乎全部的生物）。我們活上這麼多年，是因為我們的生物時鐘已經適應了這麼多次繞日的軌道。

幾乎不用懷疑的是，其他行星上的生命也會與那顆行星的週期「同步」。如果第十二個天體的繞日軌道有那麼長，它繞日一圈就相當於地球繞日一百圈，那麼，納菲力姆的一年就是我們的一百年。如果他們的軌道是我們的一千倍，那一千個地球年就是他們的一年。

如果和我們相信的一樣，他們的繞日軌道相當於三千六百次地球繞日軌道，情況會怎樣呢？

我們的三千六百年，在他們的日曆上只是一年，也就是他們生命中的一年。這樣的話，蘇美人和貝羅蘇斯所說的王位任期，將變得既不「傳奇」，也不會不可思議：他們僅僅執政了五、八或十個納菲力姆年。

我們在之前的章節中講過，人類的文明之路——在納菲力姆的干預之中——經過了三個階段，都是以三千六百年為分界：中石器時代（大約西元前一萬一千年）、陶器時代（大約西元前七千四百年），以及突然出現的蘇美文明（大約西元前三千八百年）。不難看出，納菲力姆會週期性的回顧（並決定繼續發展）人類的過程，都發生在第十二個天體接近地球時。

許多學者——例如海因里希·齊默恩在《巴比倫和希伯來的起源》中——指出，《舊約》同樣介紹了前大洪水時代的首領或先祖們，從亞當到挪亞，一共有十位這樣的統治者。《創世記》第六章描述了人類的覺醒：

> 因此，上主說：「人既然是屬肉體的，我的靈不永遠住在他們裡面；人心懷惡念，所以他的壽命有一百二十歲。」（編按：此處保留希伯來譯文，對照和合本是《創世記》6：3）

一代代的學者都在解讀這一段經文，「他的壽命有一百二十歲」因為這表明上帝似乎給了人類一百二十年的生命。但這很難講得通。如果這段經文傳達了上帝想毀滅人類，那為什麼他同時還要給人類那麼長的生命？而我們發現，不久之後的大洪水，挪亞甚至還活過了一百二十年大限，他的後代更長壽，閃有六百歲、亞法撒有四百三十八歲、示拉有四百三十三歲。

為了適用人類有一百二十年生命的說法，學者忽略了《聖經》不是使用未來式（他的壽命將有），而是使用的過去式（他的壽命有〔過〕），很明顯的問題是：這裡說的是誰的生命時間呢？

我們的結論是，這個一百二十年所指的肯定是神。

時間一直是蘇美和巴比倫史詩文獻中的重大問題。《創世史詩》以《伊奴瑪．伊立什》「當在天國之時」開頭。恩利爾和女神寧利爾的相遇是在「人類還沒有被創造的時候」。《創世記》第六章的語言和意義有著同樣的目的——將大洪水事件放在正確的時間上。第六章開頭第一句話是：

當人在世上多起來、又生女兒的時候。（《創世記》6：1）

故事繼續說道：

上帝的兒子們看見人的女子美貌，就隨意挑選，娶來為妻。（《創世記》6：2）

此時是：

那時候有納菲力姆在地球上，後來神的兒子們與亞當的女兒們交合生子；那就是永恆的強者——shem裡的人。（編按：保留原譯文，《和合本》譯為「那時候有偉人在地上，後來上帝的兒子們和人的女子們交合生子；那就是上古英武有名的人。」《創世記》6：4）

就是在這段時間，人類快要被大洪水從地表抹去。

這到底是什麼時候？

《舊約》毫不含糊的告訴了我們：當他到了一百二十年的時候。一百二十「年」，不是人類的地球年，而是那些強者，「shem裡的人」，納菲力姆的年分，他們一年就是一個shar——三千六百個地球年。

這種解釋不僅釐清了《創世記》第六章的混亂，還顯示出了這些經文與蘇美文獻的相同點：一百二十個shar's，也就是四十三萬兩千個地球年，是納菲力姆第一次登陸地球，直到大洪水的時間。

透過我們對大洪水事件的判斷，我們將納菲力姆第一次登陸地球放在大約四十萬年之前。

第十二個天體比地球更早出現生命

在我們再次回到描述納菲力姆飛進地球、開始殖民之前，有兩個需要回答的基本問題：與我們沒有明顯差別的外星生物，能在另一個星球上進化嗎？這些外星生物有能力在五十萬年前進行星際旅行嗎？

前一個問題觸及一個更基礎的問題：我們是否在靠近地球的地方發現過生命？科學家現在知道宇宙有無數個像我們銀河系一樣的星系，其中像太陽一樣的恒星難以計數，有多如天文數字的行星繞著它們運行，這些行星有任何能夠想像得到的溫度、大氣和化學物質，為生命的起源提供了無窮的可能。

他們同樣還發現，我們的太空並不是「真空」。例如，太空中有水分子，有星體形成初期週邊的冰結晶雲的殘餘部分。這些發現支持了，美索不達米亞文獻中不斷提到的太陽之水，以及與之相混的提亞瑪特之水。

也發現了生命所需的基本物質，在星際之間「漂流」，以前認為生命只能存在於某些大氣和溫度下的觀點也已經被推翻了。此外，以前認為太陽是生命組織能量和熱量的唯一來源，這個觀點也早已丟棄。先鋒十號太空船發現木星雖然比起地球離太陽要遠得多，但它夠熱，可以斷定木星有自己的能量和熱量來源。

一顆在自身深處有著充足放射性物質的行星，還會經歷大量的火山活動；這些火山活動製造了大氣層。如果這顆行星夠大，能產生強大的引力，它就幾乎能永遠維持這片大氣層。這樣的大氣層，反過來又製造出溫室效應：它將這顆星球與外太空的寒冷隔絕開來，讓行星的熱量不會流失到外太空——就像衣服讓我們暖和一樣。有了這樣的觀念，來看古代文獻形容第十二個天體「穿著光環」，就不僅只有詩歌創作的修辭意義了。第十二個天體一直都被描述為發光的行星——「眾神之間，他最光亮」——它有能放出光束的身體。第十二個天體能自己產生熱能，並在大氣層的保護下保住這些熱量。（見圖115）

科學家還意外的發現，在其他星球（如木星、土星、天王星、海王星）上，不僅能夠發展出生命，而且很有可能已經出現過了。這些行星是由星系中較輕的物質組成的，與整個宇宙中一般行星的組成更類似，它們的大氣層中有著充足的氫、氦、甲烷、氨，可能還有氖和水蒸氣——所有這些都是有機體所需要的。

就像我們知道的，水是生命發展必不可少的元素。美索不達米亞文獻清楚的告訴我們，第十二個天體是一個充滿水的行星。《創世史詩》列出這個行星的五十個名字，包括了一組形容它充滿水的名字。以A.SAR（意思是充滿水的君王）為字源，「他建立了水的分級」，這顆行星稱為A.SAR.U（意思是崇高的、明亮的、充滿水的君王），A.SAR.U.LU.DU（意思是有著豐富內涵的、崇高的、明亮的、充滿水的君王）等等。

蘇美人一直堅信，第十二個天體是一顆充滿生命氣息的綠色星球；的確，他們稱它為NAM.TIL.LA.KU，意思是供養生命之神，他同樣還是「耕作術的傳授者」，「穀物和草藥的創造者，

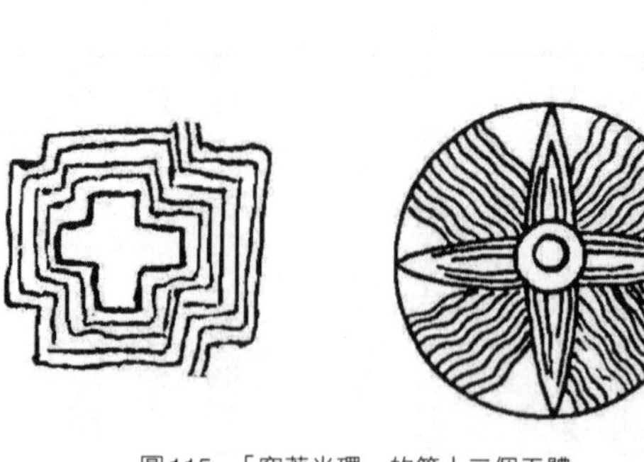

圖115 「穿著光環」的第十二個天體

是他讓蔬菜發芽……他鑿開井，分配大量的水」——是「天與地的灌溉者」。

科學家指出，生命和它們大量的化學成分，不是在陸地行星上出現的，而是從太陽系的外緣區。第十二個天體從這些星系的邊緣進入我們的中心，一顆暗紅的炙熱星球，生產並放射出自身的能量，而它自己的大氣層則提供了生命必須的化學物質。

如果還有一個疑惑，那就是地球上生命的出現。地球大約在四十五億年前形成，科學家相信在那之後的幾億年裡，地球上就已經有了簡單的生命體。這也許太快了一些。不過，的確在三十億年前，地球就有最簡單、最古老的生命痕跡。這意味著，這些在地球形成不久後很快出現的生命，是先前就已存在的生命體的後裔，而不是這些缺乏生命的化學物質和氣體組合而成的結果。

這些問題讓科學家發現，地球本身是不適宜生命發展的，但生命卻在地球上出現了。諾貝爾獎得主法蘭西斯．克里克（Francis Crick）和萊斯利．歐格爾（Leslie Orgel）博士一九七三年九月在科學雜誌《伊卡洛斯》（*Icarus*）中，提倡一種觀點：「地球生命可能是從遙遠宇宙來的微粒物質。」

他們提出研究，挑戰生命是從地球起源的理論，讓科學家們產生不安。為什麼所有的地球生物都只有一組基因密碼（genetic code，編按：由A、G、C、T組成。）？如果生命是在太初「濃霧」裡開始的，如大多數生物學家所相信的，那麼有機體應該有大量的基因密碼。還有，為什麼鉬元素在生命不可或缺的酶反應中有著舉足輕重的作用，而它在地球上卻是極稀有的物質？而其他地球上充足的物質，例如鉻和鎳，在生物反應中卻並不重要？

克里克和歐格爾提出的奇異理論，不僅認為所有的地球生物都源自從外太空闖進的物質，而且還認為這種「播種」是蓄意的——外星高能生物將「生命種子」放進太空船送到地球，是為了快速啟動地球的生物鏈。

這兩位知名科學家雖然沒有這本書提供的資訊，他們也接近了真正的事實。不過，並沒有這樣預先策劃好的「播種」；而是一次天體撞擊所造成的。一顆承載著生命的行星（第十二個天體）和它的衛星，撞上了提亞瑪特，將後者切成了兩半，其中一半成為了「地球」。

在這次撞擊中，第十二個天體上生命所需的土壤和空氣「種」到了地球，給予它早期的生命體，除此之外沒有其他解釋。

哪怕生命在第十二個天體上的出現，只比在地球快了百分之一，那就比我們早了四千五百萬年。甚至只有這一瞬間的差別，第十二個天體上的類人生物，早在地球第一隻哺乳動物出現時，就住在那裡了。

第十二個天體上的生命較早出現，而住在上面的人，當然可以在五十萬年前進行星際旅行。

9・登陸地球

我們只在月球上踏出過人類的腳印，我們的無人太空船也只能探測離我們最近的行星。除了探測相近的地方之外，我們還沒有能力探索其他行星和外太空。但納菲力姆的行星，有非常大的軌道，它本身就像是一個星際觀測站。這個巨大軌道帶著它飛過所有太陽系更外層的行星，讓他們能夠直接觀察我們的星系。

星際旅行的符號

當納菲力姆登陸地球時，他們帶來了他們偉大的天文知識。納菲力姆是地球上的「天國之神」，教導人類仰望穹蒼——就像耶和華要亞伯拉罕做的一樣。

甚至在最古老、最簡陋的浮雕和繪畫上，我們都能看見星座和行星符號；要祈請神的時候，就用一種圖形符號簡稱他們。透過向這些符號祈禱，人類不再孤獨；這些符號連接地球人和納菲力姆，也連接地球和天國，人類和宇宙。

我們相信其中一些符號，傳達著神透過星際旅行到地球的相關訊息。

古代文獻裡，有大量的文本和列表描述這些天體和他們與各天神的關係。古代人為天體和天神取眾多名字的習慣，讓我們的分析變得困難。甚至已經完成辨識的一些關係中，例如金星是伊師塔，也隨著眾神的變動而混淆。在更早的時候，金星被認為和寧呼爾薩格有關。

范布倫（E. D. Van Buren）在《美索不達米亞藝術中眾神的符號》（*Symbols of the Gods in Mesopotamian Art*）一書中，分類整理了超過八十個神和天體的符號，符號來自於圓柱印章、雕塑、石柱、浮雕以及界石上（更清楚、詳細，例如阿卡德的kudurru）。當這些符號被分類後，顯示除了一些代表南天或北天星座的符號外，還有一些符號，若不是代表黃道十二宮、或十二位天地眾神，就是太陽系的十二個天體。蘇薩之王美里西派克（Melishipak）立下了kudurru（參見第二〇四頁），描繪出黃道帶和十二位天神的符號。

亞述王以撒哈頓立下的一個石柱上，描繪了這位統治者在面對天地十二主神時，手舉生命之杯。我們可以看見有四位神祇站在動物身上：伊師塔站在獅子身上，阿達德拿著叉狀閃電；這兩位很容易辨別。另外有四位元神用代表他們特殊屬性的工具來表示，比如用獅頭錘代表戰神尼努爾塔。剩下的四位神，則用天體來表示——太陽（沙馬氏）、有翅膀的天球（第十二個天體，阿努的住所）、月牙與七星。（見圖116）

雖然辛是後來才成為月亮，但有足夠的證據證明，在「古老的時候」，這個月牙的符號，代表的是一位長滿鬍鬚的老神，他是蘇美真正的「老神」之一。他常被描述環繞在水流中，這位神毫無疑問就是艾。月牙同時還與測量和計算科學有關，艾正好也主管這一塊。海洋之神艾，非常適合用引起潮汐的月亮來表示。

圖116　亞述王以撒哈頓向十二主神舉起生命之杯

那麼，七星符號的意思是什麼呢？

許多線索都將指出那是恩利爾。在阿努的門廊前，用月牙和七星來表示艾和恩利爾（見第一八〇頁的圖87）。一些最清楚的符號，已被亨利．羅林森爵士在《西亞的楔形文獻》一書中，小心翼翼的複製下來，這些符號中最重要的「三人組」是阿努和在他兩側的兩個兒子；這些代表恩利爾的符號，要不是七星，就是有七個頂點的「星星」。數位七，在恩利爾的符號中不可缺少（**有時還包括他的女兒寧呼爾薩格，她的代表符號是臍帶剪**）。（**見圖117**）

學者曾無法理解拉格什王古蒂亞的一段話，「天上的七是五十」。他們試圖用算術來解決，根據一些準則將七變成五十，但都無法釐清這段話的意思。然而，我們卻看到一個簡單的答案：古蒂亞所說的這個「七」，天體代表的神是「五十」。而恩利爾，他的代表數字是五十，對應的行星則是第七個。

哪顆行星是恩利爾呢？我們回想起那些描述諸神第一次到地球的文獻。當阿努在第十二個天體上時，他的兩個兒子來到地球。艾被給予「深處的統治權」，恩利爾則是「大地的統治權」。現在這個問題的答案突然出現了：恩利爾之星就是地球。地球——對納菲力姆而言——是第七個行星。

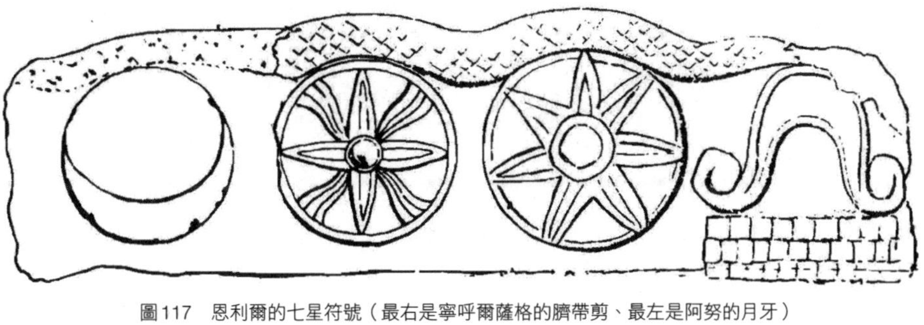

圖117　恩利爾的七星符號（最右是寧呼爾薩格的臍帶剪、最左是阿努的月牙）

從第十二個天體看地球

一九七二年，美國發射了迄今最遠任務的無人太空船先鋒十號。它航行二十一個月，經過火星和小行星帶後，在預計的時間與木星會合。接著，就像美國太空總署科學家的預言一樣，無人太空船被木星巨大的引力「抓」著，並把它拋進了外太空。

考慮到先鋒十號可能會在某一天被另一個「太陽系」的引力吸引，墜落到宇宙中的某個行星上，研發這艘太空船的科學家將一塊刻有「資訊」的鋁板放在裡面。（見圖118）。

這段資訊使用的是象形語言——與最早的蘇美象形文字中的符號和標誌沒有太大區別。它試圖告訴任何找到這塊鋁板的生物，人類有男女之分，大小和太

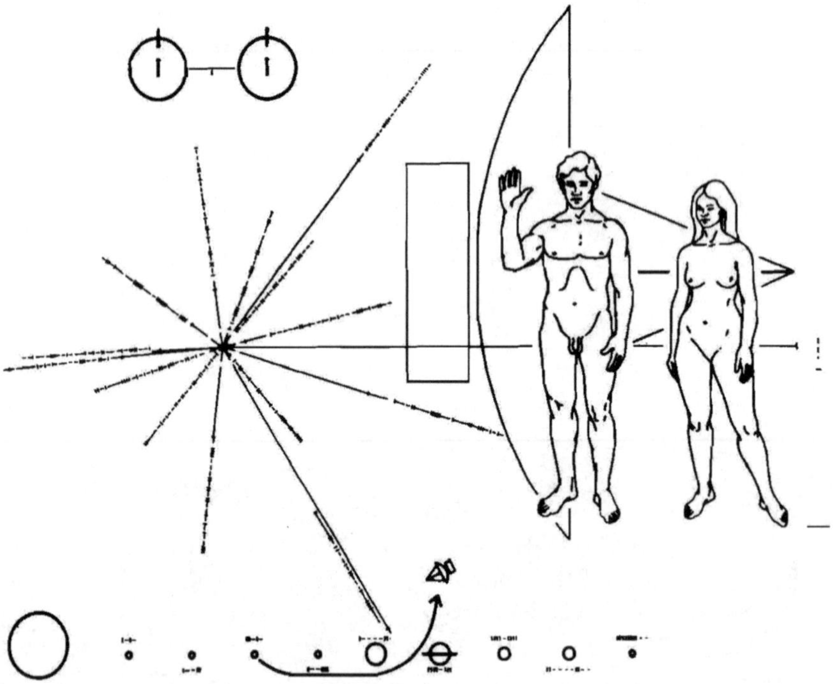

圖118　先鋒十號攜帶的資訊

空船的大小是成比例的。它描述了組成我們世界的兩種基本化學物質，以及我們相對於某道宇宙射線的位置。它還描繪出我們的太陽系，有一個太陽和九個行星，告訴它的發現者：「你發現的這艘太空船來自這顆太陽的第三個行星。」

我們的天文學家已經適應了地球是第三個行星的說法了——事實上，它的確是，那是以我們太陽系的中心太陽算起。

但對從外部接近我們太陽系的人來說，第一個行星是冥王星，第二個是海王星，第三個是天王星——而不是地球。第四個會是土星，第五個是木星，第六個是火星。

第七個才是地球。

從外向內數太陽系行星

除了納菲力姆，沒有別人會經過冥王星、海王星、土星、木星和火星，再到達地球，也沒有人會認為地球是「第七個」。如果不是太空訪客，則必須假設古代美索不達米亞的居民，已經有能力、有需要從太陽系的邊緣開始計算地球的位置，而不是從太陽開始算起，還知道後面有天王星、海王星和冥王星。我們已經證明過了，他們並不是靠自己得知這些天文知識，這些資訊都是納菲力姆傳給他們。

無論怎麼說，結論都只有一個：只有納菲力姆，才會知道土星之後還有行星；正因為如此，從外面數起，地球才是第七個天體。

地球並不是太陽系中唯一數位位置被符號化了的天體。有充分證據證明，金星被描繪成有八個頂點的星星；從外向內數時，金星是第八個天體，排在地球之後。八個頂點的星星，同時還代表著女神伊師塔，而金星是伊師塔的行星。（見圖119）

許多圓柱印章和圖畫遺址，將火星描繪為第六個天體。一個圓柱印章顯示火星的神祇坐在一個王座上，這個王座位於一個「六芒星」下面。（見圖120）印章上的其他符號分別代表太陽（和我們現在的描繪方式差不多）、月亮、十字（「十字行星」的符號，第十二個天體）。

在亞述時代，代表神祇的天體在天國的位置，通常用他王座旁的星星來表示。由此，一個描繪尼努爾塔的牌匾，將四顆星星放在他的王座上。他的行星土星，的確是第四個行星，當然這是用納菲力姆的排序方式。其他大多數行星都有類似的描繪。

十二天的新年慶典

古代美索不達米亞最重要的宗教活動，是為期十二天的新年慶典。慶典中充滿了第十二個天體軌道、太陽系組成，以及納菲力姆前往地球旅程的象徵。其中保存最好的「忠誠誓詞」是巴比倫人的新年禮儀；但有證據顯示，巴比倫人是複製了蘇美文明早期的傳統。

在巴比倫，這項慶典有非常嚴格和繁複的儀規；每一個環節、動作和禱詞，都有傳統原因和特殊的意義。

圖119　金星代表女神伊師塔

圖120　坐在六芒星下的火星神祇

這些典禮是在尼散月（Nisan）——新年第一個月——的第一天開始舉行，相當於春分的時間。有十一天，其他神將按照規定的次序到馬杜克那裡去。到了第十二天，除了馬杜克之外，每位神都回到自己的住所，馬杜克獨自閃耀。馬杜克的位置看起來與其他星系是平行的，顯然他要與太陽系中其他諸神「會面」，並在第十二天分離——讓這第十二位神繼續與世隔絕的作著眾神之王。

新年慶典與第十二個天體相關。前四天，對應的是馬杜克經過前四顆行星（冥王星、海王星、天王星和土星），是準備日。第四天的最後儀式，是祈求行星依庫（Iku，即木星）出現於馬杜克的視野。馬杜克快要走到天戰遺址了；大祭司此時很有象徵意義的開始誦讀《創世史詩》——天戰的故事。

這是一個不眠之夜。當天戰的故事講完之後，天剛剛破曉，第五天到了，這時儀式要稱馬杜克為「上主」十二次，肯定了在天戰之後，太陽系有了十二個成員。頌詞中接著就點明了太陽系的這十二個成員，以及黃道帶的十二個星宮。

在第五天內的一個時間點，那布（Nabu）——馬杜克的兒子及繼承者——從他的神廟博爾西帕（Borsippa）乘船而來。但他在第六天才能進入巴比倫神廟內院，因為在那之後，那布成為巴比倫的十二大神之一，屬於他的行星是火星——第六個天體。

《創世記》告訴我們，第六天，「天地萬物都造齊了」。巴比倫的慶典同樣在尼散月的前六天，紀念了這次創造地球和小行星帶的宇宙事件。

第七天，慶典將注意力集中在地球。雖然第七天慶典的細節缺失了，H．法蘭克福在《王權與眾神》（*Kinship and the God*）一書中表示，他們參與了一場諸神的演出：在那布的帶領下，解救被關在「下層大地之山」的馬杜克。自從發現了詳細介紹馬杜克與其他對手爭奪地球王位的史詩文獻，我們可以推測，第七天就是重演馬杜克爭奪地球（第七個天體）王權的故事、他最初的勝利，以及他最終奪得權力的勝利。

巴比倫新年慶典的第八天，馬杜克在地球上取得勝利，就像在篡改的《伊奴瑪・伊立什》中的天國勝利一樣，他取得了至高無上的權力。諸神讚揚馬杜克之後，在國王和百姓一起參與之下，諸神上了船。第九天，儀式中，馬杜克從他城市中的聖域，前往位於城外某個地方的「阿基圖之屋」（House of Akitu）。馬杜克和前來拜訪的十一位神祇，在那裡待到第十一天；第十二天，諸神各自回家，慶典也就結束了。

從任何方面來看巴比倫的慶典，都讓人想起之前蘇美人的慶典。最具有說服力的是與阿基圖之屋有關的部分。許多研究，例如帕里斯（S. A. Pallis）的《巴比倫阿基圖慶典》（*The Babylonian Akitu Festival*）一書，對這所「屋子」在西元前三千年的蘇美宗教慶典中有特別介紹過。這個慶典的精華部分是：一支神聖的佇列看見執政的神離開了他的住所或神廟，經過幾個站，到了鎮外的一個地方。一艘特別的船，「聖船」，為了這個目的而使用。這位神很成功的完成了他在阿基提（A.KI.TI）之屋的任務——無論那是什麼，坐著同一艘船返回了城市的碼頭，並順著原路返回神廟，享受國王和百姓提供的佳餚和歡樂。

A.KI.TI這個蘇美字，正是巴比倫akitu的字源，字面上的意思是以地球生命為基礎。結合了各種各樣神祕的旅行，我們可以看出，這個佇列象徵著納菲力姆，從他們的家園來到第七個天體地球，這趟危險、卻成功的航行。

在古巴比倫遺址上持續二十多年的挖掘成果，與巴比倫宗教文獻的紀錄有著驚人的相符之處，韋策爾（F. Wetzel）和維斯巴赫（F. H. Weissbach）合著《巴比倫的馬杜克主神廟》（*Das Hauptheiligtum des Marduks in Babylon*）一書，重建了馬杜克的聖域、他的廟塔，以及行進之路，這些重建現存於東柏林的古代近東博物館。

馬杜克之旅的七個站

七個站的象徵名字，以及馬杜克在每站的稱號，既有阿卡德語版本，又有蘇美語版本——證明了它們的蘇美起源及象徵意義。

馬杜克的第一站，他在那裡的稱號是「天國統治者」，阿卡德語叫做「聖屋」，蘇美名字叫做「亮水之屋」。他在第二站的稱號，現在還無法辨讀；這個站則叫做「分土之地」。第三站的名字有些部分已經破損，開頭幾個字是「面對行星……的位置」；馬杜克在這裡的稱號變成「噴出火焰的主人」。

第四站叫做「命運聖地」，馬杜克在那裡叫做「安與基的水之暴風的主人」；第五站的出場沒有那麼「震撼」，叫做「車道」，馬杜克則是「牧羊者之話出現的地方」；第六站叫做「行者之船」，馬杜克的稱號在那裡變成「制定門廊之神」；第七站是「比特．阿基圖」（Bit Akitu），意思是創建地球生命之屋。在這裡，馬杜克的稱號是「休息室之神」。

我們認為，馬杜克佇列所經過的七個站，表示著納菲力姆到達地球的星際之旅；第一站，「亮水之屋」，代表的是經過了冥王星；第二站，「分土之地」是海王星；第三站是天王星；第四個站（**一個太空風暴的地方**）是土星。然後是第五個，在那裡「車道」變得清晰了，「牧羊者之話出現的地方」，是木星。第六站（**一個將旅行轉到**「**行者之船**」**的地方**）是火星。

而第七站就是地球——旅行的終點，馬杜克在那裡提供了「休息室」（神「**創建地球生命之屋**」）。

前七顆行星和後四個天體

納菲力姆的「太空總署」是怎樣按照他們通往地球的飛行來認識太陽系呢？

邏輯上講——事實上也是——他們從兩部分認識這個星系。第一組是太空船行進的航線，它經過從冥王星到地球等七顆行星占用的空間。第二組，則是在他們航線之後，還有月球、金星、水星和太陽等四個天體。在天文和神話系譜中，這兩組被認為是分開的。

從系譜來看，辛（月球）是一組「四個」中為首的，沙馬氏（太陽）是他的兒子，伊師塔（金星）是他的女兒。阿達德（水星）是伊師塔的叔叔、辛的弟弟，他隨時都與侄兒沙馬氏和侄女在一起（尤其是伊師塔）。

另一方面，一組「七個」在描述人神及太空大事的文獻中是放在一起的。他們是「裁決的七個」，「君王阿努的七信使」，而且正是因為這樣，七這個數字變得神聖起來。有「七古城」；城市有七道門；城門有七個門閂；祈福要求七個豐年；饑荒與動盪的詛咒持續七年；聖婚透過「做愛七天」來慶祝等等。

在莊嚴的慶典期間，例如阿努和他的伴侶成為來訪的貴客時，代表這七顆行星的神祇有一定的位置和禮服，另外四位神祇卻隔成另一群。例如，儀軌中規定：「神聖的阿達德、辛、沙馬氏和伊師塔，將坐在院子裡，直到破曉。」

在天上，每一組都待在它自己的天域裡，蘇美人也認為在兩組之間有一根「天條」隔絕了它們。耶利米亞在《古老東方之光下的舊約》一書中，說這是「一部重要的天文神話文獻」，它描述了一些引人注目的宇宙事件。當這七個「被捲在天條上」，在這次劇變之中（罕見的七星一線），「他們與英雄沙馬氏（太陽）和勇敢的阿達德（水星）結盟」——意思可能是，所有的引力施加在一個方向上。「與此同時，伊師塔尋找著一個和阿努一起充滿榮光的住所，想要成為天國女皇」——金星透過某種方式將位置移向了一個更為「榮光的住所」。最大的影響是在辛（月球）的身上。「這七個懼怕的不是律法……光的給予者辛被凶猛的包圍」。按照這份文獻的說法，第十二個天體的出現，拯救了黑暗的月球，並讓它再次「在天國發出光輝」。

這四個天體所在的天域，蘇美語叫做GIR.HE.A（意思是迷惑火箭的天水）、MU.ḪE（意思是太空船的困惑）、或UL.ḪE（意思是混淆帶）。這些奇怪的詞彙是講得通的，一旦我們知道納菲力姆是按照他們的太空旅行來認識太陽系。前不久，通訊衛星公司的工程師發現太陽和月亮會「玩弄」衛星、將它們「關掉」。地球衛星會被太陽閃焰產生的磁性微粒噴發、或月球反射的紅外線「迷惑」了。納菲力姆也是一樣，在他們經過地球，靠近金星、水星和太陽時，火箭或太空船進入到了一個「迷惑區域」。

前七顆行星因為天帶而與另外四個天體隔開，他們位於蘇美人所說的ＵＢ天域裡。ＵＢ一詞，包含了七個部分，阿卡德語叫做giparu（意思是幽居地）。無疑的，這就是古代近東人相信「七天國」的開端。

ＵＢ的七個「天球」，是由阿卡德語叫做kishshatu（意思是整體）所組成。這一詞是源於蘇美語的ＳＨＵ，同樣也是意味著「最重要的部分」，至高無上的意思。因此，這七個行星有時也被稱作七個發光體SHU.NU——七星位於「至高無上的區域」。

相對於另外四個天體，這七個行星有更詳細的記載。蘇美人、巴比倫人和亞述人的天體列表，都用了大量的詞彙形容，並很正確的排列出來。大多數學者，因為假設古代文獻不可能正確認識土星之後的行星，因此很難正確理解這些文獻中的行星。但我們卻發現，這些文獻中的名字是很容易就能認出來的。

納菲力姆進入太陽系的第一個行星是冥王星。美索不達米亞將這顆行星命名為SHU.PA（意思是ＳＨＵ的監管者），因為這顆行星「守護」著太陽系至尊無上的區域。

就像我們看見的一樣，納菲力姆要到達地球，只能在接近地球前從第十二個天體上起飛。他們不僅是在第十二個天體上觀察冥王星，同樣還能在太空船穿越冥王星的軌道時觀察它。一份天文文獻說，SHU.PA行星是「恩利爾為大地制定命運之地」——在那個地方，神駕駛著太空船，制定了到達地球和蘇美之地的正確航線。

在SHU.PA之後，是IRU（意思是圈）。在海王星，納菲力姆的太空船可能為了最終目的地而改變航道的弧度或「圈」。海王星的另一個名字是HUM.BA，暗指「沼澤植物」。也許在以後的某一天，當我們探索海王星時，會發現上面有曾被納菲力姆看見的沼澤地？

天王星叫做Kakkab Shanamma（意思是成對的行星）。從大小和外表上來看，天王星的確和海王星像是雙胞胎。一份蘇美列表，把天王星叫做EN.TI.MASH.SIG（意思是光輝的綠色生命之星）。難道天王星也是一個布滿濕地植物的星球嗎？

在天王星之後的就是土星了，這是一個有著「光環」的巨大行星（比地球大了近十倍），而「光環」與土星的距離超過土星直徑的兩倍。它們肯定會對納菲力姆和他們的太空船造成威脅。這可以解釋為什麼他們叫這顆行星TAR.GALLU（意思是強大的毀滅者）。這顆行星還叫做KAK.SI.DI（意思是正義武器）和SI.MUTU（意思是替天行道者）。在整個古代近東，這顆行星代表著邪惡終結者。這些名字是不是表達這顆行星會對太空船造成事故威脅？

我們已經看過阿基圖之行，第四天提到安和基之間「水之風暴」——這是當太空船行駛在安莎（土星）和基莎（木星）之間的事情。

一份早前的蘇美文獻在一九一二年出版，被認為是「古代魔法書」，很可能描述的是一艘太空船和其上五十名太空人的死亡事故。它提到馬杜克是怎樣到達埃利都，告訴他父親艾這個可怕的消息：

它被創造成一個武器；如死神般前行……五十個阿努納奇，被重擊了……如鳥般飛行的SHU.SAR，被擊中了胸部。

文獻中沒有提到「它」是什麼。而無論它是什麼，它毀掉了SHU.SAR（意為飛行的「至尊艦」）和其中的五十名太空人。但這種對於星際危險的恐懼，很顯明是和土星有關。

納菲力姆在經過土星後，到達木星時，一定大大的鬆了一口氣。他們將這第五個天體叫做Barbaru星（意思是明亮者）、SAG.ME.GAR（意思是偉大者，穿上太空裝的地方）、SIB.ZI.AN.NA（意思是天國的真正嚮導）。同樣的，文獻也描述了它在通往地球的旅程中所扮演的角色：這是彎進火星與木星之間不易通行的地帶，也是進入小行星帶這個危險區域入口的標誌。從這些名字上看，納菲力姆在這個地方穿上了太空裝。

火星，很適當的被稱為UTU.KA.GAB.A（意思是水域之門前的燈），讓我們回想起蘇美文獻和《聖經》中將小行星帶描述為天上的「手鐲」，它分開了太陽系中的「上水域和下水域」。更為精確的是，火星也叫做Shelibbu（意思是「接近」太陽系「中央」）。

刻在圓柱印章上一幅不尋常的圖畫顯示，在經過火星之後，一艘前行中的納菲力姆太空船與地球上的「指揮中心」建立了聯繫。（見圖121）

這幅古代圖畫最重要的內容是第十二個天體的符號——有翅膀的天球。但它看起來不太一樣：它更機械化，更為人造化。它的「翅膀」看上去非常像美國太空船上的太陽能板，將太陽的能量轉化為所需的電能。兩根天線讓人不可能會誤解。

這艘飛在天上的圓形太空船，有皇冠狀頂部、翅膀和天線，位於火星（六顆星）和地球、月亮之間。在地球上，一位神將手伸向一名還在太空、正靠近火星的太空人。這名太空人戴著頭盔和護胸甲，下半部分的服裝就像是一個「魚人」——也許是為了迫降在海上的必要裝備。他的一

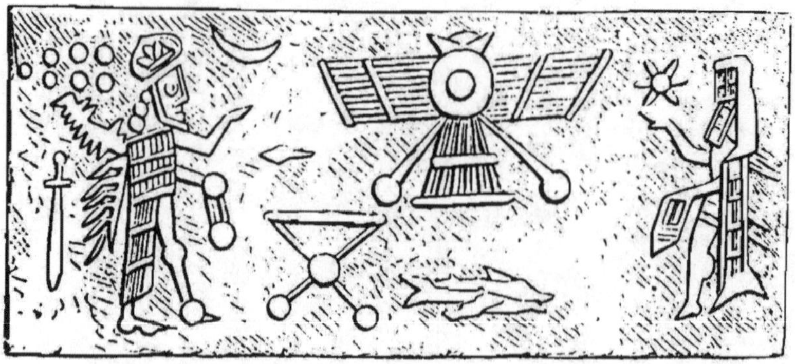

圖121　納菲力姆太空船與地球上的指揮中心聯絡

隻手上拿著一副器具，另一隻手回應則地球上的問候。

星際旅行繼續著，接著就到了地球，第七個天體。在「七天神」的列表中，它叫做SHU.GI（意思是ＳＨＵ的正確休息地）。它同樣還代表著「ＳＨＵ的結束之地」，在這個太陽系中的至尊部分——這次長途旅行的目的地。

雖然gi在古代近東常常被譯成ki（意思是地球、乾地），但gi的發音和音節的原始意義一直保存到了今天，和納菲力姆所表達的含義是一樣的，就像：geo-graphy（地理），geo-metry（幾何），geo-logy（地質）。

在最早的象形文字裡，SHU.GI這個符號同樣代表著shibu（意思是第七個）。天文文獻解釋說：

Shar shadi il Enlil ana kakkab SHU.GI ikabbi

（大山之主，恩利爾神，與SHU.GI星是同樣的。）

與馬杜克到七站的旅行一樣，這些行星的名字也是描述一次星際旅行。旅行的最後一站就是第七個天體：地球。

納菲力姆的太空旅行地圖

我們也許永遠都不會知道，距今無數年之後，是否會有外星人找到、讀懂我們放在先鋒十號上的資訊。同樣的，我們也能在地球上找到類似的資訊——告訴地球人第十二個天體的位置和資訊的圓盤，這樣的證據確實存在。

證據是在尼尼微皇家圖書館的遺址裡發現的一塊泥版。和其他泥版一樣，這無疑也是蘇美原版的亞述複製品。但與其他不同的是，它是一個圓盤；而且雖然上面的楔形符號都保存得相當完好，但所有研讀過這塊泥版的學者都叫它是「最難解的美索不達米亞文獻」。

一九一二年，大英博物館亞述和巴比倫古物館館長L·W·金，對這個圓盤做了一個精細的副本，它分為八個部分。沒有破損的部分，有一些幾何圖形，有相當高的精密度，這在其他古代工藝品、設計和圖畫中是從來沒有見過的。它們包括了箭頭、三角形、交叉線條，甚至還有一個橢圓——這是一種古代人無法描繪出的精準幾何曲線。（見圖122）

這個不尋常的奇怪泥版，首先是在一八八〇年一月九日一份給英國皇家天文學會的報告中，吸引了科學界的注意。博桑基特（R. H. M. Bosanquet）和賽斯（A. H. Sayce），在一場最早的「巴比倫天文學」演講中，認為它是一張平面天球圖（在一張平面地圖上表示球面的內容）。他們聲稱其上的一些楔形符號「似乎是一些帶有理論意義的測量」。

在圓盤中八個部分出現的許多天體名字，很明顯的是天文內容。博桑基特和賽斯對其中一部分的七個「小星點」特別感興趣。他們說，這些內容可能想要表示月相。這些小星點似乎在一條線上，叫做DIL.GAN（意思是群星之星），另一個天體則叫APIN。

他們說，「這些神祕圖案絕對有一個很簡單的解釋。」雖然他們努力尋找答案，但可惜並沒有正確解讀這些楔形符號的含義，也因為誤認為這是一張平面天球圖，而給予偏離的解答。

當皇家天文學會公布這張平面天球圖時，奧伯特（J.Oppert）和延森（P. Jenson）修正了一些星體和行星的讀法。一八九一年，弗里茲·霍米爾博士在一本德國雜誌上發表〈古代迦勒底的天

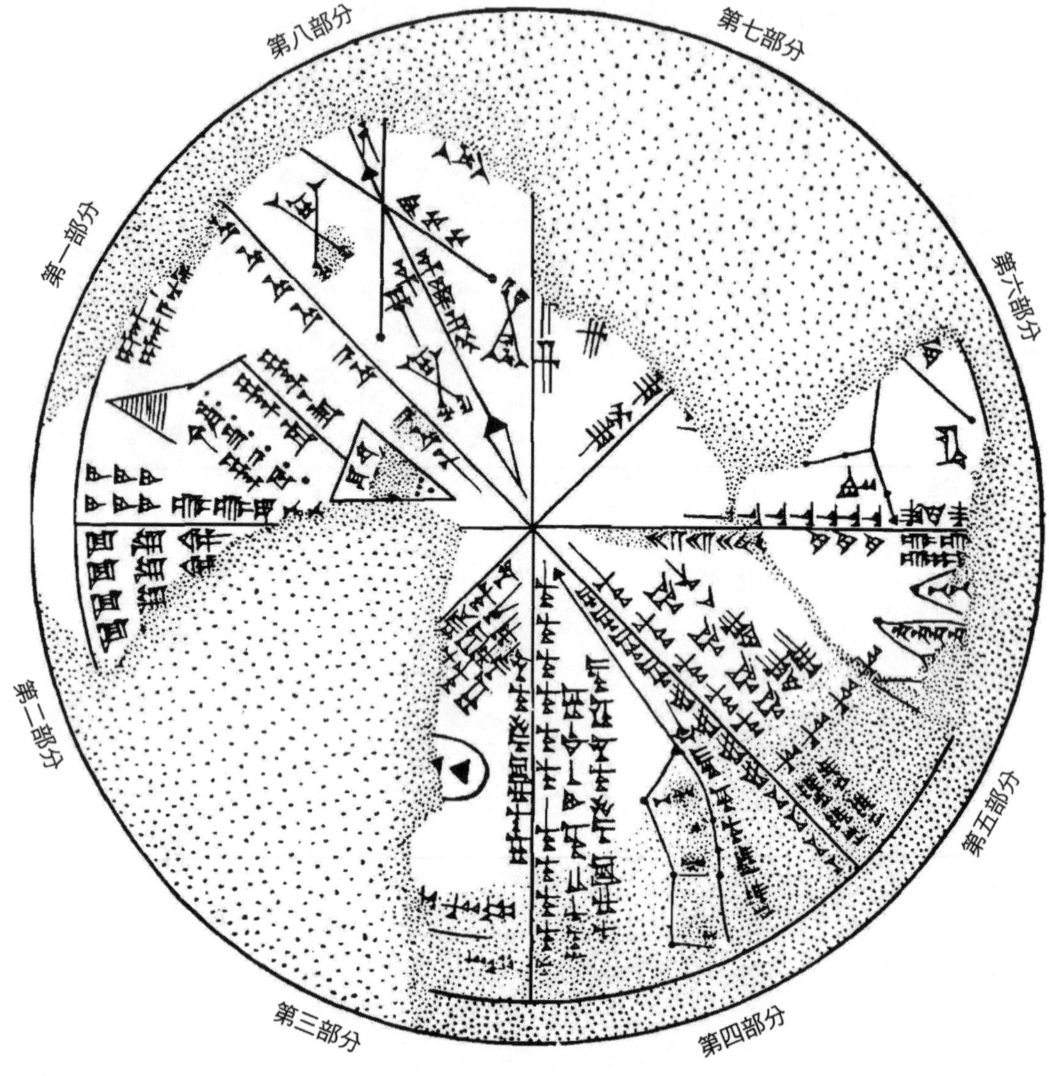

圖122　最難解的美索不達米亞文獻

文學〉一文，注意到那張平面天球圖八個部分都是四十五度角，指出整個天盤是三百六十度。他認為，這是為了標出「巴比倫天空」的某個位置。

這件事放了一段時間，直到威德納一九一二年在《巴比倫學》發表了一篇〈巴比倫人的天文學〉，後來收錄在一九一五年出版的一本重要教科書《巴比倫天文學手冊》（*Handbuch der Babylonischen Astronomie*）上，澈底分析了這個圓盤，指出它是無意義的。

他的困惑，是因為這些幾何圖形和星體及行星清晰易讀（哪怕是在它們的意義或者目的不明確的情況下），而順著那些線條（互相隔著四十五度）的文字卻毫無意義。這些文字一直重複亞述語的某些詞。例如：

lu bur di lu bur di lu bur di

bat bat bat kash kash kash alu alu alu alu

威德納指出，這個圓盤既講天文學、又講占星術，是用來驅魔的魔法書，和其他寫著重複詞句的文獻一樣。他這樣解讀後，就不再對這獨特的碑刻感興趣了。

然而，如果我們用蘇美語、而不是亞述語，來讀這段文字，它們則會呈現種截然不同的意思；因為這塊泥版本身就是亞述人複製了原屬蘇美的內容。當我們看到其中一個部分時（我們設定它為第一部分），上面有這樣看似無意義的符號：

na na na na a na a na nu（這是順著下行線的）

sha sha sha sha sha（這是順著四周的）

sham sham bur kur kur（這是順著地平線的）

第一部分

如果我們用蘇美語來分析這些重複的文字符號，它們突然變得有意義了。（見圖123）

這裡顯示的是一張路線圖，標注了神恩利爾「經過這些行星」，還有一些操作指南。線條都呈四十五度傾斜，似乎是為了標出一艘太空船從「高　高　高　高」的地方下降的路線，經過「水蒸氣雲層」和一個「缺水的下層區域」，朝著天地交接的地平線降落。

在接近地平線的天空中，對於太空人來說，這些指南是有意義的：他們被告知要「調整　調整　調整」他們的儀器設備，好抵達最終目的地；接著，當他們接近大地時，點燃「火箭　火箭」以減緩太空船速度，火箭很顯然應該在接近降落點之前就要升起（堆積）的，因為它還要經過高聳或崎嶇的地帶（山　山）。

這部分的資訊，明顯在描述恩利

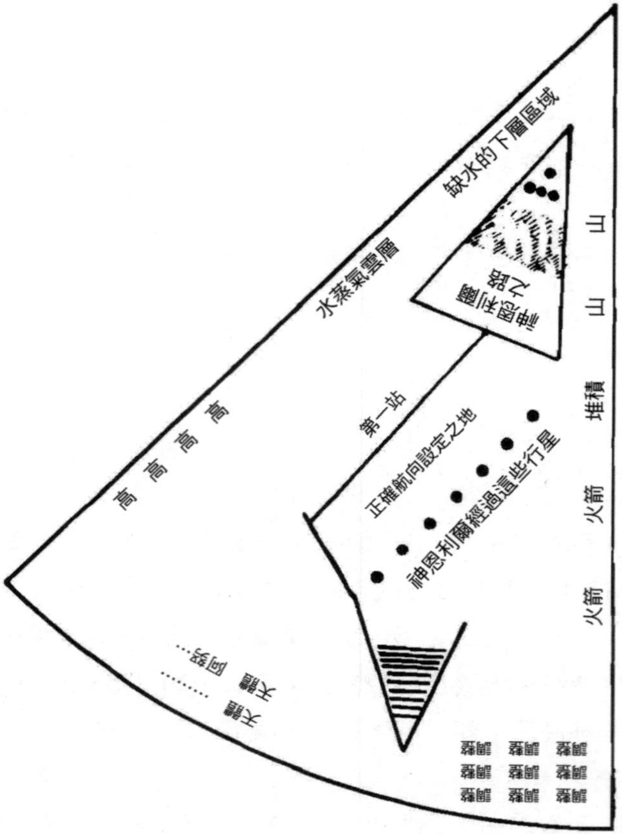

圖123　解讀第一部分（中譯）

爾自己的飛行。在第一部分，給予我們一張精確的幾何草圖，兩個三角形被一條有轉角的線連接起來。這條線表示一條路線，因為上面的文字清楚說明這張草圖想表達的是「神恩利爾經過這些行星」。

左邊的三角形，表示的起點是在太陽系之外遙遠地方；右邊的三角形，則是目的地。

左邊的三角形，它的底部有開口，和一個已知的近東象形文字很像；它的意思可以解讀為「統治者的領域，多山之地」。右邊的三角形有注釋 shu-ut il Enlil（意思是神恩利爾之路），這一詞彙，正如我們已知的，是地球的北部天空。

這條有轉角的線，我們認為它連接著第十二個天體——「統治者的領域，多山之地」——以及地球天空。這條線路經過了兩個天體之間——Dilgan和Apin。

一些學者堅信這兩個字是遙遠星球或星系的名字。如果現代的太空船或無人太空船，會用一顆預設的亮星「引航」的話，就不能排除納菲力姆也可能使用這種方式。不過，這兩顆星星的名字不太像是遙遠的星球：DIL.GAN字面的意思是「第一站」；而APIN則是「正確航向設定之地」。

這些名字的含義，指出了他們經過的站。我們傾向於同意湯普森、艾平和斯特拉思曼等權威人士的看法，他們認為APIN是火星。如果是這樣，這張草圖的意義就變得很清楚了：一條從木星（第一站）和火星（正確航向設定之地）之間，連起王權之星和地球上空的路線。

在納菲力姆的星際旅行中，描寫有關行星的名字和術語，與七個SHU行星的名單是相符合的。好像是要印證我們的觀點，這個注釋說，這是恩利爾在這一列七個行星之下的路線——從冥王星到地球。

不需訝異的是，在「混淆區域」裡有四個天體，和前面七顆行星是分開的，落在地球北部天空和天帶之後。

第二至七部分

證明這是一張宇宙地圖和飛行指南的證據，也在其他沒有破損的部分出現。以逆時針方向來看，第二部分可以辨識的地方標注「拿　拿　拿　投　投　投　完成　完成」，第三部分有一個奇怪的橢圓，可以辨識的部分顯示「木星……安納的使者……神伊師塔」，還有一句有趣的句子：「降落的管理者，神尼尼。」

第四部分，似乎是如何按照星群來設定自己正確的航向，這條下斜線則明確的是天際線：在這條線下，重複了十一次「天」這個字。

這個部分是不是在表示靠近地球和登陸點的飛行階段？這可能就是傳奇的進入地點——橫線下標注「山　山　山　山　頂　頂　頂　頂　城　城　城　城」。中部標注「遇到雙子座是注定的：木星將提供知識」。

如果真的是這樣，這個部分是按照接近的先後次序排列的，那麼人們肯定就能分享到納菲力姆接近地球的太空船發射站時的興奮了。第五部分，同樣在橫線下有「天天天」，同時還有：

我們的光　我們的光　我們的光
變　變　變
看到軌跡和高地
……平地……

在橫線下第一次，寫著：

火箭　火箭

火箭　升起　滑翔

40 40 40

40 40 20 22 22

第六部分的上方線不再寫著「天　天」，而是「通道　通道　100 100 100 100 100 100 100」。在這個嚴重損毀的部分，有一個可以辨識的地方。在一條線上有這樣的注釋：「Ashshur」，可以解釋成「他看見」或「正看見」。

第七部分由於損毀得很嚴重，以至於我們無法解釋；幾個可以辨識的文字符號的意思是「遙遠的　遙遠的……視野　視野」，和具有指導性質的詞「按下」。

第八部分

第八部分，也就是最後一個部分，保存接近完整。有指向線、箭頭，以及在兩顆行星之間標示了軌跡。指示是「堆起　山　山」；有四組交叉，其中兩個是「燃料水穀物」，另外兩個則是「蒸氣水穀物」。

這些描述是準備飛向地球，還是準備回到第十二個天體？答案應該是後者，因為帶箭頭的線條指向了與地球登陸點相反的方向，指出傳奇即將「返回」。（見圖124）

當艾為「阿達帕升天之路」做準備時，阿努發現了這件事，問道：

> 為什麼艾，對一個無用的人類，揭露了天地的示意圖——讓他變得卓越，為他製造一架Shem？

在我們剛剛描述的平面天球圖上，確實看到了這張路線圖，一份「天地的示意圖」。納菲力姆用符號文字和文字向我們描繪了從他們的星球到我們的星球的草圖。

登陸地球、回航母星的路線圖

其他描述天上距離的難解文獻，一旦以「從第十二個天體出發的太空旅行」解釋的話，就都變得很合理，充滿意義。有一份在尼普爾遺址發現的四千年前文獻，現存於德國耶拿大學的希爾普雷館。紐格伯爾在《遠古的精確科學》（*The Rxact Sciences in Antiquity*）一書中指出，這個碑刻毫無疑問是「更早原檔」的複製品；它有月球到地球、再到其他六顆行星之間的距離比例。

這份文獻的第二部分，似乎提供解決各種星際問題的數學公式，它說明（按照某種讀法，翻譯如下）：

40 4 20 6 40 × 9 is 6 40
13 kasbu 10 ush mul SHU.PA
eli mul GIR sud

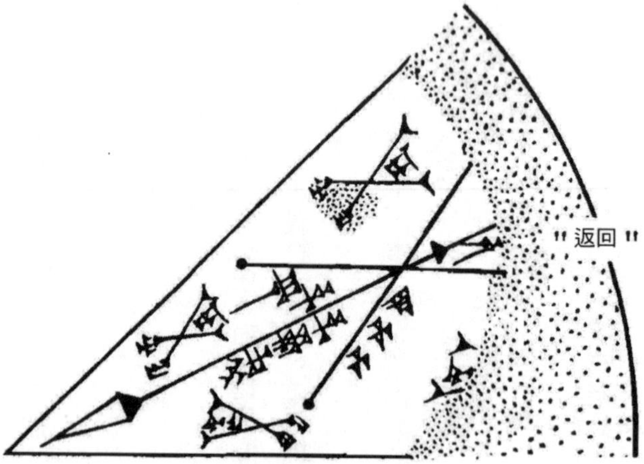

圖124　解讀第八部分

40 4 20 6 40 × 7 is 5 11 6 40
10 kasbu 11 ush 6½ gar 2 u mul GIR tab
eli mul SHU.PA sud

學者對於文獻這部分的度量單位及內容，沒有一致同意的讀法和解釋（耶拿希爾普雷館的管理人歐斯勒〔J. Oelsner〕博士，在一封信中向我們提供一個新的讀法）。不過，文獻的第二部分，很清晰的是在測量到SHU.PA（冥王星）的距離。

只有穿越過這些行星軌道的納菲力姆，才能得出這些公式；也只有他們需要這樣的數據。

納菲力姆考慮到他們的行星和目的地地球都是不斷在運動著，他們要瞄準的位置不是他們在發射時地球的位置，而是他們到達時地球的位置。可以想像的是，納菲力姆如同現代科學家畫登月地圖或到其他行星的地圖一樣，計算出他們的航線。

納菲力姆的太空船，很可能是順著第十二個天體的軌道方向發射，但那遠遠超出了地球範圍。基於這一點和其他大量因素，航空學與工程學博士阿姆．農西琴（Amnon Sitchin）為這艘太空船提出了兩條路線。第一條路線是在第十二個天體到達它的遠地點（指星球軌道上離地球的最遠點）之前發射太空船。太空船只需要少量能量，就能夠避免在減速時改變太多航向。當第十二個天體（可以把它當成一艘很大的「太空母船」）繼續在它超長的橢圓軌道上運行，一艘太空船落在一條較短的橢圓航線上，在第十二個天體靠近地球前，就能夠抵達地球了。這個方案能為納菲力姆帶來好處，但同時也帶來缺點。

所有在地球上的納菲力姆統治者或其他納菲力姆，他們的一年都是三千六百個地球年。而這一點讓他們可能採用第二個選擇，太空船與第十二個天體一起待在地球上空，進行一次短途旅行。太空船（C）必須在第十二個天體從它的遠地點返回的路程中間發射。隨著星球自身速度的

快速提高，太空船必須有強勁的動力才能超過它的母星，在幾個地球年之前抵達地球（D）。（見圖125）

基於複雜的技術數據，就像美索不達米亞文獻中的線索一樣，納菲力姆的地球任務，似乎很像美國太空總署的月球任務：當母船靠近目標星球（地球）時，它會進入該星球的軌道，而不是直接降落。它會會派出一艘更小的太空船（登陸艙）從母船脫離，並進行登陸。

與準確降落同樣困難的是，從地球上的回航肯定更需要技術。登陸艙要返回母船，必須先發動引擎，加速到能追上第十二個天體的速度，當時第十二個天體會剛好以它軌道上的極速，經過它在火星與木星之間的近地點。

這艘太空船的繞地軌道上有三個點，會將它們向第十二個天體的方向猛推。這三個選擇向納菲力姆提供一個在一點一至一點六個地球年內，追上第十二個天體的機會。

合適的地形、來自地球的導航，以及和母星方面的完美協調是成功抵達、登陸、起飛和離開地球的必要條件。

正如我們即將看到的，納菲力姆滿足了所有這些條件。

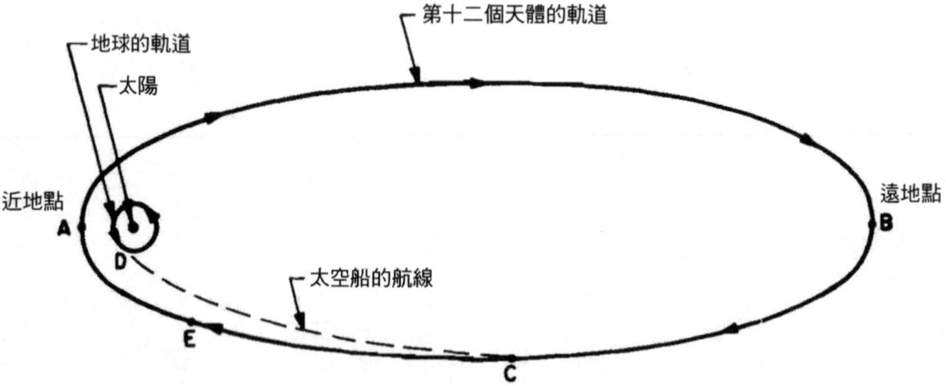

圖125　納菲力姆到地球的第二個選擇

10．眾神的七座城市

外星高智能存有第一次登陸地球的故事，是首蔚為壯觀的長篇史詩，重要性不亞於人類史上發現美洲和第一次環遊世界。實際上它更重要，因為有了這次登陸，我們和我們今天的文明才會存在。

納菲力姆第一次登陸地球

《創世史詩》告訴我們，「諸神」在他們領袖的帶領下，有目的地來到地球。巴比倫版本中，將這些都歸功於馬杜克，說他等著地球的泥土變得足夠乾燥結實，才好登陸地球，並在地球上進行建設。接著馬杜克將他的決策告訴了一組太空人：

> 我在更上面，你們居住的地方，建造了「上部的王城」。現在，我將它的對應物建在下部。

接著，馬杜克解釋了他的目的：

當離開天上，你們應該為了集會而降落；晚上要有休息的地方，來接納你們全部。我將把它叫做「巴比倫」——眾神的門廊。

因此，地球不只是他們的暫時落腳地或考察地；而是一個永遠的「家之外的家」。納菲力姆所在的第十二個天體，這個行星本身就像是一艘在軌道上旅行的太空船，穿過了其他的行星軌道；而他們無疑先在自己的行星上勘測太陽系。先派出無人探測器觀察地球，不久之後，他們也擁有了將載人太空船航向其他行星的能力。

當納菲力姆尋找另一個「家園」時，地球肯定是對他們最有利的。地球的藍色，指出它有孕育生命的水和大氣；而地球的棕色代表了堅實的陸地；地球的綠色，是植物與動物生命的基礎。然而當納菲力姆最終向地球前進時，它看起來一定和今天我們的太空人看到的地球有些差別。因為當納菲力姆第一次到達地球時，地球還處於冰河時期中期——一個極冷的時代，地球經歷冰凍和解凍的時代：

早期冰河時期——開始於大約六十萬年前

首次變暖（間冰期）——大約五十五萬年前

第二次冰河時期——四十八萬到四十三萬年前

納菲力姆大約四十五萬年前第一次到達地球時，地球上有大約三分之一的大陸被冰原和冰河覆蓋。由於有這麼多的冰凍水域，降雨減少了，但也不是所有地方都如此。由於風的模式與地形特點的結合，有些現在很貧瘠的區域，當時卻是富水區，而現在某些只有季雨的區域，在當時卻整年降雨。

海平面也比現在低，因為大量的水都結成了冰，覆蓋在陸地上。有證據指出，在兩個冰河時期的最高峰，整個海平面比現在低了六百到七百英尺。因此，當時一些乾地，現在是海和海岸線。河水繼續流動的地方，在經過岩石地貌時，創造了深深的河谷或山峽；如果河水是在軟地或泥土上奔流，將經過大片的濕地，抵達冰河時期的大海。

納菲力姆在這樣的氣候和地理環境中抵達地球，他們會在什麼地方建立自己的第一個住所？無疑的，他們將尋找一個氣候相對溫和的地方，這樣他們簡單的臨時房屋才能滿足需求，才能穿著輕便的工作服，而不用穿著笨重的保暖服裝。他們肯定還要尋找可以飲用、洗滌和工業用的水，有足夠的水維持供食用的植物和動物的生命。河水既能滿足大片土地的灌溉用水，又能方便運輸。

當時，地球上只有一個地方能滿足這樣的氣候條件，而且還能提供登陸需要的大片平地。正如我們現在所知的一樣，納菲力姆將注意力放在三條大河及其平原上：尼羅河、印度河，以及兩河（底格里斯—幼發拉底河）流域。這些流域中的任一個，都很適合早期殖民；而每一個地方，最後都成為了一個古代文明的中心。

納菲力姆當然不可能忘記另一個需求：燃料和能源供應。在地球上，石油是具有多種功能、且蘊藏豐富的能源礦物，它能提供能量、熱和光，無數必不可少的貨物都是由這種極其重要的天然原料製成的。我們從蘇美人的實踐和紀錄可以判斷，納菲力姆使用了石油和其衍生物；顯而易見的，納菲力姆在選擇最合適棲息地時，會選擇有豐富石油資源的地方。

抱持這種想法，納菲力姆可能會把印度河流域放在最後的選擇，因為這裡沒有石油。尼羅河多半是第二個選擇；它在地質上屬於沉積岩區域，但這個地區的石油只能在離該流域一段距離的地方才能找到，並且需要鑽很深的井。兩河流域，美索不達米亞，毫無疑問的是第一個選擇。一些世界上最富饒的油田，從波斯灣的末端，一直延伸到底格里斯河和幼發拉底河的發源地。當大多數地方都要鑽很深的井才能採到石油時，古代的蘇美（現今的伊拉克南部），瀝青和柏油是從地表汩汩流出。

有趣的是，蘇美人為每一種瀝青材料都取了名字——石油、原油、天然瀝青、粗瀝青、柏油、焦化瀝青、膠泥、石蠟、瀝青。他們對各種不同的瀝青取了九個不同的名字。透過對比，古埃及語只有兩個，而梵語只有三個。

《創世記》中曾描述上帝在地球上的住所——伊甸園——那裡有著舒適的氣候，溫暖而略帶微風，因為上帝下午要散步，享受涼爽的微風。這是土質肥沃的地方，適合耕種，同時也是座美麗的花園。這裡特別是適合種植果樹的園子。這是由四條河流組成水網的地方。「第三道河名叫希底結，流在亞述的東邊。第四道河就是伯拉河。」（《創世記》2：14）

《創世記》提到的第一條河叫做比遜河（意思是充裕），第二條河叫做基訓河（意思是噴湧而出），還不能確認。第三、第四條河已經完全可以肯定就是底格里斯河與幼發拉底河。一些學者將伊甸園的位置定在美索不達米亞的北部，這裡是兩條河流與兩條較小支流的發源地；其他一些學者，例如史本賽（E. A. Speiser）在《樂園之河》（*The Rivers of Paradise*）一書中相信，這四條河在波斯灣頂部匯聚，所以伊甸園不是在美索不達米亞的北部，而是在南部。

《聖經》中「伊甸」（Eden）這個名字源於美索不達米亞，它的原文是阿卡德語edinu，意思是坦白的。我們回想起古代諸神的「神聖」稱號丁基爾（DIN.GIR，意思是火箭中的正直／公正的人）。蘇美人把眾神的住所叫做E.DIN，意思是這些正直者的家——一個十分符合的描述。

納菲力姆將美索不達米亞作為他們在地球上的家，至少還有另外一個很重要的原因。雖然最後納菲力姆在乾地上建造了太空船基地，但仍有一些證據證明，至少在一開始，他們的密閉太空艙是迫降在海裡，激起一片濺水聲。如果這是他們的降落方法，美索不達米亞附近不止有一片海，而有兩片——南部的印度洋，以及西邊的地中海——所以在緊急情況下，不一定要在哪片海洋降落。和我們知道的一樣，一個好的海灣也是長途航行不可少的。

在阿拉伯海迫降

在古代的文獻和圖畫中，納菲力姆的太空船最初叫做天船（celestial boats）。可以想像的是，這些「航海」太空人，在古代史詩文獻中，是被描述成從海底「天國」來的人，於是「魚人」的形象出現了。而且他們還上了岸。

這些文獻，實際上將一些在太空船的AB.GAL的穿著描述成魚。一部文獻中，講到伊師塔的神聖旅行，她尋找一條隨著「沉沒的船」離去的「大加魯」（Great gallu，意思是主要的導航員）。貝羅蘇斯傳播了有關奧安尼斯（Oannes）的傳奇，他是「賦予理性者」，他是在王權下落地球第一年，從「巴比倫王國邊境的厄立特里亞古海」來的一位神。貝羅蘇斯記錄，雖然奧安尼斯長得像一條魚，但他在魚頭下有人頭，在魚尾巴下也有人腳。「他的聲音和語言也和人類接近，發音清晰。」（見圖126）

那三位讓我們懂得貝羅蘇斯所寫內容的希臘歷史學家們，記錄這些魚人會週期性的出現，從「厄立特里亞古海」而來——現在的阿拉伯海（印度洋西部）。

為什麼納菲力姆會降落在印度洋，距他們選中的美索不達米亞的地點數百英里，而不是降落在波斯灣，那裡離

圖126 「魚人」的形象

選中的地點還近得多？古代紀錄間接證明了我們的觀點——他們的第一次降落是在第二次冰河時期，那時現在的波斯灣還不是海，而是一片沼澤和淺湖，所以不可能在那裡降落。

這些來到地球的第一批高智能存有，在阿拉伯海降落，將他們的道路直指美索不達米亞。沼澤地延伸到了今天的海岸線之內。他們在濕地的邊緣建立了我們星球上的第一個據點。

他們把它叫做埃利都（E.RI.DU，意思是建在遠處的房屋）。多麼合適的名字！

一直到現在，波斯文的ordu都意謂營地。這個詞在所有語言中都生了根：Earth（意思是地球、陸地、大地），在德文中是Erde，在古高地德語是Erda，冰島語是Jördh，丹麥語是Jord，哥特語是Airtha，中古英語是Erthe；而且，回溯到過去，Earth在亞拉姆語是Aratha或Ereds，在庫德語是Erd或Ertz，在希伯來語中是Eretz。

在美索不達米亞南部的埃利都，納菲力姆建立了地球站，一個半邊都結冰的星球上孤獨的前哨站。（見圖127）

建立七座城市

蘇美文獻，以及後來的阿卡德譯文版，按照建立順序，列出了納菲力姆的據點或「城市」。我們甚至還知道各個據點是由哪位神所管轄。一部認為是阿卡德「大洪水碑刻」的原本蘇美文獻，講到了前七座城市中的五座：

> 在王權從天國下降之後，在高貴的王冠之後，王權寶座從天國降下了，他……完善了這些程式，神聖的律法……在純潔之地創建了五座城市，叫出它們的名字，將它們設計為中心。
>
> 第一座城市，埃利都，他交給努迪穆德領導。第二座城市巴地比拉，他給了讓努濟格

（Nugig）。第三座城市拉勒克，他給了帕比爾薩格（Pabilsag）。第四座城市西巴爾，他給了英雄烏圖。第五座城市舒魯派克，他給了蘇德。

那個讓王權從天國降下，計畫修建了埃利都和另外四座城市，並安排它們各自的統治者或指揮者的神，名字很不幸的被塗掉了。然而，在所有文獻中那位涉過濕地邊緣、上了岸，說「我們在這裡安家」的神是恩基，在上述文獻裡的稱號是努迪穆德（Nudimmud，意思是他是造物者）。

恩基（EN.KI，意思是乾地之主）和艾（E.A，意思是他的家是水），這位神

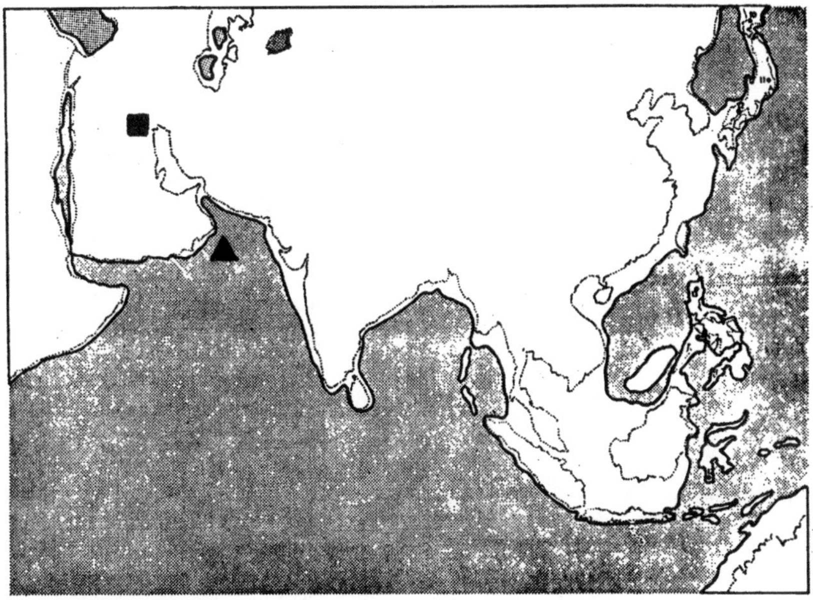

圖127　納菲力姆建立的第一個地球站

的兩個名字都非常合適。埃利都，在整個美索不達米亞歷史中，都一直保存著恩基的權力位置，也是王權的中心。這中心是建造在一片從濕地水中人造的陸地上，在一份被克萊默叫做〈恩基和埃利都神話〉的文獻中能找到證據：

> 水的深處之主，恩基王……修建了他的房子……在埃利都他修建了水岸之房……恩基主……修起了一座房屋：埃利都，像一座山，從大地升起，他將它建在一個好地方。

這些和其他大多數文獻段落都認為，這些地球最早的「殖民者」，必須應付這些淺湖或充滿水的沼澤。「他帶來……讓小河變得乾淨」。努力疏通河床和支流的阻塞，讓濕地和沼澤的水排掉，引入更優質的水，以獲得更乾淨的飲用水，進行灌溉。蘇美人的敘事，也提到了一些填土或抬高水壩的行為，以保護這第一批房屋。

一份學者叫做〈恩基和大地秩序〉的「神話」文獻，是迄今為止發現最長、保存最好的蘇美敘事詩。它有四百七十行詩，其中的三百七十五行至今都清晰可讀。它的開頭（大約前五十行）很不幸破損了。接下來的詩文，描述了恩基的得意，他建立了與諸神阿努（他的父親）、寧替（Ninti，他的姐妹）和恩利爾（他的兄弟）之間的關係。

在這些引言和介紹之後，恩基自己「拿起了麥克風」。聽起來不可思議，事實上，這裡的文獻就是恩基登陸地球後的第一人稱報告：

> 當我到達地球，這裡洪水氾濫。當我到了它的青草地前，土堆和山丘在我指揮下堆積起來。我在一個純潔之地修建了我的房屋……我的房屋——它的陰影延伸到了蛇濕地……鯉魚在小蘆葦叢間，搖著尾鰭。

詩文繼續描述，用第三人稱開始記錄恩基的功績。這裡是一些節錄：

他將這些濕地分界，在裡面放進了鯉魚和……魚；他將這些灌木叢分界，在裡面放進了……蘆葦和綠蘆葦。他讓恩比魯魯（Enbilulu），運河的監察員，管轄沼澤和濕地。

他在其中放網讓魚無從逃脫，他的陷阱無法……逃脫，他的圈套沒有鳥能逃脫，一位愛魚的神……的兒子……恩基讓他管理魚和鳥類。

恩基木杜（Enkimdu），溝渠和水壩的那一位，恩基讓他管理溝渠和水壩。

他是……鑄造，庫拉（Kulla），大地上的造磚者，恩基讓他管理鑄造與製磚。

詩文中還列出了恩基的其他功績，包括淨化底格里斯河的水，用運河連接底格里斯河和幼發拉底河。他的房屋在充滿水的河岸，靠近一個碼頭，蘆葦筏和船隻能夠在那裡靠岸，也能在那裡下水。這座房子正好叫做E.ABZU（意思是深處之屋）。恩基在埃利都的聖域，從此以後用這個名字流傳了千年。

恩基和他的登陸團隊探索過埃利都周圍的土地，但他似乎最喜歡走水路。他在一份文獻中說：濕地「是我最喜愛的場所」；它向我張開懷抱」。另一份文獻說，恩基在濕地裡航行他的船，船叫做MA.GUR（字面上的解釋是轉向之船），也就是一艘行駛的船。他描述他的船員們是怎樣「同時划起船槳」，怎樣「唱著甜美的歌曲，讓河流也跟著欣喜」。在這樣的時刻，他傾訴：「神聖的歌曲和魔法填滿了我，充滿水的深處。」（見圖128）

蘇美國王的名單指出，恩基和他的第一隊納菲力姆很長一段時間都待在地球上：在第一個指揮官或「殖民長官」到來之前，過了八個shar's（兩萬八千八百年）。

當我們仔細審查這件天文事件時，有趣的事情發生了。學者曾被一個明顯的蘇美「困惑」纏

圖128　在濕地航行的恩基與船員

住，說不清楚黃道十二宮中誰才是與恩基有關的。魚—山羊的標誌，代表著摩羯座，顯然與恩基有關（而且，確實能夠解釋埃利都創始人一詞，A.LU.LIM，它的意思是閃光水域中的羊）。然而，常常描述艾／恩基是舉著流水的花瓶——最初的寶瓶座或水瓶座——他肯定是位魚神，因此又與雙魚座有關。

天文學家弄不清楚，古代占星師們到底是如何觀察出那些星群像魚或送水人的輪廓。答案是這麼來的。黃道帶星座的名字其實不是因為星群的輪廓而來，是根據一位原來生活在某個時候的神的主要活動或稱號而來，那時的春分點剛好落在某一個黃道宮上，就為這一星座命名。

如果恩基登陸地球——如我們所認為的那樣——是在雙魚座時代的開始，見證了向寶瓶座的轉移，並經過一個大年（兩萬五千九百二十年），一直待到了摩羯座時代的開端，那他的確是在地球上指揮了傳奇般的兩萬八千八百年。

有關時間的記載，同樣也能證明我們之前的結論，認為納菲力姆是在一次冰河時期中期來到地球。提高水壩、挖掘運河，這些勞累的工作是在氣候仍然很嚴酷時進行。在他們登陸後的幾個shar's年之後，冰河時期轉成一個更為溫暖多雨的氣候（大約是在四十三萬年前）。就是在那之後，納菲力姆才打算進入更遠的內陸，擴大他們的據點。阿努納奇（納菲力姆的一般人員）將埃利都的第一位指揮官稱為A.LAL.GAR（意思是他帶來休憩的雨季）。

不過，當恩基在地球上披荊斬棘時，阿努和他的另一個兒子恩利爾卻在第十二個天體上注視著地球的發展。美索不達米亞文獻清楚講到，真正管理地球任務的是恩利爾；當繼續任務的決策下來之後，恩利爾自己降落到了地球。EN.KI.DU.NU（意思是恩基挖向深處）為他修建了一個特別的據點或是基地，叫做拉爾薩（Larsa）。恩利爾是什麼時候開始獨自管轄這個地方？他的綽號是ALIM（意思是公羊），這與白羊座時代相符。

拉爾薩的建立，讓納菲力姆在地球上的殖民進入了一個新的階段。它標誌著，這項進入地球的工作若要繼續進行，需要向地球運輸更多的「人力」、工具和裝備，並將有價值的貨物運回第十二個天體。

地面指揮中心

水面降落已經不再適用於這些重載了。氣候的變化讓內地能夠被更好的利用；是把登陸點移到美索不達米亞中心部位的時候了。在這個關鍵時刻，恩利爾來到了地球，在拉爾薩開始修建一個「太空航行地面指揮中心」——一個可以讓納菲力姆方便回母星或來地球的太空旅行的地面指揮中心，它能引導太空船降落，以及指揮它們起飛回到圍繞地球旋轉的太空船上。

恩利爾為了這個目的所選擇的地方，就是揚名千年的尼普爾，他將之取名為NIBRU.KI（意思是地球的十字路口——這讓我們回想起第十二個天體與地球最接近的地方被叫做與天交接的十字之地）。恩利爾建立了DUR.AN.KI，意思是天地紐帶。

這項工作顯然非常複雜耗時。恩利爾在拉爾薩待了六個shar's（兩萬一千六百年），當時尼普爾還處於建設之中。尼普爾的建設工作也相當漫長，恩利爾的稱號證明了這一點。在拉爾薩時，恩利爾和公羊（白羊座）對應，隨後又與公牛（金牛座）對應。尼普爾是在金牛座時代建成的。

一首讚美了仁慈的恩利爾和他的妻子寧利爾、他的城市尼普爾，以及其中的「高聳之屋」E.KUR的祈禱詩，向我們描述了很多關於尼普爾的事。首先，恩利爾在那兒列出一些先進的儀器設備：一個審視大地的「升起的『眼睛』」，和一根尋找大地之心的「升起的柱子」。詩文告訴我們，尼普爾被驚人的武器保護著：「它看上去非常恐怖」，從「它的外面，沒有任何強大的神敢接近」。它的「手臂」是一張「大網」，它的中間蹲著一隻「快步的鳥」，沒有任何邪惡能躲過這隻「鳥」的「手」。這個地方是不是透過電場由某種死亡射線保護著？它的中央是不是有一個機坪，這隻「鳥」相當輕快，所以沒有誰能逃出它的勢力範圍？

尼普爾的中心，在一個人造物上升起一座平臺，恩利爾的指揮部KI.UR（意思是地球之根）——升起「天地紐帶」的地方——坐落於此。這是太空航行的地面指揮中心的通訊中心，是地球上的阿努納奇跟他們戰友聯繫的地方，他們的戰友IGI.GI（意思是轉身看的人）位於繞著地球旋轉的太空船上。

古代文獻接著講到，在這個中心裡，有一根「朝向天空接近上天的高柱」。這根極高的「柱子」，很堅實的扎在「不可推翻的平臺上」，恩利爾用它來向天空「宣說他的話」。這是在描述廣播塔。一旦「恩利爾的話」——他的指令——「到達天國，豐收將降臨地球」。這是在描述太空船帶來材料、特殊食物、藥品和工具，而導致這一切的是尼普爾發出的「話」！

這個指揮中心位於一個升起的平臺上，也就是恩利爾的「高聳之屋」。其中有一間神祕的房間，叫做DIR.GA：

> 和遠方的水域一樣神祕，就像是天上的穹頂。在它的……之間……標記，星星的標記。它讓ME更為完善。它的言語是為了表達……它的言語是仁慈的神諭。

這個DIR.GA是什麼呢?古代碑刻的破損阻止我們取得更多資訊;但它的名稱,意思是「黑暗、王冠狀的房間」,一個放著星際航海圖的地方,一個製造預言的地方,一個接受並發送ME(這些太空人的資訊)的地方。這些資訊讓我們想到位於德州休士頓太空航行的地面指揮中心,追蹤監測著執行月球任務的太空人,擴大他們的通訊,在布滿星星的天空下為他們標明路線,給予他們「仁慈的神諭」作為指引。

這時也許我們會回想起祖,他到恩利爾的聖域並奪走了命運之簽,於是「停止了指揮的發布……神聖的內室失去了它的光輝……一片沉寂……死寂盛行」。

在《創世史詩》中,行星神的「命運」就是他們的軌道。我們有理由認為命運之簽,對恩利爾的「太空航行的地面指揮中心」是非常重要的,它控制著太空船的軌道和順著天地紐帶的航行路線。它很可能是帶著指引太空船航線等電腦程式不可缺少的「黑盒子」,失去它的話,地球上的納菲力姆和他們母星之間的聯繫就被切斷了。

許多學者都把恩利爾(EN.LIL)這個名字解釋為「風之主」,這樣就符合了古人願意將自然因素「人格化」的理論,並由此有了一位管理風和風暴的神祇。然而一些學者已經開始懂得,在這個名字中,LIL的意思不是自然界的暴風,而是從嘴裡出來的「風」——一種表達、一種指揮、一種說出來的溝通。再一次,EN在古老的蘇美象形文字裡的含義——特別是在EN.LIL這個詞彙中——和LIL的含義,在這個問題上發出了自己的光芒。因為我們看到的那座裝了天線的高塔建築,就像是今天我們用來接收和發射訊號的大型雷達——這就是文獻中提到的「大網」。(見圖129)

巴地比拉,建造成一個工業中心,恩利爾派他的兒子蘭納/辛為指揮官;在城市列表的文獻中將他叫做NU.GIG(意思是夜晚天空的他)。我們相信,根據古代蘇美文獻,伊南娜/伊師塔和烏圖/沙馬氏這對雙胞胎,是在這裡出生的——這件事讓他們的父親和下一個黃道宮(雙子

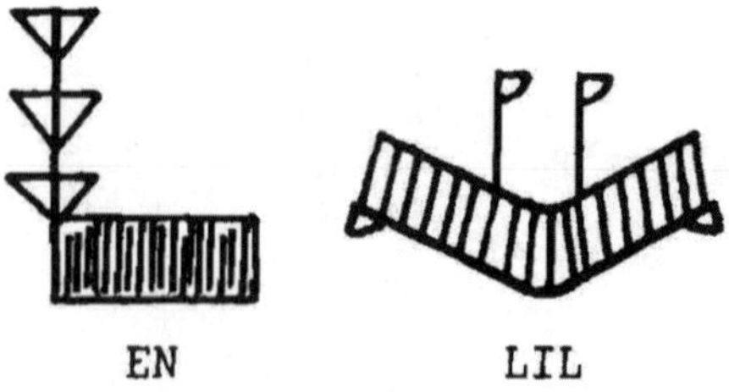

圖129　恩利爾（EN.LIN）的蘇美文字

座）有了聯繫。身為在火箭中受訓的神祇，沙馬氏掌管著GIR星座（GIR既有火箭的意思，又有蟹爪或巨蟹座的意思），當然，這是在獅子（獅子座）的伊師塔之後。

恩利爾和恩基的姐妹，「護士」寧呼爾薩格，在這裡也沒有漏掉：在她的管理下，恩利爾將舒爾派克建設成了納菲力姆的醫藥衛生中心——她掌管處女座代表著這件事。

當這些中心被建成的時候，尼普爾的建造也隨著納菲力姆地球太空站的建設而完工。文獻上寫得很清楚，尼普爾是發布命令或「言語」的地方，在那裡，當「恩利爾命令道：『對準天國！』……一個就像空中火箭般的閃光升起」。但這次行動本身卻發生在「沙馬氏升起之地」，而這個地方是納菲力姆的甘迺迪角（Cape Kennedy，譯注：美國佛羅里達州東海岸的卡納維拉爾角，於一九六三年更名為甘迺迪角，是美國太空中心）——西巴爾。這座城市是在鷹之首領的管轄之下，是多節火箭的發射地，「聖域」就在那裡。

當沙馬氏有能力指揮噴火火箭時，他成為了審判之神，被認為掌管著天蠍座和天秤座。

完成眾神前七個城市的列表，及將之與黃道十二宮對應的是拉勒克。恩利爾在那兒任命自己的兒子尼努爾塔作指揮官。城市列表中稱他為PA.BIL.SAG（意思是強大守護者）；射手座也是如此稱呼。

納菲力姆的終極計畫：建立太空站

顯然，眾神前七個城市的建立是有計畫性的。這些「神祇」，他們有太空旅行的能力，按照精確的計畫進行了第一次登陸，提供生存所需：能降落在地球上，能離開地球返回母星。

他們的終極計畫是什麼？

當我們找尋答案時，可以問自己一個問題：地球的天文學和占星術的符號的起源是什麼，為什麼我們曾經用一個十字加圓圈來表示「目標」？

這個符號要追溯到蘇美的天文學和占星術的源頭，而且它在埃及象形文字中有「地方」的意思：

這是巧合，還是重要的證據？在納菲力姆的登陸地圖上，是否有著這樣的符號，用來標注「目標」？

納菲力姆是地球的外來者。當他們從太空審視這顆行星表面時，他們多半比較注意山峰和山脈。這些地形對降落和起飛都有潛在的威脅，但同時它們也能成為導航的標誌。

如果納菲力姆在印度洋上空盤旋，注視著最早被選為降落地點兩河流域的平原，這時就會出現一個顯著的地標：亞拉拉特山。

亞拉拉特山是一座死火山，位於亞美尼亞高原，現今土耳其、伊朗和亞美尼亞共和國的邊境上。它的東北側有海拔三千英尺，西北側有海拔五千英尺。整座山的直徑大約是二十五英里，一個高聳的頂部從地球表面冒出。

還有其他一些因素，讓亞拉拉特山不僅在地表很突出，從天上俯瞰也很顯眼。首先，它位於凡湖和賽凡湖之間。其次，山頂有兩座山峰：一萬兩千九百英尺的小亞拉拉特山和一萬七千英尺（超過五千公尺）的大亞拉拉特山。再也沒有哪座山峰比這兩座被冰雪覆蓋的山頭明顯了。它們就像是兩湖之間的明亮燈塔，在白天就像是巨大的反光源。

我們有理由相信，納菲力姆是透過明顯的地標和便利的河流，訂出一條南北線，確定降落的地點。美索不達米亞的北部，輕鬆就能辨出的亞拉拉特山雙峰是很明顯的地標。一條從亞拉拉特山雙峰中部畫過的線，將幼發拉底河一分為二。太空站就選在這個地方。（見圖130）

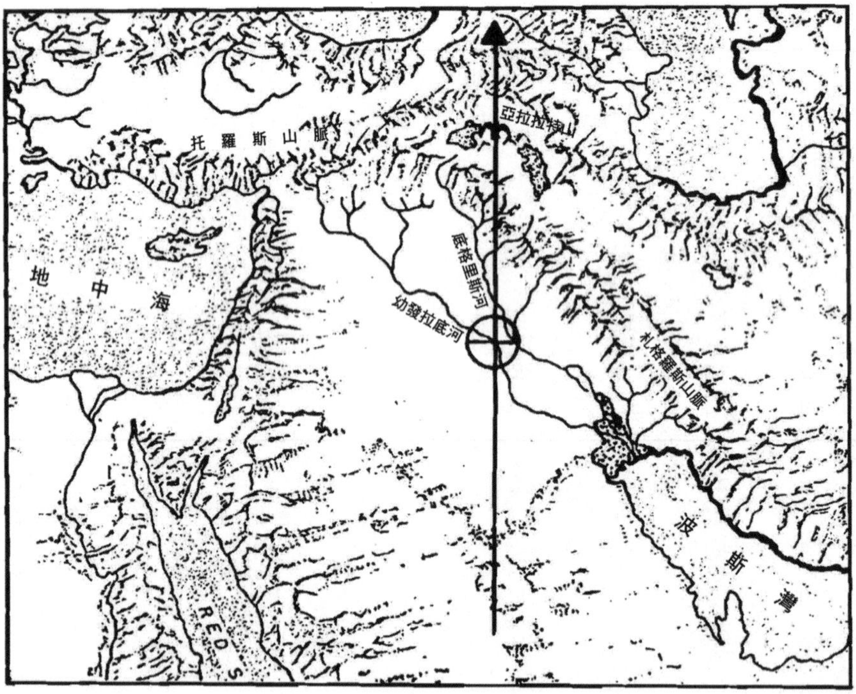

圖130　納菲力姆的太空站位置

可以找到順利登陸和起飛的地方嗎？

答案是可以的。選址就在平原上；環繞美索不達米亞平原的山脈，距離這裡也夠遠。東邊、東北和北邊的高峰，都不會阻礙太空船從南部進來。

這個地方夠便利嗎？讓太空人和材料的運輸不會太困難？

答案同樣是肯定的。透過水運經過幼發拉底河，再走陸路就可以到達這個地點。

還有一個非常決定性的問題：這附近有提供電和能量的資源嗎？答案非常明確。西巴爾位於幼發拉底河的彎曲處，那裡是古代最著名富藏能源之地，有從天然油井冒出地表的瀝青和柏油，不用挖掘，就能輕鬆採集。

我們可以想像，在太空船指揮所裡，恩利爾在副官們的簇擁下，在地圖上標出一個圈圈，畫下一個十字。「我們該把這個地方叫做什麼名字？」也許他會這麼問。

也許有人回答：「為什麼不叫它『西巴爾』？」

在古代近東的語言中，西巴爾的意思是鳥。西巴爾正是鷹群歸巢的地方。

這些太空船是如何滑行進入西巴爾呢？

我們可以設想某個太空導航員指出了最佳線路。左邊是幼發拉底河與西部山脈環繞的平原，右邊底格里斯河與東方的札格羅斯山脈。如果這艘太空船與穿越亞拉拉特山的線呈四十五度角接近西巴爾的話，它的軌道將讓它安全的從這兩個危險區域之間穿過。此外，以這樣的角度登陸，會在高海拔時從南部穿過阿拉伯半島多岩石的頂部，在波斯灣海域開始滑行。這樣的旅程，太空船的視野不會受阻，也能和位於尼普爾的地面指揮中心維持密切的聯繫。

恩利爾的副官可能畫了一幅粗略的草圖——一個三角形，每一邊都是水域和山脈，一個類似箭頭的東西指向西巴爾。「X」可能代表尼普爾，它位於中央。（見圖131）

它看起來可能有些不可思議，但這幅草圖還真不是我們畫的；這個設計是在蘇薩一個西元前

圖131　降落位置的草圖

三千兩百年的陶器上看到的。它為我們提供一條思路，這個描繪飛行軌道和程式的平面圖，是以四十五度角為基礎的。

納菲力姆在地球上建立據點並不是沒有計畫性的。所有的計畫都經過研究，所有資源都經過計算，所有潛在的危險和阻礙都詳加考慮；不僅如此，殖民計畫本身也精確的被描繪出來，每一個地點都適合最後的形式，而這一切的目的都是為了畫出通往西巴爾的登陸軌道。

還沒有人看穿這些分散的蘇美聚居地背後的偉大計畫。然而如果我們觀察前七座城市，就會發現巴地比拉、舒魯派克和尼普爾位於與亞拉拉特山最高點呈四十五度的這條線，剛好與西巴爾城和亞拉拉特山最高點形成的另一條線相交！另外兩座已知其位置的城市，埃利都和拉爾薩，與亞拉拉特山最高點形成的一條線，也在西巴爾和第一條線相交。（見圖132）

古代的草圖給我們線索。它把尼普爾放在圓心，其他七個城市位在三個同心圓上。拉格什位於其中一個同心園，它和西巴爾形成的一條線，與另一條線（埃利都—拉爾薩—西巴爾）呈四十五度角。拉格什的位置與拉爾薩是成比例的。

雖然拉勒克（LA.RA.AK，意思是看見明亮光環）的遺址尚未發現，但理論上它的位置應該是在圖132的第五點，因為它也是一座眾神之城。巴地比拉、舒魯派克、尼普爾、拉勒克和西巴爾之間，距離六個貝魯（beru，納菲力姆的距離單位），這五座城市串起一條線，形成了主航線。

兩條外層的線，穿過尼普爾的那條中心線的兩側，每一側都與它呈六度角，是主航線的南北外線。兩座城市都有相當適合的名字：拉爾薩（LA.AR.SA，意思是看見紅光）；以及拉格什（LA.AG.ASH，意思是在六看見光環）。每條線上的城市的確是相隔六個貝魯（大約六十公里，也就是三十七英里）。

我們相信，這就是納菲力姆的偉大計畫。他們為太空站選擇了最好的位置（西巴爾）後，在到達這裡的最重要航線的兩側，設立其他的據點。並在這些據點的中心，建造了尼普爾，也就是

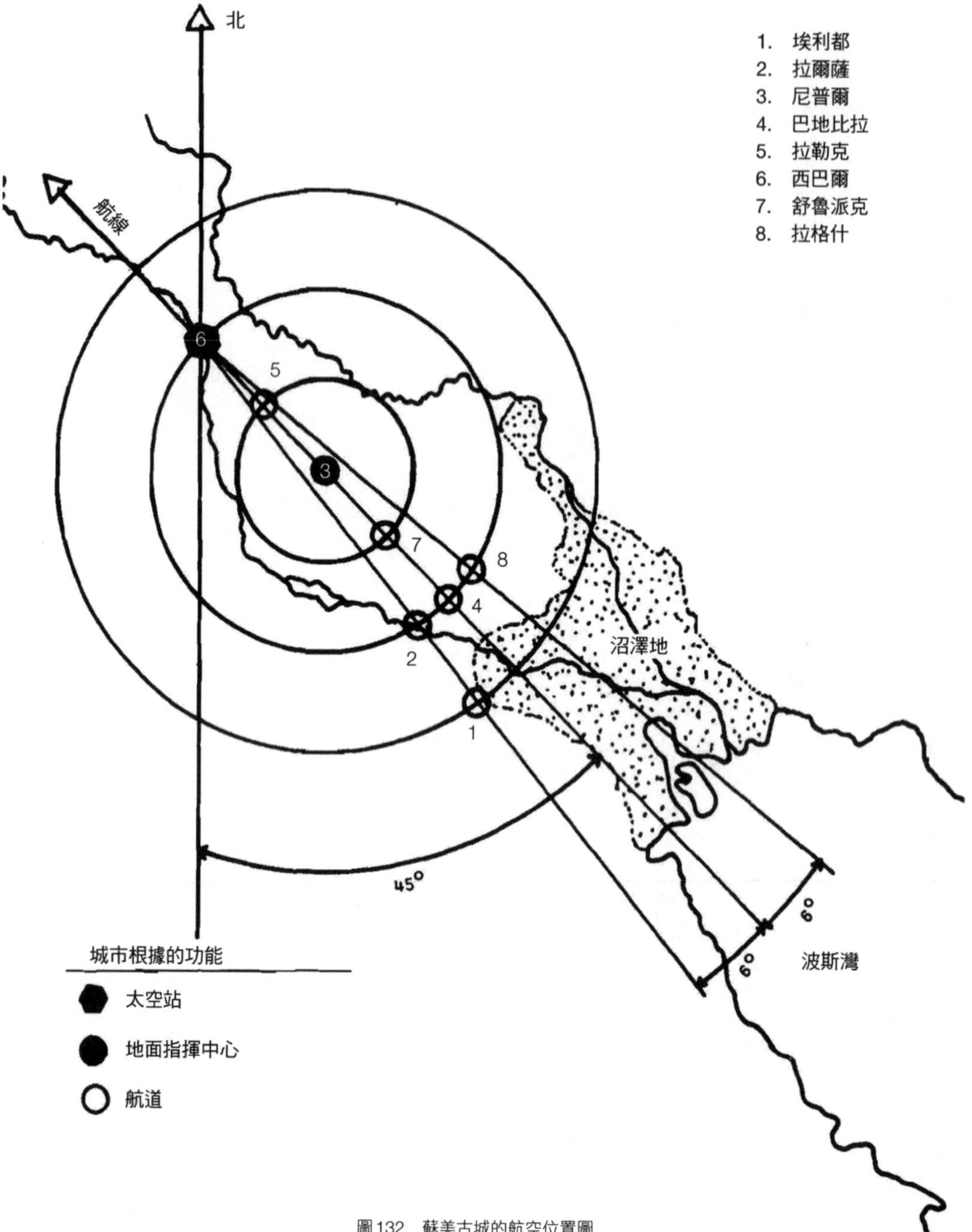

圖132　蘇美古城的航空位置圖

「天地紐帶」。

天線塔和黑盒子

無論是最初的眾神之城，或是它們的遺址，都無法再出現於人類的視野中——它們都被後來發生在地球上的大洪水所摧毀。但我們仍可以更深入了解它們，因為每一位美索不達米亞君王都有一個神聖的職責，那就是在相同地點按照它們原本的模樣重建這些聖域。這些重建者精確、忠誠的按照原本的計畫修建，如同下面文字（由萊亞德發現）：

這個為了未來，永恆的大地計畫，建築的決心（我一直牢記著）。它承載了，來自上古的圖畫，以及上天的文字。

如果真如我們所說的，拉格什在這些城市中就像燈塔一樣，那麼古蒂亞於西元前三千年寫下的資訊就是證據。他寫道，當尼努爾塔指揮他重建聖域時，一位神陪著他，給他建築計畫（**畫在一個石板上**），一位女神（**她在她的「房間」裡「往返於天地之間」**）則給了他一張天上的地圖，指導他將各處對應天體排列。

除了「聖黑鳥」之外，神的「可怕的眼睛」（**用自己的力量征服世界的柱狀物**）和「世界控制者」（**他的聲音會「在四處迴響」**）也都位於聖域中。最後，當這座建築物完工之後，「烏圖的標誌」在上面升起了，面朝「烏圖升起之地」——朝向位於西巴爾的太空站。所有這些發光體，對於太空站的運轉來說，都是很重要的，因為烏圖在檢查這些完工的建築時，「充滿欣喜」。

早期蘇美的描繪中，常常出現最初用蘆葦和木頭修建的大量建築，它們位於一群吃草的牛群

中。最尋常的觀點認為這些建築是牛舍，但這種觀點與建築物屋頂上伸出的柱子產生了矛盾。（見圖133a）

我們能看出來，這些柱子的目的是支撐了一對或更多對的「指環」，但它們的功能並沒有被解釋。既然這些建築是蓋在草地上，那肯定人們會問這些房子到底是不是建來養牛。蘇美象形文字中有一個詞DUR或TUR（意思是住所、聚集地），無疑是描繪這樣的建築。（見圖133b）它們讓我們清楚了解這些建築的主要用途並不是「牛棚」，而是天線塔。裝設「指環」的柱子，不僅設在郊外，也安置在神廟的入口處、諸神的聖域裡。（見圖133c）

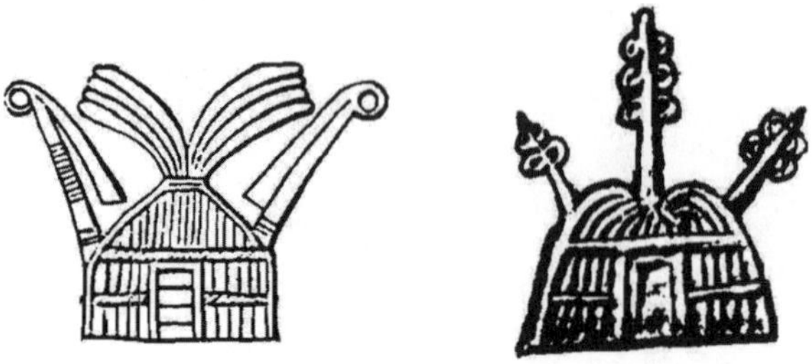
圖133a　屋頂有柱子的建築

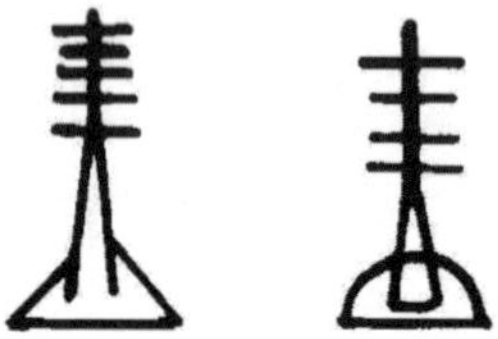
圖133b　蘇美象形文字DUR或TUR

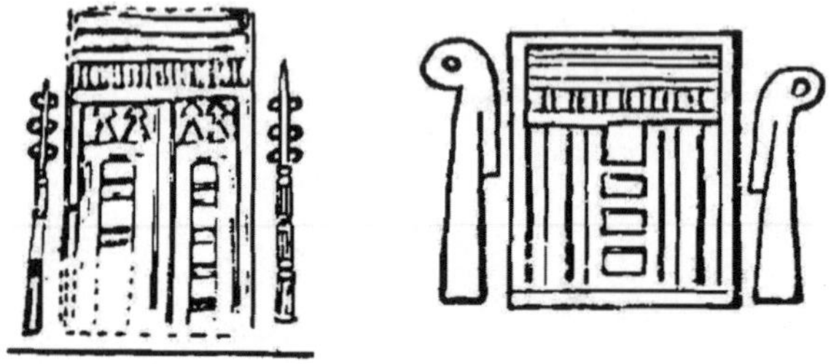
圖133c　神廟入口旁的兩根柱子（天線）

這些天線是否有廣播裝備？這些成對的環狀物是不是訊號發射器？把它們設在郊外，是不是用來引導外來的太空船？那些圓柱眼睛是不是掃描設備，如同眾多文獻中提及的「無所不見之眼」？

我們知道這些設備很輕便、容易攜帶，因為一些蘇美印章裡描繪了像盒子一樣的「聖物」，透過小船走水路，內陸地區則用動物馱載運輸。（見圖134）

我們看見這些「黑盒子」的樣子時，會聯想到摩西在上帝的指示下製作的約櫃。約櫃是木質的，內外都鍍以黃金——兩個導電的表層被絕緣的木頭隔開。約櫃上面的卡波雷斯（kapporeth，編按：《和合本》譯為「幔子」）同樣是用黃金打造，由兩個黃金打造的基路伯撐起。學者推測卡波雷斯是一種「覆蓋物」，它的性質不明；但《出埃及記》30：22提示了它的用途：「要把壇放在法櫃前的幔子（kapporeth）外，對法櫃上的施恩座。」

約櫃暗喻著一個通信盒，用電來操作，而且方便攜帶。它用四個穿過金環的木棒架著。沒有人能觸碰法櫃；有一個以色列人摸了它之後，立即身亡——有可能是死於高壓電。

這很明顯的是一個「超自然」的儀器——它可以用來與一位神聯繫，而神根本是在另一個地方——因此，約櫃變成了一個被崇拜的器具，「神聖崇拜的符號」。拉格什、烏爾、馬

圖134 「聖物」用小船或動物運輸

里和一些其他古代遺址中的各座神廟，都有聖物「崇敬之眼」。最著名的例子，是美索不達米亞北部特爾布拉克的「眼廟」。這座神廟有四千年歷史，取這個名字不僅是因為這裡出土了數百個「眼睛」的符號，而且在神廟的內室中，只有一座祭壇，一個巨石上有兩隻「眼睛」。（見圖135）

唯一的可能是，這是對真實聖物——這是模仿尼努爾塔的「可怕的眼睛」，或是在尼普爾的恩利爾地面指揮中心的「眼睛」。古代文獻中記述：「他凸起的眼睛審視著大地……他凸起的柱子搜尋著大地。」

圖135　眼廟的祭壇

廟塔的實際功能

美索不達米亞平坦的平原是必要的，太空的裝備似乎放在平原上的人造平臺上。文字和圖畫描繪，毫無疑問的告訴我們，這些建築最初是由草地上的棚屋，慢慢發展成後來這些階梯平臺，建造了樓梯和斜坡，讓人可以從寬闊的低層走到稍顯狹窄的高層。在廟塔的頂端，修建了神真正的住所，周圍是有牆的平院，用來停放他的「鳥」或「武器」。一個圓柱印章上描述的廟塔，不僅顯示了這樣一座階梯式建築，它還裝上了「指環天線」，幾乎與三個階梯等高。（見圖136）

馬杜克聲稱，巴比倫的廟塔和神殿是在他的指揮下完成的，同時還參考了「上天之書」。安德魯．帕羅特曾在《巴比倫的廟塔導遊》（*Ziggurats et Tour de Babel*）中，破譯和分析一份叫做史密斯碑刻（Smith Tablet）的文獻，指出七層廟塔呈完美的正方形，第一層或底部的每一邊都是十五個GAR。之後的每一層占地範圍和高度都變小了，除了最後一層（神的住所），最後一層的高度甚至更高。廟塔的整個高度，也是十五個GAR。可以說，它是一個正方體。

上文所用的GAR單位，相當於十二腕尺——大約六公尺，也就是二十英尺。伍德（H. G. Wood）和史特契尼（L.C. Stecchini）這兩位學者，向我們顯示了蘇美人的六十進位制，六十這個數確定了所有美索不達米亞廟塔的測量基礎。（見圖137）

各個樓層的高度是如何決定的？史特契尼發現，如果他將第一層的高度（五．五個GAR）乘上兩個腕尺，結果是三十三，近似於巴比倫的緯度（北緯三十二．五度）。用相似的方法計算，第二層將觀測角上升到了五十一度；接下來四層，都比前一層高六度。第七層相當於巴比倫的地平線高了七十五度的平臺。最後一層，又

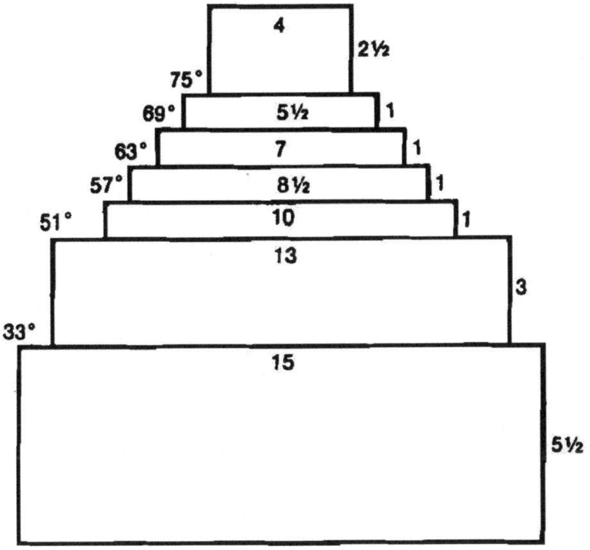

圖137　廟塔的數值

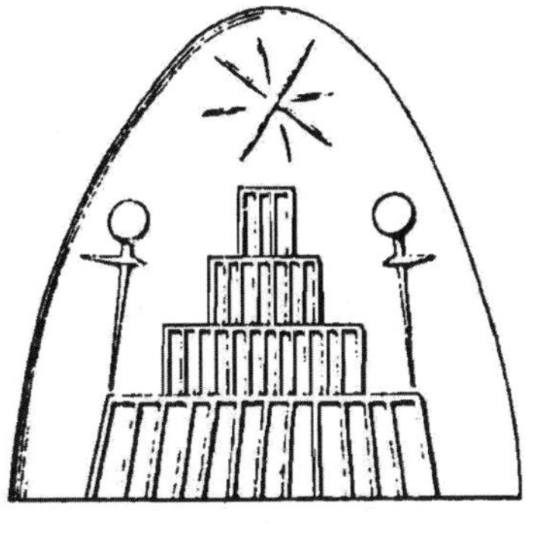

圖136　廟塔

加了十五度——讓觀測者向上呈九十度角來觀測。史特契尼指出，每一層都是一個天文觀測臺，高度是預先設計好的，以方便從不同角度進行觀測。

當然，這裡面肯定還有其他「隱藏的」意義。三十三度，其實與巴比倫並不完全吻合，真正吻合的地點是西巴爾。在每四層相隔六度，與眾神之間相隔六個貝魯是否有什麼關聯呢？這七層臺階與前七座城市是否有對應呢？或是與地球作為第七個天體有關？

馬提尼（G. Martiny）在《巴比倫塔頂的天文學》（*Astronomisches zur babylonischen Turm*）一書中，向我們展示了廟塔的各個特徵多麼適合用來進行天文觀測，而埃薩吉拉的最頂層剛好朝向Shupa（冥王星）和白羊座。（見圖138）

這些廟塔的建造僅僅是為了觀

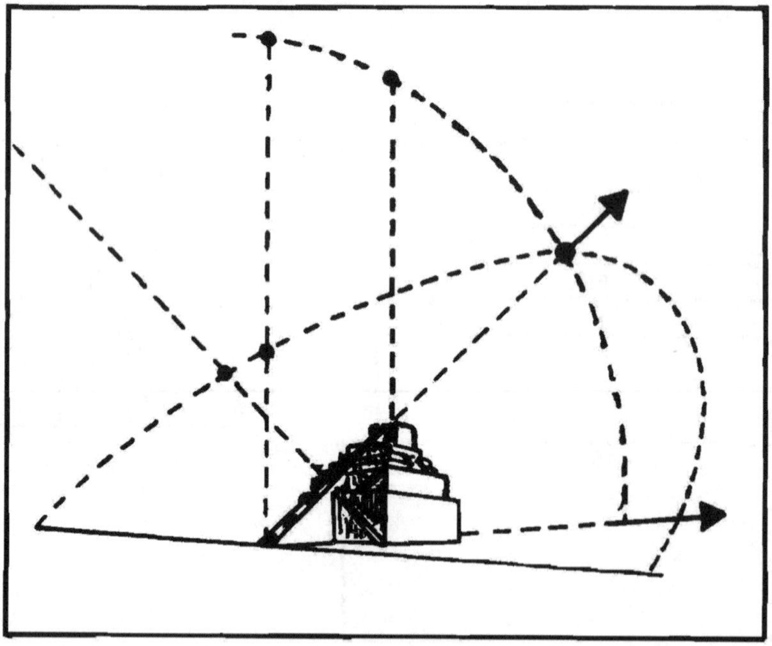

圖138　廟塔的天文觀測角度

星嗎？還是也為納菲力姆的太空船提供服務？所有的廟塔都被定向了，它們的各個角度都是朝向正北、正南、正東和正西。所以，每一側都剛好與四個方位呈四十五度角。這就是說，一艘飛進來的太空船可以沿著這些廟塔的邊（它們與之前提到的主航線剛好一致）飛，一直飛到西巴爾，而不會有任何的困難！

這些建築在阿卡德、巴比倫語中的名字叫做zukiratu，意思是聖靈的管道。蘇美人叫這些廟塔ESH，意思是「至高無上」或「最高」——這些建築的確如此的。它也暗指與廟塔外觀的「測量」有關的數字，同時還有「熱源」的意思（就是阿卡德文和希伯來文中的「火」）。

那些沒有使用我們的「空間」解釋來說明這主題的學者，甚至同樣無法視這些廟塔僅是為神修建的「高升」房子。克萊默總結了學術上的一些見解：「這些廟塔、階梯塔，成為了美索不達米亞神廟建築學的標誌……它們成為一條連接紐帶，在事實和象徵上都是如此，它們連接著天國的神祇以及地球上的凡人。」

不過，我們現在知道了，這些建築的實際功能是用來連接天國的神和地球上的神——不是凡人。

11・阿努納奇的兵變

在恩利爾親自來到地球之後，「地球指揮官」的權力從恩基手中轉移了出來。可能就是在這個時候，恩基的稱號或名字變成了艾（E.A，水之主），而非從前的「地之主」。

蘇美文獻解釋說，在眾神到達地球的早期，大家同意要分權而治：阿努待在天國，統治第十二個天體；恩利爾管轄大地；恩基則管理阿普蘇（AB.ZU，阿卡德語裡的apsu）。學者受到艾這個名字有「充滿水」的啟發，將AB.ZU譯為「充滿水的深處」，推測在希臘神話中，恩利爾成為雷神宙斯，艾則成為海神波塞頓。

下層世界是什麼？

在其他的情況裡，把恩利爾的領地叫做「上層世界」（Upper World），而艾的領地則是「下層世界」（Lower World）；學者推測恩利爾控制地球的大氣層，而艾則統治「地下水域」——美索不達米亞人相信，艾類似於希臘神話中黑帝斯的角色。我們使用「深淵」（abyss，由apsu演變過來）一詞，表示深、黑暗、危險，讓人們沉沒消失的水域。因此，當學者遇到描述下層世界的美索不達米亞文獻時，他們將之譯為地獄（Unterwelt）或陰間（Totenwelt）。近年來，蘇美學家才漸漸使用冥界（netherwolld）一詞，這種譯法在某種程度上減輕了這個字的不祥含義。

伊南娜的下層世界之旅

最該為這個誤解負責的美索不達米亞文獻，是一系列哀悼杜姆茲消失的祈禱文。杜姆茲就是迦南文獻和《聖經》中的搭模斯。伊南娜／伊師塔最出名的一次情事，就是和他發生的；當他消失時，她前往下層世界去找他。

韋策爾（P. Maurus Witzel）著有《搭模斯禱文和其他與之相關的文獻》（*Tammuz-Liturgen und Verwandtes*）一書，是蘇美和阿卡德「搭模斯文獻」的鉅作，也僅是讓人有一些錯誤的看法。描述伊師塔這趟尋人之旅的史詩故事，被認為是「去到亡者的國度，並最終回到有生命的世界」。

描述伊南娜／伊師塔下降到下層世界的蘇美及阿卡德文獻告訴我們，這位女神決定要拜訪她的姐妹厄里斯奇格，她掌管了這個地方。伊師塔不是以亡者的身分、也並非違背自己意願去到下層世界——她是活著、未經邀請的，恐嚇守門者為她開道：

> 如果你不打開門讓我進去，我會擊碎這扇門、擊碎門閂，我會擊碎門柱，我會移開這些門。

通向目的地的七扇門，一扇接一扇的為伊南娜打開了；當她最終到達那裡時，厄里斯奇格看見她，打了她的頭（阿卡德文獻中說，「在她身上爆炸」）。蘇美文獻並沒有說清楚伊南娜這趟旅程的原因，以及厄里斯奇格生氣的原因，只暗示伊南娜似乎早就預料到厄里斯奇格會這樣對她。不過，伊南娜把這趟的旅行事先告訴其他主神，確保萬一她被監禁在「大底部」，他們會採取措施營救。

厄里斯奇格的丈夫——下層世界之主——是奈格爾。他來到大底部，成為這裡的主人的事件，不但顯示出「諸神」的人性，同時還將這裡形容為「亡者的世界」之外的地方。

另一個版本

這個故事有很多版本，以一場貴賓雲集的宴會展開，阿努、恩利爾和艾都在場。這次宴會是在「天上」舉辦的，不過並不是在第十二個天體中阿努的住所。也許它是發生在一艘繞地球旋轉的太空船裡，因為當厄里斯奇格不能升上去參與時，諸神派遣了一名信使前往，這位信使「從長長的天國階梯上降了下來，到達厄里斯奇格之門」。厄里斯奇格接到邀請後，命令她的助手蘭姆塔（Namtar）赴宴：

升上去，蘭姆塔，在長長的天國階梯上；將盤子從桌上收走，帶上我的份；無論阿努給你什麼，統統給我帶回來。

當蘭姆塔進入宴會大廳時，除了「一位禿頭的神，坐在後面」，其他神都起來向他招呼。蘭姆塔回到下層世界後，向厄里斯奇格報告。厄里斯奇格與她領地裡其他的小神，都感覺受到了侮辱。她想將這位冒犯了她的神帶到她面前，接受懲罰。

這位冒犯者，正是奈格爾，偉大的艾的兒子。奈格爾在他父親的嚴厲懲罰之後，還要獨自進行這趟旅程，只有艾給了他該如何表現的建議。當奈格爾走到大門口時，被蘭姆塔認了出來，引領他進入「厄里斯奇格的寬院子」，他在那裡接受了幾個測試。

或遲或早，厄里斯奇格開始了她每天的沐浴。

她露出了她的身體。對男女來說很正常的事情，他……在他的心裡……他們擁抱著，激情的上了床。

他們做了七天七夜。而在上層世界裡，已經發出奈格爾失蹤的警報。「放了我，」他對厄里斯奇格說。「我要走了，但我還會回來，」他向她承諾道。但在他離開後不久，蘭姆塔就到了厄里斯奇格那裡，告訴她，奈格爾並沒有要回來的意思。蘭姆塔再一次被派去前往阿努那裡。厄里斯奇格的訊息非常清楚：

我是您的女兒，如此年輕；我從不知道處女的遊戲……您派來的那位神，那位與我做愛的神——把他帶到我這兒來，他要作我的丈夫，他要和我住在一起。

也許奈格爾並不想要婚姻生活，他組織了一次軍事遠征，猛攻厄里斯奇格的大門，想要「斬掉她的腦袋」。然而厄里斯奇格卻懇求道：

作我的丈夫吧，我將成為你的妻子。我將讓你擁有領土，掌管這個下層世界。我會把睿智之簽放在你的手中。你將成為主人，而我是女主人。

接著就是圓滿的結局：

當奈格爾聽到了她的話，他握住她的手，親吻了她，擦掉她的眼淚：「妳為我想了這麼多，已經過了幾個月了——現在就讓它實現吧！」

下層世界在哪裡？

這些敘述完全沒有指出下層世界是一處亡者的世界。剛好相反：這是一個諸神可進入、離開的地方，一個可以做愛的地方，一個重要到要讓恩利爾的孫女和恩基的兒子來管轄的地方。奧布萊特（W. F. Alberight）在《迦南末世論中的美索不達米亞元素》（*Mesopotamina Elements in Canaanite Eschatology*）一書中提出的觀點正是如此，所有事實都不支持下層世界是陰間的舊觀念，他指出，杜姆茲在下層世界的住所是「一個明亮又多產的家，位於一片叫做『眾河之山』的地下樂土中，很靠近艾在阿普蘇的家」。

可以確定的是，要到達這個遙遠的地方很困難，而且在一定程度上它還是一處「限制區域」，但並不是「不歸之地」。像伊南娜和其他一些主神，都是進去又出來。恩利爾有一段時間也被放逐到阿普蘇，那是在他強姦了寧利爾之後。艾則是在蘇美的埃利都和阿普蘇之間往返，將「埃利都的手工藝」帶到阿普蘇，在那兒為他自己修建了「一座聖壇」。這裡不但不是一個黑暗淒涼之地，在描述中它是有流水的明亮之地。

富饒之地，恩基之所愛；大量財富，所產豐盛……強大的河水沖刷大地。

我們已經知道，艾常被描述成一位在流水之中的神。來自蘇美的證據顯示，這些流水的確存在——不是位於蘇美和其平原，而是在大底部。奧布萊特注意到一份文獻，它描述的是下層世界，稱之為UT.TU之地——在蘇美的「西方」。它描述了恩基前往阿普蘇的旅途：

你阿普蘇，純潔之地，有大水流動著，主走進流水中的住所……是恩基在這純水中建立了流水中的住所；在阿普蘇的中心，他建立了偉大的聖地。

在所有的紀錄中，阿普蘇都是靠近海的。一首寫給「純潔之子」、年輕的杜姆茲的輓歌，描述他被一艘船帶到下層世界。還有一首名為〈哀悼蘇美的毀滅〉的哀歌，也說明伊南娜打算坐一艘船偷偷過去。「她從她的領地出發。她下降到下層世界。」

一份所知甚少的長篇文獻，我們至今還沒有發現它的任何完整版本。它描述的是艾拉（Ira，奈格爾作為下層世界之主時的稱號）和他的兄弟馬杜克之間一些重要的爭論。因為這些爭論，奈格爾離開了他的領地，去巴比倫找馬杜克；另一方面，馬杜克卻威脅他：「我將下到阿普蘇，監管那些阿努納奇……我將升起我狂暴的武器對付他們。」為了去阿普蘇，他離開美索不達米亞平原，穿過了「升起的水域」。他的目的地是位於地球「地下室」裡的阿拉利（Arali）。而且文獻中還指出了這個「地下室」的精確位置：

在遙遠的海裡，水中一百個貝魯〔遠〕……〔是〕阿拉利之地……是致病藍石之地，在那裡阿努的技師們，拿著如白晝般光亮的銀色斧頭。

貝魯，既是距離單位，又是時間單位。它代表了兩個小時，所以一百個貝魯的航海相當於兩百個小時。我們沒有辦法確定文獻中的平均航海速度是多少。但無疑的，這是在走兩、三百英里的水路之後，才能到達的一個遙遠地方。

文獻指出，阿拉利是在蘇美的西南方。從波斯灣向西南方向，走兩、三百英里的水路，只可能到達一個地方：非洲南部的海岸。

也只有這種結論才能解釋下層世界這個名字，指的是南半球，這裡是阿拉利所在的地方，與上層世界或蘇美所在的北半球，有顯著的區別。在恩利爾與艾之間的南北半球之分，剛好對應著將北部天空作為恩利爾之路、將南部天空作為艾之路的設計。

納菲力姆有進行星際旅行、環繞地球和登陸的能力，所以可以完全排除他們不知道在美索不達米亞旁邊有非洲南部存在的可能性。許多圓柱印章，描繪著非洲特有的奇異動物（如斑馬和鴕鳥）、雨林景觀，或身穿非洲傳統豹皮裝的統治者形象，這些都證明了他們的確有「非洲連結」。

來下層世界做什麼？

非洲這裡有什麼東西吸引了納菲力姆的興趣，抓住了艾的科學天賦，為眾神提供一個管轄這片土地的獨特「睿智之簽」呢？

AB.ZU這個蘇美詞彙，學者普遍認為它的意思是「充滿水的深處」，其實需要一些嶄新和批判性的分析。從字面上來看，這個詞的意思是「太初深源」——不必一定要有水。按照蘇美語的語法規則，任何一個詞彙中的兩個音節互換位置並不會影響詞義，也就是說AB.ZU和ZU.AB是同樣的意思。後者的拼讀，讓我們能在閃族語中找到對應的詞彙，za-ab一直以來都是「貴金屬」的意思，而且特別指「黃金」，在希伯來語和它的近親語系中也是如此。

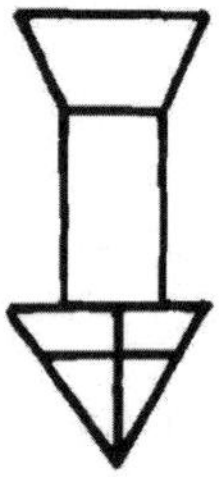
圖139　蘇美象形文字AB.ZU

AB.ZU在蘇美象形文字中是一個掘地的工具，下方像是矛頭，上部如矛柄。由此可見，艾不是什麼「充滿水的深處」的統治者，而是負責開採地球金屬的神祇！（見圖139）

事實上，希臘文abyssos是由阿卡德文apsu轉化而來，也是指大地上一個極深的洞。阿卡德教科書解釋，「apsu就是nikbu」；nikbu一詞，以及它在希伯來文中的對應詞nikba，意思很明確：一個很深、人工挖掘、指向大地深處的鑽孔。

延森（P. Jensen）注意到，常常出現的阿卡德詞彙Bit Nimiku不應該譯為「睿智之屋」，而應該是「深處之屋」。他引用的一段文獻（V.R.30，49-50ab）中這樣說：「黃金和白銀是從Bit Nimiku來的。」他還指出，在另一段文獻（III.R.57，35ab）中，解釋了「Nimiki女神Shala」這個阿卡德名字，是蘇美文「拿著閃亮青銅的女神」的譯文。延森指出，被譯為「睿智」的阿卡德詞Nimiku，應該「與金屬有關」。但至於原因為何，他的回答也非常簡單：「我不知道。」

有些寫給艾的美索不達米亞讚美詩，將艾讚揚為Bel Nimiki，被譯為「睿智之主」；然而正確的翻譯毫無疑問的應該是「礦業之主」。如同位於尼普爾的命運之簽上包含著軌道資訊一樣，被交付給奈格爾和厄里斯奇格的「睿智之簽」實際上是一份「礦業之簽」，一份包含了納菲力姆採礦知識的「資訊庫」。

阿普蘇的主人艾，得到了他另一個兒子吉比爾（GI.BIL，意思是土壤燃燒者）的幫助，他掌管火和熔煉。他常常被描繪成兩肩射出紅色灼熱火花或火束的年輕神祇，可以冒出地面或鑽入地底。文獻中講到吉比爾被艾浸泡在「睿智」中，意思其實是說，艾在教導吉比爾採礦的技術。（見圖140）

圖140　吉比爾採礦

納菲力姆在非洲開採出來的礦物，經由特殊設計的貨船運回美索不達米亞，這種貨船的名字叫做MA.GUR UR.NU AB.ZU（意思是下層世界的礦物之船）。礦物被它帶到巴地比拉，而這個名字在字面上的解釋就是「金屬工作的基礎」。熔煉加上提煉，這些礦物被鍛造成了磚狀，它們的形狀經過千年流傳遍布整個古代世界。近東各處挖掘行動中都可以找到這樣的鑄塊，證實蘇美象形文字ZAG（意思是純淨珍貴的）描繪的就是這樣的鑄塊。在早期，它顯然中間有一個等長的

孔，方便插入搬運桿。（見圖141）

關於流水之中的神的描繪，顯示了他的兩側都是為他帶來貴金屬磚塊的人，這也證明了他同時也是礦業之神。（見圖142）

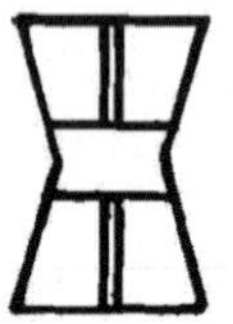

圖141　蘇美象形文字ZAG

艾的非洲礦場有很多名字和稱號，都與它們的位置和屬性有關。最出名的就是阿拉利（A.RA.Li，意思是閃亮礦脈的水域之地），金屬礦物的出產地。伊南娜計畫下降到南半球，暗指這個地方是一個「被泥土壓著的貴金屬之地」——它們被埋在地下。由艾麗卡・萊納（Erica Reiner）指出一份文獻詳列蘇美世界的山脈與河流，其中說道「阿拉利山：金之家」；還有一份拿道（H. Radau）描述的破損文獻也證明了，巴地比拉要依靠阿拉利才能持續運作。

美索不達米亞文獻通常將礦場描述為多山、有長滿草的高原和階梯、植物茂盛。蘇美文獻形容厄里斯奇格在這片土地的首府是GAB.KUR.RA（意思是在山脈的胸部），看得出來是

圖142　向流水之中的神帶來貴金屬磚

在內陸。在伊師塔之旅的阿卡德版本，守門者歡迎她：

> 請進我的女士，讓庫圖（Kutu）為妳感到高興；讓努濟亞（Nugia）之地的宮殿，為妳的到來而愉悅。

庫圖（KU.TU）在阿卡德語中的意思是「在心臟地帶的」，它在蘇美文中也有類似「明亮的高地」的意思。所有文獻都提到，這是一片土地，有明亮的白晝，陽光充裕。蘇美語裡的黃金（KU.GI，意思是明亮的、從地裡出來）和白銀（KU.BABBAR，意思是明亮的金），都保留了這些貴金屬與厄里斯奇格這片明亮（KU）領地之間最初的關聯。

蘇美第一種書寫使用的象形符號，不僅顯示了與各種冶金過程的關聯，還顯露出這些礦物資源深埋於地下、需要加以挖掘。蘇美的銅和青銅（美觀、明亮之石）、黃金（至上的金屬礦），或「精煉」（明亮、淨化）的符號，都是礦井（吃進深紅金屬的開口／嘴巴）的變形。（見圖143）

這片土地的名稱，阿拉利（Arali），也可以寫成「深紅」（土壤）一詞的變形，或「古實」（Kush，意思是深紅，但最後成了黑人的意思）；都是在那裡開採出來的金屬的變形符號。（見圖144）

圖143　蘇美象形文字的銅、黃金和精煉

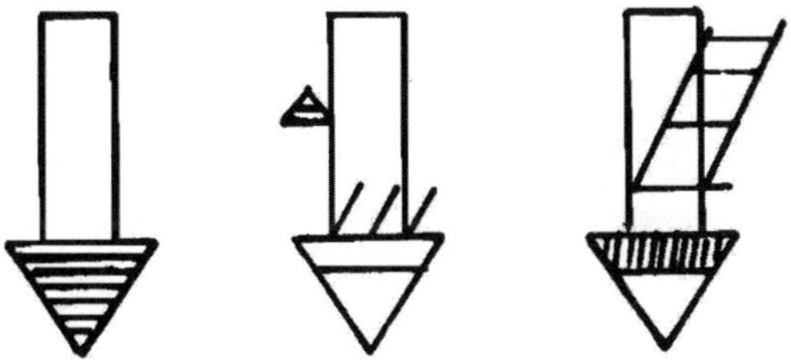

圖144　蘇美象形文字的阿拉利、深紅、古實

古代文獻中大量提到了黃金和其他金屬，顯示出很早之前他們就精通冶金。在文明初期，就有了充滿活力的金屬貿易，這只是諸神贈予人類的知識之一。文獻中提道，他們在人類出現之前就開始從事採礦和冶金的活動了。許多研究都將美索不達米亞神話和《聖經》中前大洪水時代的族長列表進行對比，指出按照《聖經》的說法，土八該隱是大洪水之前「銅匠鐵匠的祖師」（《創世記》4：22）。

《舊約》中的俄斐

《舊約》提到了俄斐這個地方，它可能位於非洲某地，是古代的黃金來源之地。所羅門王的船隊從以旬迦別（現今約旦西南部的港口城市伊拉思〔Elath〕）——經過紅海向下航行，「他們到了俄斐，從那裡得到了黃金」。他們不甘的在耶路撒冷的神廟中耽誤了一段時間，所羅門王與他的盟友泰爾王希蘭商量，循著另一條路線再度來到俄斐：

> 因為王有他施船隻與希蘭的船隻一同航海，三年一次，裝載金銀、象牙、猿猴、孔雀回來。
> （《列王紀上》10：22）

他施的船隻要花上三年才能完成一趟旅行。考慮到在俄斐裝貨需要時間，所以每次單向的行程必定會花上超過一年的時間。這暗示我們，航線不是經由紅海和印度洋的直線航行，而是環形的——航線環繞著非洲。（見圖145）

多數學者認為他施位於地中海西部，很可能靠近現在的直布羅陀海峽。這提出了一種可能，船隊是在這個地方裝貨，然後開始環繞非洲大陸航行。一些人相信他施的意思是「熔煉」。

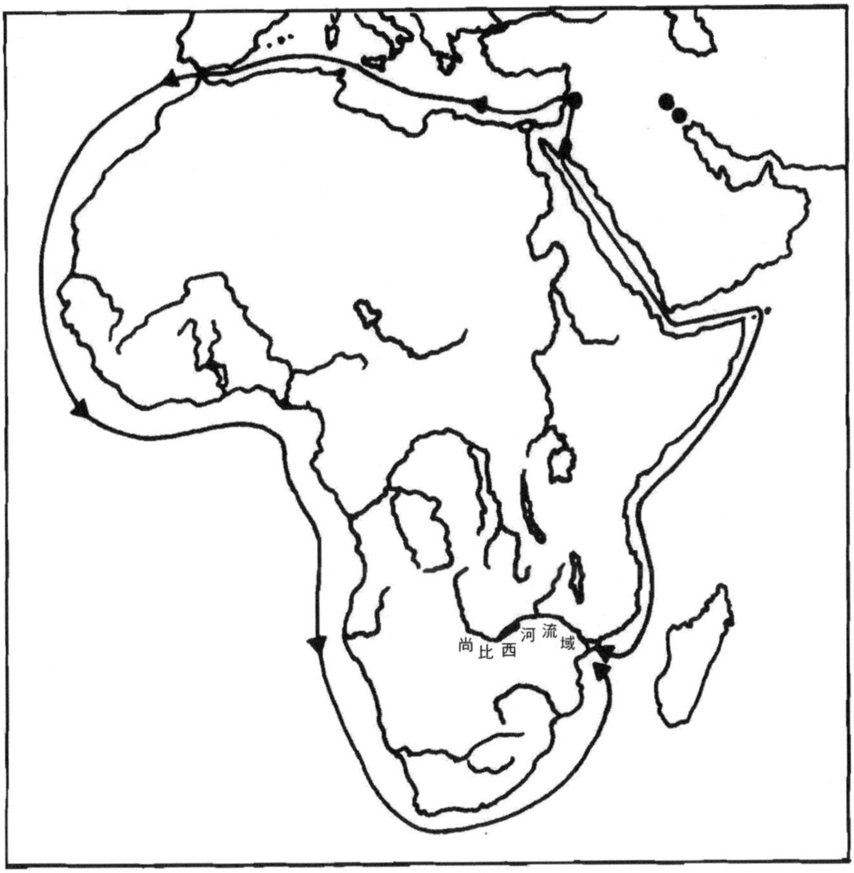

圖145　所羅門王與泰爾王環繞非洲的航行圖

研究《聖經》的學者認為俄斐就是現在的羅德西亞（Rhodesian）。赫曼（Z. Herman）在《人民、海洋與航運》（*Peoples, Seas, Ships*）一書，提出證據顯示埃及人在早期曾從羅德西亞獲得豐富的礦產。從史前的採礦證據來看，羅德西亞的金礦業曾和南非一樣盛行。

要怎麼才能到達厄里斯奇格位於內陸的住所呢？那些礦石又是如何從「心臟地帶」運抵海岸港口呢？我們現在已知的是：仰賴河運。而在下層世界，當然有一條能提供這樣河運的河流。「恩利爾和寧利爾」的神話告訴我們，恩利爾是被放逐到下層世界的。當他到達這片土地時，不得不橫渡一條大河。

一份描述人類起源和命運的巴比倫文獻認為，下層世界的河流叫做哈布林河（River Habur），是一條「魚和鳥之河」。一些蘇美文獻將厄里斯奇格之地稱為「哈布林的大草原」。

非洲有四大河流：尼羅河向北流入地中海；剛果河和尼日河向西流入大西洋；還有從非洲心臟地帶流出的尚比西河，向東經過一個半圓流向東海岸。它提供了一個能作為優良港口的三角洲；它向內陸延伸了上百英里。

尚比西河是不是就是那條下層世界的「魚和鳥之河」？維多利亞瀑布是不是就是文獻中提到位於厄里斯奇格首府的瀑布？

非洲南部的史前礦區

安格魯—美利堅公司發現非洲南部有很多「新探索」及前景看好的礦井，實際上在上古時代早就被開採過了，這間公司邀請一些考古團隊，對這些地點進行了全面調查，以避免現代的挖土設備毀掉這些古代的遺跡。安德蘭．波希爾（Adrian Boshier）和彼得．比爾蒙特（Peter Beaumont）在《歐提瑪》（*Optima*）雜誌上刊登了他們的發現報告，說他們找到了很多古代和史前的採礦遺址。在耶魯大學和荷蘭的格洛林根大學進行了放射性定年法，發現這些人造物品的歷史可以從西元前兩千年一直追溯到讓人震驚的西元前七千六百九十年。

出於對這些文物年代意外久遠的好奇，有團隊對這個區域進行了遠征考察。他們在獅山西部一處陡峭懸崖的基座上，發現通往一個大洞穴的入口被五噸重的赤鐵礦石板封住。保存下來的碳測定將這些採礦行為往前推至西元前兩萬年到西元前兩萬六千年。

難道舊石器時代就有採礦了嗎？讓人難以置信的是，學者在這些古代礦工開始工作的地方，做了實地檢測。將那裡發現的碳樣本送到了格洛林根實驗室。檢測結果顯示，它是西元前四萬一千二百五十年的產物，實驗只有一千六百年的誤差！

南非科學家接著考察了位於史瓦濟蘭的史前礦坑遺址。在被發掘的礦洞中，他們發現了細樹枝、樹葉和草，甚至還有羽毛——所有這些，大概是古代礦工帶進來用來鋪床睡覺的。在西元前三萬五千年的遺址內，他們發現了有刻痕的骨頭，「這證明了在那個遙遠的時期，人類所具備的能力」。其他發現將這些人造物的歷史推至了令人震驚的西元前五萬年。

在相信「史瓦濟蘭礦業的真實開始時間為西元前七萬到西元前八萬年」之後，這兩名科學家提出：「非洲南部……在西元前十萬年之後的很長一段時間，可能有著極為領先的科技。」

肯利斯．奧克蘭（Kenneth Oakley）博士，是倫敦自然歷史博物館前館長與人類學家，從這些發現中看出了一種完全不同的意義。「它是人類起源的重要線索……非洲南部有可能成為人類進化的源頭」，是智人的「出生地」。

和我們即將告訴大家的一樣，現代人類的確是在那裡出現的，而這是透過一系列眾神尋找金屬礦的行為產生。

為了尋找金屬而殖民地球

無論是嚴謹的科學家或科幻小說家，都曾提出，我們為了尋找在我們星球上含量稀少、不足或昂貴的礦物，前往其他星球或小行星，建立殖民地，而這也是納菲力姆殖民地球的原因嗎？

現代學者將人類在地球上的活動劃分為石器時代、青銅時代、鐵器時代等等；然而在古時候，例如希臘詩人赫西奧德，卻列出了五個時代：黃金時代、白銀時代、青銅時代、英雄時代和鋼鐵時代。除了英雄時代之外，其餘時代表達的順序是：黃金、白銀、銅、鋼鐵。先知但以理見過這樣的畫面，他看見「一頭巨象」，「這象的頭是精金的，胸膛和膀臂是銀的，肚腹和腰是銅的，腿是鐵的，腳是半鐵半泥的。」（《但以理書》2：31—33）

神話和民間故事中都有一段關於黃金時代的朦朧記憶，而在大多數情況下，這個時代是屬於諸神漫遊地球的時代。在那之後就是白銀時代，接著則是諸神和人類共用地球的時代——英雄時代、銅器時代、青銅時代和鋼鐵時代。這些神話是對於那些真實發生在地球上的往事的模糊回憶嗎？

金、銀和銅都是金屬元素。它們因各自原子的重量和數量，在化學的分類中歸為一類；它們有著相近的結晶學、化學和物理屬性——都具有柔韌度、可鍛造性和延展性。在所有已知元素中，它們是最好的熱和電的導體。

而在金、銀、銅之中，金是最持久、最難催毀的。雖然黃金最常用作貨幣，或用於首飾、工藝品上，但其實它在電子業的用途才是最寶貴的。一個先進社會需要黃金作為微電子設備、電路系統，和電「腦」的重要元件。

人類的黃金狂熱，可以一直追溯到他們的文明和宗教之始——追溯到他們與諸神接觸的開始。蘇美的神需要金盤盛放食物，用金杯盛放酒水，甚至要穿金色服裝。以色列人在一片慌亂中離開埃及，甚至連帶著麵包一起上路的時間都沒有，但他們卻被命令找埃及人所需要任何能得到的白銀和黃金物件。發布這道命令的人，我們將在後文中提到。他預感到了這些金屬能在聖體龕及其電子裝備的傳導上發揮重要作用。

黃金，我們叫做皇家金屬，實際上是諸神的金屬。《聖經》中主向先知哈該說的話很清楚：「你的金銀都要歸我。」（《列王紀上》20：3）

有證據顯示，人類對黃金的迷戀是源於納菲力姆對黃金的大量需求。納菲力姆，似乎是為了黃金及相關金屬而來到地球的。當然，他們也會尋找一些其他的罕見金屬——例如鉑（在非洲有很多），透過一種特別的方式為電池充電。還有一種不可忽略、他們來地球要尋找的放射性礦物，比如鈾和鈷——也就是一些文獻中提及下層世界的「致病藍石」。許多對艾——礦業之神——的描繪中，都有這樣的畫面，他從礦井中出來，身上放出許多力量強大的射線，來見他的諸神都必須用一個擋板；在所有這些描繪中，艾都拿著一把礦鋸。（見圖146）

雖然恩基曾管理第一個登陸團隊和阿普蘇的發展，但讚美的詞句不應該只獻給他。切切實實做這些事情、日復一日辛勤工作的，是這個登陸團隊中最下層的成員：阿努納奇（Anunnaki）。

一份描述位於尼普爾的恩利爾中心建設的蘇美文獻這樣說：「阿努納（Annuna），天地之神，工作著。斧頭和

圖146　艾拿著礦鋸，兩側的神舉起擋板

提籃，為這些城市奠定基礎的工具，他們都拿在手中。」

古代文獻將阿努納奇描述為參與地球殖民行動的諸神中地位最低的神祇——「執行工作」的神祇。在巴比倫的《創世史詩》中，有對馬杜克的讚揚，因為他為這些阿努納奇分配了各自的工作（在蘇美原版中，我們可以很有把握的猜想，是恩利爾在指揮這些太空人）：

由阿努指派了三百個作天國守衛；在天國上將地上的道路都界定好了；而在地上，他駐紮了六百個。當他向天上和地下的阿努納奇頒布所有命令之後，他為他們分配了工作。

文獻中所說的「三百個」——「天國的阿努納奇」，也就是之前提到過的Igigi——是沒有親自登陸地球，待在太空船上的太空人。他們的太空船繞著地球旋轉，向地球發射或收回太空梭。沙馬氏作為「鷹」的領袖，登上Igigi中「天國的強大房間」，是受到英雄式歡迎的來客。一首〈沙馬氏讚美詩〉描述了Igigi看著沙馬氏走近他的太空梭的場景：

因你的出現，所有的王子都會高興；所有的Igigi因你而喜悅……在你的光輝下，他們的路徑……他們不停尋找著你的榮光……出入口完全敞開……所有〔等你的〕的Igigi都有麵包。

這些位於極高處的Igigi，很明顯從未與人類相遇。許多文獻中都提及，他們「對人類來說位於太高的地方了」，以至於「他們從不被人們所關心」。而與之不同的是，阿努納奇，登陸地球的那一批人，是人類熟知、崇拜的。文獻中說，「天國的阿努納奇……有三百」，也說，「地上的阿努納奇……有六百」。

不過，許多文獻說這些阿努納奇是「五十位偉大的王子」。在阿卡德語中，對他們名字的通用拼讀方法是An-nun-nu-ki，讀起來確實有「從天國來地上的五十位」的意思。是否有一種方法能解開這個貌似矛盾的數字差異？

我們想到一份文獻有關的紀錄，提到馬杜克衝到他的父親艾那裡，向他彙報了一艘攜帶「五十名阿努納奇」的太空船在接近土星時消失了。一部烏爾第三王朝時代的驅邪咒語，提到「anunna eridu ninnubi」（埃利都的五十名阿努納奇）。這很強烈的證明了，在恩基的指揮下，創建埃利都的阿努納奇一共有五十人。這是不是可以證明每一個登陸團隊中都是五十名阿努納奇？

我們完全相信這是有可能的。只有定期從第十二個天體來造訪地球，更多的納菲力姆才能到來。每一次，一些先來地球的人會回到登陸艙，重返太空母船，準備回家。然而，每一次都會有一部分納菲力姆出於各種原因，選擇繼續留在地球，所以最後從第十二個天體來的太空人慢慢增加到了「六百」人。

辛苦採礦的阿努納奇

納菲力姆打算如何完成他們在地球上的任務呢——在地球上尋找他們想要的礦產，並將其運回第十二個天體——而只用這麼一些人？

毫無疑問的，他們能夠靠他們的科技。正是在這個時候，恩基顯示出了自己最大的價值——所以是他、而不是恩利爾，率先登陸地球，他又負責阿普蘇，原因就在這裡。

有一個著名的印章，現存於羅浮宮博物館，上面有艾與他專用的流水象徵，但與其他印章中不同的是，這次的流水似乎是從一系列化學試管或實驗燒瓶流出來、或透過它們的過濾而來。（見圖147）這樣一個古代描述，為我們提出了一種可能，就是艾與水流的圖畫，意思是說，納菲力姆最初打算從海水中提取他們所需的礦物。海水中蘊含了黃金和其他重要礦物，但要大規模從

圖147　艾從實驗燒瓶中汲取礦物

被稀釋的海水中汲取礦物，需要極為先進且相對低成本的技術支援。不過我們也知道，海床的確蘊藏了大量礦物，首先得有人沉到海底將它們取出來。

古代文獻中反覆提到過，諸神有一種船叫做elippu tebiti（下沉的船——現在我們叫這種東西為潛水艇）。我們已經看見過歸艾管轄的「魚人」。這是他們曾潛入海底去尋找礦物的證據嗎？礦井聚集之地，我們在之前提到過，在最早被稱作阿拉利（A.RA.LI）——「閃耀礦脈的水域之地」。這有可能是說一個地方，黃金在河流下面；它也可以是從海裡取得黃金的意思。

如果這就是納菲力姆的計畫，那他們顯然一無所獲。因為，在他們建立起第一個據點後不久，這幾百名阿努納奇就被賦予一份意外且極為艱苦的工作：到非洲土壤的極深處，去開採他們所需要的礦物。

圓柱印章上發現的一個畫面，顯示了諸神在一個貌似是礦井入口或升降機井的地方；其中一個描繪的是艾在某個地方，吉比爾（Gibil，火神）在地面上，另一位神卻在地面下辛苦工作，手腳都趴在地上。（見圖148）

後來的巴比倫和亞述文獻提到，人類——無論老少——被處罰到下層世界的礦井中，從事艱苦的勞動。在黑暗中工作，吃的是塵土，他們注定永遠無法返回自己的家鄉。這就是為什麼蘇美人稱這個地方為KUR.NU.GI.A（不歸之地）；它字面上的解釋是「諸神工作地，在深深的坑道裡挖起〔礦石〕」。納菲力姆開始殖民地球的這段時間，所有的古代資料都能證明，這時人類並不

圖148　左下：在地面下採礦的阿努納奇

存在；而當人類尚不存在時，只有為數不多的阿努納奇在這些礦井中工作。伊師塔，在她去下層世界時，描述了那些艱苦工作的阿努納奇吃著混了泥土的食物，喝著沾了灰塵的水。

在這樣的背景下，我們終於能夠完全了解一部開篇語命名為〈當諸神如人一般，承擔這工作的時候〉的長篇史詩所描述的內容。

有學者將許多巴比倫和亞述的文獻碎片拼湊在一起，例如蘭伯特（W. G. Lamberr）和米勒德（A. R. Millard）合著《阿特拉—雜湊斯：巴比倫的大洪水》（*Atra-Hasis : The Babylonia Story of the Flood*）一書，向人們展示一個連續的文本。他們以早期的蘇美文獻、甚至更久遠的傳說為本，得到神到達地球、創造人類，以及大洪水的結論。

許多譯者認為這些詩文只有文學價值，但我們發現它們有著極大的象徵意義，因為它們能夠支援並證實我們在之前章節中提到的種種發現和觀點。這些詩文還向我們解釋了阿努納奇的兵變發生的環境。

故事發生在當地球上還只有諸神存在的時候：

> 當諸神如人一般，承擔這工作，忍受這辛勞的時代——這些神是如此艱辛，工作是如此繁重，他們非常痛苦。

史詩記述，在那個時候，諸神已經劃分好了各自的管轄範圍。

阿努，阿努納奇之父，是天國之王；他們的大臣是勇士恩利爾。他們的首席軍官是尼努爾塔，他們的法官是恩努濟。眾神將他們的手掌聚在一起，抽籤之後再分開。阿努上去天國，為了他的責任〔離開〕地球。海洋，像是被環狀物圍住，給予恩基這位王子。

當時建立了七座城，文獻中說這七座城市的指揮官是七名阿努納奇。規則一定是非常嚴格的，因為文獻告訴我們，「七位大阿努納奇讓地位更低的神承擔工作」。

一場兵變

他們的所有工作中，最普遍的好像是挖掘工作，這也是最痛苦、最被人厭惡的。較小的神祇開河床，讓他們能夠駕船通行；他們挖掘運河進行灌溉；他們還不得不在阿普蘇挖礦石。雖然無疑擁有一些先進工具——文獻中說那是在地底「如白晝般閃耀的銀斧」——但這樣的工作畢竟還是太過「艱辛」了。有很長一段時間——確切的說，有四十個「時期」——是阿努納奇「承擔這辛苦的工作」；接著他們就大喊：不要！

他們在挖掘出的洞穴中抱怨著，謾罵著，說著自己的不滿和怨言。

這次兵變似乎發生在恩利爾探訪礦區的時候。阿努納奇抓住了這個機會，他們互相說：

讓我們面對我們的……首席軍官，也許這樣他能讓我們從這樣繁重的工作中解脫。眾神之王，英雄恩利爾，他在他的住處，因我們而膽怯！

這次兵變的組織者或領導人很快就被找了出來。他是「以前的首席軍官」，他多半對現任很不滿。很不幸的，寫著他名字的部分，已經毀壞了；但他具煽動性的演講依然很清楚：

現在，正式宣戰；讓我們聯合起來戰鬥。

這場兵變的描述極為生動，讓人聯想到攻占巴士底監獄（編按：一七八九年巴黎市民攻占巴士底監獄，是法國大革命爆發的象徵）：

諸神聽從了他的話。他們將火焰放入他們的工具內；他們將火焰放入它們的斧頭內；他們急壞了隧道中的礦業神；當他們離去時他們帶上了〔他〕，來到英雄恩利爾的門前。

這些緊張的場面和氣氛，古代的詩文刻畫得栩栩如生：

這是在夜晚，只能看見一半的路。他的房子被包圍了——然而神恩利爾卻不知道。哹哹（Kalkal）〔接著〕覺察到了。他滑開門閂觀看……哹哹喚醒了努斯庫（Nusku）；他們聽著……的噪音；努斯庫喚醒了他的主人——他將他拉出了床，〔說〕：「我的主人，你的房屋被包圍了，戰鬥就要在你的門前發生了。」

恩利爾的第一個反應是要拿起武器鎮壓這些起義者。然而他的顧問努斯庫提出了一個計策：

「傳消息讓阿努來；讓恩基來你的地方。」他傳了這個消息，阿努就下來了；恩基也被帶到他的地方。有大阿努納奇在場，恩利爾張開了他的嘴，並向眾大神開始演說。

要將此事私了，恩利爾需要知道的是：

這麼做是為了反抗我嗎？我也必須與你們戰鬥嗎……？我眼睛看見的是什麼呢？是這場戰爭直接想打到我的門口！

阿努提議要做一項調查。在阿努的官員和其他指揮官的陪同下，努斯庫去找了那些住在營地裡的起義者，問：「誰是這場戰鬥的煽動者？誰是激發仇恨的人？」

阿努納奇卻很團結：

我們中的每一位神都已宣戰！我們有我們的……在洞穴中；過度勞累會讓我們累死，我們的工作太繁重、痛苦。

當恩利爾聽到努斯庫帶回來的答案後，「他流淚了」。他仍發出最後通牒：要不是處決這些起義的領導人，就是他自己不幹了。「帶走這職務，收回你的權力吧，」他向阿努這麼說：「我將升到天國到你那裡去。」但從天國下來的阿努，卻站在阿努納奇的一邊：

我們為何如此責難他們？他們的工作太過繁重，他們很痛苦！每一天……我能聽到他們沉重的嘆息和抱怨。

創造原始工人

艾聽了父親的話，同樣「張開了嘴」，總結了阿努的話。但他還提出了一個解決辦法：創造lulu（一種「原始工人」〔Primitive Worker〕）！

當生育女神在場時，她創造一種原始工人；讓他來承受這些苦難……讓他接過諸神的艱辛！

創造「原始工人」來進行這些原本屬於阿努納奇的工作，這項提議馬上就被同意了。諸神全體贊成創造這種「工人」。他們說：「他的名字可以叫做人（Man）」。

他們傳喚並詢問了這位女神，她是諸神的接生員，英明的媽媽，〔眾神問：〕「妳是生育女神，創造工人吧！創造一種原始工人，就讓他來承擔這些苦難！讓他來承擔恩利爾所管的艱苦工作，讓他來結束諸神手裡的辛苦！」

媽媽，就是母神，說她需要艾的幫助，「這靠他的技術」。在希姆提（Shimti）之屋——一個像醫院一樣的地方——裡，眾神都等待著。艾幫忙準備母神要用來造「人」的混合物。母神在咒語中繼續工作。接著她成功的大喊：

我創造出來了！我的雙手做成了它！

她「召集阿努納奇和眾大神……她張開嘴，向諸神宣告」：

你們交給我的任務，我已經完成了……我將帶走你們的繁重工作，我將你們的辛勞放在這種工人，「人類」的身上。你們將為這個專職工人驚呼！我解脫了你們的苦難，我給了你們自由。

阿努納奇接到了她的通告極為興奮。「他們一起跑上前，親吻她的腳」。從那時開始就由原始工人——人類——「承受這些苦難」。

納菲力姆，來到地球建立了他們的殖民地，創造了屬於自己的奴隸。這可不是從其他大陸運來的奴隸，而是由納菲力姆親自創造出的原始工人。

就這樣，一次神的兵變導致了人類的創造。

12・創造人類

這樣的論斷，由蘇美人首次記錄並流傳下來：「人類」是被納菲力姆創造出來的。這樣的觀點同時與另兩個理論產生了衝突：演化論，以及以《聖經》為本的基督造人論。但實際上，蘇美文獻中所包含的資訊——而且僅是這個資訊——能同時證明演化論的合理性以及《聖經》故事的真實性——並且還顯示了這兩者之間其實並無衝突。

在史詩〈當諸神如人一般，承擔這工作之時〉，以及其他一些詳細的文獻中，蘇美人描述人類既是神的造物，又是《創世史詩》中隨著天體事件開始的演化鏈中的一員。蘇美人堅信，人類的創造是在地球上只有納菲力姆存在時期之後的事，他們一一記錄「人類還沒有被創造，當尼普爾只有諸神居住」時期發生的例子（例如，恩利爾與寧利爾之間的一些事情）。同時，文獻還描述了地球的誕生，和地球上動植物的發展，而它們的發展順序也剛好和演化論的觀點吻合。

《聖經》裡的上帝們

蘇美文獻記下當納菲力姆第一次到達地球時，地球上還沒有穀物耕作、果樹種植和牲畜圈養的技術。《聖經》與蘇美文獻相同之處，人類的創造是在第六「天」或在這個階段才完成。《創世記》也同樣堅信有一個更早的演化時期：

野地還沒有草木，田間的菜蔬還沒有長起來……也沒有人耕地。（《創世記》2：5）

所有的蘇美文獻都堅稱，諸神造人是為了讓人為他們工作。對此事的解釋，同樣借馬杜克之口出現在《創世史詩》中：

我將造出一個卑微的原始人；他的名字將是「人類」。我將造出一個原始工人；他將為諸神服務，這樣諸神才過得舒適。

「人類」這個蘇美語和阿卡德語中的特殊詞彙，預示了他的身分和作用：他是一個lulu（原始人），一個lulu amelu（原始的工人），一個awilum（勞動者）。人類是為了服務諸神而被創造出來，這想法並不會衝擊到古人，對他們來說，這並不是一個罕見的觀點。在《聖經》時代，神是「主」、「帝王」、「君王」、「統治者」、「主人」。「禮拜」（worship）一詞，實際上是avod，意思是「工作」。古代人和《聖經》中的人從不「禮拜」他的神；他只為神工作。《聖經》中的神如蘇美諸神一樣，在創造人類以後，馬上開闢了一座果園讓人在那裡工作：

耶和華上帝將那人安置在伊甸園，使他修理，看守。（《創世記》2：15）

之後，《聖經》描繪「天起了涼風，耶和華上帝在園中行走」，現在伊甸園裡有新成員了，由他照料果園。這與蘇美文獻中，諸神爭吵著需要工人讓他們可以放鬆和休息，有什麼區別呢？

在蘇美版本中，眾神在他們的集會中商議了創造人的決定。很有象徵意義的，《創世記》中——聲稱這是一神的功勞——這裡希伯來原版《聖經》是用「上帝們」（Elohim，也就是諸神的複數形式）來表示上帝，並用一段驚人的話記錄：

> 上帝們說：「**我們**要照**我們**的形像、按**我們**的樣式造人。」（《創世記》1：26，編按：《和合本》譯為「上帝」。）

誰是唯一、但又用諸神來稱呼？誰是「我們」、要根據哪些形像來創造人類？《創世記》並沒有給我們答案。接著，當亞當和夏娃吃下了智慧之樹的果實後，上帝們向他們一位未標注姓名的同僚說：「那人已經與**我們**相似，能知道善惡。」（《創世記》3：22）《聖經》中的創世故事，和很多創世故事一樣，都有一個蘇美的源頭，所以答案也很明顯。這是將眾神祇放進了一神體系，《聖經》這一段故事，是蘇美眾神集會決議紀錄的修訂版本。

《舊約》中努力解釋清楚人類既不是神、也不是來自於天國。「天只歸屬於上主，但他把地賜給人類。」（《詩篇》115：16）這種新物種叫做「亞當」，因為他是由地球的泥土adama所造。換句話說，他就是「地球人」。

亞當除了沒有某種「智慧」和神的壽命，其餘部分都是按照他的創造者（們）的「形像」和「樣式」來製造的。希伯來原文中，這兩個詞彙分別是selem和dmut，無疑是說，人類與上帝（們）在物質上和情感上都很像、在外部和內部也類似。

在所有古代圖畫中，對人和神的外形的描繪都很一致。雖然《聖經》中反對崇拜偶像，暗示這位希伯來神本身是沒有形像和樣式，不僅是《創世記》，《舊約》其他章節中也有提到。古代希伯來的神祇可以和人面對面接觸、和人搏鬥，可以被人聽見、人也可以對他說話；他有頭和腳，有手、手指，也有身體。《聖經》中的上帝和他的使者與人長得一樣，行為也差不多——因為人類就是以諸神的外貌和行為舉止為標準創造出來的。

但這齣偉大的神蹟劇裡有一個簡單的問題。一個新生物，怎麼可能在肉體上、精神上和情感上成為納菲力姆的完美複製品？人類到底是怎麼被創造出來的？

演化論VS.創造論

很長一段時間，西方文明刻意創造出來一個信念，那就是人類是來征服及統治整個地球及其他生物。一八九五年十一月，一名英國生物學家出版了一本專著，名叫《論依據自然選擇即在生存鬥爭中保存優良種族的物種起源》（編按：簡稱《物種起源》〔*On the Origin of Species*〕）。這個英國人的名字叫做查理斯・達爾文（Charles Darwin）。他以接近三十年的觀察所得，再加入了一些更早期的自然演化學說，最後認為各物種——包括了各種植物和動物——為了生存的鬥爭導致自然界對物種的選擇。

早在達爾文之前的一七八八年，基督世界觀就已經被挑戰過了。那時，一些地理學家開始相信，地球的歷史要比希伯來曆法中所說的五千五百年長得多。現在達爾文又來了，不過，他的觀點其實有更早的先驅：希臘學者在西元前四世紀就注意到動植物演化的資料。

達爾文最具爆炸性的觀點是，任何生命——包括人類——都是演化的產物。人類是因演化而自發形成的，這完全違背了當時的信仰。

教會方面最初的回應是相當暴力的。但當科學家最終得出地球的實際年齡、演化學、基因學，以及其他生物學和人類學的研究都有了新的光芒，教會的反駁就變得悄無聲息了。似乎到了最後，《聖經》無可奈何的變成了「聖經故事」；因為一**位神**怎麼可能會有像人類一樣的身體，而他又說道：「**我們**要照**我們**的形像、按**我們**的樣式造人？」

我們真的就僅僅是「赤裸的猿猴」嗎？猴子與我們難道有相同的起源，是我們在不同演化分支上的兄弟嗎？而樹鼩則是還沒有甩掉尾巴、直立行走的人類嗎？

就像我們在本書最開始提到的一樣，現代科學家開始向這些簡單的理論提出了質疑。演化學可以解釋生命在地球發展的普遍現象，從一個最簡單的單細胞生物，一直到人類。但演化學不能解釋智人的出現，他們需要上百萬年的演化時間，但事實上只用了很短的一瞬；而且，沒有任何證據可以證明，在智人之前有一個過渡階段。

直立人中的原始人確實是演化的產物。但智人本身則是一個突然的產物，是一個爆炸性事件。他們在三十萬年前無法解釋的出現了，比演化論上的時間早了上百萬年。學者對此沒有解釋。但我們可以。蘇美和巴比倫文獻可以。《舊約》也可以。智人——現代人——是古代諸神創造的。

納菲力姆用自己的形像和樣式創造直立人

還好，美索不達米亞文獻對人類的創造時間有清晰的記載。阿努納奇艱苦的工作及後來的兵變告訴我們，「有四十個時期，他們承擔這工作，不分晝夜」；在詩文中用了一種有趣的方式表述他們長年的勞動：

有十個時期，他們承擔這工作；有二十個時期，他們承擔這工作；有三十個時期，他們承擔這工作；有四十個時期，他們承擔這工作。

這些古代文獻用「ma」一詞表達「時期」這個概念，而大部分學者將之單純的譯為「年」。但「ma」一詞還有一個隱含意思：「完成了它自己又重複的東西。」對地球上的人類來說，一年相當於地球繞太陽轉一圈。正如我們之前講過的，納菲力姆的繞日軌道是一個shar，相當於三千六百個地球年。

在登陸地球四十個shar's，也就是十四萬四千個地球年後，阿努納奇發出了吶喊：「不要！」如果納菲力姆真如我們推斷的那樣，在大約四十五萬年之前第一次登陸地球的話，那麼人類的創造則在大約三十萬年前發生！

納菲力姆沒有創造哺乳動物、靈長類動物以及原始人。《聖經》中的「亞當」嚴格來說也並不是人屬，而是我們的祖先——第一個智人。這就是我們已知納菲力姆創造的現代人類。

了解這個關鍵事件的鑰匙藏在一則故事裡：睡著了的恩基被眾神喚醒，他們將他們打算作一個阿達姆的決定告訴他，讓他想辦法。恩基回答道：

你所說這名字的造物——它是存在的！

他還說：「將神的形像與它結合。」它是一個已存在的造物，具有神的形像。

接下來，就是對這個疑問的解答：納菲力姆不是從空無中「創造」人；他們選擇了一種已存在的造物加以改造，「將神的形像與它結合」。

人是演化的產物；而智人、現代人，則是「諸神」的產物。因為，在大約三十萬年前，納菲力姆將自己的形像和樣式放在直立人的身上。

其實演化論與近東造人的故事並不是完全矛盾的。反而，他們互相解釋和充實了彼此的說法。因為如果沒有納菲力姆的創造，現代人的出現就還要再等上數百萬年。

基因移植

讓我們回到過去，設想一下當時的環境和發生的事情。大約四十三萬五千年前開始，巨大的間冰期帶來溫暖的氣候使動物繁殖及和食物豐盛。它同時還加速了一種高等人科——直立人——的發展和擴張。

當納菲力姆觀看地球時，不僅僅看到處於主導地位的哺乳動物，還見到靈長類動物。在地面漫遊的直立人會不會對那些向空中飛去的噴火物體產生興趣，而靠近觀看呢？納菲力姆會不會也觀察、遇到，甚至擄獲一些這樣有趣的生物？許多古代文獻都證明了納菲力姆和人科曾有過接觸。一份描述原始時代的蘇美文獻說道：

> 當人類被創造時，他們不知道吃麵包，不知道穿上衣服；用他們像羊一樣的嘴吃植物；在溝渠中飲水。

這種像動物的「人類」，在《吉爾伽美什史詩》中也提到過。文獻描述了恩奇都，「生於乾草原」的那一位，在他變得文明之前的樣子：

> 他的整個身體都長滿又粗又長的毛髮，他有著像女人一樣的長髮……他不認人、也不識地；他穿得像綠地，和瞪羚一樣吃草；在飲水地，他和野獸搏鬥；與水中各式生物在一起，他的心充滿欣喜。

阿卡德文獻不僅僅描述了一種像動物的人；它也描述了與這種生物的相遇：

現在一個獵人，在誘捕，在飲水地見到了他。當這個獵人看見了他，他的表情呆住了……他的心跳變亂，臉上陰沉，因為悲劇到了他住的地方。

在獵人看見「這個野蠻人」之後，對這個「從乾草原深處來的野蠻人」來說，除了恐懼還有更多的事要做；因為這個「野蠻人」要逃避獵人的追捕：

他把我挖下的坑塞滿了，他把我設下的陷阱扯爛了；這隻從乾草原來的野獸，他從我手中溜走了。

這是對人科最好的描述了：長滿毛髮，又粗又長，一個「不認人、不識地」的遊民，穿著一身樹葉，「像綠地」，吃草，與動物住在一起。但他又不是完全沒有頭腦，因為他知道怎麼扯爛捕捉動物的陷阱，塞滿坑洞。換句話說，他要保護他的動物夥伴不被外來的獵人捕獲。許多已發現的圓柱印章上，描繪了這樣與動物夥伴住在一起的長毛人科。（見圖149）

圖149　長毛人科

後來，納菲力姆面對了需要更多人力資源，決定要取得一種原始工人，他們發現了一個現成的解決辦法：直接改造合適的動物。

這種「動物」可以取得——但直立人有一個問題。一方面，直立人太聰明又野蠻，以至於很難訓練成一種用來勞動的動物。另一方面，直立人並不適合這樣的工作。他的體格必須改變——他必須要能夠手拿並使用納菲力姆的工具，要像他們一樣行走和彎腰，這樣才能夠替代田野和礦井裡的諸神。他需要一個更好的「大腦」——無法像諸神那樣，但至少得了解言語和命令，懂得如何使用交給他的工具。他需要足夠的智商和領悟力，成為一個順從有用的「工人」。

如果古代證據和現代科學證明了，地球上的生命是來自於第十二個天體的生命，那麼地球上的演化則會與第十二個天體上的演化進程相似。毫無疑問的，肯定也受到地球的特點而導致不同的轉化、變異、加速或延遲等現象；但在地球上的動植物身上有同樣的基因密碼，同樣的「生命化學」，會指導地球生物的演化模式與方向，使之與第十二個天體上的演化朝向一個類似的方向。

納菲力姆和他們的最高科學家，艾，觀察著地球上各種生命形式，需要一些時間來理解發生的這一切：在天體碰撞事件中，是他們的星球為地球灑下了生命種子。因此，這種被認為是相對合適的生物，與納菲力姆有著千絲萬縷的親密關係——雖然前者還處於一種更低的階段。

並不需要透過一代又一代教養選種的漸進馴化過程，現在需要的是一個快速的過程，一個可以讓新工人「大量生產」的過程。這個問題被推到了艾的頭上，而他在一瞬間看見了答案：將諸神的形像「複製」到一種現有的生物身上。

為了讓直立人快速進化，我們相信艾採取了基因改造的措施。

我們現在知道，是基因密碼讓有機物自我複製、製造出與母體相似的後代這樣複雜的生物過程。任何有生命的有機系統——蟯蟲、蕨樹或人類——在它們細胞的染色體內，在每個細胞中的微小絲狀物上，都具有針對這一特定組織的完整遺傳指令。當雄性細胞（花粉、精子）使雌性細胞受精時，這兩種染色體結合後分裂，形成新的細胞，新細胞又都包含著它們母體細胞中完整的遺傳特徵。

人工授精，甚至是讓一個女人的卵子人工受精，現在都已經可行了。真正的挑戰是異體授精，對同一個物種內不同科的生物，甚至是不同物種之間。現代科學家從第一粒雜交水稻，到混種阿拉斯加州雪橇犬與狼，或是「創造」騾（在母馬和公驢之間進行人工授精）開始，進行了很久，才走到人類的生殖。

一種稱為「選殖」（cloning，或譯為「複製」，源於希臘詞彙klon，意思是「枝」）的過程，原理是從一株植物上剪一截下來，用它繁殖上百株類似植物，這種方式也應用在動物身上。第一次實際應用在動物身上是英國的約翰．戈登（John Gordon）博士，他用同一隻青蛙身上取得另一個細胞中的細胞核，注入已授精的卵細胞內，長成了一隻正常的蝌蚪，這向全世界顯示這個受精卵各處都有正確的染色體，能繼續發展、分裂，複製成另一隻青蛙後代。

位於紐約的哈斯丁哈得孫（Hastings-on-Hudson）倫理、生命與社會科學研究所的實驗報告上說，複製人類已經可能了。現在可以從人類的任何細胞中（不一定要從性器官）取出細胞核，將它的二十三條完整染色體注入女性的卵子，會導致一個「預定」好的人受胎及出生。在傳統的懷孕中，「父親」和「母親」的染色體混合在一起，之後必須分裂，成為二十三對染色體，導致一種隨機的結合。而在選殖過程中，後代將是未分裂的染色體的絕對複製品。蓋理（W. Gaylin）博士在《紐約時報》上寫道：「複製人類是一種噁心的知識」——會有無數個希特勒、莫札特、愛因斯坦（如果我們得到了他們的細胞核）。

然而基因工程的技術沒有被局限在一個程序中。許多國家的研究院都發現更完美的方式，叫做「細胞融合」（cell fusion），讓細胞融合在一起，而不只在單一細胞中進行染色體混合。這種過程導致不同來源的細胞可以被融合為一個「超級細胞」，裡面有兩個細胞核與兩組各自成對的染色體，原本是二十三對，現在是兩個二十三對。當這個細胞分裂時，細胞核與染色體的混合物可能會分裂為與細胞混合前不同的模式。結果可能是兩個新的細胞，每一個都是完整的，但各自都有一組嶄新的基因密碼，與它們的來源細胞大不相同。

例如一隻雞和一隻老鼠的細胞可以被融合在一起，形成全新的細胞，造就一種既不是雞、也不是老鼠，我們也從未見過的生物出現。說得更詳細一點，這個方法讓我們「挑選」某個生命特，結合或「融合」它們的細胞。

這導致了「基因移植」（genetic transplant）這個廣闊領域的發展。產生出一種可能，從某種細菌中取出一個特殊基因，植入動物或人類的細胞中，為後代加入一種新的特徵。

為諸神創造僕人

我們應該認為納菲力姆——他們在四十五萬年前就擁有空間旅行的能力——在生物科學領域同樣能和我們今天一樣，甚至更先進。無論他們所使用的方法是選殖、細胞融合、基因移植，或甚至是我們今天都還不知道的技術，總之，他們知道他們可以透過這些程序創造他們所需要的生物，這不僅是在實驗室裡發生，而是真正在有機生物上執行。

我們在古代文獻中發現了這樣的混合生命體。按照貝羅蘇斯的說法，神祇柏羅斯（Belus，意思是主人），又叫做迪爾斯（Deus，意思是上帝），他創造出各種「奇怪醜陋的生物，它們是用兩種原料生產的」：

有的是有翅膀的人，有的有兩張、甚至四張臉。他們有些是一個身體中長出一男一女兩個腦袋。在他們身上的其他器官上也有雌雄同體的現象。

有人的某些部位被換成了動物的，例如山羊的腿和角。有些腳是馬蹄，有些人的整個後半身都是馬的後半身，而前半身卻又是人類的，讓人聯想起神話中的半人馬。還有人頭公牛身，四個身體和魚尾巴的狗。同樣的，也有狗頭馬身；還有各種包括人在內的動物，有著馬身和魚尾。簡而言之，那裡的生物具有其他各物種的器官……

這些內容的描繪，迄今都放在巴比倫的柏羅斯神廟裡。

這個故事中令人難以理解的細節可能蘊含了重要的歷史事實。可以理解的是，納菲力姆在以他們的形像創造出人之前，會先用其他的生物來進行「人造僕人」的實驗：製造混種猿人獸。一些人造生物也許會活上一段時間，但多半是無法進行繁殖的。在古代近東的神廟遺址裡，用於裝飾的神祕牛身人面和獅身人面，也許不僅僅只是古代藝術家的想像，而是的確存在過的生物，它們來自於納菲力姆的生物實驗室——而藝術家和雕刻家用自己的方式紀念了這些不成功的實驗品。（見圖150）

蘇美文獻同樣提到，恩基和母神（寧呼爾薩格）為了創造完美的原始工人而創造出的畸形人類。一部文獻記錄了寧呼爾薩格的工作是「將混合物放入諸神的模子中」，喝掉，「被叫到恩基那裡」：

人類的身體有多好或多壞？我的心提醒我，我能讓它的命運變得好或壞。

如文獻中說的，寧呼爾薩格很淘氣——其實可能出於不得已，因為生產過程可能出了錯——她創造出的男人不能控制排尿，而女人不能懷小孩，還有一個既無男性器官、也無女性器官。總

圖150　各式混種猿人獸

的來說，寧呼爾薩格創造出六個畸形有缺陷的人類。恩基創造出的人則有眼疾、手發抖、肝功能不全、心臟也有問題；而他造出來的第二個人，隨著年歲增長也會出現很多疾病等等。

但最終完美的人類還是誕生了——被恩基命名為阿達帕；《聖經》稱他為亞當；我們的學者稱之為智人。這個生物和諸神簡直太像了，甚至在一份文獻中指出，母神給了她所造的人「一張與神一樣的皮膚」——一個平滑、少毛髮的身體，與滿身長毛的猿人完全不同。

這個最後成品與納菲力姆的基因是相容的，也只有這樣，納菲力姆才能與人類的女兒通婚並生子。然而這樣的相容還必須滿足另外一個條件，就是人類和納菲力姆必須有相同的「生命之種」。古代文獻確實又這麼說了。

美索不達米亞的觀念，與《聖經》的觀點一致，認為人類是用神性元素的混合物製成的——神的血液或「精華」與地球「泥土」混合。的確，對應「人」的特殊詞彙lulu，表達了「原始」的含義，字面意思是「被混合者」。母神被要求製造一個人類，「洗了手，捏起泥土，將其混入乾草原中」。（很有趣的是，這裡提到了女神的衛生意識：她「洗了手」。我們在其他的造物文獻中也遇到了這樣的醫學衛生意識和措施。）

用地球「泥土」與聖「血」混合創造出了人的雛形，這在美索不達米亞文獻中普遍存在著。其中之一記錄了恩基被請去「做一些偉大、英明的工作」——科學——其中說道，恩基在「為諸神創造僕人」的工作中，沒有遇到不可解決的問題。「這是可以辦到的！」他回答。他接著給了母神這些指示：

> 將阿普蘇之上的，地球地窖中的泥土混入一個核心。做成一個果核的形狀。我將派出優秀多識的年輕諸神，他們將把這泥土放到正確的環境。

《創世記》的第二章也提供了這些複雜難解的經文：

> 耶和華上帝〔們〕用地上的塵土造人，將生氣吹在他鼻孔裡，他就成了有靈的活人，名叫亞當。（《創世記》2：7）

Nephesh這個希伯來詞彙一般譯為靈魂，是賦予一個生物的「精神」，它似乎會在生物死去時離開它的身體。很不巧的是，《摩西五經》（*Pentateuch*，譯注：《舊約》的前五卷）中有這樣的勸誡，反對人流血，也反對吃動物的血，「因為血是靈魂」。《聖經》中造人的經文將血液比喻為靈魂、精神。

《舊約》還原血液在造人中的另一個角色。adama（阿達瑪）這個希伯來詞彙（後來演變為adam〔亞當〕），最原始的涵義並不是地球或泥土，而是特指深紅土壤。就像與之對應的阿卡德詞彙adamatu（意思是深紅大地），adama跟希伯來表示紅色的詞彙adom，都源自於表示血的詞彙：adamu，dam。當《創世記》將這個上帝的造物取名為亞當時，它使用了蘇美人最喜歡的語言遊戲：雙關語。「The Adam」可以解釋為「地球上的那位（地球人）」，「用深紅土壤做的那一位」，以及「用血做成的那一位」。

美索不達米亞的造人紀錄中，提到了生命必需的物質與血的關係。艾和母神造人的醫院建築叫做希姆提（Shimti）之屋；多數學者譯為「確定命運之地」。但Shimti一詞很明顯是由蘇美詞SHI.IM.TI發展來的。SHI.IM.TI，若一個音節一個音節的讀，意思就是「呼吸—風—生命」。Bit Shimti字面上的意思則是「吸進生命風之屋」。這與《聖經》中的紀錄大致相同。

事實上，阿卡德語將美索不達米亞使用的蘇美詞SHI.IM.TI譯為napishtu——與《聖經》中的nephesh是明顯對應的。而nephesh或napishtu都是指血液中難以捉摸的「某種物質」。

《聖經》中只提供了很少的線索，美索不達米亞文獻卻對這個主題有大量的描述。他們不僅僅指出造人的混合物需要血液，還特別指出所需的血液是來自一位神的血液，聖血。

當諸神打算造人的時候，他們的領袖宣稱：「我將會積存血液，將把骨頭放入生物體。」這暗示血液是從一位特定神的身上取來的，「讓原始人按照他的形像製造，」艾這麼說：

> 選擇這位神。他們用他的血液造了人；將服務的能力加入它，讓諸神自由……這是一個超出我們理解力的工作。

按照史詩〈當諸神如人一般，承擔這工作之時〉的說法，諸神接著找來了生育女神（母神，寧呼爾薩格），讓她來執行這個工作：

> 當生育女神來到時，讓生育女神製造後代。當眾神之母來到時，讓生育女神製造Lulu；讓這些工人承擔諸神的艱辛。讓她製作一個Lulu Amelu，讓他們承擔這苦難。

一份對應這個說法的古巴比倫文獻叫做〈母神造人〉，諸神找來了「諸神的接生員，多識的媽媽」，告訴她：

> 妳的藝術是母親的子宮，可以作出人類來。那麼，創造Lulu吧，讓他來承擔這苦難！

在這一點上，史詩〈當諸神如人一般，承擔這工作之時〉和它的對應文獻開始對造人進行細節的描述。女神（這裡叫做寧替〔NIN.TI〕——給予生命的女士）答應了這「工作」，她提出一些需求，包括一些化學物質（阿普蘇的瀝青），用來「淨化」，以及「阿普蘇的泥土」。

無論這些礦物是什麼，艾都很理解這些需求；他同意了，並說：

> 我將準備一個淨化盆，讓一位神的血流出……在他的血肉中，讓寧替混合這泥土。

要從泥土混合物中塑造出一個人，需要一些具有懷孕或生育能力的女性幫助。恩基讓他的妻子承擔了這項工作：

> 寧基，我的女神伴侶，將是分娩的那一位。七位生育女神，會在一旁協助。

混合了「血液」和「泥土」之後，懷孕階段將完成，讓神的形像「複製」到這個新生物上。

> 你將宣判這新生兒的命運；寧基決定它諸神的形像；而它將成為「人」。

亞述印章上的描繪很適合當這些文獻的插圖——它們顯示了母神（她的標誌是臍帶剪 ）和艾（他最初的標誌是月牙）是如何準備混合物，誦讀咒語，催促著彼此繼續。（見圖151和圖152）恩基的妻子寧基，參與第一次成功造人的事件，讓我們想到了阿達帕的故事，我們在前面的章節中討論過：

> 在那些日子，在那些年，埃利都的英明者，艾，造了他為模範人類。

學者曾推測，阿達帕被艾視為自己的「兒子」，暗示著這位神很愛這個人類，所以收養他。但在同一份文獻中，阿努說阿達帕是「恩基的人類後裔」。這也許可以證明的確是恩基的妻子參與了製造阿達帕的事件中。在這個新人類和他的神之間，創造了系譜關係：由寧基生下了阿達帕！

寧替祝福了這名新生物，將他獻給艾。一些印章中顯示一位女神，被生命之樹和實驗瓶包圍著，舉起一個新出生的生命。（見圖153）

這個生命就這樣誕生了，它在美索不達米亞文獻中被反覆提到：「模範人類」或「模子」，很明顯的這就是正確的造物，因為諸神吵著要更多複製品。這似乎是不太重要的細節，然而它不僅照亮了人類的「被創造」過程，還與《聖經》中的資訊有所不同。

按照《創世記》第一章的說法：

圖151　母神寧替和艾一起創造人（一）

圖152　母神寧替和艾一起創造人（二）

上帝〔們〕就照自己的形像造**亞當**，乃是照他〔們〕的形像造男造女。（《創世記》1：27，編按：《和合本》將「亞當」譯為「人」。）

《創世記》第五章是亞當系譜書，開頭說道：

當上帝〔們〕造人的日子，是照著自己的樣式造的，並且造男造女。在他們被造的日子，上帝〔們〕賜福給他們，稱他們為「**亞當**」。（《創世記》5：1—2，編按：《和合本》將「亞當」譯為「人」。）

相同的地方是，他們都說是按照自己的形像和樣式，神只創造了一個生物「亞當」。而不同的是，《聖經》中同時造了一男一女。這樣略帶欺騙的矛盾在《創世記》第二章中仍然存在，因為它特別指出亞當孤獨了一段時間，直到上帝讓他沉睡，用他的肋骨造了女人。

這樣的矛盾，同樣困擾著學者和神學家。一旦我們曾經認為《聖經》是蘇美源頭的簡略版，這樣的衝突也就可以忽略了。蘇美原本告訴我們，在試圖用猿人和動物「混合」來造原始工人之後，諸神發現唯一可行的辦法是將猿人和納菲力姆混合。在幾次不成功的嘗試之後，一個「模範」——阿達帕／亞當——被製造出來了。最初，只有這一個亞當。

圖153　寧替舉起阿達帕

一旦證實阿達帕／亞當是適當的生物後，就用他作複製新生物的基因模型或是所謂的「模子」，而這些新的複製品有男有女。如我們之前所述，《聖經》中製造女人的「肋骨」同樣也是蘇美人的文字遊戲之一——蘇美文的TI（意思是肋骨和生命）——證明了夏娃是由亞當的「生命精華」作成的。

亞當是第一個複製人

美索不達米亞文獻向我們提供了亞當是第一個複製人的見證報告。恩基的指令隨後就到了。在希姆提之屋——「吹進」生命呼吸的地方——恩基、母神，以及十四位生育女神正在聚會。一位神的「精華」已經得到了，「淨化缸」也準備好了。「艾洗淨了在她那裡的泥土；他持續誦讀咒語。」

艾這位淨化聖血之神，大聲說話。他坐在她前面，催促她。在她誦讀完她的咒語之後，她將手從泥土拿出來。

我們現在基本上知道了一些人類大量生產的過程。現場有十四位生育女神：

寧替將泥土分成十四份；她把七個放在右邊，七個放在左邊。在它們中間，她放了鑄模……她將頭髮……她用臍帶剪。

有證據顯示，生育女神被分成兩組。「現場的生育女神有聰明和博學兩組，每組各有七位」，文獻繼續解釋道。母神在她們的子宮裡放入「混好的泥土」。其中有點像是外科手術的暗示——頭髮的脫落或削刮，手術器具的準備，一把剪子。然後就是什麼都不做的等待：

生育女神在一起。寧替坐下來算月分。重要的第十個月快來了；第十個月來到了；打開子宮的時間已經過了。她的臉滿是理解：她蒙住她的臉，做了接生婆。她拉緊她的腰帶，說著祝福語。她拉出一個模子；在模子裡的是生命。

在造人這起事件中，包含生產延遲。用來導致懷孕的「泥土」和「血液」的「混合物」被放在十四位生育女神的子宮裡。然而九個月過去了，第十個月也到了。「打開子宮的時間已經過了。」母神「做了接生婆」。她進行外科手術，在另一份對應的文獻描述得更清楚（雖然文獻僅是一些碎片）：

寧替……數著月分……他們說第十個月分是注定的；張開手的女士來了。用……她打開了子宮。她的臉閃著喜悅。她的頭被蒙住了；……打開了；在子宮裡的東西出來了。

母神非常高興，喊道：

我創造出來了！我的雙手做成了它！

雌性直立人的卵子與男神的精子

人類的創造是怎麼完成呢？

史詩〈當諸神如人一般，承擔這工作之時〉中有一個段落，解釋為什麼「泥土」中要摻進一位神的「血液」。這種「神聖」元素不僅需要一位神滴出自己的血，還需要更基礎和更持久的某種物質。被選中的神有著TE.E.MA——權威學者（牛津大學的蘭伯特和米勒德）將這字譯為「個性」。但這個古代詞彙更特別；它直譯是「裝著記憶的那些房屋」。此外，到阿卡德語是etemu，通常譯為「精神」。

從兩個例子中我們都發現，神之血中的「某種物質」具有他的個人特質。我們覺得這些是迂迴的描述，艾將神之血透過一系列的「淨化缸」後，提出了神的基因。

將聖物與地球元素澈底混合的目的，也清楚說明：

在泥土裡，神和人需要被結合在一起，彼此相融為一；因此在最後，神在靈魂和肉體其中發酵——靈魂有了同樣的血脈；它標誌著生命將顯現。這樣才不被忘卻，讓有著同樣血脈的「靈魂」結合在一起。

學者幾乎看不懂這些強力的文字。從字面上看，文獻是在說神的血液和泥土混合了，這樣才能將神與人的血緣結合，直到「日子的最後」，這樣神的肉體（形像）和靈魂（樣式）可以透過血緣關係複製在人類身上，永不斷絕。

《吉爾伽美什史詩》記錄，當諸神打算製造一個半神吉爾伽美什的替代品時，母神將「泥土」與尼努爾塔的「精華」混合。在文獻後面，恩奇都的強大力量被歸結為他體內有「阿努的精華」，那是他從阿努的孫子尼努爾塔那裡得到的元素。

阿卡德詞kisir，代表的是天國之神擁有一種「精華」，一種「濃縮物」。艾柏林（E. Ebeling）總結了他對kisir的解釋：「精華，或這詞的某個微妙之處，可能意指天國之神，就像是來自天堂的導彈。」史本賽同意這詞同時還暗示了「從天國下降的某些東西」。其中蘊含著一些意義，他寫道：「可以用在醫學脈絡中。」

我們則用一種簡單直接的方式來翻譯這個詞：基因。

美索不達米亞文獻和《聖經》這些古代文獻所提供的證據，支持了合併兩種基因——一方是神、一方是直立人——的過程，以男性基因作為神聖元素，配上地球元素的女性基因。

《創世記》反覆強調了上帝按照自己的形像和樣式創造了亞當，下列形容亞當之子塞特的出生：

> 亞當活到一百三十歲，生了一個兒子，形像樣式和自己相似，就給他起名叫塞特。（《創世記》5：3）

用詞和上帝造亞當時一模一樣。但塞特的確是亞當透過生物學過程所生的——亞當的精子與一個雌性卵子的結合，接下來就是懷孕、出生。同樣的語法預示著一個同樣的過程，唯一可能的結果是，亞當是由一位神的精子和一個雌性卵子的結合而產生的。

如果這種帶有神的元素的「泥土」真的是和地球元素混合——如所有文獻都堅稱的那樣——那麼唯一可能的解釋就是，把神的精子——他的基因——放進雌性猿人的卵子中！

阿卡德語的「泥土」——或「塑形泥土」——是tit。但它最初的拼法是TI.IT（意思是它帶著生命）。在希伯來文中，tit的意思是「泥漿」；但它的同義詞bos，與bisa（意思是沼澤）和besa（意思是卵）同出一源。

造人的故事中充滿了這些文字遊戲。我們已經看見過Adam、adama、adamtu、dam的雙重和三重解釋。而母神的名字寧替（NIN.TI），既有「生命女士」的意思，又有「肋骨女士」的意思。那為什麼不可將bos-bisa-besa（泥土—泥漿—卵）作為另一個文字遊戲，解釋成女性卵子呢？

雌性直立人的卵子，被一位男神的精子授精了。接著這顆受精卵被放入艾的妻子的子宮內；

在得到這個「模子」之後，加以複製，由幾位生育女神懷孕，繼續進行這項工作：

現場的生育女神有聰明和博學兩組，每組各有七位；七位生出男性，七位生出女性。生育女神帶來了生命呼吸之風。她們成對的完成了，她們成對的完成了這些。這些造物就是人——母神的造物。

智人被創造出來了。

在礦井工作的原始工人

古代傳說與神話、《聖經》的資訊，以及現代科學，還有一個面向也是相容的。就像現代人類學家的發現一樣——人類在非洲最南部出現並進化——美索不達米亞文獻提出人類的創造地點是阿普蘇——礦井之地所在的下層世界。對應阿達帕、「模範」人類，一些文獻中提到「神聖的阿瑪瑪（Amama），地球女人」的住所就在阿普蘇。

在這些「造人」文獻中，恩基對母神提出了以下的指令：「將阿普蘇之上的，地球地窖中的泥土，混入核心。」有一首讚美詩，針對艾的創造，寫道「阿普蘇是他的住處」，開篇這樣描述：

神聖的艾，在阿普蘇，夾斷一塊泥，造出庫拉（Kulla）重建神廟。

讚美詩繼續列出這些建築大師，就像那些管轄「山上和海裡大量產品」的人一樣，都是由艾創造的——所有，都指出是由阿普蘇的「泥」塊製成——創造的地點則在礦井之地的下層世界。

文獻中清楚的說，當艾運用水力在埃利都建造一座磚房時，他在阿普蘇修建了一間裝飾著寶石和白銀房屋。他的造物，人，起源於此：

阿普蘇之王，恩基王……用白銀和青金石修了房；它的白銀和青金石，閃閃發光。父親在阿普蘇進行創造。這明亮外觀的造物，從阿普蘇出來，站在主人努迪穆德附近，到處都是。

我們甚至可以指出，人類的創造導致諸神之間了不和。至少可以看出，一開始時，這些原始工人被限制在礦井之地。結果是，在蘇美承擔工作的阿努納奇沒有得到這種新勞動力的幫助。一份學者稱為〈尖鋤神話〉的文獻使人困惑。它實際上是一份記錄事件的文獻，講的是恩利爾領導下、在蘇美工作的阿努納奇，取得對黑頭人應有的使用權。

恩利爾為了重建「正常秩序」，採取了極端的措施——切斷「天國」（第十二個天體的太空船）和地球之間的聯繫，並實行了對抗「肉體發源地」的嚴格行動。

主，他做的事情是正確的。主恩利爾，他的決定不可改變，很快分開了天地的關聯，讓造物不能過來；很快分開了天地的關聯。他割破了「天地紐帶」，讓造物不能從肉體發源之地過來。

恩利爾為了對付「尖鋤和籃子之地」，製作了一個叫做AL.A.NI（意思是產生能量的斧頭）的強大武器。這個武器有一個「牙齒」，「就像是一頭單角牛」，它能夠攻擊並摧毀高大的牆。在所有的描繪中，它都像是一個威力巨大的鑽頭，裝在一輛推土機造型的車輛上，可以壓碎前面的任何東西：

這間屋子要對主造反，這間屋子不順從主，AL.A.NI讓它順從於主。那壞的……它壓碎面前的植物；拽走它們的根，扯破這頂王冠。

恩利爾在他的武器上裝備了「大地撕裂機」，開始進攻：

主喚AL.A.NI出現，對它下達命令。他將大地撕裂機像王冠一樣的放在它頭上，將它開進肉體發源之地。在洞裡的是一個人的頭部；從地上，人們向恩利爾這裡衝過來。他堅定的看著黑頭人。

慶幸的是，阿努納奇帶回了原始工人，讓他們立刻開始工作：

阿努納奇向他走去，向他舉手致敬，懇求恩利爾平心靜氣。他們要的是黑頭人。他們要這些黑頭人拿起尖鋤。

《創世記》也敘述「亞當」是在美索不達米亞的西部被創造出來的，然後被送到了美索不達米亞的東部，在伊甸園裡工作：

耶和華神在東方的伊甸立了一個園子，把所造的人安置在那裡……耶和華神將那人安置在伊甸園，使他修理，看守。（《創世記》2：8—15）。

13・眾生的末日

人類始終相信在史前曾有過一段黃金時代，而這種信仰不太可能是基於人類自身的回憶，因為這個時代太遙遠了，當時的人類太原始，不可能為後代記錄下這些具體的資訊。如果人類透過某種方式在潛意識中保留了極遙遠的年代曾生活在寧靜幸福中，這倒很好解釋，因為除此之外他們不可能知道更多。同樣的，最先告訴人類那個年代的故事，不是更早的人類，而是納菲力姆。

裸體的人類

唯一完整記錄人類被運到美索不達米亞的眾神住所，是《聖經》中亞當和夏娃在伊甸園的故事：

耶和華神在東方的伊甸立了一個園子，把所造的人安置在那裡。耶和華神使各樣的樹從地裡長出來，可以悅人的眼目，其上的果子好作食物。園子當中又有生命樹和分別善惡的樹……耶和華神將那人安置在伊甸園，使他修理，看守。耶和華神吩咐他說：「園中各樣樹上的果子，你可以隨意吃，只是分別善惡樹上的果子，你不可吃，因為你吃的日子必定死！」（《創世記》2：8——17）

雖然有兩種極為重要的水果就在眼前，這地球人還是和它們保持距離。主──在這一點上──似乎並不太關心人類會去吃生命之果。然而，人類並沒有遵守禁令，吃了分別善惡樹上的果子，於是悲劇發生了。

這樣的田園風情很快不再，進入一個戲劇性的新階段，《聖經》學者和神學家稱這是人類的墮落。這是一個關於人類始祖不聽從神的命令、神聖的謊言、一條狡猾（但說的是真話）的蛇、懲罰和放逐的故事。

這條蛇挑戰了上帝神聖的警告：

蛇對女人說：「神豈是真說不許你們吃園中所有樹上的果子嗎？」女人對蛇說：「園中樹上的果子，我們可以吃，惟有園當中那棵樹上的果子，神曾說『你們不可吃，也不可摸，免得你們死。』」

蛇對女人說：「你們不一定死；因為神知道，你們吃的日子眼睛就明亮了，你們便如神能知道善惡。」

於是女人見那棵樹的果子好作食物，也悅人的眼目，且是可喜愛的，能使人有智慧，就摘下果子來吃了，又給他丈夫，他丈夫也吃了。他們二人的眼睛就明亮了，才知道自己是赤身露體，便拿無花果樹的葉子為自己編做裙子。（《創世記》3：1─7）

當你一遍又一遍讀這個簡單卻又精確的故事，很難不去想這整個事件到底要抗爭什麼。兩個地球人在死亡的恐嚇下，不敢碰這知識之果，但最終卻被勸服去吃，因為它會讓他們具有如上帝一樣的「知識」。突然他們意識到自己是裸體的。

裸體是整個故事的一個重點。《聖經》故事中，亞當和夏娃在伊甸園這一段之前，「當時夫妻二人赤身露體，並不羞恥」。我們可以明白，他們尚處於人類發展中的低等階段，不能稱為發展完全的人類：他們不僅裸體，甚至沒有意識到這樣的裸露令人難為情。

更深入檢視《聖經》這段故事，可將之視為「人類取得了性能力」。這種與人隔絕的「知識」不是什麼科學知識，而是與男女性別有關的一些東西；因為之後男女得到了這樣的「知識」，然後「他們知道自己是赤身露體」，並遮住了他們的性器官。

《聖經》在之後的段落中證明裸體與缺乏知識有關：

天起了涼風，耶和華神在園中行走。那人和他妻子聽見神的聲音，就藏在園裡的樹木中，躲避耶和華神的面。耶和華神呼喚那人，對他說：「你在哪裡？」

他說：「我在園中聽見你的聲音，我就害怕；因為我赤身露體，我便藏了。」

耶和華說：「誰告訴你赤身露體呢？莫非你吃了我吩咐你不可吃的那樹上的果子嗎？」（《創世記》3：8—11）

亞當承認了這件事，但這個原始工人將此事歸咎於他的女伴，而女人將此事歸咎於蛇。上帝大怒，對蛇與這兩個地球人下了詛咒。接著——令人驚訝的——「主耶和華神為亞當和他妻子用皮子做衣服給他們穿。」（《創世記》3：21）

沒有人能夠很嚴謹的推論這一段——導致兩個地球人被逐出伊甸園——它戲劇性的描述人類是怎麼開始穿上衣服的。穿衣服只是這種新「知識」的外在表現。這種「知識」的獲得，以及上帝試圖將它與人類隔離，是這些事件的重點。

美索不達米亞文獻還沒有發現與之對應的細節，但毫無疑問這個故事——像所有描述創世和史前人類的《聖經》段落一樣——都有蘇美的根源。我們知道事發地點：美索不達米亞的眾神住所。我們看穿了夏娃這個名字的文字遊戲（她是生命、她是肋骨）。我們還有兩棵必不可少的樹，生命之樹和知識之樹，它們也在阿努的住所中。

甚至連上帝的話語都透露著蘇美的源頭，因為此時這位唯一的希伯來神又變成複數形式，他向不在《聖經》裡出現、只在蘇美文獻現身的同僚宣說：

> **耶和華上帝（們）說：「那人已經與我們相似，能知道善惡；現在恐怕他伸手又摘生命樹的果子吃，就永遠活著。」耶和華上帝便打發他出伊甸園去……（《創世記》3：22—23）**

如同許多早期的蘇美描繪所顯示的，曾有一段時間，人類是原始工人，全裸的伺候諸神。他們無論是向諸神提供食物或飲料，還是在地裡或工地上幹活，總是全裸的。（見圖154和圖155）

這是一個很清楚的暗示，那時人在神眼中的地位，就像被馴化的動物一樣。諸神只是把一種現有的動物升級了，用來滿足他們的需要而已。「知識」的缺乏，是不是意味著，這些像動物一樣裸露的新造物，還要像動物那樣的交配？甚至是直接與動物交配？一些很早的描繪中確實

圖154　全裸的人類（一）

圖155　全裸的人類（二）

這麼指出。（見圖156）

人類獲得性知識

蘇美文獻《吉爾伽美什史詩》中就提出，野人和真正人類的性行為有明顯的區別。當烏魯克的人想要讓野蠻的恩奇都——「來自乾草原深處的野蠻人」——變得開化時，他們得到了一名「淫蕩的女孩」幫助，送她去水洞旁見恩奇都，那裡曾是他與各種動物為友玩耍的地方。女孩在那裡向他提供了她的「成熟」。

從文獻中似乎可以看出，恩奇都「開化」過程中的轉捩點，是曾經與他為友的動物拒絕了他。這點很重要，烏魯克的人告訴那女孩，她要一直對他做「女人的工作」，直到「在他的草原上長大的那些野獸拒絕了他」。因為，恩奇都從野性中脫離出來，是成為真正人類的前提。

> 這少女解開了她的胸衣，露出了乳房，他占有了她的成熟……她用一個女人的工作，對待這個野蠻人。

很明顯這招見效了。六天七夜之後，「在他被她的魅力征服之後」，他想起了他過去的玩伴。

> 他面向那些野獸；但看見他之後，瞪羚就跑了。草原上的野獸都離開了他的身體。

這裡的描述很明確。人類的性交在恩奇都身上帶來深遠的改變，以至他過去的動物朋友都

圖156　像動物般交配的人類

「離開了他」。它們不是簡單的逃跑；它們是避免與他產生身體接觸。

令人震驚的是，恩奇都在那裡呆站著，「因為他的動物朋友都走了。」但並不後悔這種改變，古代文獻繼續解釋：

> 現在他有了想像，更寬廣的理解力……這妓女對他說，對恩奇都說：「你知道了技巧，恩奇都；你的技巧變得像神一樣！」

美索不達米亞文獻的內容和《聖經》中亞當夏娃的故事幾乎沒有什麼差別。如同那蛇的預料，透過分享這知識之樹，他們——在性事上——變得「如神一樣——能知道善惡」。如果這僅僅是意味著人類認識到了與動物做愛是不開化或「惡」，那為什麼亞當和夏娃會因為放棄野蠻而受到懲罰呢？《舊約》中充滿了反對人獸交配的訓誡，很難想像學習一種美德也將導致聖怒。

人類所得到的這種「知識」違背了上帝——或諸神——的意願，它一定有一個更深的特性。這是某種對人類有利的東西，而他的創造者卻不希望他們能夠得到。

我們不得不非常仔細的閱讀神將對夏娃逐出伊甸園所說的這些話，掌握這個事件的意義：

> 又對女人說：「我必多多加增妳懷胎的苦楚；妳生產兒女必多受苦楚。妳必戀慕妳丈夫」……亞當給他妻子起名叫夏娃，因為她是眾生之母。（《創世記》3：17—20）

這的確就是《聖經》中傳達給我們極為重要的事件：亞當和夏娃在缺乏這種「知識」時，他們住在伊甸園裡，完全沒有任何後代。在得到這種「知識」之後，夏娃得到了懷孕和分娩的能力

（也是痛苦）。當這對伴侶得到這種「知識」之後，「那人和他妻子夏娃同房（knew），夏娃就懷孕，生了該隱」。

人類獲得生育能力

在《舊約》中，「知道」（to know）一詞常用在性交中，多半是說男人和她的伴侶是為了生小孩而做愛。亞當和夏娃在伊甸園的故事，是人類發展的決定性事件：獲得生育能力。

智人的第一個特徵是具有生殖能力，這一點不令人訝異。無論用什麼方法，納菲力姆將自己的一些基因植入選中的原始人體內，新物種是雜交而成，是兩個不同物種的混血。就像一頭騾子（母馬和公驢的雜交），這樣的混血品種是不能生育的。然而透過人工授精、甚至是更高等的生物工程，我們想生產出多少騾子就能生產出多少騾子，甚至不需要馬和驢之間的實質交配；但沒有哪頭騾子能和另一頭騾子繁衍後代。

納菲力姆在最開始生產的是不是「騾子人」？

一幅刻在埃蘭南部山上的圖畫勾起我們的好奇心。它描繪了一位坐著的神祇，手裡舉著一個「實驗室用的」瓶子，裡面有液體流出——一個類似恩基的描繪。一位大女神坐在他的旁邊，她的造型看上去更像是同事而非妻子；除了母神寧替，她不可能是其他神。他們兩位旁邊則是其他次神——讓人聯想到造人故事中的生育女神。在這些造人者面前的是一排又一排的人類，他們最突出的特徵就是他們看上去很像——就像是同一個模子中做出來的產物。（見圖157）

又一次，我們的注意力回到了蘇美文獻中：恩基和母神一開始造出不完美人類的那一段。他們都是無性別或無性能力的未完成品。這段文獻是不是在描述第一階段的雜交人——擁有神的樣式和形象的生物，但性能力不完整：缺乏「知識」？

圖157　同一個模子做出大量人類

在恩基打算生產一個「完美模範」——阿達帕／亞當——之後，蘇美文獻描述了「大量生產」的技術：在生育女神的一條「生產線」上植入基因改造過的卵子，還有足夠的科技使一半生男、一半生女。這不僅僅是暗示著製造雜交人的技術是「大量製造的」，同時還暗指人類不能自行繁衍。

最近才發現，雜交種無法繁衍，是由於它們生殖細胞的缺陷所造成。人類和其他哺乳動物能夠繁衍，是因為他們的性細胞（男人的精子、女人的卵子）有兩對成對的遺傳染色體，但雜交種的染色體不成對，有一條染色體落單（編按：例如馬有三十二對染色體的，驢只有三十一對染色體。雜交的騾子染色體不成對，是六十三條）。現在正努力進行的基因工程研究，讓這些雜交物種在性細胞上可以成對，擁有正常的性能力。

難道這就是叫做「蛇」的神祇對人類所做的嗎？

《聖經》中的蛇很明顯不是在地上匍匐前進的蛇——他可以和夏娃交談，他知道「知識」的真相，而且他的身分足以讓他毫不猶豫的說，上帝是一個騙子。我們聯想到在所有的古代傳統中，主神都會打敗一名蛇形對手——這無疑是另外一個與蘇美根源有關的故事。

《聖經》裡的故事顯露出了許多蘇美原型，包括其他諸神說道：「那人〔亞當〕已經與我們相似。」《聖經》中的抗爭——上帝和蛇——顯然可能有一個原型，也就是恩利爾和恩基。

恩基創造了能夠自行繁衍的智人

正如我們所發現的那樣，他們的對抗，源於恩利爾被調到地球行駛指揮權，雖然恩基才是真正的拓荒者。當恩利爾舒服的待在尼普爾的太空航行地面指揮中心時，恩基卻被派到下層世界管理礦業。阿努納奇的兵變是針對恩利爾和他的兒子尼努爾塔；而為這些叛軍說情的卻是恩基。是恩基提出的建議，並執行了原始工人的創造。恩利爾需要使用暴力才能得到這些不錯的造物。在蘇美文獻記載的人類事件中，恩基一直是人類方面的支持者，恩利爾則是嚴厲的懲罰者。一位是不希望人類擁有完善性能力的神，另一位是希望且有能力給予人類「知識」之果的神，這兩個角色很適合恩利爾和恩基。

蘇美文獻和《聖經》的紀錄再次吻合了。它們玩的文字遊戲又一次給了我們幫助。《聖經》裡的「蛇」，對應蘇美文是nahash。但實際上這詞出自於NHSH，意思是「破解，找出」；所以na<u>h</u>ash也意味著「他可以破解，他可以發現事物」，這是一個很適合恩基這位大科學家的詞彙，他是納菲力姆的知識之神。

與美索不達米亞的阿達帕（他得到了「知識」，卻沒有得到永生）的故事相對應的，是亞當的命運。郎盾在《閃族神話》一書中重現了一幅在美索不達米亞出土的圖畫，它所描繪的內容強力支持《聖經》的記載：一條纏在樹上的蛇，指著其上的果子。天體的符號很重要：高掛的十字星符號，代表阿努；接近蛇的月牙則是代表恩基。（見圖158）

於是，給予阿達帕「知識」的，除了恩基之外，不可能有別人了：

他給了他更為寬廣的理解力……（他給了他）智慧……他給了他知識；但永生，他並沒有給他永生。

發現於馬里的圓柱印章上的圖畫，可以當作美索不達米亞版《創世記》的插圖。這圖畫顯示了一位大神坐在一個從水波中升起的平臺上——很明顯是恩基。噴水的蛇從他「王座」的兩邊伸出來。

圖158 恩基是傳給人類知識的蛇神

在中心兩邊的是兩位像樹一樣的神祇。右邊的神，枝頭有陰莖狀的末端，他舉著的一個缽裡面可能裝著生命之果；左邊的神，枝頭有陰道狀的末端，他舉著長滿果實的枝椏，代表著「知識」——神賜的生殖能力——之樹。左邊更遠處有另一位大神，我們認為他就是恩利爾。很明顯的，他對恩基極為不滿。（見圖159）

我們可能永遠都不知道是什麼導致了「伊甸園中的抗爭」。不過無論恩基的動機是什麼，他的確成功造出原始工人，並創造了能夠自行繁衍的智人。

亞當系譜

在人類得到「知識」之後，《舊約》不再稱他為「亞當族」（the Adam，之前希伯來經文中一

圖159　美索不達米亞版的《創世記》插畫

直使用這樣的名稱），而是稱「亞當」（Adam），指一個特定的人，他是《聖經》中提到的第一個人類族長。但這同樣代表了人與神的分裂。

從此，他們分道揚鑣了：人類不再是諸神沉默的奴隸，而是為自己而活的人。不過，在《聖經》中，其實這並不是人類自己的決定，而是上帝的懲罰：為了防止人類再次吃下生命之果以避免死亡，他們必須被逐出伊甸園。按照上面的說法，人類的獨立並不是發生在納菲力姆人建立城市和果園的美索不達米亞南部，而是發生在東部，在札格羅斯山裡：「於是把亞當〔族〕趕出去了；又在伊甸園的東邊安設……」（《創世記》3：24）

再一次，《聖經》中的記載對應了科學發現：人類文明始於在與美索不達米亞平原接壤的山地上。但很遺憾的是，《聖經》中對人類在地球上建立第一個文明的記載太簡短。

從諸神的住所中被驅逐了出來，注定了凡人的一生，但卻擁有了生育能力。《聖經》中描述，這個亞當「知道了」（knew，編按：《和合本》譯為「同房」）他的妻子夏娃，她為他生了一個孩子，叫做該隱，他是種地的。接著夏娃生下了亞伯，他是一個牧羊人。《聖經》中暗示因為同性戀的原因，「該隱起來打他兄弟亞伯，把他殺了」。

該隱出於對失去生命的恐懼，得到了上帝給他的記號，被逐到更東邊。這是第一次的遊牧生活，他最後定居在「伊甸東邊挪得之地」。他在那裡有了一個兒子，他為他取名為「以諾」（Enoch，意思是開幕或落成典禮），「建造了一座城，就按著他兒子的名將那城叫做以諾」。以諾也有了自己的孩子、孫子和曾孫子。在該隱之後的第六代，拉麥出生了。他的三個兒子在《聖經》中被記載為文明的締造者：雅八「就是住帳棚、牧養牲畜之人的祖師」，猶八「是一切彈琴吹簫之人的祖師」，土八該隱則是第一個金屬工匠。

但拉麥和他的祖先該隱一樣，涉入了謀殺案——這一次既殺了一個男人又殺了一個小孩。保守推測，受害者並不是地位謙卑的外來者，因為《創世記》中很詳細的描述了這件事，認為這是亞當系譜發展的轉捩點。《聖經》中記載拉麥傳喚來他的三個孩子的媽媽，他的兩個妻子，向她們承認了這兩起謀殺案，「若殺該隱，遭報七倍，殺拉麥，必遭報七十七倍」。這段不易理解的段落，被推測是在說詛咒的傳承與順延。我們看到拉麥向他兩位妻子認罪，他希望該隱身上的詛咒能夠由現在的第七代子孫（也就是他的兒子這一代）來贖罪的想法是無用的。現在，一個新的詛咒已經降臨到了拉麥家裡，會延續得更長。

下面，經文告訴我們，亞當一百三十歲時，一個純潔的新家族出現了：

> 亞當又與妻子同房（knew），他就生了一個兒子，起名叫塞特，意思說：神另給我立了一個兒子代替亞伯，因為該隱殺了他。（《創世記》4：25）

《舊約》此時對已被玷汙的該隱和拉麥血統，已經完全失去了興趣。它之後的人類事件都是基於亞當之子塞特留下的血統，塞特的第一個兒子是以挪士，他的名字在希伯來語中有「人類」

的意思。《創世記》告訴我們，「那時候，人才求告耶和華的名」。

這段神祕的段落難倒了《聖經》學者和神學家很久。它接下來的章節都是在描述亞當的族譜，從亞當到塞特，塞特之後的以挪士，以及之後的十代，直到大洪水中的英雄挪亞。

蘇美文獻描述說，早期只有諸神待在蘇美；它們也同樣精確的描述了後來在蘇美的人類生活，不過都是在大洪水之前。起源於蘇美的大洪水故事中的「挪亞」，是一個叫做「舒魯派克的男人」，而舒魯派克是納菲力姆人登陸地球後修建的第七座城。

出於某種原因，被逐出了伊甸園的人類，獲准重返美索不達米亞，生活在諸神的旁邊，服侍他們，崇拜他們。正如我們對《聖經》的解釋一樣，這些事發生在以挪士時代，就是在那時候，諸神允許了人類重返美索不達米亞，服務眾神並「求告神的名字」。

人類史詩的下一章，是大洪水。《創世記》中針對以挪士之後的族長，只提供了很少量的資訊。但每個族長名字的含義，也許可以暗示他一生中所發生的事情。

以挪士的兒子，正是透過純潔的血統才得以延續，是該南（Cainan，意思是小該隱）；一些學者認為這個名字的意思是「金屬工匠」。該南的兒子是瑪勒列（Mahalal-El，意思是神的讚頌者）。在他之後的是雅列（Jared，意思是他是降下來的）；雅列的兒子是以諾（Enoch，這是另一個以諾，意思是奉獻者），以諾在三百六十五歲時被神帶走了。但在三百年前，在他六十五歲時，以諾生下了一個兒子，叫做瑪土撒拉（Methuselah）；許多學者都同意傑佛瑞斯（Lettia D. Jeffreys）在《古希伯來人名：他們的意義與史學價值》（*Ancient Hebrew Names: Their Significance and Historical Value*）一書中的觀點，將瑪土撒拉譯為「飛彈之人」。

瑪土撒拉的兒子的名字是拉麥（Lamech，這是另一個拉麥，意思是謙卑者）。之後拉麥生了挪亞（Noah，意思是休息緩解），並說：「這個兒子必為我們的操作和手中的勞苦安慰我們；這操作勞苦是因為耶和華咒詛地。」（《創世記》5：29）

諸神為什麼要毀滅人類？

似乎是挪亞出生時，人類正遭受著嚴重的剝削。繁重的工作和艱辛無處不在，因為養育他們的大地是被詛咒的。這個階段不可避免的迎來了大洪水——一次清掃地表的重大事件，而這不僅僅是針對人類，還針對所有的飛禽走獸。

耶和華見人在地上罪惡很大，終日所思想的盡都是惡，耶和華就後悔造人在地上，心中憂傷。耶和華說：「我要將所造的人和走獸，並昆蟲，以及空中的飛鳥，都從地上除滅，因為我造他們後悔了。」（《創世記》6：5—7）

這是一個範圍相當大的指責，它成了「結束所有生命」（end all flesh）這一激烈行為的正當理由。但它們缺乏具體指證，學者和神學家至今沒有發現任何令人滿意的答案，回答人類的罪或「冒犯」，會造成上帝如此大的不安。

其中反覆使用了flesh一詞，它出現在指責人類及宣布審判的段落中。這給了我們一個暗示，就是墮落和冒犯都是與肉體有關的。上帝很悲傷「終日所思想的」邪惡。可以看出，人類發現了性之後，成為了性欲狂。

但很難想像，上帝會因為男人與他們的妻子過於頻繁做愛而毀滅人類。美索不達米亞的文獻裡也曾奔放動人的描寫諸神間的性愛。有的文獻描寫了諸神與他們的伴侶甜蜜的愛情；少女與她的情人不被法律允許的愛；以及帶有暴力性質的愛（如恩利爾強姦寧利爾）。大量文獻都在描寫諸神之間的性愛——與正房或妾，與他們的姐妹和女兒，甚至孫女（與孫女做愛是恩基最喜歡的消遣娛樂方式）。這樣的諸神是不會因為人類做出和自己相同的行為就生氣了。

我們發現，上帝的動機不僅僅是出於對人類道德問題的擔憂。這種厭惡是由諸神自己引起的。以這樣的觀點來看的話，那麼《創世記》第六章難解的開頭也就變得清楚了：

當人在世上多起來、又生女兒的時候，上帝的兒子們看見人的女子美貌，就隨意挑選，娶來為妻。（《創世記》6：1—2）

這一段經文應該能夠說清楚，是在諸神的兒子開始與地球人的後代性交時，上帝才說：「夠了！」

耶和華說：「我的靈就不永遠住在人裡面；他已經走失了，但還是肉身。」（編按：此處保留原譯文，《和合本》譯為「人既屬血氣，我的靈魂就不永遠住在他裡面」。）

這段經文數千年來都難以理解。按照我們的結論來讀，由於在人類的創造中使用了基因操控，這段經文是向我們的科學家傳達了一個訊息。諸神的「靈」——完善人類基因的某種東西——已經開始惡化了。人類已經「走失了」，由此恢復到了「肉身」——更接近動物，他們的猿人起源。

我們現在可以理解，《舊約》中對待挪亞，他「是個義人……在當時的世代是個完全人」，和「地球一併毀滅」之間的顯著區別。透過與基因純度不斷下降的男女通婚，諸神自己甚至都牽涉到了這樣的惡性循環中。透過指出只有挪亞一個人還保持著純潔血統，《聖經》中解釋清楚了上帝的矛盾行為：在打算清掃整個地表之後，他又打算救挪亞和他的後代以及「潔淨的畜類」，和其他野獸及家禽，以在地表上留下牠們的種。

大洪水與挪亞方舟

上帝為了推動自己的第一個計畫，他警告了挪亞將要到來的災難，指導他修建了一艘能在水上行駛的方舟，它能載著將要被拯救的人和動物。而挪亞的時間僅僅只有七天。透過某種方式，他修建好了這艘船，使它不會漏水，找到了所有該救的動物，把牠們和自己的家人帶上了船，準備面對這一時刻。「過了那七天，洪水氾濫在地上。」《聖經》描述得很清楚：

大淵的泉源都裂開了，天上的窗戶也敞開了，四十晝夜降大雨在地上……洪水氾濫在地上四十天，水往上長，把方舟從地上漂起。水勢在地上極其浩大，天下的高山都淹沒了。水勢比山高過十五肘，山嶺都淹沒了。凡在地上有血肉……都死了。凡地上各類的活物，連人帶牲畜、昆蟲，以及空中的飛鳥，都從地上除滅了，只留下挪亞和那些與他同在方舟裡的。（《創世記》7：11—24）

水勢浩大，在地上共一百五十天，當時：

神叫風吹地，水勢漸落。淵源和天上的窗戶都閉塞了，天上的大雨也止住了。水從地上漸退。過了一百五十天，水就漸消。七月十七日，方舟停在亞拉臘山上。（《創世記》8：1—4）

按照《聖經》中的說法，對人類的嚴峻考驗開始於「當挪亞六百歲，二月十七日那一天」。方舟停靠在亞拉拉特山（編按：即《聖經》中的亞拉臘山）上是在「七月十七日」。洪水的洶湧氾濫和它們逐步的「消退」——水位下降到足夠讓方舟停靠在亞拉拉特山的山峰上——持續了整整五個月。接著「水又漸消，到十月初一日，山頂都現出來了」——不僅僅是亞拉拉特山——在大約三個月之後。

挪亞還要等著另一個四十天。然後他就放出了一隻烏鴉和一隻鴿子「要看看水從地上退了沒有」。在第三次嘗試的時候，鴿子回來時嘴裡叼著一個新摘下來的橄欖葉子，暗示著水位已經退到了可見樹頂。又過了不久，挪亞再一次放出了鴿子，「鴿子就不再回來了」。大洪水結束了。

> 挪亞撤去方舟的蓋觀看，便見地面上乾了。（《創世記》8：13）

「到了二月二十七日，地就都乾了。」這是挪亞六百零一歲。這次災難持續了一年又十天。接著挪亞和方舟中的其他動物就都出來了，他修建了一座祭壇，向上帝獻上供品。

> 耶和華聞那馨香之氣，就心裡說：「我不再因人的緣故咒詛地（人從小時心裡懷著惡念）。」（《創世記》8：21）

這個「完美結局」如大洪水故事本身一樣充滿矛盾。它起於對人類的各種控訴，包括玷汙了年輕神祇的純潔。下達了一個接近審判的極端決定，要消滅一切生命。接著一位非常相似的神祇，在還剩七天的時候突然冒出來，要保留下人類和其他生物的根。當這次災難過去後，上帝聞到了燒烤的味道，忘記了他最初要毀滅人類的決定，找個藉口草草了結整件事，並將之歸咎於人性本惡。

當我們知道《聖經》是蘇美原文的修訂版時，將這個故事那些糾結的疑問拆解開後，就可以解釋得通了。和其他例子一樣，一神論的《聖經》將蘇美眾神的行為都推在一位上帝的身上。

直到美索不達米亞文明的考古發現，阿卡德和蘇美的文獻被解讀出來後，《聖經》中的大洪水事件才不再是一則早期的神話故事。阿卡德的《吉爾伽美什史詩》，可以和《聖經》記載的大洪水故事互相對應，之後發現的更古老文獻和片段，也進一步加強了這樣的論點。

美索不達米亞版的大洪水事件

美索不達米亞的大洪水英雄在蘇美語中是吉烏蘇德拉（Ziusudra），在阿卡德語中是烏特納比西丁（Utnapishtim），他在大洪水之後被帶到了諸神天上的住所，過著快樂的生活。在吉爾伽美什尋求不朽的過程中，最終也到了那個地方，他針對生命與死亡詢問了烏特納比西丁的意見。烏特納比西丁向吉爾伽美什揭開了他的長生祕密，而吉爾伽美什又向其他人類說了「一個隱藏物，一個諸神的祕密」，這才是大洪水的真實故事版本。

烏特納比西丁所透露的祕密，說的是在大洪水開始之前，諸神成立了一個委員會，對毀滅人類一事進行表決。表決結果和他們的決定一直是保密的。然而恩基找到烏特納比西丁，他是舒爾派克的統治者，恩基告訴了他即將到來的災難。為了祕密行事，恩基是躲在蘆葦後面告訴烏特納比西丁。剛開始他的洩密還有點隱晦，但後來他的警告和建議就很清楚了：

> 舒爾派克之人，烏巴—圖圖的兒子：拆掉房子，建一艘船！放棄領地，求生存吧！發了假誓，讓靈魂活著吧！讓船帶上你和所有活物之種；你將修建的那艘船——它的尺寸可要量好。

這與《聖經》中故事的對應很明顯：一場大洪水就要來了；一個人類得到預警；他用一艘特製的船拯救了自己；他要將「所有活物之種」帶上並拯救它們。然而巴比倫的版本更可信。決定毀滅和努力挽救可不是同一位神的決議，它們是不同神祇的行為。不僅如此，向人類預警、拯救人類之種的決定，是一位神的叛行，這位神就是恩基，他採取了與諸神共同決議相反的祕密行為。

為什麼恩基要冒險挑釁其他神祇呢？他是要保存他自己「驚人的藝術傑作」，還是針對目前正強大起來的對手，他的兄弟恩利爾？

在大洪水的故事中，這對兄弟間的鬥爭是很明顯的。

烏特納比西丁問了恩基一個很現實的問題：他，烏特納比西丁，要怎樣向其他舒魯派克的居民解釋，修建這樣一艘奇形怪狀的船，並放棄所有的領地？恩基建議他：

你就這樣對他們說：「我發現恩利爾對我懷有敵意，所以我不能在你們的城裡定居，也不能在恩利爾的轄區立足。於是我將要去阿普蘇，與我的主人艾住在一起。」

於是原來是恩基的追隨者成為了他的藉口，烏特納比西丁就不能再待在美索不達米亞了，他當然要修建一條船，這樣才能到達下層世界（非洲南部）去與他的主人艾／恩基住在一起。之後的經文顯示，那個地方正遇到旱災或饑荒；為了防止恩利爾看見他的離開，烏特納比西丁（在恩基的建議下）要確保城市裡的居民相信，這是為了「這土地將（再次）變得富饒豐腴」。這個藉口對城裡的其他居民也都管用。

因為這樣的誤導，城裡的居民沒有再追問，反而幫了忙，修建這艘方舟。透過「每天」給他們屠牛和羊，給他們大量的「葡萄汁、紅酒、油和白酒」，烏特納比西丁讓他們工作得更快。甚至連小孩子都為預防漏水而提瀝青來。

「在第七天船修好了。下水十分困難，以至於他們不得不上下調整鋪地的木板，直到整個建築的三分之二都下了」幼發拉底河。接著烏特納比西丁全家和親戚都上了船，帶了「我有的所有活物中」，比如「地裡的動物和野獸」。對應《聖經》中的故事——甚至具體到了七天的修建時間——很清楚。和《聖經》版本中的挪亞走前一樣，烏特納比西丁同樣偷偷帶走了所有幫助他修船的工匠。

他自己在一個特殊訊號出現的時候上船，恩基告知他：是由管理噴火火箭的沙馬氏設置「定下的時間」。恩基的命令是這樣的：

當沙馬氏造出黃昏中的顫抖之時，降雨將會噴發——上你的船，用木條封住入口！

我們猜測沙馬氏的火箭和烏特納比西丁上船時刻之間的關係。這一刻的確來了，這火箭的確導致了「黃昏中的顫抖」；的確有了傾盆大雨。烏特納比西丁「密封了整艘船」，將「這個物體與它所容納之物一併交給了船夫普祖爾—阿木里（Puzur-Amurri）」。

風暴「伴隨著拂曉的第一絲光亮」到來了。有著可怕的巨雷。一朵黑雲從地平線上升起。風暴摧毀了房屋和碼頭，然後是水壩。黑暗來臨了，「將所有本來光亮的都變成黑暗的」；「大地像一口鍋被砸碎了」。

「南風暴」吹了六天六夜。

在它颳來的時候速度增強，淹沒了山脈，像一場戰鬥突然降臨在人們頭上……當第七天到來時，洪水帶著南風暴，在戰鬥中開始減退，它曾如一支軍隊在裡面戰鬥。海水變得安靜，暴風雨持續著，洪水結束了。我看著這天氣。四處一片寂靜。所有人類都歸於塵土。

恩利爾和眾神會議的意圖實現了。然而他們有所不知，恩基的策劃也成功了：一艘載著男人、女人、小孩及其他動物的船隻，飄搖在暴風和洪水之間。

隨著風暴的結束，烏特納比西丁「打開了艙口，光亮照耀在我臉上」。他環顧四周，「地景像是一處平面的屋頂」。他彎下腰，坐下哭了，「眼淚從我臉上落下」。他環顧四周想要看見海岸線；他什麼都沒有看見。接著：

> 出現了一個山區；船停在了救贖山；尼西爾山（Mount Nisir，意思是救贖）讓船放慢了速度，船動不了。

經過了六天，烏特納比西丁在這艘無法動彈的方舟上向外看，因為船被卡在救贖山（《聖經》中的亞拉臘山）的山峰上。接著，就像挪亞那樣，他放出一隻鴿子尋找能夠落腳的地方，但牠又飛了回來。放一隻燕子飛出去，又飛了回來。接著放出了一隻烏鴉——牠飛走了，找到了落腳地。烏特納比西丁就鬆開所有與他一起上船的飛鳥和走獸，自己也走出去。他修建了一座聖壇，「並獻上了供品」——和挪亞所做的一樣。

此時又出現一神和多神的不同。當挪亞提供燒烤的供品時，「耶和華聞到了誘人的味道」；而當烏特納比西丁獻上供品時，「諸神聞到了香味，諸神聞到了甜美的香味。諸神像蒼蠅一樣聚攏在供品上」。

在《創世記》版本的故事中，耶和華發誓永不再毀滅人類。而在巴比倫版本的故事中，則是大女神發誓說：「我不會忘記……我將不會忘記這些日子，永遠不要忘了他們。」

然而這並不是最重要的問題。因為當恩利爾最終也到達了這個地方時，他感興趣的可不是食物。他看見竟然還有生物活著，他就像瘋了似的。「還有什麼活著的逃掉了嗎？沒有人能在這場毀滅中倖存！」

他的兒子和繼承人，尼努爾塔，立即指向恩基。「除了艾，還有誰會有這樣的計畫呢？只有艾知道每一個細節。」恩基完全沒有否認這件事，他提出了地球史上最強有力的反駁。他稱讚恩利爾的睿智，指出恩利爾不可能是「不講理的」現實主義者；恩基以承認的方式來否認。「可不是我洩露了諸神的祕密。」他說，我僅僅是讓一個人，一個「非常睿智的」人，憑藉他自己的智慧來推斷諸神的這個祕密到底是什麼。而如果這名地球人的確有這麼聰明，那我們就不能忽略他的才能。「所以現在，就依我的提議來對待他吧！」

《吉爾伽美什史詩》提到的，就是烏特納比西丁告訴吉爾伽美什「諸神的祕密」。接著他告訴了吉爾伽美什這起事件的結局。這是被恩基的辯論影響了。

恩利爾因此就上了船。用手抓住我，他帶著我上船。他帶著我妻子上船，讓她跪在我旁邊。他站在我們之間，用手碰了我們的額頭給予祝福：「目前為止，烏特納比西丁只是人類，從今以後，他和他的妻子將會加入我們，就像諸神。烏特納比西丁將居住在遠方，住在水之口！」

接著，烏特納比西丁向吉爾伽美什說完了自己的故事。

在他被帶去住在遠方之後，阿努和恩利爾賜予他生命，就像一位神一樣了，賜予他永生，就像一位神一樣了。

但對一般人類來說，到底發生了什麼呢？《聖經》中這個故事的結尾是上帝的應允和祝福：「生養眾多，遍滿了地。」美索不達米亞版本的大洪水故事，同樣在故事的結尾講到了人類的繁衍。一份在這部分不幸破損的文獻，提到了人類「種類」的建立：

……讓人類中出現第三個種類：讓這發生在人類之中。會生孩子的女人，和不會生孩子的女人。

破損的這部分，顯然是新的性交準則：

人類這一族群的規則：讓男人……和年輕處女……讓年輕的處女……年輕男人和年輕處女……當床已經鋪好，就讓這女子和她的丈夫睡在一起。

恩基以智謀取勝恩利爾，拯救了人類，也允許繼續繁殖。再一次，諸神向人類展開了地球之門。

14・當諸神逃離地球

大洪水是從未經歷過的大災難

這場淹沒整個地球的大洪水到底是什麼？

一些人解釋說，這場所謂的洪水是底格里斯和幼發拉底河每年一次的氾濫。有一次這樣的氾濫，災情相當嚴重。田野和城市、人類和野獸都被上漲的大水沖走了；原始時代的人類，認為這是諸神的懲罰，於是有了大洪水的神話。

倫納德伍萊（Leonard Woolley）爵士在他的《烏爾的探索》（*Excavations at Ur*）一書中說，他們一九二九年在烏爾皇家墓地的挖掘工作快要接近尾聲時，工人在附近一個土丘上插下一根棒子，挖通了一堆殘破的陶器和已經破碎的磚石。他們在三英尺下，碰到一層被壓緊夯實了的爛泥——這通常是文明開始之地的土壤。但難道這上千年的城市文明只留下了三英尺深的底層嗎？倫納德爵士帶領這些工人向更深處挖去。他們又挖通三英尺、五英尺。他們挖起的仍是「處女地」——沒有人類居住痕跡的土壤。直到挖到了十一英尺，穿過淤泥和乾泥，工人才找到一個布滿破裂綠色陶器和打火器具的土層。也就是說，在十一英尺的泥地之下，是一個更早的文明！

倫納德爵士跳進了坑洞裡，檢查這些挖掘發現。他叫他的顧問來，徵求他們的意見。沒有人有一個看似合理的結論。接著，倫納德爵士的妻子很偶然的說：「那麼，這當然就是大洪水了！」

然而，其他來到美索不達米亞的考古團隊，並不贊同這個直覺下的驚人結論。這個淤泥層並沒有什麼證據能證明曾是大洪水時期；但烏爾和埃魯拜德的沉積層顯示西元前三千五百年到西元前四千年之間的洪水遺跡。這與後來在基什發現大約西元前兩千八百年的沉積層很相似。在烏魯克和舒魯派克也發現了同樣年代的沉積層（西元前兩千八百年），舒魯派克就是蘇美的挪亞的城市。在尼尼微，考古學家在一個六十英尺深的土層中發現了十三次以上的淤泥層與河沙的輪換，它們可以追溯到西元前三千年到西元前四千年。

大多數學者因此相信，倫納德發現的是各種當地的洪災之一——這在美索不達米亞很頻繁，那裡偶爾會有超強的暴雨，兩條大河也會暴漲，常常改道，導致了這樣的破壞。學者指出，所有不同的淤泥層並不是一次很廣泛的災難，不能證明曾發生過史前大洪水。

《舊約》是一部簡約又精確的傑作。它使用的詞彙往往都是精心推敲過的，包含了特殊的含義；經文簡明扼要；順序也有意義；篇幅剛好符合需要。從創世到亞當和夏娃被逐出伊甸園的整個故事，一共是八十句經文，這是很值得注意的。關於亞當及他這條族線的完整紀錄，包括了該隱及他的族線，和塞特、以挪士這條族線的分裂，共用了五十句經文描述。而大洪水的故事至少有八十七句經文。這說明，以任何編訂標準來看，都是一個「主要故事」。它不僅僅是一個本地事件，更是一次影響整個地球、乃至全人類的災難。美索不達米亞文獻說得很清楚，「地球的四個角落」都受影響。

如果這樣，它就是整個美索不達米亞史前時代最關鍵的時期。文獻中有大洪水之前的事件和城市及其居民，也有大洪水之後的事件和城市及其居民。有大洪水之前所有諸神的行為，以及他們從天國帶到地球上的王權，也有在大洪水之後，當王權再次降臨地球時的人類和神的事蹟。它是一次劃時代的大事件。

除了國王的全部列表外，還有其他文獻記錄了個別國王及他們先祖在大洪水時期的行為。例如，有一份與烏爾—尼努爾塔有關的文獻，將大洪水記錄為一次遙遠古代的事件：

在那一天，在那遙遠的一天，在那個夜晚，在那個遙遠的夜晚，在那一年，在那遙遠的一年——當大洪水來臨時。

亞述王亞述巴尼帕是科學的贊助者，他累積了尼尼微巨大圖書館裡的泥版。他在一份紀念詞中聲稱，他曾發現並能夠讀懂「大洪水之前石頭上的文字」。一份記錄著名字和它們起源的阿卡德文獻，解釋它列出的名字是「大洪水之後的國王」。一位國王被譽為「他是從大洪水之前保存下來的種」。大量的科學文獻都標注它們的來源是「古老的紀元，來自大洪水之前」。

不，大洪水絕不是地方性的災禍，也不是週期性的洪災。在所有紀錄中它都是一次史無前例、極為重要的爆炸性事件，這是一次無論是人和神都從未經歷過的大災難。

大洪水之前的人類大屠殺

《聖經》和我們先前解釋過的美索不達米亞文獻，為我們留下了一些尚待解答的困擾。人類承受的苦難是什麼，為什麼要為挪亞取名為「休息」，讓他的出生象徵著苦難的結束？諸神宣誓要保守的「祕密」到底是什麼，又是誰舉報了恩基？為什麼從西巴爾發射的太空船是讓烏特納比西丁進入方舟、封艙的訊號？當洪水淹沒最高的山脈時，諸神又在什麼地方？而且，他們為什麼就那麼喜愛挪亞／烏特納比西丁所提供的燒烤供品？

當我們繼續尋找這些問題的答案時，可以發現，大洪水其實並不是諸神按照自己意願蓄意發動的。我們可以發現，雖然大洪水是一次預先知道的事件，但也是一場不可避免的自然災難，諸神對它卻視而不見。我們同樣可以推斷，諸神宣誓保守的祕密是一場針對人類的密謀——不打算讓人類知道這場即將到來的大洪水，這樣在納菲力姆自救時，人類就會滅亡了。

我們關於大洪水及其之前事件的知識，有很大部分是來自於〈當諸神如人一般，承擔這工作之時〉這篇文獻。在這篇文獻裡，大洪水中英雄的名字叫做阿特拉—雜湊斯（**Atra-Hasis**）。在《吉爾伽美什史詩》的大洪水部分，恩基說烏特納比西丁有「極高的智慧」——在阿卡德語中就是**atra-hasis**。

學者將這些文獻理論化，說阿特拉—雜湊斯是英雄的文獻，可能是更早期蘇美人大洪水故事的部分。最後，有足夠的巴比倫、亞述、迦南，甚至原版的蘇美碑刻被發現了，可以拼湊成一部阿特拉—雜湊斯史詩。我們可以在蘭伯特和米勒德的巨作《阿特拉—雜湊斯：巴比倫的大洪水》看到這些內容。

在描述完阿努納奇的艱苦工作和他們的兵變，以及接下來創造原始工人之後，史詩繼續說著人類是如何（和我們從《聖經》版本中得知的一樣）開始繁衍和壯大的。最後，人類開始打擾到恩利爾了。

> 領土擴張了，人類壯大了；他們像野牛一樣躺在土地上。神被他們這樣的結合打擾了；神恩利爾聽到了人類的宣告，向偉大的諸神說：「人類的宣言是帶有壓制性的；他們的結合讓我無法安睡。」

恩利爾——再一次做了舉報人類的事——下令懲罰。我們會猜想接下來就是大洪水了。不過不是。令人吃驚的是，恩利爾壓根沒有提到洪水或與水有關的字。取而代之的是，他發動了一場瘟疫或疾病，在人類當中展開了大屠殺。

阿卡德和亞述版本的史詩提到過恩利爾的懲罰為人類和家畜帶來了「疼痛、眩暈、發冷、發燒」和「疾病、瘟疫、病痛及傳染病」。然而恩利爾的這個策劃並沒有起太大作用。「有著極高智慧的那人」——阿特拉—雜湊斯——與神恩基極為親近。他在一些版本中描述了自己的故事，他說：「我是阿特拉—雜湊斯；住在我的主人艾的神廟裡。」「他的想法提醒了他的主人恩基」，阿特拉—雜湊斯懇求他破壞恩利爾的計畫：

艾，我的主人，人類正受著折磨；諸神之怒正毀滅著大地。而是你創造了我們！停止這些疼痛、眩暈、發冷和發燒吧！

直到發現了更多的碑刻碎片，我們才知道了恩基的建議是什麼。他提到了某種東西，「……讓它出現在大地上」。無論它是什麼，它確實管用了。在那之後不久，恩利爾向諸神痛苦的抱怨道：「人類還沒有被消滅；他們比從前更多了！」

他又繼續策劃餓死人類。「讓人類的供應被切斷；他們的肚子，等不到水果和蔬菜！」因為沒有雨水而無法灌溉，這些自然現象帶來的饑荒。

雨神的雨水不再落下，留在上方；在下方，水域也不再從它們的源頭升起。讓風吹乾大地；讓雲層變厚，但雨下不來。

甚至連海洋食物的來源都被斷絕了：恩基被命令「關上門閂，封鎖海域」，並「守衛」食物以防被人類取走。

很快乾旱開始蔓延。

上方，溫熱不再……下方，水不再從它們的源頭升起。地球的子宮不再生育；蔬菜不再生長……黑土變成了白色；廣闊的平原被鹽阻塞。

隨之而來的饑荒在人類之間造成了極大的破壞。隨著時間的流逝，人類的健康狀況也逐漸惡化。美索不達米亞文獻提到了經過六個毀滅性的莎塔姆（sha-at-tam's）——這個詞有時被譯為「年」，但它字面上的意思卻是「經過」，而且亞述版本的故事說得更清楚，這是「阿努的一年」：

第一個莎塔姆，他們吃著地上的草。第二個莎塔姆，他們心生仇恨。第三個莎塔姆到來了；他們的外貌因饑餓而改變，他們的臉皮包著骨……他們行走在死亡的邊緣。當第四個莎塔姆到來時，他們的臉都發綠了；他們弓著背走在街上；他們的寬闊（或許指肩部？）變得狹窄。

到了第五個「經過」，人類的生活墮落了。母親對她自己挨餓的女兒關上了門。女兒暗中監視自己的母親，看看她們有沒有隱藏食物。到了第六個「經過」，人吃人的現象已經無法控制了。

當第六個莎塔姆到來時，他們把女兒當肉吃；把小孩煮成食物……一家人貪婪的吃著另一家人。

恩基救人

文獻說阿特拉—雜湊斯向他的神恩基求情。「在他的神的房子裡……他落腳了；……每天他都在哭泣，在早上帶來供品……他呼喚著他的神的名字」，尋求恩基的幫助來制止這場饑荒。

然而，恩基肯定屈服於諸神的決議了，因為他在一開始並沒有回答。很有可能，他甚至避開了忠誠的崇拜者，獨自回到了他最愛的沼澤地。「當人類生活在死亡邊緣之時」，阿特拉—雜湊斯「將他的床放在面朝大海的地方」。但卻沒有回應。

饑餓、崩潰的人類，父母吃著自己的孩子，但最終成為恩基與恩利爾之間一場不可避免的鬥爭。在第七個「經過」，當剩下來的男女都「像死去的鬼一樣」，他們接到了恩基的一條訊息。他說：「在大地上喧嘩。」他派出使者向所有人類說：「不要崇拜你們的神，不要向你們的女神祈禱。」現在，事情完全失控了！

恩基以這片混亂為掩護，採取了更明確的行動。文獻在這一段的描述相當零散，描述他召集「老神」在他的神廟裡舉行了一場祕密集會。「他們進去……他們在恩基的房子裡接受了勸告。」首先恩基洗清了自己的罪過，告訴了他們他如何反對其他諸神的行動。接著他策劃出了一項行動；他以某種方式捲入他對海洋和下層世界的指揮。

我們能從已經破損的經文中擷取這個計畫的細節：「在那個夜晚……在他之後……」某人不得不在某個時候待「在河岸邊」，可能是等待從下層世界回來的恩基。恩基從那裡「帶來了水武士」——可能是還待在地下礦井的原始工人。在這個指定好的時刻，命令下來了：「行動！……命令……」

雖然文段殘破不堪，我們可以從恩利爾的反應，猜想事情是怎麼發生的。「他悖然大怒」，召集眾神集會，派他的武力去逮捕恩基。然後他站起來，開始指控他兄弟破壞了這個即將成功的計畫：

所有我們大阿努納奇之中，達成了一個共同的決議……我在天國之鳥裡指揮著。阿達德應該守護上層區域；辛和奈格爾（Nergal）應該守護著地球的中間區域；而海洋的封鎖閘，你〔恩基〕應該用你的火箭守護著。但你卻疏忽了對人類的防備！

恩利爾控告他的兄弟破壞了「海洋封鎖門」。但恩基卻否認了，他是在恩利爾的批准下：

這門閂，這海洋的封鎖閘，我確實用我的火箭守著。〔但是〕當……逃開我……無數的魚……它消失了；他們擊碎了這閘門……他們殺掉了海洋的守衛。

他聲稱他已經抓到了罪犯，懲罰了他們，但恩利爾仍不滿意。他要求恩基「停止餵養他的人民」，不要再「供應人們穀物」。恩基的反應是令人驚駭的：

這位神厭煩了開會；在眾神會議中，笑聲壓過他。

我們可以想像那樣的嘈雜。恩利爾是很暴躁的。他與恩基交火，大叫：「他手中的是詆毀之言！」當集會最終又恢復秩序時，恩利爾再次起立發言。他讓他的同僚和下屬回想起，這其實是他們共同的決議。他回顧了從創造原始工人開始的所有事件，並提出恩基多次「破壞規矩」。

然而，他說，還有一個機會可以毀滅人類。一場「致命的洪水」就要到來。這場即將到來的災難要保密，不能讓人類知道。他要求會議的每個人都要宣誓保密，最重要的是，要讓「恩基王子受他誓言的束縛」。

恩利爾向會議上的諸神說道：「來吧，我們每一個人，都要發誓，保守這致命洪水的祕密！」第一個發誓的是阿努；接著發誓的是恩利爾；他的兒子也與他一同發誓。

一開始，恩基拒絕發誓。「你為什麼一定要讓我發誓？」他問道：「我要用我的雙手來對付我自己創造的人類嗎？」但最終他還是被強迫宣誓了。其中一份文獻特別說道：「阿努、恩利爾、恩基和寧呼爾薩格，天地眾神，許下了這個誓言。」

骰子已經擲下，便這樣吧！

挪亞方舟是一艘潛水艇

恩基發的誓是什麼呢？當眾神要求他宣誓時，他發誓不會向人類透露大洪水的消息；可是，難道他不能向一面牆敘述嗎？他把阿特拉—雜湊斯叫到神廟，讓他待在隔板後。恩基假裝不是對著他說，而是說給一面牆聽。他對這面「蘆葦隔板」說：

注意我的指令。一陣暴風將掃過，所有城市裡的全部居民。人類之種的毀滅即將開始……這是最終裁決，眾神會議的命令，阿努、恩利爾和寧呼爾薩格下的令。

這個計謀解釋了恩基在後來的對抗中，當挪亞／烏特納比西丁倖存的情況被發現後，恩基認為自己沒有打破誓言——是阿特拉—雜湊斯（意思是極為睿智）這名地球人，發現了大洪水的祕密。與之有關的圓柱印章顯示了，當艾——蛇形神——向阿特拉—雜湊斯透露這個祕密的時候，一名隨從舉著一塊隔板。（見圖160）

恩基給他忠實僕人的建議，是修建一艘不會漏水的船艦；而後者說：「我從來沒有造過船……請在地上為我畫一張設計圖，這樣我才好看。」恩基向他提供了精確的造船指南，尺寸和造法。在《聖經》的故事中，我們會想像這艘「方舟」（ark）是一艘巨大的船，有甲板和上層構造。但《聖經》希伯來語最初的用語是**teba**——字源是下沉，也就是說，恩基讓他的挪亞建造的是一艘可以下沉的船，也就是一艘潛水艇。

阿卡德文獻提到恩基想要建造的是一艘「上下方都要有屋頂」的船，用「堅韌的瀝青」來密封。它沒有甲板，沒有開口，「以至於陽光都照不進來」。這艘船「就像是阿普蘇的船」，是一艘**sulili**；這是今天希伯來文中用來描述潛水艇的詞彙：**soleleth**。

恩基說：「讓這艘船，成為一艘MA.GUR.GUR」——「一艘可以旋轉和翻滾的船」。的確，只有這樣一艘船才能夠在如雪崩一樣的超強水災中倖存。

阿特拉—雜湊斯的說法，如其他版本一樣，反覆強調雖然離這場災難的到來只剩七天，但沒有人意識到了它快來了。阿特拉—雜湊斯藉口說在建造「阿普蘇船」，這樣他就能到恩基的住處去，也許能逃避恩利爾的憤怒。這很容易被接受，因為事情的確很糟。挪亞的父親曾希望挪亞的出生是長期苦難結束的標誌。人們的問題是乾旱——缺乏雨水滋潤，水量也不足。誰能想像他們

圖160　蛇形神向人透露祕密

竟然會在一場極大的水災中滅亡？

納菲力姆回到天上

雖然人類無法認出洪水的徵兆，但納菲力姆卻可以。對他們而言，大洪水可不是突然發生的事件；雖然它是不可避免的，但他們預知了它的到來。毀滅人類的計謀不是由神親自採取行動，而是因為諸神的不行動。不是他們導致了大洪水；他們只是不打算讓人類知道這場災難的到來。

然而，他們知道這場即將發生的災難，也了解它對全球的影響。納菲力姆開始自救。因為地球快要被水淹沒了，他們能去的地方也就只剩一個了：天上。當預示著大洪水的風暴吹來時，納菲力姆登上了他們的太空船，返回到了繞地球軌道，直到大水開始退去。

我們將會告訴大家，大洪水這一天，就是諸神離開地球的那一天。

提醒烏特納比西丁登上方舟、密封船艙的徵兆是：

> 當沙馬氏，在黃昏中製造出顫動，噴出的雨會紛紛落下——這時登上你的船，將入口封起來！

我們知道，沙馬氏掌管西巴爾的太空站。毫無疑問的，恩基指示烏特納比西丁，用升起西巴爾第一艘太空船作為逃離的訊號。烏特納比西丁住在舒爾派克，位於西巴爾南方只有十八貝魯（大約一百八十公里）的距離。因為發射是在黃昏之中進行，所以要看到太空船「噴出的雨」「紛紛落下」並沒有問題。

雖然納菲力姆已經做好了大洪水來時的準備，但它的到來仍然是一次驚心動魄的體驗：「大洪水的聲音……讓諸神發抖。」但當到了要離開地球的時刻，諸神「因恐懼而退縮，上升到了阿努的天國」。阿特拉—雜湊斯的亞述版本提到了諸神是用rukub ilani（意思是諸神的戰車）逃離了地球。「阿努納奇升了上去」，他們的火箭，就像是火炬，「讓大地隨著他們的炫目光彩而燃燒」。

納菲力姆繞著地球旋轉，看見了深深影響他們的毀滅場面。吉爾伽美什文獻告訴我們，隨著風暴變強，不僅「沒人能看見他的夥伴」，而且「從天上也認不出人」。諸神擠滿了他們的太空船，緊張的看著這顆他們剛剛逃離的星球發生什麼事。

諸神像狗群似的聚集在一起，朝外牆方向蹲著。伊師塔像分娩時的婦女那樣尖叫：「古老的歲月都化為塵土。」……阿努納奇諸神和她一起哭了。諸神，都垂倒在地，坐著哭了；他們緊咬雙脣……所有人。

阿特拉—雜湊斯文獻附和了同一個主題。逃走的諸神，在同一時間觀看著這場毀滅。然而他們自己船艦中的情況也不樂觀。顯然，他們被分到幾艘太空船；阿特拉—雜湊斯史詩的第三塊碑刻描述了其中一艘的情況，阿努納奇和母神共用那艘太空船。

阿努納奇，偉大的諸神，坐在口渴和饑餓之中……寧替哭著發洩她的情緒；她哭著，舒緩她的感受。諸神為這大地與她一起哭了。她悲不自勝，想痛飲一番。她坐的地方，諸神就坐在那兒哭泣；像食槽前的綿羊一樣蹲著。他們的嘴脣因乾渴而微燒，他們因饑餓而忍受著痙攣。

寧呼爾薩格，這位母神，也被這徹底的毀滅擊垮了。她哀嘆她所看到的一切：

女神看著，她哭了……她的嘴唇被乾燥所覆蓋……「我的造物變成蒼蠅一般——他們像是蜻蜓似的栽進河裡，他們的父輩被捲入起伏的海洋。」

在她幫忙創造出的人類即將滅亡時，她真的能夠救活自己嗎？她能夠真正離開地球嗎？她大聲問道——

我該上升到天國，住在奉獻之屋，阿努，我們的主，命令我們去的地方嗎？

給納菲力姆的命令更清楚了：拋棄地球，「上升到天國」。這時正好是第十二個天體靠近地球，在小行星帶（「天國」）時。因為阿努可以在大洪水來臨前不久出席緊急會議。恩利爾和尼努爾塔——同行的也許還有操縱尼普爾的阿努納奇菁英——在同一艘太空船上，無疑的是計畫重返母艦。但其他神祇沒有這麼堅決。他們被迫放棄地球，突然意識到，他們已經依附在這顆星球及其居民身上。在一艘太空船裡，寧呼爾薩格和她那一組的阿努納奇討論著阿努發布的命令。在另一艘太空船上，伊師塔大叫「古老的歲月都化為塵土」；在她那艘太空船上的阿努納奇們「和她一起哭了」。

很顯然的，恩基是在另一艘太空船上，否則他已經向其他神祇透露了他安排好拯救人類之種。無疑的，他有理由不感到過分沮喪，因為有證據顯示，他已經計畫了在亞拉拉特山的相聚。古代文獻似乎暗示，這艘方舟是因為洶湧的波浪而被帶到亞拉拉特山區；還有一陣「南風暴」的確可以讓船向北方航行。然而美索不達米亞文獻重申，阿特拉—雜湊斯／烏特納比西丁隨身帶著一名叫做普祖爾—阿木里（意思是知道祕密的西方人）的「船夫」。美索不達米亞的挪亞在風暴開始不久，「將這艘構造和內部」的掌控交給了他。為什麼需要這樣一名經驗豐富的駕駛，除非是需要將這艘方舟帶去一個特定的地點？

就像我們所說的那樣，這些納菲力姆一開始是把亞拉拉特山的山峰作為地標。世界最高的山脈，也能在洪水退去時第一個重現天日。所以「英明、全知的」恩基，肯定會想到這一點；我們可以推測，一開始，恩基就命令他的僕人，駕著這艘方舟向亞拉拉特山駛去，計畫重逢。

貝羅蘇斯所說的大洪水，由希臘史學家阿比德納斯記錄下來，他說：「時間與永恆之神、大地女神蓋亞的兒子克洛諾斯向斯斯特洛斯（Sisithros）透露，在雛菊月（Daisios，意思是第二個月）的第十五天將有一場大洪水，命令他隱藏西巴爾——沙馬氏的城市——所有能找到的書或著作。斯斯特洛斯做完了這些事，馬上航行到了亞美尼亞，之後神所宣告的事情隨即發生了。」

貝羅蘇斯再一次提到了放鳥的細節。當斯斯特洛斯（與阿特拉—雜湊斯相反的角色）被諸神帶到了他們的住所時，他向方舟中的其他人解釋道，他們是「在亞美尼亞（Armenia）」，帶領他們（走）回巴比倫。我們發現，這個版本不僅與西巴爾這個太空站有關係，同時還發現了斯斯特洛斯被命令「航行到亞美尼亞」——亞拉拉特之地。

當阿特拉—雜湊斯登陸時，他屠宰了一些動物，用火燒烤。難怪這些精疲力竭、忍受著饑餓的諸神會「如同蒼蠅一樣聚攏到供品這兒來」。突然間，他們認識到了人類和他們種植的食物、馴養的牲畜是不可或缺的。「當最後恩利爾到來了，他看見這方舟，被激怒了。」然而在這種情況下產生的新想法，以及恩基的勸告，都占了上風；恩利爾與這些人類的殘存者言和了，將阿特拉—雜湊斯／烏特納比西丁帶進了他的太空船，飛去諸神的永恆住所。

另一個導致他快速決定與人類言和的因素，可能是大洪水的逐漸消退，以及乾地和植物的出現。我們已經指出，納菲力姆在災難來臨前就已經意識到了它將到來；但在他們的經驗中，這絕對是很獨特的一種體驗——害怕地球將永遠變為不可生存之地。當他們降落到亞拉拉特山上時，他們看見了其實不會如此。地球仍可以居住，也可以生活，他們需要人類。

最後一個冰河時期

這是一種什麼樣的災難——可以預知、卻不能改變？解密大洪水的重要鑰匙，就是承認它並不是一個單獨的偶然事件，而是一系列事件中的高潮。

那場影響人類和野獸的不尋常的瘟疫，和嚴重的旱災——按照美索不達米亞原版的說法，它持續了七個「經過」，或七個shars's。這種現象只能透過大範圍的氣候變遷來解釋。這樣的變遷，在地球的過去是跟冰河時期與間冰期的循環有關（**編按：地球有四次冰河時期和間冰期**）。水域急遽縮減、海平面和湖面水位降低，以及地下水源的乾涸，代表即將到來的冰河時期。自從大洪水結束了這種情況後，出現了蘇美文明和我們現在的文明，也就是最後一次冰河時期結束了。

我們的結論是，大洪水事件代表著地球上最後一個冰河時期和大型災難的終結。

科學家在鑽開的北極和南極冰層下發現了殘留在各土層中的氧氣，由此可以判斷出千年前的主要氣候。從墨西哥灣等海底挖出的礦樣，可以測量海底生物的興衰，估測過去的溫度。基於這些發現，科學家現在認為，最後一個冰河時期開始於大約七萬五千年，在大約四萬年前經歷了一次小型的升溫。大約三萬八千年前，一個更為嚴峻、寒冷和乾旱的時期到來了。在那之後，大約一萬三千年前，冰河期突然結束了，而我們現在這個溫和的氣候出現了。

匯總《聖經》和蘇美的資訊，我們發現這些嚴峻的時期，「地球的譴責」，開始於挪亞之父拉麥的時代。他希望挪亞（**意思是休息**）的出生能標誌著苦難的結束，但結果卻是一條通往災難性大洪水的意外之路。

許多學者相信，大洪水之前的十位族長（**從亞當到挪亞**）以某種方式對應著蘇美國王列表上大洪水之前的十位統治者。這份列表上的最後兩位國王吉爾烏蘇德拉／烏特納比西丁和他的父親烏巴—圖圖，並沒有使用丁基爾或恩這樣的神聖稱號，而被記錄為「人類」。這兩位可以對應成挪亞和他的父親拉麥；按照蘇美列表的說法，他們兩人一共統治了六萬四千八百年，一直到大洪水的到來。最後一個冰河時期，從七萬五千年前到一萬三千年前，總共持續了六萬二千年。當烏巴圖圖／拉麥當政時，這苦難已經開始；冰河時期持續的六萬二千年，正在他們父子統治的六萬四千八百年裡。

不僅如此，極為苛刻的環境持續，根據阿拉塔—雜湊斯史詩，經歷了七個shar's，也就是兩萬五千二百年。科學家發現了一些證據，證明從大約西元前三萬八千年開始到一萬三千年前，有一段極為嚴酷的時期——全長兩萬五千年。又一次，美索不達米亞的資訊和現代科學的發現互相符合。

我們要解開大洪水疑惑的努力須聚焦在地球的氣候變遷上，尤其是一萬三千年前冰河期的突然消退。

是什麼導致了一次如此巨大且突然的氣候變遷？

科學家提出的許多理論中，我們對其中一個推論最感興趣，那是由緬因州大學的荷林（John T. Hollin）博士提出。他主張南極冰層週期性的破裂、滑入大海，製造出突然而巨大的潮汐波！

其他人接受這種假設並詳細說明，提出當冰層變得越來越厚，它不僅捕捉到更多冰層之下的地球熱量，還在它的底部（透過壓力和摩擦力）創造出一個光滑的融冰層。這個融冰層在上部厚厚的冰層和下部結實的地層之間有潤滑的作用，遲早會導致冰層滑進周圍的海洋裡。

荷林估算，假設現在南極洲（平均厚達一英里）有一半的冰層滑入南部的海域，接下來就會立刻出現潮汐波，將全球的海平面上漲六十英尺，淹沒了海岸線附近的城市和低地。

一九六四年，紐西蘭維多利亞大學的威爾遜（A. T. Wilson）提出一種理論，指出冰河時期是在這樣的冰層鬆動中突然結束，這種冰層鬆動不僅出現在南極，也在北極發生。我們覺得不同的文獻和事實證明了一種結論：數十億噸冰層鬆動，滑入南極附近的水域，結果造成了大洪水，也帶來最後一個冰河時期的結束。

這個突然的事件引發了巨大的潮汐波。從南極水域開始，向北傳到大西洋、太平洋和印度洋。這種溫度上的巨變肯定造成了巨大風暴，釀成大雨。風暴、雲朵和黑暗的天空，在大浪之前出現，預示了這場巨型的水崩。

的確，在古代文獻中有這樣現象的描述。阿特拉─雜湊斯在恩基的指揮下，讓所有人都上了方舟，他自己當時卻在下面等待啟航和封艙的訊號。其中有一段充滿「人情味」的細節，描述雖然阿特拉─雜湊斯被命令要待在船外，他卻「進進出出；他坐立不安……他的心碎了；他嘔吐出膽汁」。接下來是：

……月亮消失了……天氣也改變了；雨水在雲朵中咆哮著……風變得凶殘……大洪水發動了……它像是把人捲進了一場戰鬥；看不清別人，在這場毀滅中他們認不出對方。大洪水像一頭公牛咆哮著；狂風像一頭野驢一樣嘶叫著。黑暗越來越重；太陽看不見。

《吉爾伽美什史詩》特別指出了風暴來臨的方向：它來自南方。雲朵、風、雨和黑暗，實際上是潮汐波的前兆，它首先毀掉下層世界「奈格爾的柱子」：

在黎明的光輝中，一朵黑雲從地平線升起；風暴神在裡面打著雷……所有曾明亮的事物，都變暗了……南方來的風暴吹了一天，在吹的時候加速，掩蓋了群山……這風吹了六天六夜，這南方來的風暴掃過大地。在第七天，這南風帶來的大洪水退去了。

對「南方來的風暴」或「南風」的認識，很清楚的指出了大洪水從哪裡來，它的雲朵和風，「風暴的使者」，經過「山丘和平原」，到達美索不達米亞。的確，來自於南極的風暴和水患，經過印度洋到達美索不達米亞，首先淹沒了阿拉伯半島的群山，接著淹沒了兩河平原。《吉爾伽美什史詩》同時還告訴我們，在人們和他們的土地被淹沒之前，「乾地的高壩」和它的堤壩被「毀掉」了：大陸海岸線被淹沒了。

《聖經》版本的大洪水故事，記錄了在「天上的窗戶敞開」之前，「大淵的泉源都裂開了」。首先，「大淵」（形容南極冰凍的海域）的水從它們的寒冰禁錮中鬆脫了；接下來雨水開始從天空降下。從另一方面來說，當大洪水退去時，我們對大洪水的確證又再一次出現。首先，「淵源和天上的窗戶都閉塞了」，然後才是「天上的大雨也止住了」。

在第一波巨大的潮汐波之後，它的巨浪持續「來回流動」。接著，在一百五十天之後，水開始「回流」，「水就漸消」，當時方舟正準備停靠在亞拉拉特山的山峰之間。這次水患來自南部的海域，又回到南部的海域。

當第十二個天體靠近地球時

納菲力姆如何推算大洪水會在什麼時候從南極湧出？

我們知道，美索不達米亞文獻將大洪水和氣候巨變放在了七個「經過」之前——無疑的，代表第十二個天體會週期性的經過地球附近。我們知道哪怕是月亮這顆地球的小衛星，都有足夠的引力導致潮汐。無論是美索不達米亞文獻和《聖經》的記載，都描述當這位「天體之主」經過地球附近時，會造成地球什麼影響。會不會是納菲力姆觀測到了氣候變化和南極冰層的不穩定，發現下一次情況，也就是第十二個天體第七次「經過」地球時，將促發這場巨大的災難？

古代文獻顯示正是如此。

其中最引人注目的一份文獻，是一塊比一英寸還小的泥版，兩側都寫著字，共有三十行。它在亞述發現，但這份阿卡德文獻上的大量蘇美文字告訴我們，它無疑的起源於蘇美。艾柏林博士確定它是一首在死亡之屋裡誦讀的讚美詩，因此將它收錄到了他的巨著《死亡與生命》（*Tod und Leben*）中，這本書探討古代美索不達米亞關於死亡和復活的觀念。

然而，經過進一步的檢驗，我們發現這「呼喚」這位天體之主的「名字」，指的是第十二個天體。這份文獻詳細描述當這顆行星經過，導致大洪水時，在提亞瑪特之戰的地點中，各種稱號的意義。

這份文獻開頭就宣稱，以它所有的勢力和大小來說，這顆行星（「這位英雄」）仍然繞日運行著。大洪水是這顆行星的「武器」。

> 他的武器是大洪水；是終結邪惡的神的武器。至高，無上，救世主……他就像是太陽，穿過大地；太陽，是他的神，他敬畏著。

呼喚這顆行星的「第一個名字」——很不幸的，它已經無法辨認了——文獻描述了它靠近木星，朝向提亞瑪特之戰的地點：

> 第一個名字……他將這圓環敲打在了一起；他將她裂成了兩半，擊碎了她。主，他在阿基提（Akit）時間，在提亞瑪特之戰的地方休息……他的種是巴比倫之子；他在木星不能分散注意力；他在他的火焰中將創造。

第十二個天體靠得更近了，叫做SHILIG.LU.DIG（意思是快樂的行星們的強大領導者）。它靠近火星了：「神阿努、神拉赫姆（火星）的光輝更近了」。接著，它就釋放了地球上的大洪水：

這是主的名字，從二月到阿達爾（Addar）月，水被召集前來。

文獻對這兩個名字的解釋，提供了引人注意的曆法資訊。第十二個天體經過木星，靠近地球，是在「阿基提時間」，那時是美索不達米亞新年的開始。到了第二個月，它離火星最近。「從二月到阿達爾月（十二月）」，它釋放了地球上的大洪水。

這與《聖經》中的記載完美符合，《聖經》說「大淵的泉源都裂開了」是在二月十七日那一天。方舟停靠在亞拉拉特山是在七月；其他乾地露出來是在十月；而大洪水結束是在十二月——因為隔年的「正月初一日」，挪亞撤去方舟的蓋子。

到了大洪水的第二階段，當洪水開始退去時，文獻將這顆行星稱作SHUL.PA.KUN.E：

英雄，監管的主，他將水積聚在一起；他用噴湧的水，淨化了正義與邪惡；他在有著雙峰的山，停靠了……魚，河流，河流；洪水止住了。在山區，一棵樹上，有一隻鳥棲息著。那天……說。

雖然有些文字已經毀壞了，但還是看出與《聖經》和其他美索不達米亞的大洪水故事相對應的地方：洪水停了，方舟「停靠」在一座有兩個山峰的山上；河流再次從山頂上開始流下，並將水帶回海洋；可以看見魚了；一隻鳥從方舟中放了出去。這場嚴峻的考驗結束了。

第十二個天體完成了它的「經過」。它靠近了地球，又在它的衛星的陪伴下，開始返航：

當智者們喊道：「洪水！」——是神尼比魯（「十字行星」）；是這位英雄，有著四個頭的行星。這位神的武器是洪水風暴，他將返程了；在他的棲息地，他把自己放低。

文獻聲稱，這顆漸行漸遠的行星，在烏魯魯月——一年中的第六個月——再次穿過了土星軌道。

《舊約》常常提到，有一段時期，上帝讓地球被深處的水覆蓋著。《詩篇》第二十九篇形容這種「召喚」如同是上帝的「大水」的「返回」：

神的眾子啊，你們要將榮耀、能力歸給耶和華……耶和華的聲音發在水上；榮耀的神打雷，耶和華打雷在大水之上。耶和華的聲音大有能力；耶和華的聲音滿有威嚴。耶和華的聲音震破香柏樹……使黎巴嫩〔山〕和西連〔山〕跳躍如野牛犢。耶和華的聲音使火焰分岔。耶和華的聲音震動曠野……（《詩篇》29：1—18）

在壯麗的《詩篇》第七十七篇——「我要向上帝發聲呼求」——中，讚頌者回憶很久以前主的出現和消失：

我追想古時之日，上古之年……我要提說耶和華所行的；我要記念你古時的奇事……神啊，你的作為是潔淨的；有何神大如上帝呢……？神啊，諸水見你，一見就都驚惶；深淵也都戰抖。雲中倒出水來；天空發出響聲；你的箭也飛行四方。你的雷聲在旋風中；電光照亮世界；

大地戰抖震動。你的道在海中；你的路在大水中；你的腳蹤無人知道。（《詩篇》77：5—19）

《詩篇》第一〇四篇，頌揚天主的功績，回憶當時海洋越過陸地及回流：

將地立在根基上，使地永不動搖。你用深水遮蓋地面，猶如衣裳；諸水高過山嶺。你的斥責一發，水便奔逃；你的雷聲一發，水便奔流。諸山升上，諸谷沉下，歸你為它所安定之地。你定了界限，使水不能過去，不再轉回遮蓋地面。（《詩篇》104：5—9）

先知阿摩司的話更明確：

想望耶和華日子來到的有禍了！你們為何想望耶和華的日子呢？那日黑暗沒有光明……（《阿摩司書》5：18）

使死蔭變為晨光，使白日變為黑夜，命海水來澆在地上的。《阿摩司書》5：8）

這些，就是「上古之年」發生的事情。「主之日」就是大洪水這一天。

大洪水發生在獅子座時代

我們已經說過，納菲力姆在登陸地球後，將第一批城市的第一批統治與黃道時代連結——以各位神祇的名字為黃道各宮命名。我們現在發現，艾柏林發現的文獻提供的曆法資訊，不僅和人類有關，也和納菲力姆有關。它告訴我們，大洪水是發生在「獅子座年代」：

至高，無上，救世主；主的閃亮皇冠滿載著恐懼。至高無上的行星：他安置的座位，面向紅色星球〔火星〕受限的軌道。獅子裡的主，他燃燒著；他的光、他的光亮王權向大地宣判。

現在我們同樣可以理解新年禮儀中的神祕經文了，「獅子星座測量著大淵的水」。這些說明將大洪水的時間放在了一個明確的框架裡，雖然現在的天文學家不能明確指出蘇美人的黃道宮是在哪裡開始的，但可以用以下精確的時代表推估。

西元前六〇到西元二一〇〇年——雙魚座時代
西元前二二二〇年到西元前六〇年——白羊座時代
西元前四三八〇年到西元前二二二〇年——金牛座時代
西元前六五四〇年到西元前四三八〇年——雙子座時代
西元前八七〇〇年到西元前六五四〇年——巨蟹座時代
西元前一〇八六〇年到西元前八七〇〇年——獅子座時代

如果大洪水是發生在獅子座時代，也就是西元前一萬八百六十年到西元前八千七百年期間的某個時段，那麼大洪水的發生日期就能對應到我們的時代表：按照現代科學家的說法，最後一個冰河時期在南半球突然結束，是在大約一萬二千年或一萬三千年前，在北半球結束則是又過了大約一、兩千年後。

黃道帶的歲差現象讓了我們的結論得到全面的確證。我們之前就指出，納菲力姆登陸地球是在大洪水之前的四十三萬二千年（120 shar's），那時還是雙魚座時代。以歲差週期來算，四十三萬二千年包括了十六個完整的週期（或大年），以及另一個週期的一大半，也就是進入了獅子座時代。

現在，我們可以重建一個含括我們發現的事件的完整時間表。

時間	**事件**
四十四萬五千年前	納菲力姆在恩基的領導下，從第十二個天體登陸地球，在位於美索不達米亞南部的埃利都，建立第一個地球據點。
四十三萬年前	巨大冰層開始消融。近東出現宜人的氣候。
四十一萬五千年前	恩基朝內陸移動，建立拉爾薩。
四十萬年前	全球出現間冰期。恩利爾抵達地球，建立尼普爾作為地面的太空指揮中心。 恩基航行至南部非洲，經營金礦挖掘。
三十六萬年前	納菲力姆建立巴地比拉，作為熔煉和提煉的冶金中心。 以西巴爾為太空站，諸神建立了其他城市。
三十萬年前	阿努納奇兵變。恩基和寧呼爾薩格改造出人類——原始工人。
二十五萬年前	早期智人大量繁殖，遍及其他大陸。
二十萬年前	進入新冰河時期，地球上的生命開始衰退。
十萬年前	氣候變暖。 諸神之子娶地球人類的女兒為妻。
七萬七千年前	烏巴圖圖／拉麥，有神聖血統的人類，在寧呼爾薩格的支持下，統治舒魯派克。
七萬五千年前	地球的譴責——新的冰河期——開始。人類漫行於地球，人口急遽縮減。
四萬九千年	恩基的「忠誠僕人」吉烏蘇德拉（諾亞）即位。
三萬八千年前	七個「經過」造成氣候劇烈變化，開始毀滅人類。歐洲的尼安德塔人消失；僅存（以近東為主）克羅馬儂人。 對人類不抱幻想的恩利爾，試圖毀滅人類。
一萬三千年前	納菲力姆察覺第十二個天體靠近地球，將引起巨大的潮汐波，發誓要讓人類消滅。 大洪水掃過地球，突然結束了冰河時期。

15・地上的王權

大洪水這場人類的災難，對「諸神」（納菲力姆）來說，也是前所未有的災難。

蘇美國王列表記載「大洪水一掃而光」，一百二十個shar's的努力都在一夜之間清空了。非洲南部的礦井、美索不達米亞的城市、尼普爾的指揮中心、西巴爾的太空站——一切都沉入了水底，被泥漿掩埋。納菲力姆的太空船在被毀滅的地球上空盤旋著，急切等待洪水退去，這樣他們才可以再次踏上這星球的土地。

納菲力姆的城市和設施都被毀滅後，甚至連他們的勞動力（人類）全部遭滅絕了，他們要如何才能繼續在地球上生存呢？

這些充滿恐懼、精疲力竭、饑餓的納菲力姆，最終降落在「救贖山」的山峰上，他們感到寬慰，原來人類和野獸並沒有完全被毀滅。甚至就連恩利爾也改變了他的觀點，雖然他一開始曾因自己的計畫被毀掉而火冒三丈。

神的決定是很實際的。面對這種緊迫的情況，納菲力姆消除了對人類的禁令，捲起衣袖，不浪費一分一秒，向人類傳遞了耕種和圈養的技術。雖然有人倖存下來，但毫無疑問的，農業和畜牧業的發展速度需要足以供應納菲力姆和急速成長的人類，於是納菲力姆將自己的先進科技加入這項任務中。

在山丘開始耕種

許多研究農業起源的科學家，沒有察覺這些能在《聖經》和蘇美文獻中找到的資訊，他們認為人類在一萬三千年前「發現」農業，和冰河時期結束後的暖化氣候有關。然而，比現代學者久遠的《聖經》，早就記錄了大洪水後的農業起源。

《創世記》記載，上帝在大洪水之後，把「播種與收穫」當成神聖的禮物賜給了挪亞和他的後代，是上帝與人類所立的聖約：

> 與大地將會有的年歲一樣，播種與收穫，寒冷與溫暖，夏天和冬天，白晝與夜晚，將不會停止。（編按：保留原譯文，《和合本》是第九章「上帝與諾亞立約」章節。）

被授予農業的知識之後，「挪亞作起農夫來，栽了一個葡萄園」：他成為了大洪水後，第一個刻意從事複雜耕種任務的農夫。

蘇美文獻的記載也是如此，將人類獲得農業與牲畜馴化的知識歸功於諸神。

溯源農業的起源，現代學者已經發現了農業最早在近東出現，但並不是起源於肥沃、適合耕種的平原與河谷地帶。相反的，農業最早出現在環繞山地的半圓形地區。為什麼農夫不選平原，卻把自己的播種和收穫限制在更困難的山區呢？

唯一說得通的答案是，在農業開始時，這些低矮平原還不適合居住；一萬三千年前的這些低矮平原，在經歷了大洪水之後，還沒有乾透。要經過數千年之後，這些平原與河谷才夠乾，允許人們從環繞美索不達米亞的山地下來，開始在這裡耕種。的確，這就是《創世記》告訴我們的：

在大洪水之後的很多世代，人們「往東邊遷移的時候（編按：根據作者的說法，後來《聖經》誤譯成「從東邊來」），在示拿地遇見一片平原，就住在那裡」。

蘇美文獻記載恩利爾首先是「在山丘田園」育種，他選的是山地，而不是平原，他避開洪水的淤積，讓耕種變得可能。「他就像用大門鎖住了山地。」這片位於蘇美東邊的山地叫做E.LAM（意思是植物發芽的房子）。後來，恩利爾的兩位助手，尼納蘇（Ninazu）和寧曼達（Ninmada），將穀物耕種傳到低矮的平原，最終，「蘇美，這片不知道穀物的地方，才知道了穀物」。

那些認為農業是從馴化野生型二粒小麥開始的學者，無法解釋為什麼最早的穀物（例如在伊朗高原的沙尼達爾山洞發現），都已經很一致、高度專業化了。大自然要養成一個中度成熟的物種，至少需要上千個世代的基因選擇。然而這樣一個漸進且漫長的過程、時間或地點，還沒有在地球上發現。沒有任何一種解釋可以說明這樣的生物學奇蹟，除非它並不是自然形成，而是由人為操作的。

斯佩耳特小麥是小麥的一種多倍體，則是一個更大的謎團。它是「多套染色體，是多種植物基因的混合物」，既不是從一個遺傳源發展而來，也不是由一個源頭突變而來。它絕對是多種植物基因的混合結果。此外，所有關於人類在幾千年之內透過馴化改變的動物，也是一個問題。

現代學者對這些謎團沒有答案，就像無法解釋為什麼古代近東的山地會成為各種穀物、植物、樹木、水果、蔬菜和馴化動物的發源地。

但蘇美人知道這是為什麼。他們說，這些種子是阿努從天國住所帶給地球的禮物。小麥、大麥和大麻是從第十二個天體落到地球。農業和動物馴化是恩利爾和恩基各自送給人類的禮物。

納菲力姆的存在，以及週期性接近地球的第十二個天體，似乎導致人類在大洪水之後的文明有三個階段：農業，大約在西元前一萬一千年；新石器時代，大約西元前七千五百年；以及突然出現在西元前三千八百年的文明。這三個時期之間的間隔都是大約三千六百年。

這說明納菲力姆按照第十二個天體週期性的回到地球，有規律的向人類傳授知識。這就像是一種實地視察，只有當他們在地球和第十二個天體之間可以起飛、降落的「窗口」時期，才能進行這樣的面對面的諮詢，而正是這些時候，新來的「神」才能替代「上一屆」。

《伊塔那史詩》讓我們看到曾發生的審議。在大洪水之後的歲月裡，它記載：

> 制定命運的大阿努納奇，交換了他們對大地的計畫。他們創造了這四個區域，他們建起據點，他們視察大地，他們對人類而言太崇高了。

納菲力姆授予人類王權

這些納菲力姆與人類之間需要一個中間人。這些中間人被定為神——阿卡德語的elu（意思是崇高者）。為了建立他們自己的統治權和人類之間的橋梁，他們將「王權」引入地球：指定一名統治者，讓他確保人類對諸神的服務，也是將諸神的教誨和曆法傳給人類的一個管道。

一份記載這樣事件的文獻，形容在王冠和皇冠還沒有被戴在人類頭上，權杖也還沒有握在人類手上之前的情況；所有這些王權的象徵物——以及牧羊杖，正義和審判的符號——「都在天國的阿努面前放著」。然而，當諸神達到他們的目的之後，「王權從天國下降」到了地球。

蘇美文獻和阿卡德文獻都記載，納菲力姆一直維持大地上的「統治權」，而且當人類最早在原址上按照原樣重建大洪水前的城市時，他們計畫：「讓所有城市的磚塊都放在奉獻的地方，讓所有〔磚塊〕放在神聖的地方。」最早重建的是埃利都。

接著，納菲力姆幫助人類打造和修建了第一座皇家城市，並祝福了它。「願此城成為溫床，人類將在這裡過著安寧的日子。願此王成為領導者。」

蘇美文獻告訴我們，人類的第一座皇家城市是基什。「當王權再一次從天國下降，王位就在基什。」很不幸的，蘇美國王列表，第一位人類國王的名字那裡剛好破掉了。然而，我們知道，是由他開始了漫長的朝代，他們的皇室住所從基什遷到烏魯克、烏爾、阿萬（Awan）、哈馬茲（Hamazi）、阿克薩克（Aksak）、阿卡德，之後便是亞述和巴比倫，以及後來的一些城市。

《聖經》的「國王列表」記載和尼姆魯德出土的蘇美國王列表很像，指出烏魯克、阿卡德、巴比倫和亞述王國的族長都是從基什來的。它也記錄了人類的土地和王權的擴張。在大洪水之後，人類分成三個支系，分別由挪亞的三個兒子傳下，名字是閃、含、雅弗。閃的後裔和土地住在美索不達米亞和近東；含的子孫定居在非洲和部分阿拉伯半島；雅弗則是生活在小亞細亞、伊朗、印度和歐洲的印歐民族。

這三組無疑就是大阿努納奇所創造的三個「區域」。每一組人都被分配給一位主神。當然，其中之一的蘇美，是閃族人的區域，也就是是人類第一個文明的誕生之地。

其餘兩個同樣成為了繁榮的文明區。大約在西元前三千二百年——大約蘇美文明全盛時期的五百年後——尼羅河流域第一次出現了獨立國家、王權和文明，導致了後來偉大的埃及文明。

大約五十年之前，我們還對第一個主要的印歐文明沒有任何認識。但如今，我們知道在古代的印度河流域有先進的文明，包括大型城市、發達的農業及繁榮的貿易。學者相信，印度文明是在蘇美文明興起之後一千年出現。（見圖161）

古代文獻和考古發現一樣，證明這兩條流域上的文明和更古老的蘇美文明之間，有相近的文化和經濟關聯。不僅如此，無論是直接和間接的證據，都讓大部分學者認同，尼羅河文明和印度河文明不僅與更為古老的美索不達米亞文明有所關聯，甚至根本就是它的後裔。

埃及最為壯麗的奇蹟是金字塔，在一層石頭的「外皮」下，顯然是模仿美索不達米亞塔的廟塔；而且我們有理由相信，這位金字塔的設計和監督工程的建築師，是一名被尊為神祇的蘇美人。（見圖162）

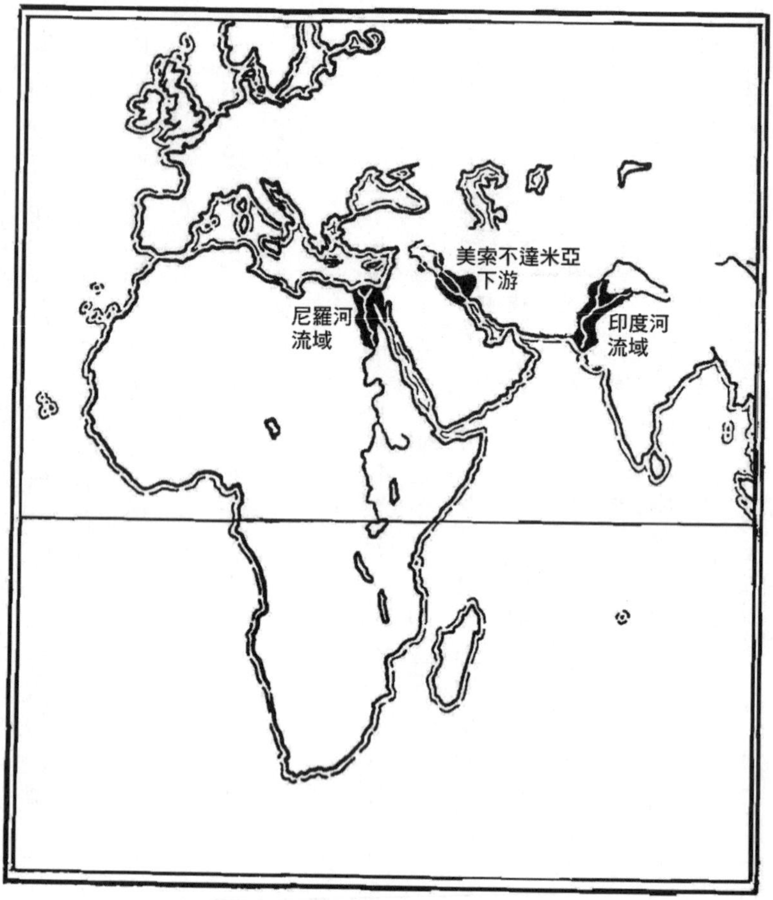

圖161　大阿努納奇創造的三個文明「區域」

古埃及人將他們的領地叫做「升起之地」，而且他們對史前的記憶，是「一位在太古時代來此的非常偉大的神」，發現他們的土地在水和淤泥之下。他進行了大量改造工作，將埃及從水中升了上來。這個「傳說」巧妙的描述了大洪水之後低矮的尼羅河流域；可以看出，這位古老的神祇，除了是納菲力姆的大工程師恩基之外，不可能是其他人。

雖然關於印度河流域文明我們還知之甚少，但我們同樣知道，他們將十二視為至高無上的神聖數字；他們描繪的諸神是戴著有角頭飾的人形存有；他們也還崇拜十字符號——第十二個天體的符號。（見圖163和圖164）

如果這兩個文明的起源是蘇美，那為什麼他們的語言卻不同？關於這個問題的科學答案是，他們的語言沒有不同。這一點早在一八五二年就認識到了，牧師查理斯・福斯特（Charles Foster）在《唯一的古老語言》（*The One Primeval Language*）

圖163　古印度神祇

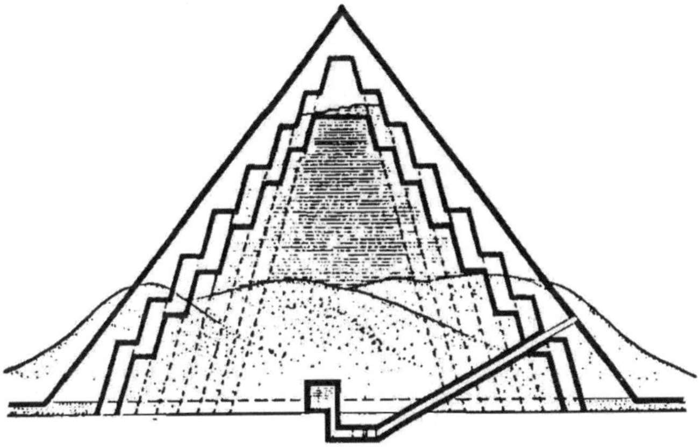

圖162　金字塔石頭外皮下的廟塔

圖164　古印度人崇拜十字符號

一書中巧妙的論證了所有的古代語言，包括早期的中文和其他遠東的語言，都是一個古老源頭的不同分支——後來證明了這是蘇美語言。

如果相似的圖形符號只有相似的含義，這可能是思維方式上的巧合，然而相同的多重含義和甚至相同的發音——這就是說它們有一個共同源頭了。不久之前，學者發現最早的埃及碑文，上面用的語言，是一種更早書寫語言的直說法；而唯一有這種更早書寫語言的地方就是蘇美。

所以我們有同一門書寫語言，但因為某些原因它被分成三種方言：美索不達米亞語、埃及語／含語和印歐語。如此的差異可能是因為各自的時間、距離和世代之後的差異化造成的。蘇美文獻聲稱，這是諸神的決議，而且又是恩利爾。和這蘇美故事對應的主題，是《聖經》中著名的「巴別塔」故事，「那時，天下人的口音、言語都是一樣」。但當人們定居在示拿地（蘇美）之後，他們學到了做磚、建城和建高塔（廟塔）的藝術，他們計畫為自己製造一架shem，修建一座高塔來停放它。因此，主「變亂天下人的言語」。

人為的將埃及從泥水中升了起來，語言學上的證據，以及蘇美和《聖經》文獻對我們結論的支持，都說明埃及和印度這兩個衛星文明的發展不是巧合。相反的，它們是納菲力姆的計畫，是納菲力姆的蓄意而為。

很顯然的，納菲力姆畏懼人類被同一種文化和意圖團結起來，他們採取了帝國主義措施：「分而治之。」因為當人類的文明可以造出飛行器——在那之後「他們所要做的事就沒有不成就的了」——納菲力姆就只有衰落的份了。在西元前三千年時就是如此，更不用說他們的子子孫孫，人類來自的神聖父系，擠滿了老神。

恩利爾和恩基之間的抗爭被他們的長子繼承了，對「至高無上」的激烈爭奪也始終持續著。就像我們在之前的章節中講到的，恩利爾的兒子們自相殘殺，恩基的兒子們也是如此。就像人類歷史所發生的一樣，領主為了避免諸子之間的鬥爭，把領土分成幾塊給這些繼承人。在已知的一個例子裡，恩利爾將阿達德／伊希庫爾這個小兒子送到遠方，作為山之地的地方領主。

隨著時間流逝，這些神成為了領主，在自己的領地上相互嫉妒著其他神的領土、產業或職位。人類國王是人類與諸神之間的中間人。古代國王發動戰爭，征服新土地，或降服敵人時，總是宣告「在我的神的指揮下」，這點不能忽略。一部又一部的文獻說得十分清楚，它表達的正是字面上的意思：諸神保留了對地球事物的控制權，因為這些事情牽涉到了其他領地上的諸神。也就是說，他們掌握著戰爭與和平的最終決定權。

隨著人群、據點、城市和村莊的擴張，有必要讓人們記住誰才是他們的特定領主，也就是「崇高者」。《舊約》也提到同樣的問題，要讓人民支持他們的神，而不是「依附其他神」。解決辦法就是建立很多崇拜地點，並在上面放置「正確的」神的象徵或模樣。

異教時代開始了。

第四個區域

蘇美文獻告訴我們，在大洪水之後，納菲力姆為地球上的神和人的未來提供了很長的忠告。結果是他們「創造了四個區域」。其中三個——美索不達米亞、尼羅河流域和印度河流域——由人類居住。

第四個區域是「神聖的」——這個詞的原始字面含義是「奉獻的、限制的」。它專門奉獻給諸神。這是一個「純潔之地」，只有在授權之後才能到達這裡；未經許可的進入者會被凶猛的守衛拿著「可怕武器」立即處死。這片土地或區域叫做TIL.MUL（字面上的意思是飛彈之地）。這裡是納菲力姆重建的太空基地，前一個位於西巴爾的太空站被大洪水毀滅了。

這個地區還是在烏圖／沙馬氏的管轄之下，他是掌管噴火火箭的神。吉爾伽美什等古代英雄，努力奮鬥想要到達這片生命之地，搭乘一架shem或鷹，飛往眾神的天國住所。我們回想起了吉爾伽美什對沙馬氏的請求：

讓我進入這片地，讓我升起我的shem……由生我的母親、女神，以及我父親，純淨、忠誠的國王，給予的生命——我的腳步將直達這土地！

古代神話——甚至是記錄下來的正史——不停述說人類為了「到達這片土地」，發現「生命植物」，在天地眾神中得到永恆幸福而付出的不懈努力。這個嚮往是扎根於蘇美所有宗教的中心話題：希望公正和審判降臨地球之後，將有一個在某種神聖天國居所中的「來生」。

然而這個難以捉摸的神聖之地在什麼地方呢？

這個問題有所答案。線索就在這裡。但在它之前還有其他的問題。在那之後我們還能與納菲力姆相遇嗎？再次相遇的時候會發生什麼？

還有，如果是納菲力姆，以「神」之姿，「創造」了地球上的人類，那麼，在第十二個天體上，納菲力姆是獨自進化還是被誰創造出來的呢？

參考文獻

II. Principal sources for Near Eastern texts

Barton, George A. *The Royal Inscriptions of Sumer and Akkad.* 1929.

Borger, Riekele. *Babylonisch-Assyrisch Lesestücke.* 1963.

Budge, E. A. Wallis. *The Gods of the Egyptians,* 1904.

Budge, E. A. W., and King, L. W. *Annals of the Kings of Assyria.* 1902.

Chiera, Edward. *Sumerian Religious Texts.* 1924.

Ebeling, E.; Meissner, B.; and Weidner, E. (eds.). *Reallexikon der Assyrologie und Vorderasiatischen Archaology.* 1932-1957.

Ebeling, Erich. *Enuma Elish: die Siebente Tafel des Akkadischen Weltschöpfungsliedes.* 1939.

——. *Tod und Leben nach den Vorstellungen der Babylonier.* 1931.

Falkenstein, Adam, and W. von Soden. *Sumerische und Akkadische Hymnen und Gebete.* 1953.

Falkenstein, Adam. *Sumerische Goetterlieder.* 1959.

Fossey, Charles. *La Magie Syrienne.* 1902.

Frankfort, Henri. *Kingship and the Gods.* 1948.

Gray, John. *The Cananites.* 1964.

Gordon, Cyrus H. "Canaanite Mythology" in *Mythologies of the Ancient World.* 1961.

Grossman, Hugo. *The Development of the Idea of God in the Old Testament.* 1926.

——. *Altorientalische Texte und Bilder zum alten Testamente.* 1909.

Güterbock, Hans G. "Hittite Mythology" in *Mythologies of the Ancient World.* 1961.

Heidel, Alexander. *The Babylonian Genesis.* 1969.

Hilprecht, Herman V. (ed.). *Reports of the Babylonian Expedition; Cuneiform Texts.* 1893-1914.

I. Principal sources for biblical texts

A. Genesis through Deuteronomy: *The Five Books of Moses,* new edition, revised by Dr. M. Stem, Star Hebrew Book Company, undated.

B. For latest translation and interpretation based on Sumerian and Akkadian finds: "Genesis, " from *The Anchor Bible*, trans. by E. A. Speiser, Garden City, N.Y.: Doubleday & Co., 1964.

C. For "archaic" flavor: *The Holy Bible,* King James Version, Cleveland and New York: The World Publishing Co., undated.

D. For verification of recent interpretations of biblical verses: *The Torah,* new translation of the Holy Scriptures according to the Masoretic text, New York: Jewish Publication Society of America, 1962; *The New American Bible,* translation by members of the Catholic Biblical Association of America, New York: P. J. Kenedy & Sons, 1970; and *The New English Bible* planned and directed by the Church of England, Oxford: Oxford University Press; Cambridge: Cambridge University Press, 1970.

E. For reference on usage comparison and translation aids: *Veteris Testamenti Concordantiae Hebraicae Atque Chaldaicae* by Solomon Mandelkern, Jerusalem: Schocken Books, Inc., 1962; *Encyclopedic Dictionary of the Bible,* a translation and adaptation of the work by A. van den Born, by the Catholic Biblical Association of America, New York: McGraw-Hill Book Co., Inc., 1963; and *Millon-Hatanach* (Hebrew), Hebrew-Aramaic by Jushua Steinberg, Tel Aviv: Izreel Publishing House Ltd., 1961.

Pinches, Theophilus G. "Some Mathematical Tablets in the British Museum" in *Hilprecht Anniversary Volume.* 1909.

Pritchard, James B. (ed.). *Ancient Near Eastern Texts Relating to the Old Testament,* 1969.

Rawlinson, Henry C. *The Cuneiform Inscriptions of Western Asia.* 1861-84.

Sayce, A. H. *The Religion of the Babylonians.* 1888.

Smith, George. *The Chaldean Account of Genesis.* 1876.

Thomas, D. Winton (ed.). *Documents from Old Testament Times.* 1961.

Thompson, R. Campbell. *The Reports of the Magicians and Astrologers of Nineveh and Babylon.* 1900.

Thureau-Dangin, Francois. *Les Inscriptions de Sumer et Akkad.* 1905.

——. *Die sutnerischen und akkadische Königsinschriften.* 1907.

——. *Rituels accadiens.* 1921.

Virolleaud, Charles. *L'Astronomie Chaldéenne.* 1903-1908.

Weidner, Ernst F. *Alter und Bedeutung der Babylonischer Astronomie und Astrallehre.* 1914.

——. *Handbuch der Babylonischen Astronomie.* 1915.

Witzel, P, Maurus. *Tammuz-Liturgien und Verwandtes.* 1935.

III. Studies and articles consulted in various issues of the following periodicals

Der Alte Orient (Leipzig)

American Journal of Archaeology (Concord, Mass.)

American Journal of Semitic Languages and Literatures (Chicago)

Annual of the American Schools of Oriental Research (New Haven)

Archiv für Keihchriftforschung (Berlin)

Archiv für Orientforschung (Berlin)

Archiv Orientalni (Prague)

Assyrologische Bibliothek (Leipzig)

Assyrological Studies (Chicago)

Das Ausland (Berlin)

Babylonioca (Paris)

Jacobsen, Thorkild. "Mesopotamia" in *The Intellectual Adventure of the Ancient Man.*1946.

Jastrow, Morris. *Die Religion Babyloniens und Assyriens.* 1905-12.

Jean, Charles-F. *La religion sumerienne.* 1931.

Jensen, P. *Texte zur assyrisch-babylonischen Religion.* 1915.

——. *Die Kosmologie der Babylonier.* 1890.

Jeremias, Alfred. *The Old Testament in the Light of the Ancient Near East.* 1911.

——. *Das Alter der babylonischen Astronomie.* 1908.

——. *Handbuch der Altorientalische Geistkultur.*

Jeremias, Alfred, and Winckler, Hugo. *Im Kampfe um den alten Orient.*

King, Leonard W. *Babylonian Magic and Sorcery, being "The Prayers of the Lifting of the Hand.,"* 1896.

——. *The Assyrian Language.* 1901.

——. *The Seven Tablets of Creation.* 1902.

——. *Babylonian Religion and Mythology.* 1899.

Kramer, Samuel N. *The Sumerians.* 1963.

——. (ed.): *Mythologies of the Ancient World.* 1961.

——. *History Begins at Sumer.* 1959.

——. *Enmerkar and the Lord of Aratta.* 1952.

——. *From the Tablets of Sumer.* 1956.

——. *Sumerian Mythology.* 1961.

Kugler, Franz Xaver. *Sternkunde und Stemdienst in Babylon.* 1907-1913.

Lambert, W. G., and Millard, A. R. *Atra-Hasisr, the Babylonian Story of the Flood.* 1970.

Langdon, Stephen. *Sumerian and Babylonian Psalms.* 1909.

——. *Tammuz and Ishtar.* 1914.

——. (ed.): *Oxford Editions of Cuneiform Texts.* 1923 If.

——. "Semitic Mythology" in *The Mythology of All Races.* 1964.

——. *Enuma Elish: The Babylonian Epic of Creation.* 1923.

——. *Babylonian Penitential Psalms.* 1927.

——. *Die Neu-Babylonischen Königsinschriften.* 1912.

Luckenbill, David D. *Ancient Records of Assyria and Babylonia,* 1926-27.

Neugebauer, O. *Astronomical Cuneiform Texts,* 1955.

Wissenschaftliche Veröffentlichungen der deutschen Orient-Gesellschaft (Berlin)
Zeitschrift für Assyrologie und verwandte Gebiete (Leipzig)
Zeitschrift für die alttestamentliche Wissenschaft (Berlin, Gissen)
Zeitschrift der deutschen morgenländischen Gesellschaft (Leipzig)
Zeitschrift für Keilschriftforschung (Leipzig)
Beiträge zur Assyrologie und semitischen Sprachwissenschaft (Leipzig)
Berliner Beiträge zur Keihchriftforschung (Berlin)
Bibliotheca Orientalis (Leiden)
Bulletin of the American Schools of Oriental Research (Jerusalem and Baghdad)
Deutsches Morgenländische Gesellschaft, Abhandlungen (Leipzig)
Harvard Semitic Series (Cambridge, Mass.)
Hebrew Union College Annual (Cincinnati)
Journal Asiatique (Paris)
Journal of the American Oriental Society (New Haven)
Journal of Biblical Literature and Exegesis (Middletown)
Journal of Cuneiform Studies (New Haven)
Journal of Near Eastern Studies (Chicago)
Journal of the Royal Asiatic Society (London)
Journal of the Society of Oriental Research (Chicago)
Journal of Semitic Studies (Manchester)
Keilinschriftliche Bibliothek (Berlin)
Königliche Museen zu Berlin: Mitteilungen aus der Orientalischen Sammlungen (Berlin)
Leipziger semitische Studien (Leipzig)
Mitteilungen der altorientalischen Gesellschaft (Leipzig)
Mitteilungen des Instituts für Orientforschung (Berlin)
Orientalia (Rome)
Orientalische Literaturzeitung (Berlin)
Proceedings of the American Philosophical Society (Philadelphia)
Proceedings of the Society of Biblical Archaeology (London)
Revue d'Assyrohgie et d'archeologie orientale (Paris)
Revue biblique (Paris)
Sacra Scriptura Antiquitatibus Onentalibus Illustrata (Vatican)
Studia Orientalia (Helsinki)
Transactions of the Society of Biblical Archaeology (London)
Untersuchungen zur Assyrobgie und vorderasiatischen Arcäologie (Berlin)
Vorderasiatische Bibliothek (Leipzig)
Die Welt des Orients (Göttingen)

The Other 13

第十二個天體

THE EARTH CHRONICLES I : THE 12th PLANET

作者／撒迦利亞．西琴（Zecharia Sitchin）
譯者／宋易
美術設計／陳文德
內頁排版／李秀菊
責任編輯／簡淑媛
校對／黃妉俐、簡淑媛

國家圖書館出版品預行編目(CIP)資料

第十二個天體／撒迦利亞．西琴（Zecharia Sitchin）著；宋易譯. -- 臺北市：新星球出版：大雁文化發行, 2017.09
面； 公分. -- (The other ; 13)
譯自：the earth chronicles i : the 12th planet
ISBN 978-986-95037-1-6（平裝）
1. 地球 2. 歷史
712.1 106013822

新星球出版 New Planet Books

業務發行／王綬晨、邱紹溢、劉文雅
行銷企劃／陳詩婷
總編輯／蘇拾平
發行人／蘇拾平
出版／新星球出版
新北市231030新店區北新路三段207-3號5樓
電話／（02）8913-1005 傳真／（02）8913-1056
發行／大雁出版基地
新北市231030新店區北新路三段207-3號5樓
電話／（02）8913-1005 傳真／（02）8913-1056
讀者服務信箱／Email:andbooks@andbooks.com.tw
劃撥帳號／19983379
戶名／大雁文化事業股份有限公司

初版一刷／2017年 9 月 定價：480元
初版16刷／2023年10月
ISBN：978-986-95037-1-6